民國乃敵國也：

政治文化轉型下的清遺民

林志宏◎著

序

我在台灣大學求學時，曾經讀過汪國垣的《光宣詩壇點將錄》，發現其中許多詩人進入民國之後都成了「清遺民」，「清遺民」的觀念才比較清楚地在腦海中成形。此後閱讀各種民國文獻，發現不滿民國的文人竟然比我想像的多得多。這些接連而來的印象，逐步修正了原先對於清末民初史事及有關種族議題的一些成說。後來又讀到錢穆的〈讀明初開國諸臣詩文集〉，他在這篇長文中提到：明初也有許多士人懷念故元，而不滿意新成立的漢族王朝。這些例子都說明了一件事：種族意識不一定是天然的，它與文化、社會、政治等因素的形塑有密切的關係。

這一類的歷史經驗當然不是特例，譬如英國左派史家湯普遜(E. P. Thompson)的名作《英國工人階級之形成》(*The Making of the English Working Class*)一書，也碰觸到類似的課題。他指出：工人的「階級意識」並不是像馬克思(Karl Marx)所說的那樣，是工人階級天生就有的意識，而是經過文化力量的建構與塑造才形成的。湯普遜的書出版之後，對西方馬克思主義正統派形成了一個很大的挑戰。

許多年來，我對上述問題發生了很大的興趣，並試著對清代道、咸以來歷史記憶與種族意識的實況進行探究。可惜因爲蒐羅的史料太多，牽涉的問題太廣，目前仍未發表任何成果。

《民國乃敵國也》一書，是從一群敵視民國、忠於清室的遺民出發，重新檢視認同和文化力量在近代中國所扮演的角色。這本書的內容相當豐富，不易在此充份介紹，我僅先指出它的幾個特色。

首先，它增添了我們對近代中國史實的了解，重建了過去一向爲史家所忽略的歷史面相，並將以往不受重視的遺民詩文與相關文獻再度呈現，提供一幅更加清晰完整的、有關清末民初政治文化的圖像。相較於過去的遺民史研究而言，本書透過許多日記與私密性文獻，鉅細靡遺地展示「清遺民」的思想動態。

其次是呈現歷史的方式。我曾經提到過「事件發展的邏輯」和「史家的邏輯」有時並非全然一致，人們根據「後見之明」來斷定事件的發展過程及對人物所進行的評價，有可能冒著很大的風險。過去有關「清遺民」的研究，經常先將他們視爲一個負面的群體，再來推斷他們的動機與行爲，本書則嘗試告訴讀者：這些歷史行動者的面前有許多不確定性存在，使得他們對未來的許多決定，經常處於不完全理性、個人利益考量、無從確知的偶然中陸續完成的。藉由編織細密的證據，本書提供不少新的視角去重新審視「清遺民」的行爲世界。

最後應該還要強調：受過舊文化薰陶的讀書人在面對時代變局時，有種種異於新派人物的回應方式，包括與現代截然迥異的價值觀和看法。以往我們把焦點集中在新派人物身上，模糊或忽略了舊派人物。此書重構「清遺民」們如何透過他們堅守的「文化理想」，衡量和評判現實時局；儘管我們無須同意其政治認同，可是的確值得重新檢視他們的行爲與動機，以豐富我們對近代中國思想文化脈絡的了解。

作者林志宏從2000年到2005年間，是我在台灣大學歷史學研究所博士班所指導的學生；他最後決定以「清遺民」做爲博士論文題目，或許與我們平時的討論有關。但志宏精研這個問題許多年，參閱文獻數百種，對相關的面向做了深入的思考，他對「清遺民」的瞭解已經遠遠超過我了。在本書出版之前，志宏約我寫一篇序，我本應對全書的內容稍做介紹，但因事冗不能成文，爲恐拖延本書的出版，只能略述這段因緣，並鄭重向讀者推薦此書。是爲序。

王汎森

2009年1月於台北南港

目次

圖表目次

緒論

那是最好的時代，也是最壞的時代；是智慧的年代，也是愚昧的年代；是信仰的紀元，也是懷疑的紀元；是光明的季節，也是黑暗的季節；是希望的春天，也是絕望的冬天。

——狄更斯(Charles Dickens, 1812-1870)[1]

一、研究動機與論題旨趣

本書旨在討論中國從帝制到共和時期政治文化轉型下的認同(identity)。通過民國初期的一群人物——清遺民的政治認同和態度，從而理解近代中國自傳統邁入現代後，各種思想交錯下複雜的現象，及其內在變化的動力。

如眾周知，20世紀的中國至少發生過三次政治革命。1911年革命黨人在武昌起事，結果進而推翻了清廷帝制。1928年，來自廣州的國民革命軍「北伐」，終於在北京底定後宣告統一，形式上暫時結束民國以來政局的紛擾。就在21年之後，這個由國民政府更名為「北平」的城市，隨著中國共產黨取得政權，又再度恢復原來的名字。總結這些政權轉移

1 Charles Dickens, *A Tale of Two Cities* (Oxford: Oxford University Press, 1988), p. 1.

帶來的影響，不僅徹底瓦解了原先政治體制的面貌，還直接觸動了思想和社會性質內容上的變化。可以說，以群眾暴力爲基礎，推翻現有體制和激烈行動的「革命」，成爲此一世紀來中國最受矚目的特徵[2]。這篇研究，希望從第一次政權發生轉變的過程來理解。

辛亥革命成功，中國政治的體制正式開啓新頁。此事件係近代中國劃時代的大事，它所帶來的一項深刻影響是：推翻了自秦漢以降延續兩千多年的君主專制政治，取而代之地是強調民主共和的精神與價值。在思想層面上，傳統的「家天下」和「忠君」觀念，不再成爲政治主導的力量，反倒被視爲「守舊」的象徵。然而，中國歷經長時間帝制的統治，一旦遭逢現實環境直接的衝擊，尤其使得政治權力的分配產生變化時，其影響自然不言可喻。除了以皇帝做爲中心的「普遍王權」（universal kingship）崩潰外，另一現象便係整個社會結構必須重新改造。1912年3月5日，報紙有則通俗歌謠，內容提到這樣的情況：

> 共和政體成，專制政體滅；中華民國成，清朝滅；總統成，皇帝滅；新內閣成，舊內閣滅；新官制成，舊官制滅；新教育興，舊教育滅；槍礮興，弓矢滅；新禮服興，翎頂補〔禮〕服滅；剪髮興，辮子滅；盤雲髻興，墮馬髻滅；愛國帽興，瓜皮帽滅；……陽曆興，陰曆滅；鞠躬禮興，拜跪禮滅；卡片興，大名刺滅；馬路興，城垣巷柵滅；律師興，訟師滅；槍斃興，斬絞滅；舞台名詞興，茶園名詞滅；旅館名詞興，客棧名詞滅。[3]

2 對近代中國「革命」意義的討論，可見：陳建華，《「革命」的現代性：中國革命話語考論》（上海：上海古籍出版社，2000）。

3 《時報》（上海），1912年3月5日，第6版「滑稽餘談」，吳冰心，〈新陳代謝〉。

這段引文凸顯了幾項問題：究竟在失去皇權後，其他所旁附的社會、文化等規範常軌，該如何來尋求出路？抑或進行變革、調適？而當傳統社會及政治秩序歷經解體後，過去帝制中國所建立抽象和普遍性的理想價值，是否也就跟著崩潰湮滅？或者還能保有原先的理解呢？實際上，這條邁向民主道路的歷史經驗既是充滿荊棘，而且也非一蹴可幾的。就在民國肇建之初，各種形形色色的新、舊現象到處充斥，說明政體革新並無徹底改變這個難產的國度，卻遺留下許多亟待克服的問題。

與上述課題既密切又饒富趣味的，莫過清遺民的態度，特別是他們的政治認同。「遺民」係中國歷史非常獨特的現象。環顧世界歷史的發展，中國跟其他民族或國家迴異處，即以改朝換代做爲解決治亂最終之道。每當遭逢易代之際，便有少數人爲了表達對故國舊君的眷戀，選擇以自我放逐或反對的方式對待新朝，他們的舉措便被視爲「遺民」[4]。歷來有關遺民的出處及抉擇，始終爲學界研究的熱門話題(詳後)。但須指出：清遺民是研究中國遺民歷史裡比較特殊的例子。從對政治的態度而言，他們忠貞的對象，卻係向來熟知的「滿清異族」。由此可知，清王朝塑造出來的政治意識，其影響層面及程度顯然超出我們以往的理解。無論從種族立場或政治道德而論，此一心態和現象，又該如何解釋？

清遺民議題呈現豐富的意涵，除了歷史上種族與政治問題外，也跟文化層面有著密切地關聯。他們反對的不單來自政治變革，更感嘆社會

4 這只是籠統概略性說法。在儒家經典中，其實有通稱「逸民」或「遺民」，但並無嚴格的劃分，大約直到清代的歸莊(1613-1673)才有所區別。他認為時人編纂《歷代遺民錄》有所混淆，應該純以政治的考量來解釋，例如說：「孔子表逸民，首伯夷、叔齊；《遺民錄》亦始於兩人，而其用意則異。凡懷道抱德不用於世者，皆謂之逸民；而遺民則惟在廢興之際，以為此前朝之所遺也」（歸莊，《歸莊集》〔北京：中華書局，1962〕，卷3〈歷代遺民錄序〉，總頁170）。關於遺民名詞的淵源及討論，已經有相當精采的研究可供詳參，見：趙園，《明清之際士大夫研究》（北京：北京大學出版社，1999），頁257-69。

良風善俗因而消逝，訴諸近代中國遭受西力衝擊和影響。更確切說，隨著清帝的遜位，這群效忠清朝的人，非惟面臨朝代的興亡鼎革而已，同時在由「臣民」被迫成爲「國民」過程中，還須承繼三項問題。第一是中國從帝制邁向民主共和，尤其晚清以降各項政治、社會制度歷經改革後所造成的衝擊。第二是對中西文化的看法，特別於民國後，以儒學爲軸心的政治文化和思想基調，面臨來自新文化和新學家的挑戰。最後則是民族主義及政治認同的問題，如何從傳統對待華－夷觀念的文化主義（culturalism），轉化爲政治性的民族主義。此三方面的壓力從清季起即隱約成形，到民國建立之時，更如洪流湧泉般一波波襲來，銳不可擋。正因爲如此，充分顯現了忠清遺民的遭遇及面對的問題，固然和過去有所不同，非但超乎宋元、明清易代之際士人，而且在心理與處境上勢將愈形複雜。

綜上所述，本研究希望以清遺民的政治認同爲討論，重新檢視19、20世紀之交中國在面臨政治文化轉型後各項問題，並嘗試從思想文化層面來解答民國初年的許多現象。

二、研究成果和回顧評述

全面檢討清遺民的思想和態度，迄今尚未多見；不過，與此相關的研究並非闕如。此處將大略分成兩部分：首先進行探索的，是歷代遺民史的回顧；其次則針對清遺民來談。

遺民史的回顧

我們知道，「遺民」之所以成爲中國歷史特殊的命題，與它涉及到傳統士大夫對君王忠誠的態度有關。近人的分析指出：中國最遲至春秋戰國時期，「忠」的觀念已經相當普及，不僅看做是一種美德（如《左傳・成公十年》：忠為令德)，而且也是被人們肯定的德行準則(如《左傳・文西元年》：忠，德之正也)。「忠」經常與「信」的表現相互依存，兩者成爲崇高的道德理念。伴隨先秦各國激烈的戰爭，荀子(約313-238B.C.)更以「通忠之順」，將「盡己」的精神轉化爲「利君」觀念，忠臣形象成爲後世效法的楷模對象[5]。遺民概念即根據「忠」的準則出發，但此名詞的完全形成，大概要到元明之際，最具體的例證即程敏政(1445-1499)編有《宋遺民錄》一書。在此以前，宋代可說是一段形塑關鍵期。由於兩宋與來自北方的遼、金、西夏、蒙古等游牧民族長期對峙，加上女真政權奪去華北漢族居地，使得當時人們在強烈的「夷夏之防」心理和「恢復」情結下，逐步增強「忠」的意識。此外，程朱理學在宋代大行其道；因此，凡是任官前朝的人，不應當繼續改仕新朝，此一「道德約束」獲得大力提倡和強調，也變得更爲抽象和普及[6]。

綜觀學界遺民史的研究，成果可謂豐碩，特別是宋、明兩代遺民，討論尤多。主要因素在於：關於宋、明遺民史料，和強調「夷夏之防」不願屈於征服王朝(dynasties of conquest)與「異族」的統治有關，所以極早已被有意識地保存下來。就個人初步觀察，目前大致研究的成績，約可區分爲三類：首先是仔細分析這兩代遺民的詩作、書畫，包括透過他們的作品，進一步呈現其思想與政治意態。由於此方面的研究易於進行，是以成果亟多，當中頗有以單獨著名的人物探討，或歸納成群體、

5 參考：王子今，《"忠"觀念研究：一種政治道德的文化源流與歷史演變》(長春：吉林教育出版社，1999)，頁29-102；寧可、蔣福亞，〈中國歷史上的皇權和忠君觀念〉，《歷史研究》，1994：2(北京)，頁85-6。

6 牟復禮(Frederick W. Mote, 1922-2005)對宋元之際士人有過精闢的討論，他將此類歷經改朝換代而拒絕出仕新朝的行為，稱之「強制性退隱」，見：F. W. Mote, "Confucian in the Yuan Period," in Arthur F. Wright ed., *The Confucian Persuasion* (Stanford: Stanford University Press, 1960), pp. 202-40.

地域來分析，方法上兼而有之[7]。其次，討論宋、明遺民的出處態度和行動，甚至涉及到他們呈現的儀式，相關研究也不少[8]。當然亦不乏從遺民的人際網絡，嘗試釐清他們的政治態度[9]。最後則從兩代遺民所代

---

7 為了避免行文累贅，這裡略舉幾種相關討論，以概其餘。如：Willard J. Peterson, "The Life of Ku Yen-wu (1613-1682)," *Harvard Journal of Asiatic Studies*, 28-9 (1968-1969), pp. 114-56, 201-47; 余英時，《方以智晚節考》（香港：新亞研究所，1972）；顧俊，《南宋遺民劉辰翁之研究》（台北：木鐸出版社，1982）；周全，《宋遺民謝翱及其晞髮集研究》（台北：復文圖書出版社，1987）；區志堅，〈明遺民查繼佐(1601-1676)晚年生活之研究〉，《中國文化研究所學報》，5（台北，1996），頁183-202；方勇，《南宋遺民詩人群體研究》（北京：人民出版社，2000）；王次澄，《宋元逸民詩論叢》（台北：大安出版社，2001）；陳寅恪，《柳如是別傳》（北京：三聯書店，2001〔1980初版〕）；鄭毓瑜，〈明清之際辭賦作品的「哀江南」論述：以夏完淳「大哀賦」為端緒的討論〉，《清華學報》，31：1-2（新竹，2001），頁1-36；鄭毓瑜，〈流亡的風景：「遊後樂園賦」與朱舜水的遺民書寫〉，《漢學研究》，20：2（台北，2002），頁1-28；嚴志雄，〈體物、記憶與遺民情境——屈大均一六五九年詠梅詩探究〉，《中國文哲研究集刊》，21（台北，2002. 9），頁43-88；Peter C. Sturman, "Sung Loyalist Calligraphy in the Early Years of the Yuan Dynasty"，《故宮學術季刊》，19：4（台北，2002），頁59-102；黃雅歆，〈清初遺民詩人吳嘉紀的山水詩〉，《中國文哲研究通訊》，13：3（台北，2003），頁49-64。

8 如：陳垣，《明季滇黔佛教考》（北京：中華書局，1962）；暴鴻昌，〈明季清初遺民逃禪現象論析〉，《江漢論壇》，總139（武昌，1992. 3），頁57-62；何冠彪，《明清人物與著述》（台北：台灣商務印書館，1996），〈明遺民對出處的抉擇與回應〉，頁95-140；何冠彪，《生與死：明季士大夫的抉擇》（台北：聯經出版事業有限公司，1997）；羅慶綦，〈明清之際查繼佐(1601-1676)的忠節觀及其出處〉（台北：國立台灣師範大學歷史研究所碩士論文，1998，未刊稿）；黃毓棟，〈明遺民對家庭出處的安排——寧都魏氏個案研究〉，《漢學研究》，22：2（台北，2004. 12），頁387-419。

9 如：白謙慎，〈傅山與魏一鼇：清初明遺民與仕清漢族官員關係的個案研究〉，《國立台灣大學美術史研究集刊》，3（台北，1996），頁95-139；黃色芬，〈華北仕清漢官與明遺民的出處〉（台北：國立台灣師範大學歷史研究所碩士論文，1997，未刊稿）；謝正光，《清初詩文與士人交遊考》（南京：南京大學出版社，2001）。

表的士人動向，來看改朝換代時的政治文化[10]。

宋、明遺民的研究可說行之有年。其中，「史學二陳」陳垣(1880-1971)、陳寅恪(1890-1969)成書極早，深獲著名，研究方法也屢引他人借鏡，迄今仍爲重要著作。類似採取陳寅恪的途徑進行的，譬如余英時，以方以智(1611-1671)爲個案，考察方氏作品，企圖掌握那些隱晦難現的詩文，發覆遺民心境；該書頗獲錢穆(1895-1990)稱譽，有序文爲憑。至於以整體討論的如謝慧賢(Jennifer W. Jay)、戴仁柱(Richard L. Davis)、何冠彪、趙園及謝正光等人，他們長期浸淫於遺民史料之中，卓然有成。試舉趙園《明清之際士大夫研究》爲例，此書共分上、下兩編，上編處理易代之際士大夫的論題，而下編則分析各種明遺民現象，可謂開啓遺民史研究的新頁。受到影響，邇來學界的研究日益熾盛，蓋有兩種趨勢：第一、擴及以往較被忽略的微型遺民人物，多將他們的著作視爲「文本」來分析；第二、受新文化史所啓發，經由服飾連結到政治認同之關係[11]，也逐漸得到重視。

前述遺民研究通常只有涵蓋到漢人統治的王朝。可是，若按照《春秋》對「夷夏之辨」的說法，抱持以文化主義做爲判準[12]，那麼歷經「異

10 Frederic Wakeman Jr., *The Great Enterprise: the Manchu Reconstruction of Imperial Order in Seventeenth-Century China* (Berkeley: University of California Press, 1985); Jennifer W. Jay, *A Changing in Dynasties: Loyalism in Thirteenth-Century China* (Bellingham: Western Washington University, Center for East Asian Studies, 1991); Richard L. Davis, *Wind Against the Mountain: the Crisis of Politics and Culture in Thirteenth-Century China* (Cambridge, MA.: Council on East Asian Studies, Harvard University, 1996).

11 如：林麗月，〈故國衣冠：鼎革易服與明清之際的遺民心態〉，《台灣師大歷史學報》，30（台北，2002. 6），頁39-56。

12 安部健夫，《中國人の天下観念》（東京：同志社大学出版会・東方文化講座委員会，1956），頁77、98；小倉芳彥，《中國古代政治思想研究》（東京：青木書店，1970），頁324-35。

族」統治下遺民，則係另一項值得深探的課題。關此，進入明代而忠於元王朝遺民的處境，亦引起若干重視[13]。元遺民研究所以獲致注意，因涉及兩項主題：第一爲種族觀，第二是正統觀，基本上都修正我們以往對征服王朝歷史的看法。例如，嚴夷夏之防的士人，理應不會對「異族」統治產生任何向心力，甚至無法將元朝視爲正統王朝。不過，錢穆乃至蕭啓慶的研究都證實真正情況未必如此。從他們細緻的分析中了解：元明之際士人似乎更站在前朝的立場，藉由書寫反映其同意或默許「異族」的統治。儘管達德斯(John W. Dardess)認爲：儒家思維才是士大夫願意臣服蒙古「異族」統治的主因[14]，但無論如何，元遺民的討論確實有別以往，改變了既有的歷史闡釋架構。可惜的是，有關中國另一征服王朝

---

13 錢穆，《中國學術思想史論叢(六)》（台北：素書樓文教基金會，2000〔1978初版〕），〈讀明初開國諸臣詩文集〉，頁84-185；〈讀明初開國諸臣詩文集續篇〉，頁186-216；汪栢年，〈元明之際江南隱逸士人〉（台北：台灣師範大學歷史究所碩士論文，1996，未刊稿）；林麗月，〈讀《海桑集》：論元明之際陳謨(1305-1400)的出處及其後世評價〉，收入：國立台灣大學歷史系(主編)，《世變、群體與個人：第一屆全國歷史學學術討論會論文集》（台北：國立台灣大學歷史系，1996），頁48-166；唐惠美，〈元明之際士人出處之研究：以宋濂為例〉（新竹：清華大學歷史研究碩士論文，2000，未刊稿）；劉祥光，〈從徽州文人的隱與仕看元末明初的忠節與隱逸〉，《大陸雜誌》，94：1（台北，1997），頁2-48；蕭啟慶，〈元明之際士人的多元政治抉擇：以各族進士為中心〉，《台大歷史學報》，32（台北，2003），頁77-138；蕭啟慶，《元朝史新論》（台北：允晨文化實業公司，1999），〈元明之際的蒙古色目遺民〉，頁120-54。

14 達德斯指稱：儒家思維中提供專業化官僚色彩，亦即決定效忠政權與否，實乃端看有無實踐專業的機會，因此漢人或異族政權，無關乎士人的向心力。見：John W. Dardess, *Confucianism and Autocracy: Professional Elite in the Founding of the Ming Dynasty* (Berkeley: University of Califomia Press, 1983), pp. 9-10. 最近也有學者以近代民族國家重新檢討此一問題。見：姚大力，〈中國歷史上的民族關係與國家認同〉，《中國學術》，總12（北京：商務印書館，2004. 12），頁187-206。

——清朝的遺民部分，至今尚無可資佐證。

關於清遺民的討論

長期以來，清遺民受到「政治正確」(political correctness)態度所影響，並無得到應有的研究和重視。即便有之，過去探討也多半牽連至清室復辟，且採取「負面」的策略和標籤看待[15]。直到1980年代的中晚期，隨著資料逐漸開放和沉澱，兩部以復辟運動爲主的研究論著相繼出現，這樣的情況於是改觀。

開啓討論清遺民的研究，原都屬於學位論文。最先在這一方面用力最深，並且具有篳路藍縷之功的，是胡平生的《民國初期的復辟派》一書(以下簡稱「胡著」)[16]。該書主題環繞在民初時期參與復辟活動的相關人物上；除了清遺民外，還包括有宗社黨及部分同情清室的北洋軍系人士。嚴格地說，胡著最大貢獻，除了是第一本專門討論民國復辟課題外，最能顯示作者功力之處，還在於資料的掌握和蒐羅，特別是中、日文材料，可謂十分詳盡，堪稱相關研究之翹楚。胡氏甚至另編有復辟運動的史料書籍[17]。可以說，胡著基本上提供了我們整體的座標和架構，可做爲進一步探索的基礎。

另一本以張勳(1854-1923)復辟爲題，是陳豪滿的碩士論文，兼論民初幾次復辟活動。他嘗試指出：近代中國由於革命派和後來共產革命的成功，幾乎搶占了所有歷史的版面，使得我們無法充分認識復辟的意義。在陳的眼中看來，復辟固然事出有因，但其真正內涵，係反映出中國革命的「不完全性」，並且也是導致民初政局始終動盪不安的因素所

---

15 如：章開沅、劉望齡，〈民國初年清朝“遺老”的復辟活動〉，《江漢學報》，總33（武昌，1964. 4），頁45-55。

16 胡平生，《民國初期的復辟派》（台北：台灣學生書局，1985）。

17 胡平生(編)，《復辟運動史料》（台北：正中書局，1992）。

在[18]。

儘管兩部論著，讓我們得以注意忠清遺民的歷史意義，可是這僅限於學術圈之中；若非大眾傳媒和全球「東方熱」的推波助瀾，遺民課題似乎不可能如此順利地激起西方學界的重視。隨著1987年奧斯卡金像獎電影「末代皇帝」(*The Last Emperor*，由義大利籍的貝納爾多·貝托魯奇〔Bernardo Bertolucci, 1940- 〕導演)的播映，有關滿清皇族和遺民的題材，更引發廣泛民眾的興趣和討論[19]。許多人開始著手從既有的研究脈絡，重新省思近代中國這群長期被忽略的聲音，以及他們的歷史地位。

實際上，在反思清遺民的政治心態前，部分遺民早已是人物討論的焦點。像康有為(1858-1927)，過去幾乎把研究關注在戊戌變法時期上，或是以此探討康的政治思想。日本學者竹內弘行率先倡行，分析康在民國後活動和思想，尤其擺在近代化層面，思考其地位，認定康主張復辟具有深刻的意義[20]。與康有為的研究一樣，許多人也留意其他知名遺民的心理層面。梁濟(1859-1918)個人自殺的行為，曾引發時人熱烈討論，也是後來學者關注的個案[21]。王國維(1877-1927)更是不遑多讓的實例。

---

18 Ho Man Chan, "The Revival of the Manchu Monarchy in Early Republican China with Special Reference to the Restoration Movement of Chang Hsun." (MA. Thesis, the University of Alberta, 1988).

19 曾經擔任「帝師」的陳寶琛，其後人子孫定居在美國，便因電影而備受各界矚目，成為被追訪的對象；又某部關於「滿洲國」研究的專書中，便順便提及這部電影所帶來的啟發。俱見：何藝文，〈孤忠傲骨一詩翁——謹記我外公「帝師」陳寶琛事略〉，《傳記文學》，54：2（台北，1989.2），64-84；Prasenjit Duara, *Sovereignty and Authenticity: Manchukuo and the East Asian Modern* (Lanham, Oxford: Rowman & Littlefield Publishers, 2003), p. ix.

20 竹內弘行，《後期康有為論——亡命・辛亥・復辟・五四》（京都：同朋舍，1987）。

21 林毓生，《思想與人物》（台北：聯經出版事業公司，1993，第八次印行），〈論梁巨川先生的自殺〉，頁197-227；韓華，〈梁濟自沉與民初信仰危機〉，《清史研究》，2006：1（北京），頁55-69；羅志田，〈對共和體制的失望：

近年來學術思想史的研究中，王氏即為熱門人物，相關傳記早已成書累牘，單篇論文亦復見不少。而王在辛亥革命後內心所面臨的衝擊，讓人愈發興味。葉嘉瑩、周明之等人即以學術和思想交涉，分析王氏「由開明而保守」的心路歷程[22]。而有些遺民，過去經常被視為態度「保守」，或政治立場上係屬背叛國家民族的「漢奸」，如今隨著資料與研究視野的開放，開始重新評價。鄭孝胥(1860-1938)，這位極富爭議的人物，儘管行為「狂誕」，可是回溯他在清末活動之作不乏可見；徐世昌(1855-1939)、陳三立(1852-1937)、羅振玉(1866-1940)及辜鴻銘(1857-1928)等人的歷史定位，也陸續有評傳、專著出現[23]。

個案分析固然能夠充分探求心曲，但為釐清整體的意義，學界也分別以不同的脈絡和主題理解清遺民。熊月之〈辛亥鼎革與租界遺老〉(以下簡稱「熊文」)即從晚清出現的特殊地理環境——租界——著手，窺探遺民的活動。他在文中明白指稱，忠清遺臣與歷代遺民的命運所以不

(續)

梁濟之死〉，《近代史研究》，2006：5（北京），頁1-10，餘不贅列。

22 葉嘉瑩，《王國維及其文學批評》（石家莊：河北教育出版社，1997），頁20-42；周明之，〈由開明而保守——辛亥政局對王國維思想與心理的衝擊〉，《漢學研究》，11：1（台北，1993. 6），頁103-34。關於王氏傳記，如早期Joey Bonner, *Wang Kuo-wei: An Intellectual Biography* (Cambridge, MA.: Harvard University Press, 1986). 最新的三部著作是：佐藤武敏，《王國維の生涯と学問》（東京：風間書房，2003）；陳鴻祥，《王國維傳》（北京：人民出版社，2004）；陳銘，《潮生潮落：王國維傳》（杭州：杭州出版社，2004）。

23 栗林幸雄，〈清末における鄭孝胥の思想と行動——幕僚・官僚時期を中心に〉，《社會文化史學》，38（茨城，1998. 3），頁61-78；徐臨江，《鄭孝胥前半生評傳》（上海：學林出版社，2003）；沈雲龍，《徐世昌評傳》（台北：傳記文學出版社，1979）；潘光哲，〈陳三立傳〉，《大陸雜誌》，93：2（台北，1996. 8），頁21-39、93：3（台北，1996. 9），頁25-36；羅琨、張永山，《羅振玉評傳》（南昌：百花洲文藝出版社，1996）；黃興濤，《文化怪傑辜鴻銘》（北京：中華書局，1995）；孔慶茂，《辜鴻銘評傳》（南昌：百花洲文藝出版社，1996）。

同，在於前者多了一項史所未有的選擇，即「不死、不降也不隱，而是到租界裡去做遺老」。熊文重點放在三處租界：即上海、天津與青島，分析遺民處境，認爲他們既保持了自我道德和生活安寧，還得到一定程度的安全與保障。並且，遺民平日的精神生活寬鬆，租界除了環境外，也提供了他們復辟活動的空間。最後，熊氏告訴讀者：「清末民初租界遺老，人數之多，影響之大，現象之奇特，則是絕無僅有，這在文化史、社會史上，都有深入研究的價值」[24]。

新近探討遺民在民國的活動，還注意以往所忽略的微型個案，並釐清與時代相關的問題。譬如，許多人不約而同留意到山西舉人劉大鵬(1857-1942)；透過劉氏日記的發掘，羅志田和關曉紅觀察清季民初社會的變遷，特別是有關科舉制度廢除的課題[25]。沈艾娣(Henrietta Harrison)全面檢討劉大鵬做爲地方士紳的功能及角色，分析20世紀中國面對現代化衝擊下，所呈現的困境；經由劉的日記娓娓道來，以爲現代化進程在中國顯然相當複雜，值得重新思考[26]。另外兩篇短文，則自民國時期公開出版的讀書筆記——《萇楚齋隨筆》出發，探索作者劉聲木(1878-1959)個人的思想意態。第一篇〈清遺民的心態及處境：以劉聲木《萇楚齋隨筆》爲例〉，爲我自己最初嘗試研究清遺民群體的作品。

---

24 熊月之，〈辛亥鼎革與租界遺老〉，《學術月刊》，2001：9（上海），頁12-5。我從工具書得知龐百騰(David Pong)目前進行長江下游的復辟運動，但未見成果，是否涉及租界則無法得知。見：安平秋、安樂哲(主編)，《北美漢學家辭典》（北京：人民文學出版社，2001），頁340。

25 羅志田，《權勢轉移：近代中國的思想、社會與學術》（武漢：湖北人民出版社，1999），〈科舉制的廢除與四民社會的解體——一個內地鄉紳眼中的近代社會變遷〉，頁161-90；關曉紅，〈科舉停廢與近代鄉村士子——以劉大鵬、朱峙三日記為視角的比較考察〉，《歷史研究》，2005：5（北京），頁84-99。尚有許多以劉大鵬為例的研究，不詳列。

26 Henrietta Harrison, *The Man Awakened from Dreams: One Man's Life in a North China Village, 1857-1942* (Stanford, CA.: Standford University Press, 2005).

主要論點指出，劉氏筆記內容裡呈現諸多對現況的不滿。簡單地說，劉試圖從中理出維護綱常觀和社會秩序間的關係，在借鑒歷代遺民敘事的同時，還刻意保留了許多忠清遺民的事蹟[27]。吳志鏗〈清遺民的晚清記憶——劉聲木個案研究〉進一步提出，透過劉氏著作發現：清遺民對晚清政局的看法，似與後世了解不同；同時藉由對過往的記憶，他們希望重塑自我的政治認同。例如言及清廷的失政，劉氏主要乃歸結於光緒（愛新覺羅・載湉〔1871-1908〕）中葉後各項政治措施失當所致，尤其新政、學堂和廢除科舉，殊屬關鍵；又如對慈禧（葉赫那拉・杏貞〔1835-1908〕）個人，筆記係以正面的形象描述，而光緒性格則是剛愎、懦弱；至於滿人，劉的筆記裡唯有稱道、惋惜和抱屈他們的處境，可是絕無所謂種族衝突的問題。[28]二文雖以微觀方式，研究像劉聲木這般以往未受重視的人物，但均說明：只要資料充分可以掌握和允許之下，分析清遺民的心態仍能大有斬獲。

還有將清遺民的定位及活動，放在做爲「文化遺民」的歷史脈絡來解讀，這方面以彭海鈴、桑兵爲代表。彭氏檢討廣東遺民汪兆鏞(1860-1939)的一生，並將汪置於清末民初嶺南地區的文化事業中看待。該書《汪兆鏞與近代粵澳文化》（以下簡稱「彭著」），特別說到前清遺臣以「遺老」自況，但「對他們而言，清室並不單純是政權的代表，亦是傳統文化的象徵」，因此著眼於以道自任的文化遺民[29]。經由檢視

27 林志宏，〈清遺民的心態及處境：以劉聲木《萇楚齋隨筆》為例〉，《東吳歷史學報》，9（台北，2003. 3），頁183-218。

28 吳志鏗，〈清遺民的晚清記憶——劉聲木個案研究〉，收在：李國祁（主編），《郭廷以先生百歲冥誕紀念史學論文集》（台北：台灣商務印書館，2005），頁315-53。

29 彭海鈴，《汪兆鏞與近代粵澳文化》（廣州：廣東人民出版社，2004），頁1-2。彭並列出「學術研究不斷」、「詩文創作甚多」、「編修史籍方志」、「從事教育工作」、「弘揚儒家思想」來佐證廣東遺民的文化工作。

汪氏，彭著還兼論廣東地區其他遺民的相關活動。桑兵則以「老輩」爲題，分析過去比較忽略的舊派學者，其中亦涉及遺民的部分。比較需要注意的是，桑氏指出：由新派學者所「理解」建構出來的「遺老」，只能算得上是「文化遺民」，卻非屬於政治方面的意義[30]。

綜觀新發展的研究趨勢，可知對清遺民的討論，不再局限於復辟的政治活動上。也正因爲如此，吾人理解忠清遺民的思想和活動，理應擺脫既有的框架，不受「政治正確」的道德價值所束縛。其次，以上所述的研究，有待發揮和釐清之處依然甚多。以胡著爲例，該書撰寫完成之時，部分重要的史料尚未歷經整理與出版[31]。但如今此方面的問題業已克服，對於我們重建清遺民的心態，無疑相當具有幫助，也說明此刻研究的大環境，顯然要比較客觀且適宜。再者，這些既有的研究雖各有擅場，可是未必達到「以樹見林」的效果；並且那群在革命之後心理出現轉折，支持復辟而廣受注意的人物，絕大多數又屬於鉅型的清遺民，相較其他不具知名度的遺民來說，反而後者就沒有得到應有的重視了。其中原因當然複雜不一：一方面固然與資料分散有關，另一方面則由於知名的個案，較易引人興趣。因此，如果想要全面地了解清遺民心態和處境的話，那麼就不該區分知名輕重與否，而是必須有策略性地進行掌握與深究。

三、資料的使用說明

30 桑兵，〈民國學界的老輩〉，《歷史研究》，2005：6（北京），頁3-24。

31 譬如，由中國歷史博物館編纂、勞祖德所整理的《鄭孝胥日記》（北京：中華書局，1993），即是一例。胡著基本上引用鄭氏日記，仍來自存萃學社編集的《1917年丁巳清帝復辟史料彙輯》（香港：大東圖書公司，1977，按：此書底本乃《近代史資料》，輯35）。

迄今清遺民資料，數量可謂龐大，非惟零散，且蒐羅匪易。關此大致可自四方面進行討論。第一是清遺民個人出版的文集及輯佚文鈔。這部分泰半集中在沈雲龍(1910-1987)所編的近代中國史料叢刊(文海出版社重印本)，已相當完備，爲蒐集史料節省了許多時間。此點還可從胡平生《民國初期的復辟派》一書徵引的參考書目得知。不過誠如前述，胡著係以復辟派爲著眼點，當中所涉及的人物，自然也以參與復辟運動的人士居多，而未曾直接涉入政治活動者則明顯較少。就目前蒐羅所見，以地區而言，廣東方面便一向被人忽視，幸而近來彭著的討論彌補了若干空闕[32]。至於其他地方，如江蘇吳縣有「三曹」——曹允源(1855-1927)、曹元忠(1865-1923)、曹元弼(1867-1953)，浙江的王舟瑤(1858-1925)，河南的王新楨(1850-1931)，湖南則有趙啓霖(1859-1935)，及晚年在上海活動的唐晏(1857-1920)、夏孫桐(1857-1941)；此外停留於北京的人士，像福建的陳寶琛(1848-1935)，吉林的成多祿(1864-1928)等，不一而足。他們都有文集出版，卻不見得親身參與政治活動，而資料也尚未被廣泛利用。

這些遺民的文集多爲家刻，可能未曾公開出版；有的甚至散藏各處圖書館，難於完整收齊。摒除業已出版的部分不談，對本書而言，相信至今未刊的稿本仍多[33]；非惟如是，陸續零星出版的文字資料依舊層出

32 自彭著徵引書目來看，如吳景涵編的《吳澹盦先生榮哀錄》(1936年鉛印本)、丁仁長《政廬日錄》(手稿，藏廣東省中山圖書館特藏部)，我都未見。可惜受限於研究環境，彭著也忽略了部分香港的出版品，如張錫恭《茹荼軒續集》、何藻翔《鄒崖詩集》、賴際熙《荔垞文存》、張啟煌《般粟齋集》等。

33 以我所知，如劉廷琛個人即是一例。就現有蒐得劉氏的史料，約有兩種，其一是《劉廷琛文稿》，藏於北京中國社會科學研究院內；另一為《劉廷琛墨跡》，則是我從民間影印而來。後者為清遺民陳毅的抄注本，經我比對後，兩者有若干篇的內容相符，顯示應非虛構，這裡要特別感謝山東濟南的安效忠先生提供此一資料。

不窮。例如，向來對康有爲資料蒐羅不遺餘力的蔣貴麟(1906-1993)，輯有〈康有爲收文錄〉(收在：《近代史資料》)，而錢仲聯(1908-2003)則輯有《沈曾植海日樓文鈔》(收在：《文獻》)、〈沈曾植未刊遺文〉(收在：《學術集林》)，兩位學者對此長年所下的功夫尤深，可惜至少到目前爲止，都還沒有充分運用。

清遺民另一應該重視的史料，係他們與友朋的來往書信。這些書信某種程度上反映了人際關係和交往圈，有時也透露公開出版品之外未能言明的真相。如今已有部分知名人物的書信先後排印，像繆荃孫(1844-1919)、羅振玉、王國維、康有爲等，都是顯例。另外，藏有名人書信的博物館、圖書館，均曾公布過相關資料；其中尤以旅順博物館及上海圖書館爲最(分別刊於《文獻》、《歷史文獻》)，譬如柯劭忞(1850-1933)、繆荃孫、寶熙(1871-1930)、王國維、勞乃宣(1842-1921)、沈曾植(1850-1922)等。不僅當事人的書信被保存而已，其他如張元濟(1867-1959)、陳垣的書信集，與研究有關，亦頗値留心。

第二項與清遺民相關的材料，是那些由後人撰寫的碑傳、墓銘、行狀等文字。這些史料大致上篇幅很短，簡單呈現墓主個人的生平經歷，不過助益匪淺。無論當時編纂的閔爾昌(1886-1948)《碑傳集補》、汪兆鏞纂輯《碑傳集三編》，乃至近人卞孝萱、唐文權編《辛亥人物碑傳集》和《民國人物碑傳集》、中國社會科學院「近代史資料」編輯部主編《民國人物碑傳集》、錢仲聯主編的《廣清碑傳集》等，均抄錄大量民國人物，其中不乏相當數量、甚至是不知名的清遺民。然而，使用這類「傳狀誌銘」史料時，尤需注意以下三點：一、撰主和墓主的關係；二、書寫內容中強調的理念部分；三、記載的史實。總括言之，運用這些資料的特殊性，實不應忽略當中做爲「文獻」(documents)和「文本」(texts)之間的關聯。此處採取的研究策略，是把文字利用徵候式閱讀

(symptomatic reading)[34]，將它們製造的意義，視爲一種建構(constructing)的過程。

第三方面是年譜、日記等紀事資料。以年譜來說，除了知名的羅振玉、王國維、康有爲、梁鼎芬(1859-1919)、葉昌熾(1849-1917)、沈瑜慶(1858-1918)、王樹枏(1851-1936)、金梁(1878-1962)、鄭文焯(1856-1918)等人外，某些屬於微型清遺民，譬如丁傳靖(1870-1930)、邵章(1872-1953)、高覲昌(1856-1924)、方觀瀾(1832-1919後)等，他們在心態上都支持清室，但大多生平事蹟語焉不詳。近年來，北京圖書館陸續已出版館藏的稀見年譜手稿，對本書提供偌大地幫助。另外，尚有許多清遺民自訂的年譜，或由後人賡續完成，像汪兆鏞、周馥(1837-1921)、勞乃宣、吳士鑒(1868-1933)、張學華(1865-1951)、王舟瑤等，無論就內容還是書寫形式來說，都值得論究。

相較年譜而言，日記有時更能鉅細靡遺地反映個人心態的變化，這也是清遺民較歷代遺民的研究上更具優勢之處。1990年代以來，中國大陸學界亟爲努力發掘近代史料，日記每每成爲研究近現代人物不容或缺的材料之一。有關清遺民日記，目前其實也出版了不少[35]。一直飽受人們批判的鄭孝胥，其日記即是當中最重要而且篇幅最多的一部。此外，向來被譽稱爲「晚清四大日記」的葉昌熾《緣督廬日記》，最近也有來

34 這是借用阿圖塞(Louis Althusser, 1918-1990)的說法。他指稱閱讀方法至少有兩種：一是就外在單純字面的理解；另一則必須透過所謂「徵候式閱讀」，才能了解真相。阿圖塞說，徵候式閱讀為內在的，具有潛在而不可見的意義，換言之，體認「認識」並非反映而是生產，特別是一個新結論、新理論的生產。見：Louis Althusser, *Reading "Capital"* trans. by Ben Brewster (London: NLB, 1970), pp. 24-9.

35 當然還有一些尚未出版整理的日記，同樣值得我們重視。承馬忠文先生告知，如許寶蘅的日記，目前後人還在整理之中。另外，左紹佐的日記、鄒嘉來的《儀若日記》、劉承幹的《求恕齋日記》等，只有少數研究者使用該資料。

自蘇州圖書館的手稿完整重印本[36]；或是早已為許多學者關注的繆荃孫《藝風老人日記》及劉大鵬《退想齋日記》(摘錄本)等，也價值斐然。但須強調，實際上每位遺民私自保留的日記，因為時、空並非一致，各有其陳述重點，反映內容及意義亦不盡相同。例如胡嗣瑗(1869-1945)的《直廬日記》，時間主要為末代皇帝宣統(愛新覺羅・溥儀〔1906-1967〕，以下簡稱「溥儀」)留置天津歲月時的活動。而甫出版的《那桐日記》和徐世昌《韜養齋日記》，對民國後記載比較像流水帳式的紀錄，難以從中窺探有意義的部分；倒是另一部由謝興堯(1908-2006)整理的《榮慶日記》，反而深具豐富的意涵。其他又如郭曾炘(1855-1929)《邴廬日記》和袁金鎧(1869-1947)《傭廬日記語存》，係由生前讀書劄記摘錄而成，可是因為內容多涉時事，價值也相對提高許多。

最後，除了上述清遺民自身的資料外，本書還盡可能利用民國時期各類文獻，方使討論更趨完整。像是當時的報刊記載，可以獲知社會輿論和脈動，特別對遺民的態度和觀感。此外，還將涉及地方志，主要以民國後遺民參與編修的經驗來談。當然時人的評述、筆記，或者後人的回憶，也是書中討論進行時無法漠視的部分。由於研究清遺民的史料異常豐富，想要討論的議題必難掌握周全，忽略之處定然不少；但若能因此引起讀者興趣，繼而發掘相關問題，或許將是本書最大的貢獻所在。

四、名詞釋義

36 葉昌熾，《緣督廬日記》（南京：江蘇古籍出版社，2002）。此書另有王季烈的摘鈔本（台北：台灣學生書局，1964）可供比較。兩書最大差異是：原稿分量多，約有197萬1千餘字，王氏鈔本僅占三分之一，並且「以傷忠厚者，皆節去之」，但經比對後發現，王氏私自竄改處不少。相關討論可見：江慶柏(等)，《中國版本文化叢書・稿本》（南京：江蘇古籍出版社，2002），頁154-7。

政治文化

「政治文化」(political culture)是指從心理層面，探討個人與政治體制間互動關係的知識，企圖自個人的認知、情感、態度和行動等各種角度，考察並解釋政治體制本身的穩定和變化。自1956年阿蒙(Gabriel Almond, 1911-2002)首次提出此名詞後[37]，政治文化迄今仍爲政治學領域中相當重要的概念和議題。簡單地說，它意指某一民族／民眾／群體，在特定時期所普遍接受和奉行的一套政治取向。這些取向的性質，自然涉及了傳統、歷史記憶、動機、規範、感情，還有由此展現出來的象徵符號[38]；易言之，通過對過去的經歷與認知，人們進而形塑了自己對當下、未來有關政治行爲的態度和反應。同時，它的形成因素複雜，不僅包括了地理環境、民族性、宗教信仰等，甚至也和社會經濟的發展有關。

原來政治文化這項論點的創發，乃係針對二次戰後第三世界國家如何選擇民主政治的道路，從傳統到現代社會之過程裡，提出種種批判；而檢驗標準，則是取自西方(特別是歐美)國家實施民主政治的成果和經驗[39]。不過，隨著世人對民主政治有更深刻地體認，討論政治文化不再局限於現代化理論的框架，也日趨擴張到其他學科的研究，尤其是西方史學。儘管政治文化的定義依然眾說紛紜，但歐美史學界對此一概念極爲關注，特別關於法國革命的研究，深受影響[40]。這是因爲：政治文化

37 Gabriel A. Almond, "Comparative Political System," *Journal of Politics*, 18: 3 (1956 Aug.), pp. 391-409.

38 Kavanagh Dennis, *Political Culture* (London: Macmillan, 1972), pp. 10-1.

39 例如見：Gabriel A. Almond and Sidney Verba, *The Civic Culture: Political Attitudes and Democracy in Five Nations* (Princeton, NJ.: Princeton University Press, 1963), pp. 9-10.

40 我們都知道，對法國革命提出修正的柯班(Alfred Cobban, 1901-1968)，反對以

的研究提供歷史學界對以往許多人物、事件及現象，特別是那些模糊難辨的部分，賦予新的意義；因爲在個人的內心裡，政治的取向往往是最爲隱含、無意識，存在於日常生活和行動之中[41]。部分學者甚至以「意識型態」(ideology)、「民族性」(nationality)或「政治心理」(political psychology)等名稱，統稱這些所謂政治的取向[42]。

如今這股風氣也在中國研究產生效應。最早援用政治文化進行分析的學者，可能是白魯恂(Lucian W. Pye, 1921-)。他藉由探索中國近代化過程的權威危機，說明中共政權的本質。後來該項論點被加以擴大解釋，索樂文(Richard H. Solomon, 1937-)即探析行爲模式，討論中國人素來倚賴和相信權威，往往把集體利益凌駕於個人之上，認爲這正是傳統所形塑出來的政治文化。艾森斯塔特(Shmuel N. Eisenstadt, 1923-)和

(續)

階級分析來解釋革命的發生因素，緊接而來的孚雷(François Furet, 1927-1997)，更首倡要以政治文化研究做為取徑，解構了此一神話。見：Alfred Cobban, *The Social Interpretation of the French Revolution* (New York: Cambridge University Press, 1999〔1965〕); François Furet, *Interpreting the French Revolution* (New York: Cambridge University Press, 1989〔1981〕). 1980年代以來，陸續有以政治文化來分析法國革命的課題，如：Lynn Hunt、Mona Ozouf、Dena Goodman、Arlette Farge、Keith M. Baker、Jack Censer、Jeremy Popkin、Joan Landes等，不詳舉，見：T. C. W. Blanning, *The French Revolution: Class War or Culture Clash?* (New York: St. Martin's Press, Inc., 1998), pp. 7-8.

41 例如年鑒學派史家布洛克(Marc Bloch, 1886-1944)研究國王神蹟royal touch，即是透過政治儀式來了解文化的典範。有關這方面進一步說法，詳參：Lynn Hunt, *Politics, Culture, and Class in the French Revolution* (Berkeley: University of California Press, 1984), pp. 10-1; Keith M. Baker, *Inventing the French Revolution: Essays on French Political Culture in the Eighteenth Century* (Cambridge: Cambridge University Press, 1990), pp. 4-5.

42 格拉克(Carol Gluck, 1941-)討論現代日本，比較多提及意識型態一詞，但他的定義卻頗接近亨特(Lynn Hunt)對政治文化的說法。見：Carol Gluck, *Japan's Modern Myths: Ideology in the Late Meiji Period* (Princeton, NJ.: Princeton University Press, 1985), pp. 9-10.

墨子刻(Thomas A. Metzger, 1933-)則反對如此說法，指出儒家思想本有「道」、「勢」不相容的歷史經驗，無法完全抹殺和單純化中國的政治文化[43]。

直到最近幾年，幾部歷史的論著以探討政治文化爲主題，嘗試了解中國邁入近代國家之林的變遷與面貌。費約翰(John Fitzgerald)即以1920年代國民革命爲主軸，討論上世紀最初25年中國民族主義的發展，特別是政治上對文化的挪用[44]。另一部受到研究法國革命的啓發，從國慶日儀式、曆法、衣著、髮型等面向，分析政治文化及意識如何形塑，即沈艾娣討論民國公民的塑造[45]。相較於西方學者，洪長泰則擴大政治文化的意義，認定「政治已經不是少數菁英的活動，而是社會關係和文化的互動」；其集結成書的《新文化史與中國政治》，即是試圖展現如此的關係。該書還借鏡新文化史的研究取徑，討論1930到50年代初期中國政治文化的變化[46]。

此處擬採政治文化的概念，討論清遺民對政治的立場和態度，重新釐清近代中國從帝制到民主共和之轉變。研究主要觸及的問題核心有二。首先，我們認定帝制與共和係屬兩種不同性質的政治體制和文化，

43 Lucian W. Pye, *The Spirit of Chinese Politics: A Psychocultural Study of the Authority Crisis in Political Development* (Cambridge, MA.: M. I. T. Press, 1968); Richard H. Solomon, *Mao's Revolution and Chinese Political Culture* (Berkeley: University of California Press, 1971), pp. 4, 14, 75-9, 113-29; Shmuel N. Eisenstadt, *The Political Systems of Empires* (New York: Free Press, 1963); Thomas A. Metzger, *Escape from Predicament: Neo-Confucianism and China's Evolving Political Culture* (New York: Columbia University Press, 1977).

44 John Fitzgerald, *Awakening China: Politics, Culture, and Class in the Nationalist Revolution* (Stanford, CA.: Stanford University Press, 1996).

45 Henrietta Harrison, *The Making of the Republican Citizen: Political Ceremonies and Symbols in China, 1911-1929* (New York: Oxford University Press, 1999).

46 洪長泰，《新文化史與中國政治》（台北：一方出版有限公司，2003）。

然而在兩者轉型之際，許多人由於短時間無法適應，出現政治生活的矛盾及不和諧，因此產生態度及取向的分裂，導致政治認同的危機和紊亂。也就是說，在近代中國政治的轉型過程中，清遺民的政治認同凸顯出民國初期人們並無獲得共有的認知，呈現的是一種不完整的政治文化（fragmented political culture）型態[47]。

本書援引政治文化的第二項理由，是希望採取簡明的方式進行討論：一指政治思維和行動間的關係，另一是政治和文化雙重領域互動下的結果；既要檢討清遺民在清季民初的政治主張，也要深究他們在民國後文化活動的意涵，以及時人對其態度與情感的變化。我們將會發現：要談論清末民初的文化思想課題，政治其實還是無可逃避且須面對的一環。林毓生在討論「五・四」知識分子如何因應現實中國的問題時，曾一針見血指稱他們係「藉思想、文化以解決問題的方法」（the cultural-intellectualistic approach）[48]；然而，這些所謂的「思想、文化途徑」，實際上仍無法擺脫來自政治的幽靈所困。難怪在1920年，陳獨秀（1879-1942）決定改變原先創辦《新青年》（最初名為《青年雜誌》）的初衷，即是因為深刻感受到政治問題始終影響當時的人們。陳有段話這麼說：

> 你談政治也罷，不談政治也罷。除非逃在深山人跡絕對不到的地方，政治總會尋著你的。[49]

---

47 「不完整的政治文化」是來自羅森邦（Walter A. Rosenbaum）的看法，見：Walter A. Rosenbaum, *Political Culture* (New York: Praeger Publishers, 1975), pp. 37-52.

48 Yü-sheng Lin, *The Crisis of Chinese Consciousness: Radical Antitraditionalism in the May Fourth Era* (Madison: University of Wisconsin Press, 1979), pp. 26-30.

49 陳獨秀，〈談政治〉，《新青年》，8：1（北京，1920. 9. 1），頁1。

陳氏之語透露了政治給予人們莫名無形的壓力。即連胡適(1891-1962)自己期許要「二十年不談政治」的人，在時局激盪之下亦不可免俗，說政治是他「不感興趣的興趣」[50]。這裡當然絕非無限上綱，認定政治領域帶來各式的影響；但在我看來，清遺民似乎同樣也循著類似的途徑進行，只不過他們的目標不在「先破壞後建設」，而是如何繼續鞏固和維持。要了解這群人活動的意義，除了復辟外，各種象徵性的儀式，都與政治脫離不了關係。因此，分析此時期的政治文化轉型，毋寧也說明其重要性。

清遺民

對人文社會學科有基本認識的讀者應該同意：界定任何一項名詞的意涵，或確切地賦予定義，都將冒著種種例外出現的危險。因為人類社會的現象相當紛紜，理解個別人物思想，往往存有特殊性；尤其關於動機和行為的分析，絕非可以站在同一水平上來理解，有時甚至還會背道而馳，產生完全殊異的情況。也許我們可以設立幾種如同韋伯(Max Weber, 1864-1920)所談的「理想型」(ideal types)，觀察人物活動，卻難將他們的思想意態，統整劃歸成某種統一的概念。所以，從這個角度看，清遺民的地位和理解也是如此。

過去研究中要定義誰是「清遺民」，似乎尚無得到確切地答案。坊間有一本普及性的通俗讀物，名為「20世紀初中國的遺老遺少」，所開列的人物有：溥儀、張祥齋(1877-1957，即太監「小德張」)、徐世昌、張謇(1853-1926)、段祺瑞(1865-1936)、張勳、吳佩孚(1874-1939)、川島芳子(愛新覺羅・顯紆〔1907-1948〕，漢名「金璧輝」)、王國維、張

50 這方面討論見：羅志田，〈走向“政治解決”的“中國文藝復興”——五四前後思想文化運動與政治運動〉，《近代史研究》，1996：2（北京），頁120-52。

學良(1901-2004)等，舉凡與清室有關者，皆在「遺老」、「遺少」之列。不論其立場及地位(如張謇、張學良並非支持清室，而張祥齋則係太監)是否與「忠於清室」有關，說明普羅大眾對於何爲清遺民的認知，可謂相當模糊[51]。

最先開始探討復辟派的胡平生，便指出：

> 所謂遜清遺老，絕大多數是漢人，僅有極少數的漢軍旗人。民國初年，他們都深抱亡國之痛，散居於全國各地，……悲憤的程度不下於喪失「祖業」的滿洲人，對於清朝眷懷繫念，無以復加。[52]

胡氏所言約有兩點。首先，他從種族觀點和立場來區別，認爲「遜清遺老」係以漢人爲主，至於滿蒙的王公宗室則歸爲「宗社黨」。其次是自他們眷戀「故國」的態度而論。比較具有爭議的是第一點，宗社黨人能否視爲遺民？至少從當時遺民的角度觀察，兩者其實並無嚴格劃分。我們看鄭孝胥日記裡零星提及蒙古鑲藍旗人升允(1858-1931)的形跡及作爲，便能略知一二。對鄭氏來說，升允固爲忠清遺民，不過卻無明顯的種族考量。另一例當1931年升允葬於天津時，羅振玉曾說升歿後而遺老盡矣，亦爲顯例[53]。與胡著一樣，在熊月之的文章中，也沒有特別釐清所謂「遺老」的定義爲何？試舉熊文提出的三人：盛宣懷(1844-1916)、嚴復(1854-1921)、張士珩(約1857-1918)爲例，作者實際上並未申論到

51 焦靜宜，《20世紀初中國的遺老遺少》（北京：科學出版社，1989），可見該書目錄。

52 胡平生，《民國初期的復辟派》，頁53-4。

53 羅繼祖，《楓窗三錄》（大連：大連出版社，2000），頁151。

底怎樣界定他們的角色[54]。因此，以兩位的研究可知，想要嚴格區分清遺民的定義，確實存有高度困難。

真正無從描述清遺民的難處，還在時代環境所導致的結果。我們可以看到，清末民初歷史的發展，使得中國「遺民」定義出現極大的變化。一方面，以「王朝」(dynasty)做爲單位的歷史書寫，將無法繼續再維持下去，另一方面取而代之地，卻爲近代民族國家(nation-state)觀念的提出。梁啓超(1873-1929)提出〈新史學〉就是一個顯而易見的實例[55]。於是將發現：清遺民拒仕新朝的想法，隨著中國「天下國家」觀的瓦解，其合理與正當性便面臨重重危機。當中國只是一個步入世界政治體系之林的國度時，他們不能再從道德的觀點來約束自我，而「忠君」的想法不過是虛擬的原則和幻影，因此已無所謂「前朝」的意義。

這一點，若從1922年胡先驌(1894-1968)的劃分亦足得悉。胡以爲有兩類人物可視如「遺老」：一是「深知中國如欲立國於大地之上，必不能墨守故常；政法學術，必須有所更張。然仍以顛覆清室爲不道，【視】辛亥革命爲叛亂，不惜爲清室遺老者。」胡例舉的有沈曾植、陳三立、鄭孝胥和趙熙(1867-1948)等人。另一則有志維新，對清室初無仇視之心，而並不以清室遜國、民國興建爲綱紀隳壞的鉅變，可是卻以流人遺

---

54 盛宣懷和嚴復是近代中國史上名人，但兩人政治態度，無法確切歸為忠於清室。至於張士珩是李鴻章的外甥，熊文(頁14)僅說他在上海光復時，固守江南製造局，拒不投降，後來奔赴青島。所引的資料並無足夠說明張氏忠清態度，故存疑。

55 梁說以往的歷史書寫病原有四端，其中之一為「知有朝廷而不知有國家」，見：梁啟超，《飲冰室合集》（北京：中華書局，1989，據上海中華書局1936年版影印），文集之九，〈新史學〉，頁1-32。這方面相關研究很多，最近的討論可見：黃克武，〈梁啟超與中國現代史學之追尋〉，《中央研究院近代史研究所集刊》，41（台北，2003. 9），頁181-213；Peter Zarrow, “Old Myth into New History: the Building Blocks of Liang Qichao’s ‘New History’,” *Historgriphy East & West* 1: 2(2003), pp. 204-44.

老而終其一生者[56]。細究胡的看法，這兩類「遺老」之作爲即中國對於「遺民」和「逸民」的理解。前者乃抱持逆違眾意之心，儘管知曉中國終將爲列國一環，卻不惜以遺民自視；後者「有志維新」，說明體認到民主共和體制的來臨，只願隱身沒世而終老。兩方面都體認王朝觀既已難以存在，只有積極與消極對待因應之別。可見想要更具體地劃分清楚誰是清遺民，將會產生諸多分歧。

而實際上，不獨時人難以給予遺民充分的身分和定義，連自己內心忠於清室的人，感受亦復如是。譬如，有分迄今仍未公開出版的《清遺逸傳稿》，爲我們留下諸多線索，可供分析。該稿的作者金梁，便係民國後忠於清室的遺民。此書敘文開始即說：稿本初擬名「清遺民傳稿，繼改遺臣，又改遺逸，見者皆有疑問，終乃定名曰『清史稿補』」。有足夠的理由可知：金梁在決定命名之時，界定遺民角色頗令他深感猶疑。像是有關對定義遺民身分上的困難：

> 余初草例言，即謂以嚴格論，必如夷齊，始得入傳，今有幾人？且即如夷齊薇蕨，何異周粟？……詎甘餓死，蓋大義所關，不容坐視；欲潔其身，而亂大倫，豈忠臣孝子所忍出哉？但有所為，雖污偽命，亦當略蹟原心，死且不辭，何論降辱？若偶託農商，或暫謀教育，輙即屏削；然則顧絳躬耕、傅山賣藥，以及孫王講學，皆作罪人，又豈仁人君子所忍言哉？或又疑生人入傳，余例言亦謂：雖生如死，不妨附錄，以待論定。[57]

---

56 胡先驌，〈書評：評俞恪士觚庵詩存〉，《學衡》，11（南京，1922. 11），頁6。

57 金梁，《清遺逸傳稿》（1942年鉛印本，東北師範大學圖書館藏），〈清史稿補敘〉，頁1。

所以基於「實補史闕，不忍再遺」的考量下，《清遺逸傳稿》收錄多位相當具有爭議的人物，並把他們列爲忠清遺民之列：陳衍(1856-1938)、嚴修(1860-1929)、陳宧(1870-1939)等人均是。

關於清遺民，我們大致可從幾項普遍的現象及模式來獲得。首先最根本的前提，是這群人至少在民國建立後，對遜清宗室仍舊懷抱忠誠的態度。從心理層面而論，遺民僅認定對一家一姓的效忠，拒斥對「多數眾民」(或代表「多數眾民」的總統)的效忠。當然，如此忠於前朝的政治認同，有時並非表面上的展現，更多來自自我私下的態度。即使公開的墓誌銘，文字有時也未必會完全清楚表達[58]。本書第二章將處理此一課題，茲不贅述。另外，若能加以擴大了解他們的動機，有時也非全以忠清爲滿足。充分釐清這樣的心態，卻是第二項前提：清遺民相當反對民國的政治體制。即言之，他們內心厭惡民主共和的政治理念與價值。

忠清遺民除了來自對個人內心產生的政治認同外，有時他們還是一種別人眼光的「賦予」與看待，好比籍貫和族群一般，同樣也是歷經「社會建構」(social construction)的過程[59]。像是「遺老」一詞，既可通指

58 此處以兩個實例說明。第一例是惲毓鼎，如果我們只從清遺民曹允源所撰的墓誌銘內容來看（曹允源，〈誥授資政大夫贈頭品頂戴原任日講起居注官二品銜翰林院侍讀學士惲府君墓誌銘〉，收在：卞孝萱、唐文權〔編〕，《辛亥人物碑傳集》〔北京：團結出版社，1991〕，頁738-40），似乎難以得知惲氏遺民身分。所以從公領域角色而論，惲氏無法被認定是為忠清遺民。不過，隨著惲的日記出版，卻揭開了其中不為人知的一面。第二例是趙啟霖，如果我們細讀趙氏墓誌銘，實難以窺知其遺民身分。因為銘文之中僅「深山古榻，守道樂貧，讀禾黍之思，時縈筆札間，讀者可以知其志已」（趙啟霖，《趙瀞園集》〔長沙：湖南出版社，1992〕，「附錄」，陳繼訓，〈清四川提學使趙公墓表〉，總頁382-4）寥寥數句。唯一可以發現的是，作者陳繼訓在文末以遜清官職銜名，耐人尋味。只有通讀趙氏詩文集，才能略知他個人想法及心態。

59 近人在探討上海地區「蘇北人」一詞時，亦認定這群移民的身分必須被視為建構的過程，而非傳統下出現的產物。見：Emily Honig, *Creating Chinese*

那些效忠清室的遺民，亦可稱謂內心贊同傳統學問的舊輩士人。但若仔細區分，兩者的性質實有不同，關鍵即來自社會輿論的建構。以下兩例，頗可說明如此現象。第一例證爲1910年代末期四川成都有「麗澤會」，參與組織者多半爲當地耆舊或保存「國粹」的教員，正是年輕學子周傳儒(1900-1988)口中的「遺老」人物[60]。另一實例則是1919年3月，錢玄同(1887-1939)在《新青年》發表文字，批評所謂「遺老」心態。他並無公開點名，指責看到黃侃(1868-1935)填的一首詞：

> 故國頹陽，壞宮芳草，秋燕似客何依？笳咽嚴城，漏停高閣，何年翠輦重歸？

錢氏解釋說，從字面看來，前面兩句頗有像「遺老」的口吻，似乎希望「復辟」的意思。但錢這裡還特別強調：他所熟識的黃侃，其實是位道地的老革命黨人，支持民國的政治立場始終如一，沒有變節。錢最後把原因歸結到中國舊文學的遺毒身上：

> 他決非因為眷戀清廷，才來譏刺創造民國的人；他更非附和林紓、樊增祥這班「文理不通的大文豪」，才來罵主張國語文學的人。我深曉得他近來的狀況，我敢保【證】他現在的確是民國的國民，決不是想做「遺老」，也決不是抱住「遺老」的腿想做「遺少」。那麼，何以這首詞裡有這樣的口氣呢？這並不

(續)

Ethnicity: Subei People in Shanghai, 1850-1980 (New Haven: Yale University Press, 1992), pp. 6-9.

60 周傳儒，〈自傳〉，收在：北京圖書館文獻編輯部、吉林省圖書館學會會刊編輯部(編)，《中國當代社會科學家》，2 (北京：書目文獻出版社，1982)，頁2。

> 難懂。這個理由，簡單幾句話就說得明白的，就是中國舊文學的格局和用字之類，據說都有一定的「譜」的。[61]

此處無意討論黃氏的政治傾向究竟如何。然而，從前述兩例可知：認定誰是遺民、誰具有所謂遺民的心態，不單是清遺民自我的認同而已，社會輿論所形塑的評價和變化，也是不容忽視的面向。

因此，本書所指涉的政治認同，既有自主性的創發，同時也是他者(other)社群的壓迫力量下而產生。基於認同本身的複雜和豐富，吾人理解清遺民及其形成的價值觀，應該看做一種社會群體的共識與表象，而非強加以幾種概念來含括。

五、研究架構安排

爲了能夠充分了解清遺民的政治認同和態度，本書認爲：應該擺脫過去的視角，看待這群人物既定的形象，認真從歷史脈絡中重新挖掘其定位。換言之，在分析遺民的動機與行爲時，有必要加以「去熟悉化」(defamiliarized)[62]，如此才能掌握他們的心態和處境。針對於此，本書除緒論、結論外，預計從以下幾項論題來分析，共分爲七章。

第一、二章主要呈現忠清遺民的出處，透過他們在民國後的活動範圍及儀式認同，釐清其心態。事實上，對清遺民來說，每個人選擇「決定成爲遺民」的時機，並非一致。當中原因，固與清室的和平退位有關；因爲缺乏了像歷史上改朝易代那樣激烈的政治暴力，所以萌生效忠故國

61 玄同，〈隨感錄(五五)〉，《新青年》，6：3（北京，1919. 3. 15），頁4。個別標點偶有更易。

62 關於這方面的討論，請參考：王汎森，〈中國近代思想文化史研究的若干思考〉，《新史學》，14：4（台北，2003. 12），頁183。

的作爲，也顯得相當紛歧。此外，由於對民主共和的抉擇不一，有的遺民在清室退位之際，積極投入反對民國政府的活動，但另有人卻要直到某些政治事件的發生（如張勳復辟、溥儀被逐出紫禁城等），受到了這樣或那樣情感刺激，才影響其政治態度。所以，清遺民與歷代遺民的處境和心態，既是殊異而且複雜，極難以單一的向度來區分。此爲這兩章所欲探討的主題。

第三、四章扣緊政治和文化的關聯，交互探索清遺民的認同。第三章以文化政治（cultural politics）爲取徑，討論清遺民的各項著作，藉由他們的書寫，分析自我的認同。我將從他們集體參與編纂《清史稿》和地方志，乃至於個人的著作——如遺民錄、碑傳集、詩話等體裁來分析。第四章則是針對遺民在民初政治的主張和活動，其中五代觀、孔教、共和等說法，還有設立讀經會，都是他們當時主要的言論，藉此進而推究其「重建社會秩序」的主張和思想。

第五章與第六章是自輿論的角度，檢視清遺民的形象及其變化。第五章涉及清遺民的學術成績。隨著時局形勢演變，傳統學問面臨新學的挑戰，而清遺民的學問慢慢被視爲「古董化」傾向，「遺老」一詞也開始出現「負面」說法。1924年溥儀被逐出紫禁城，原來的皇宮成爲「故宮」，象徵新舊學術意義上更替。第六章集中以王國維的自沉爲例，分析來自各方的言論。王氏之死曾引起眾聲喧嘩，各種議論紛紛出現。我們頗可從中了解清遺民堅持的道德精神，正逐步在現實環境下遭受「失語」（voiceless）處境；而另一套對王氏的歷史記憶和評價定位開始出現，此一現象說明政治文化的變化。大抵而言，這兩章要討論的層面，均將涉及情感的轉變。

最後一章試圖分析清遺民和「滿洲國」的關係。對清遺民而言，「滿洲國」的成立毋寧具有民族情感及利益上糾葛，但他們究竟怎樣來平復此一矛盾和衝突？本書嘗試指出：清遺民面對1930年代民治和獨裁爭論，使得他們在左－右傾的兩條政治路線中，尋覓自我政治認同及安身立命之道。就此一角度思忖，建立「滿洲國」非惟是清遺民最後奮力一搏的訴求，也是在帝制到共和之途上，尋求理想國度的表現。儘管「滿洲國」後來未必按照這樣的理念進行，但不妨視爲中國民眾(特別係清遺民)在對民主政治抉擇裡，另一發展出來的面向。

第一章
異鄉偏聚故人多：
活動範圍

事之成敗，固在認真。中興之時，國家統一，立身有所，勳業有名，大成小成，均能獲益。國變之後，局勢全非，「忠節」二字，完全無著，出力不知為誰，捨生尤為白死，……即欲認真，無真可認，雖諸葛復生，亦無良法，而況不如諸葛乎？

——楊鈞(1881-1940)[1]

前言

1911年秋冬之際，四川因鐵路國有政策發生爭路風潮。在湖北武昌的革命黨人，眼見機不可失，於是乘時起事。令人出乎意料之外，這場革命事件因爲運籌得宜而成功。此一突如其來的勝利，致使全國十四省接連響應，結果勢如排山倒海般，竟造成清帝宣布遜位。革命火苗迅速蔓延，原因固然紛雜；但關鍵在基層士紳動向的變化。許多加入立憲派的士紳，後來積極捲入革命活動，態度由妥協轉而贊助[2]。原本可能引

1 楊鈞，《草堂之靈》（長沙：岳麓書社，1985，據1928年成化書局刻本排印），卷14〈認真〉，總頁272。

2 關於這方面的討論，請見：張朋園，《立憲派與辛亥革命》（台北：中央研究院近代史研究所，1969）。

發流血衝突的事件，卻因基層顯露民心的向背，使得政權轉移得以和平落幕。

然而，政局雖以平和的方式收場，卻是一場「不完全的革命」。經過幾番斡旋之後，原來擔任內閣總理的袁世凱(1859-1916)，成爲民國總統，正式繼承清朝近三百年的基業。據說年幼的遜帝溥儀，某次接見民國官員，嘗有「何民國人似曾相識之多耶」的疑問[3]。傳聞自然無法當真，卻印證了「不完全革命」的事實。如同魯迅(周樹人，1881-1936)筆下〈阿Q正傳〉描寫一般，傳統社會並未被革命浪潮沖蝕，未庄(即諧音「偽裝」)人們不過經歷一場投機的遊戲而已，縣官、鄉紳更換名稱後繼續安然存在[4]。連一位江蘇無錫的蔣姓士人，亦有如此的表示，形容革命形同水中之月，不可憑恃。他的一首詩反映內心想法：「出塞未餐胡虜肉，犁庭失斬郅支頭」[5]，未見真正勝利的來臨。反觀清室朝臣，同樣震懾於革命不完全的後果；他們訝異如此結局，撼動清社易屋，聲稱這場政治鉅變，「亡國未有如此之易者」[6]。

---

3 楊圻(著)，馬衛中、潘虹(校點)，《江山萬里樓詩詞鈔》(上海：上海古籍出版社，2003)，〈紀感詩〉，頁134。寶熙所見頗能印證如此說法，其言隆裕太后聖壽節，民國派遣國務員以外國禮儀祝賀，「其中僅有一人出身貢生未曾入仕外，餘皆舊日朝紳也。」見：房學惠(整理)，〈羅振玉友朋書札．寶熙致羅振玉(1913年3月27日)〉，《文獻》，2005：2(北京)，頁52。

4 魯迅，《魯迅全集》(北京：人民文學出版社，1956)，卷1，〈阿Q正傳〉，頁104。

5 蔣同超，〈辛亥革命後感事〉，收入：毛大奉、王斯琴(編注)，《近百年詩鈔》(長沙：岳麓書社，1999)，頁27。

6 繆荃孫，《藝風堂文漫存》(台北：文史哲出版社，1973，據民國排印本影印)，《癸甲稿》，卷4〈書楊和甫遺墨後〉，頁170。據聞恭親王直斥這是「降敵」行為，連葉昌熾也在日記中寫道：「淪胥之禍，亦未有易於此時者也。」俱見：蘇輿(著)，楊菁(點校)，林慶彰、蔣秋華(編輯)，《蘇輿詩文集》(台北：中央研究院文哲研究所，2005)，《辛亥溅淚集》，卷4，總頁251-2；葉昌熾，《緣督廬日記》，頁6879。

政權和平轉移的另一影響，是逐漸改變中國固有的政治文化和生態，值得留意是君臣觀念的變化。眾所周知，皇帝制度在中國實施近二千年，可是民國肇建，政治訴求以人民當家作主，遂使原來所承襲的整套價值系統，備受挑戰。最顯明實例，就是「臣民」到「國民」情感的轉變，得有充足理由，不再背負「事二姓」之嫌。如有謂：

> 今之改仕民國者，亦皆藉口於為斯民公僕，救中國之危亡。且國無專屬，並無事二姓之嫌。正朱子所謂「自有一種議論」也。[7]

所以人們普遍認定「今之世，因與易姓受命者不同」[8]，無疑說明「普遍王權」觀的衰落。更何況溥儀遜位，只是按照臨時政府頒布的優待辦法而退，其間並無造成任何人員的傷亡。這樣「和平」地轉移政權，缺少像歷代可歌可泣的忠烈事蹟；君臣觀念歷經轉化，結果反而塑造民國政府的合法和正當性。因此，時人頗有調侃當時的君臣之義淡薄，遂有門聯上撰寫「君在，臣何敢死？寇至，我則先逃」之語[9]。

當然君臣態度的改弦易轍，並非驟然可及。民國初立未久，社會上普遍還有支持與反對的兩股力量。以歷史教科書爲例，尚有稱清代爲「國朝」，甚至以文字空格或抬頭的情況。蔣復璁(1898-1990)回憶幼時就讀於錢塘高等小學堂，發現同學間彼此看法亦有不同：有人把文字改稱

---

7 惲毓鼎(著)，史曉風(整理)，《惲毓鼎澄齋日記》（杭州：浙江古籍出版社，2004），頁584。

8 嚴修(自訂)，高凌雯(補)，嚴仁曾(增編)，王承禮(輯注)，張平宇(參校)，《嚴修年譜》（濟南：齊魯書社，1990），頁332。

9 徐珂，《清稗類鈔》（北京：中華書局，1984），冊4「譏諷類」，〈君在臣何敢死〉條，總頁1670。

「本朝」，此外竟有直接改爲「清朝」的人[10]。從這兩種迥異的態度，可以想見背後反映的政治認知和差距。同樣在時人的日記裡，也可看到類似文字和現象[11]。顯然，直言「本朝」，表示對清室還有支持的意味，未必同意共和民國的立場；至於逕稱「清朝」，無異把清室看做既陳芻狗，置入歷史的洪流中了。

教科書雖未馬上透過改寫符合時事，可是人們對它的反應，卻充滿興味，顯得相當敏感。以做爲書寫記憶的載體而言，教科書無疑說明社會中對帝制與共和政體，還存有不同的認知。清遺民忠於前君，並在民初政局屢有復辟的言論和行動，便是其中具體而微的群體。此處所論，即以他們在民國後的活動範圍爲主，分析各地間遺民的態度和差異。

要確切掌握和描繪清遺民的動向，實非易事。近人的討論指出他們散居和分布在各處通商大邑[12]，但並無詳加探析。嚴格說來，遺民活動仍有時間和層次上的區別。以在中央任官的朝臣而言，早自清室遜國之前，已有部分的人遠離北京，紛紛歸鄉或退居在野(如：沈曾植、瞿鴻禨〔1850-1918〕)。還有的人則是出任外官(如：鄭孝胥、勞乃宣)，眼看清廷瞬間崩解，接受退位條件，頗有孤臣無力回天之感。可是絕大部分的朝臣，乃等到清帝退位詔書公布，才紛紛告老還鄉(如：何藻翔〔1865-1930〕)，或是退隱另謀政治依附(如：周馥、徐世昌)，成爲所謂

---

10 蔣復璁(等口述)，黃克武(編撰)，《蔣復璁口述回憶錄》（台北：中央研究院近代史研究所，2000），頁23-4。

11 惲毓鼎，《惲毓鼎澄齋日記》，頁700。惲氏抨擊當時張元奇出版的《清外史》，認為該書直呼帝名，甚至「滿朝」、「滿帝」、「清廷」等字眼到處出現，醜詆清室不遺餘力，表示不滿。另外，鄭孝胥日記裡也刊載報紙言陝西、甘肅、新疆三省紳民絕不承認共和。見：中國歷史博物館(編)，勞祖德(整理)，《鄭孝胥日記》，頁1385。

12 劉望齡，《辛亥革命後帝制復辟和反復辟鬥爭》（北京：人民出版社，1975），頁64。胡平生的《民國初期的復辟派》主要論據乃引此書，見：頁53-4。

的「舊官僚群」。此外，還有那些從未進入官僚體系的廣大士紳階層，民國建立後依然眷戀舊朝舊君（如：汪兆鏞、王舟瑤），誓以忠清為己任。

為了方便探討清遺民的活動，本章試以地域來分析。以下內容將區分為幾處：京津、青島租界、上海、廣東及港澳，最後無法歸類的部分則列為其他各處。

第一節　京津

雖然面臨黍離之痛，許多朝官在遜國時紛紛走避他處[13]，北京、天津兩地仍為政權更替後中國政治和文化的重心所在。不少資料顯示，清遺民最後選擇伏處京津地區，閉門隱居。他們的考慮旋有數因：其一、繼續從事尚未完成的工作，而遜帝仍在紫禁城內，可隨時往謁問安。其二、基於原先人際的互動，容易掌握業已熟悉的環境。其三、受到現實的生計影響，不便貿然播遷，如果遷往租界，生活費用勢將提高，不若留京易於尋求工作，機會反而較大。其四、這些蟄伏京津的遺民，心態多半厭惡共和，傾向恢復帝制，因此有人成為民國官僚，藉以等待時機來臨。

清遺民留置北京，續成未竟之業，編纂《德宗實錄》即為一例。該書的纂輯早自宣統元年（1909）開始，依例開館命臣進行。清室遜國時，館員紛紛星散，實錄的原稿僅成十之一二，世續（1853-1922）、陸潤庠（1841-1915）奉詔續任總纂，率領遺臣袁勵準（1875-1936）、朱汝珍（1869-1943）、曾習經（1867-1926）、溫肅（1879-1939）、黎湛枝（1870-1928）等人，殫心修竣。一直要到1920年，整部篇幅為597卷的《德宗實錄》始

13　根據京津路局調查，1911年底京官出京者約有40萬人。見：惲毓鼎，《惲毓鼎澄齋日記》，頁565。按：此項統計當應含家眷。

修繕完畢，然由於人力、經費等因素，只有抄錄兩部以供備查[14]。籍貫爲福建侯官的郭曾炘，在清社易屋後並未選擇返歸家鄉，仍然隱居京津。王國維在爲郭寫的七十壽辰祝賀文裡，極力稱許他始終參與撰作實錄，說「載筆之勤，已足見其心事之純白、精神之強固」，[15] 殊屬公允。不但如此，郭氏也把這項工作，視爲晚年最重要的職志，向子姪輩自承「國變後，無絲毫戀世意，獨此事爲未了之責」[16]。

而眾所周知盡忠職守的證例，當然莫屬梁鼎芬的結廬固守崇陵。爲了監督建陵工程，梁氏積極涉入相關事務；儘管時人頗以「好名者」譏之，可是梁氏的守護崇陵，仍被視爲忠貞清室的作爲[17]。這方面的遺聞軼事相當多，不勝枚舉。譬如：梁認爲當地缺乏栽種樹木，四處鼓勵遺臣募款種樹[18]。除了拍攝自己種樹的照片以茲紀念（如圖1-1）、親以文字向人籌款外[19]，梁氏採用的辦法極爲特別。他先是訂購了二、三百隻的陶瓷酒瓶，放置陵園中蒐羅飄雪；接著將裝滿後的酒瓶，封上紅色紙簽，上面並標示「崇陵雪泉」。於是又寫分公告啓事，說明崇陵必須栽樹的理由，隨後四處探訪北京各親貴與遺臣，規勸其出錢購買。如果捐款之

14 何藻翔，《鄒崖詩集：附年譜》（香港：何鴻平印行，1958），〈雜憶〉，頁42；秦國經，《遜清皇室軼事》（北京：紫禁城出版社，1985），頁119-20。

15 王國維，《海寧王靜安先生遺書》（台北：台灣商務印書館，1979，台二版），《觀堂別集》，〈郭春榆宮保七十壽序〉，總頁1425。

16 章鈺，《四當齋集》（台北：文海出版社，1986，影印民國廿六年〔1937〕排印本，收在：近代中國史料叢刊第3編第18輯），卷6〈几杖引年圖記略〉，頁8。

17 林紓，〈答鄭孝胥書〉，引見：朱羲胄，《林琴南先生學行譜記四種》（台北：世界書局影印，1965），《貞文先生年譜》，卷2，頁57-8。

18 像是列有「報效」銜名清單，參見：楊敬安（輯），《梁節菴（鼎芬）先生賸稿》（台北：文海出版社，1971，收在：近代中國史料叢刊第63輯），卷上〈上世中堂續書二〉，頁7-8。

19 如事後還寫信告知崇陵種樹情況，見：楊敬安（輯），《梁節菴（鼎芬）先生賸稿》，卷上〈為崇陵種樹情況告慰親故啟〉，頁9-11。

圖1-1　梁鼎芬於崇陵種樹的照片

資料來源：劉北汜、徐啟憲(主編)，《故宮珍藏人物照片薈萃》（北京：紫禁城出版社，1995），頁254。

人出錢的數目與身分職位相稱，梁氏則含笑而別；反之，便予以言語相譏。而且，梁甚至揚言光緒皇帝奉安時，欲以身相殉[20]。

駐留京津，既因任務關係，消極來說，心態還有眷戀君主之意。前述參與纂修《德宗實錄》的曾習經，本爲廣東潮州人，可是實錄修竣後，

20　杜如松，〈民初修建清室崇陵和光緒「奉安」實況〉，收在：中國人民政治協商會議全國委員會文史資料研究員委員會(編)，《文史資料選輯》，10（北京：編者印行，1960），頁124-5。

並未隨即歸鄉，反倒遷居北京附近河寧縣，與三二遺民夾岸結廬，衡宇相望[21]。儘管曾氏不事生產，一度至貧，需以所藏的圖籍書畫易米過活，友人甚至因此勸他改遷上海，倚賴鬻字得潤爲生，不過曾仍決定固守故都。時人嘗稱曾習經係「心有所戀」，實乃戀君[22]。然自積極的層面而言，居處京津一方面能隨時接近君側，另一方面又可代替清室，公開與外界進行協調工作，且效忠貞。《那桐日記》就提供若干證據。1917年，爲了商討清室優待條件中增列憲法公民書之事，那氏還與世續、徐世昌等人，在自宅宴請北京的參、眾兩院議員[23]。

各種描述京津遺民的心態資料，惲毓鼎(1863-1918)也係具體而微之實例。在新近出版的《澄齋日記》中，刻畫類似的情形。例如1912年5月25日，惲氏有封長信給兩位兄長，敘說執意孤處北京的理由。總結該信內容，環境的因素可謂相當重要。惲指出北方政治環境，尚不若南方革命的風潮雲湧，是自己決定居處的主要理由。惲毓鼎甚至表示：「恆趙深冀(按：指山西、河北)之間，至今尚奉宣統正朔，確守遺經，不知革新爲何事」，所以有意「擇其文質相兼者而卜居焉」。可見如此生態，讓惲氏深覺政治環境並無太大的改變。信中他又提到兒子惲寶惠依然仕清，仍任副都統領禁衛軍，兼職實錄館，「完完全全爲舊日之官」，且言北京城內，尚存部分清朝之官。在惲的心目中，北京雖爲爭名之地，不過猶存老輩典型，比較符合理想的生活環境。從惲氏提到的種種理由，可以想見他滯留北京，人際關係也不容輕略。

惲氏這封信，還透露經濟方面的考量。他表明「凡都會碼頭，生活

21 孫淑彥，《曾習經先生年譜》（北京：中國文史出版社，2006），頁184-5。

22 黃濬(著)，許晏駢、蘇同炳(合編)，《花隨人聖盦摭憶全編》（台北：聯經出版事業有限公司，1979），頁360；倫明(著)，楊琥(點校)，《辛亥以來藏書紀事詩》（北京：北京燕山出版社，1999），頁81-2。

23 北京市檔案館(編)，《那桐日記》（北京：新華出版社，2006），頁839。

程度過高，只便仕宦經商，而不便久寓。」後來在日記多處，同樣有如是的觀感。像惲的門生自青島而來，向他陳述該地風物之美，猶似桃花源。惲氏聽後本來頗覺心動，但最終仍然放棄此一念頭。他的理由以爲該處「生活程度日高，非吾輩野人所宜近也」[24]。因爲舉家遷徙，已是一筆龐大支出費用，而且一到新地，未必立即有工作得以維持生計；若不小心，可能將造成入不敷出的窘況。相信抱持這樣想法的遺民不在少數，絕非僅惲毓鼎一人獨見，應是共相。章鈺(1865-1937)在武昌革命事起不久，匆匆寄拏天津；他致信給繆荃孫，提到「蘇垣尙伏危險，上海租界又非力所能勝」[25]，同樣呈現經濟因素的焦慮。

值得留意，身在京津地區遺民的人際關係，非可全以政治的態度爲分野。也就是說，他們過往密切的友朋當中，不乏出仕民國的舊官僚。榮慶在遜國後固以罪臣、遺民自期，絕跡不入舊京；寄寓天津之際，和昔日學部工作同僚嚴修，依然保持友善，日記裡常有彼此往來的紀錄[26]。猶有過之，因爲民初京津的政局紛陳，有些遺民迫於政治壓力和無奈，所以亦與北京政府的達官，維持良好的關係。那桐(1865-1925)每逢遜帝溥儀及太后壽辰時，均有所進奉，但同樣遇到大總統的生日時，亦無例外，派遣人員持片前往拜壽[27]，藉以籠絡。

因爲有著曖昧模糊的人際網絡，使得難以全面定義忠清遺民的身

24　以上引文均見：惲毓鼎，《惲毓鼎澄齋日記》，頁592-3、619。

25　顧廷龍(校閱)，《藝風堂友朋書札》（上海：上海古籍出版社，1980），頁588。

26　卞孝萱、唐文權(編)，《辛亥人物碑傳集》，卷13，王季烈，〈蒙古鄂卓爾文恪公家傳〉，總頁687。嚴修雖未出任民國官員，但與大總統袁世凱往來密切，對民國政府的態度亦無仇視。至於榮慶與嚴氏的互動，譬如1913年，聞嚴修將有泰西之行，榮早往送之，次日則嚴氏來小坐。俱見：謝興堯(整理點校注釋)，《榮慶日記》（西安：西北大學出版社，1986），頁231。

27　北京市檔案館(編)，《那桐日記》，頁781。

分，特別是掌握和分析他們的出處和心態。王樹枏，這位「國變」後隱居北京僻巷的遺民，和袁世凱私誼匪淺。據王氏自訂年譜云，1912年袁嘗借用王的力量居中協調，欲勸說升允罷兵，後來王堅持的理由是「不能爲亂臣賊子作辭客」，故而婉拒[28]。這當中透露的訊息頗耐人尋味：王樹枏既與袁世凱交情甚深，袁也寄予厚望，希冀其出面挽救政局；可是王氏卻將袁氏視如「亂臣賊子」，足見內心的政治態度一斑。後人爲王氏撰寫墓誌銘，也刻意標榜他辛亥後「遂不復出」[29]，似可斷定其遺民的立場。不過，若是仔細觀察王氏《陶廬文集》中銘文，便會驚覺實情未必如此。文集裡內容，還包含清遺臣和出任民國的官員；無怪乎王氏的政治傾向，頗受時人譏議。當袁世凱圖謀帝制時，有人持請願名單來邀喬樹枏(1850-1917)列名，喬氏私自更改，將「喬」易爲「王」字，並說王樹枏最喜做官[30]。王的例子，固然說明當時人們的印象，卻也凸顯其中複雜程度，遠遠超出我們預期。

另一位人物徐世昌，也飽受爭議，在民初的心態頗多紛歧。他在「國變」未幾，先到青島租界，後來折返北京；又剖析情勢，曾說：

> 世界上有三種有志之人：一為有志仙佛之人，一為有志聖賢之人，一為有志帝王之人。求為仙佛之人多則國弱，求為聖賢之人多則國治，求為帝王之人多則國亂。[31]

---

28 王樹枏，《陶廬老人隨年錄》（成都：四川人民出版社，1988，收在：《近代稗海》第12輯），頁401。

29 涂鳳書，〈新城王晉卿先生墓誌銘〉，收在：中國社會科學院「近代史資料」編輯部(主編)，鍾碧容、孫彩霞(編)，《民國人物碑傳集》（成都：四川人民出版社，1997），頁70。

30 劉成禺、張伯駒(等著)，《洪憲紀事詩三種》(上海：上海古籍出版社，1983)，頁54。

31 徐世昌，《韜養齋日記》（天津：天津圖書館出版社，2004），乙卯十二月藉以說明民主共和之無當。然而一方面，徐既與袁氏的關係密切，甚至出任民國國務卿和總統；一方面又與清室及遺民們往來熱絡，毫無忌諱。這位被時人泛稱作民國的「文治總統」，日記中經常出現「蒙恩賞」的字樣和記載，顯示與遜清皇室關係密邇。直迨1924年馮玉祥(1882-1948)將溥儀逐出紫禁城後，清室善後委員會在宮內進行文物調查時，赫然發現徐氏恩謝遜帝頒賞物品的親筆原函，引起社會軒然大波，一度遭受輿論撻伐[32]。誠如近人指出，徐世昌「身處專制與民主體制遞變之交，其必具有矛盾的雙重人格」[33]。而此一「矛盾」之情結和性格，非獨徐氏個人所有，京津遺民亦莫不兼具，當以政治情勢和人際網絡交互看待才行。

有的清遺民厭惡共和，冀望帝制再起，故轉而同情和支持洪憲稱帝。京津遺民身處複雜的官宦環境，特別有此無奈的感受。譬如，嚴復列名籌安會，向來頗引爭論[34]，然在部分忠於清室的遺民眼中，卻未必係屬「叛清」之人，原因是嚴氏反對共和體制。清室遜位前，嚴復曾向鄭孝胥表達「今日政府未必如桀，革黨未必如湯，吾何能遽去哉」的想法[35]。陳寶琛後來爲嚴撰寫墓誌銘時，也替其辯解，說他以爲「國人識度不適於共和」；而嚴氏列入籌安會名單，陳卻言他「始終不蒞會」，

(續)

廿二日條，未標頁碼。

32 這封函稿內容，見：羅家倫、黃季陸(主編)，《吳稚暉先生全集》（台北：中國國民黨中央委員會黨史史料編纂委員會，1969），〈溥儀先生〉，總頁518。

33 沈雲龍，《徐世昌評傳》，頁734。

34 如嚴的學生侯毅《洪憲舊聞》（收在：王建中〔等〕，《洪憲慘史》〔上海：上海書店，1998〕），頗為其師在籌安帝制的活動加以辯解。

35 中國歷史博物館(編)，《鄭孝胥日記》，頁1373。後來在1918年，鄭孝胥曾作詩有曰：「侯官嚴叟頹唐甚，可是遺山一輩人？」（《鄭孝胥日記》，頁1703）藉以探問其政治傾向。

深知中國必不滅舊法[36]，某種層面似乎憐憫其處境。我們也可從此一角度，衡量京津遺民難以言喻的境況。

複雜的人際網絡，加上高度同情帝制，自然給予京津地區部分的清遺民，得以藉口贊成洪憲帝制。惲毓鼎1912年時私下大膽預測：「滿清無望中興，共和決難成立，待其水益深火益熱，有大英雄者起而收之，以君主之名，實行共和之政。」[37]本來惲氏覺得袁世凱個性深沉，自問難及[38]；可是卻在關鍵時刻，毅然決定支持洪憲帝制。除了惲個人外，榮慶在民國後也尊稱袁世凱、黎元洪(1864-1928)爲總統、副總統，甚至直到袁氏稱帝之際，日記中猶標示「洪憲元年」[39]，顯見內心認同帝制的作法。另一位忠清遺民那桐的情況亦復如此，日記寫著：「今日命令改爲中華帝國洪憲元年」，接著袁氏歿而黎氏繼任，那氏還遣人往府宅祝賀[40]。有關這方面，下一章將會再繼續探索。

第二節 青島

山東距離京津地區較近，有些清遺民剛開始時考慮擇此避亂。尤其青島一地，從清季列強瓜分勢力範圍以來，便係德國的租借港口；加上德人爲了振興該地起見，積極羅致中國富豪紳宦前往，給予從優待遇，並保護殷勤[41]，因而流入該處租界的遺民人數不少。1913年，暫居於此

36 陳寶琛，《滄趣樓文存》（陳懋隨印行，1988），卷下〈嚴君幾道墓誌銘〉，頁21。

37 惲毓鼎，《惲毓鼎澄齋日記》，頁593。

38 惲毓鼎，《惲毓鼎澄齋日記》，頁666。

39 謝興堯(整理)，《榮慶日記》，頁233、270。

40 北京市檔案館(編)，《那桐日記》，頁814、824。

41 John E. Schrecker, *Imperialism and Chinese Nationalism: Germany in Shantung* (Cambridge, MA.: Harvard University Press, 1971);《大公報》（天津），1914年

的吳郁生(1855-1940)向葉昌熾介紹，形容該地：

> 青島為勞山之一支，逶迤入海，有火軌可通……海濱疏曠，鹹風撲袂，冬無凜寒，夏無酷熱，宜於衛生，尤宜避暑。惟賃廡不易，十金一椽，尚非精舍；糧食魚菜，皆自滬往，其值約高十之三。[42]

這段話足以想見遺民選擇青島的理由。首先，青島交通便利；其次是該地的氣候宜人，衛生條件亟佳，非常適合養居。雖然青島的物價偏高，頗不利居留，但清遺民還是願意前往，其中原因，應與能接受政治庇護，並隨時易於逃離海外有關。胡光煒分析清室遺臣的動向時，即稱居處青島的遺民，受到地利之便，多與日人有所聯繫，以便日後能夠遠走日本、朝鮮及東三省[43]，恐非無的放矢。所以辛亥革命後，受到恭親王愛新覺羅．溥偉(1880-1936，以下簡稱「溥偉」)號召下，勞乃宣、周馥、吳郁生、于式枚(1853-1915)、張人駿(1846-1927)等人，均先後避居在此，直到一次世界大戰爆發前夕爲止。

選擇青島做爲躲避戰亂之所，既有現實「地利」考量，還有「人和」因素。這裡所謂「人和」，概指人際帶來的吸引力；蓋居此遺民，多爲昔日清室重要遺臣，且遍及各官職，早已相互熟絡。陳毅(1873-1929)比較青島、天津、上海情況，點出「青島號最盛。大學士、軍機大臣、尚、侍、督、撫皆備」，有人甚至欲作〈青島寓公記〉[44]。此外，有的

(續)

2月13日，第4版，〈談叢・青島人物志〉。

42 葉昌熾，《緣督廬日記》，頁7213-4。

43 劉成禺，《世載堂雜憶》（北京：中華書局，1960），頁136。

44 陳毅，〈潛樓讀書記題律〉，原文未見，引自：申君，《清末民初雲煙錄》（成都：四川人民出版社，1984），頁85。

遺民在青島主持「尊孔文社」，藉講學以呼喚同志前來，勞乃宣即係顯例。他原本住在淶水附近，因周馥來函邀約，希望勞至青島主持社事，基於「既可不自出房租，又略有津貼」，於是決定舉家遷移[45]。德國著名的漢學家，同時也是同善會的教士尉禮賢(Richard Wilhelm, 1873-1930)，在山東創辦教育事業，名聲甚著[46]，亦與遷居此地的遺民們，往來密切。他不但延請劉廷琛(1868-1932)等人講學，後來調至北京，任德國使館顧問，嘗議設皇室的博物院和圖書館[47]。根據尉禮賢日後追憶，民初期間康有為、辜鴻銘等人，皆不時來訪；許多秘密進行中的復辟計畫，也都在此展開。並且，交往中還促成了文化交流和翻譯事業。例如，周馥之子周暹(叔弢，1891-1984)，與尉禮賢合譯康德(Immanuel Kant, 1724-1804)的《人心能力論》一書，由勞乃宣潤飾文字，後交上海商務印書館出版[48]。《易經》和《孟子》的翻譯則為另一例證。透過勞乃宣的幫忙，尉氏得以將兩書轉譯成德文。雙方在語言溝通及互動下，由勞氏先以中文口語講解，而尉禮賢做好筆記後，再據以行德文翻譯。不過，隨著戰事逐漸緊繃，該項工作後來由勞氏改以通信方式，

45 勞乃宣，《桐鄉勞先生遺稿》（1927年桐鄉盧氏校刊本），《韌叟自訂年譜》，頁19；韓行方、房學惠(整理)，〈勞乃宣致羅振玉書札十六通〉，《文獻》，1999：4（北京），頁268。勞氏並在「尊孔文社」有演說，見：勞乃宣，《桐鄉勞先生遺稿》，卷1〈論為學標準〉，頁30-3。

46 韓同文，〈花之安、尉禮賢與禮賢書院和文德女中〉，《山東文獻》，22：1（台北，1996. 6），頁72-83；欒寶德(口述)，陳仰之(整理)，〈德國人在青島辦教育的片段回憶〉，收在：中國人民政治協商會議山東省委員會文史資料研究委員會(編)，《文史資料選輯》，1（濟南，1982），頁223-30。相關研究見：Ursula Richter, " Richard Wilhelm — Founder of a Friendly China Image in 20th Century Germany"，《中央研究院近代史研究所集刊》，20（台北，1991. 6），頁153-81。

47 金梁，《清遺逸傳稿本》，〈本傳・劉廷琛衛禮賢〉，頁7b。

48 李國慶(編著)，周景良(校定)，《弢翁藏書年譜》（合肥：黃山書社，2000），頁2；勞乃宣，《桐鄉勞先生遺稿》，卷3〈人心能力論跋〉，頁9。

協助完成[49]。

除了德國外，日本對居留山東清遺民的影響，亦不容忽視。大阪《朝日新聞》社的社員一宮房次郎，因爲篤信孔孟之學，在革命之後遊歷中國各處，曾拜訪勞乃宣，希冀把遺民事蹟加以傳述，以維綱常。另外像山本謙吉、西本省三(1877-1928)、鬼頭玉汝亦幾度共同拜訪恭親王溥偉、升允及勞乃宣。山本氏更在自己的旅行記載中，對勞氏未能恢復清室，深感惋惜[50]。

在租界的遺民們，有些坐擁財產房屋，但聽說「登記時皆書其兒孫之名，故其數頗難明確」[51]；至於平日活動相互往來，亦以宗族爲單位，就連子孫輩的往還亦復如此。據周一良(1913-2001)晚年所憶，由於曾祖周馥忠於清室緣故，他年幼時在青島，無論接觸親朋還是受教的師長們，多少都與清遺民有關。周的外祖父蕭應椿(1856-1922)，本身也是位托著髮辮的前清遺民。此外，毓廉、溫肅等遺民曾經教導過周氏兄弟，甚至對周一良文言文訓練影響極深的老師張潞雪，其父親即是遺民張曾敭(1843-1921)[52]。

可惜好景不長，日本對德宣戰後，青島也遭波及，生活上無法繼續久處。許多遺民爲了躲避戰亂，改遷濟南。之後活動又分爲兩路：有的人誓不臣袁，轉徙上海、大連；有的人則決定投效洪憲袁帝。但其中的恭親王溥偉，則是例外，選擇不願離開。他曾向尉禮賢表示，寧可繼續留在青島生活，儘管戰亂險惡，也無意回至內地，接受民國共和政體之

---

49 韓行方、房學惠(整理)，〈勞乃宣致羅振玉書札十六通〉，《文獻》，1999：4，頁270；Richard Wilhelm, *The Soul of China* trans. by John Holroyd (London: Jonathan Cape, 1928), pp. 180-1.

50 勞乃宣，《韌叟自訂年譜》，頁19；山本謙吉，《山東旅行叢話》（上海：春申社，大正12年〔1923〕），頁15-6，20-1。

51 《大公報》(天津)，1914年2月13日，第4版，〈談叢・青島人物志〉。

52 周一良，《鑽石婚雜憶》（北京：三聯書店，2002），頁13-28。

統治。就在日本強占山東期間，溥偉受到當局極力拉攏，甚至邀他負責管理青島，然均爲溥偉所拒。等到戰後青島歸還中國，溥偉才又另搬他處[53]。

居留青島的清遺民們，儘管聚首的時日短暫，但以資料所見，卻帶來如下之印象。第一、涉入復辟運動甚深。早在1917年7月張勳復辟前，青島便係主要籌畫復辟場所。許多流居該地的遺民，像劉廷琛、康有爲等，後來皆爲參與張勳復辟最關鍵的人物。不過，復辟活動並非僅止於此，因爲民國剛建立時，已有陸陸續續的想法和籌議在進行之中。溫肅的自訂年譜中，記載早先1913年曾有密謀復辟之經過：

> 二月，赴青島，轉赴兗州，訪張紹軒(按：張勳)於軍次。時王飴山(按：王寶田)在張幕府。因王介見張，述近日宮中事，談及時局，引為同志。復返青島，恭邸(按：恭親王溥偉)與張紹帥密謀討賊，期以三月初一舉義，……其檄示實為晦若(按：于式枚)、幼雲(按：劉廷琛)、詒重(按：陳毅)與余四人主之。[54]

這次的行動爲袁世凱偵悉，並未成功，但足以顯示：日後張勳會貿然發動復辟，其實早有蛛絲馬跡可尋。

第二、青島的遺民平日讌會，講究精饌，形成一幅生活繁奢的景象。如有人指稱所謂「遺老菜」，即爲顯例[55]。前述惲毓鼎《澄齋日記》中，每以租界遺民生活的幾近奢華，便是根據青島的情形而言。

---

53 Richard Wilhelm, *The Soul of China*, pp. 196-9.

54 溫肅，《溫文節公集》（香港：學海書樓，2001，重印本），卷1《檗庵年譜》，總頁9。

55 劉成禺、張伯駒(等著)，《洪憲紀事詩三種》，頁272-3。

第三節　上海

與青島不同，上海係屬多國的租界地所在。這個素來被稱爲「冒險家的樂園」[56]，曾有許多傳奇故事，也是近代中國最受注目的城市。辛亥革命期間，上海扮演決定政局轉變的重要角色[57]；民國建立後，也成爲遺臣遺民們安身立命之所。

值得留意，上海遺民絕大部分並非清季京官，反而多數來自外官。曾任廣東提學使的秦樹聲(1861-1926)即在革命軍起，憂嘆時事不可爲，無意返回河南家鄉，改而轉徙滬上。另一位在廣東擔任布政使的胡湘林(1857-1925)，本係江西人，辛亥事變亦僑居上海。陳三立爲他撰寫墓誌銘，形容胡氏「賃廡陋巷之中，出入一小車，從二、三耆舊游，絕口不道世事」[58]。選擇從內地流寓上海，不僅爲了躲避戰亂，還有維持生計的考量。余肇康(1854-1936)本來避居湖南鄉間，但後來兵禍接連不斷，使他不得已被迫來到上海，謀求安定。至於孫德謙(1869-1935)，清季佐幕地方官吏，經常往來贛、浙之間，當獲悉清室遜國的消息時，即隻身走避上海，投靠藏書家劉承幹(1882-1963)。李翊煌(1850-1917)亦世居江西臨川，「國變」不久返回南昌，終以貧無立錐爲由，於是檢攜私藏碑帖書畫，至上海質售。嗣後，李氏停留滬濱，靠

---

56 G. E. Miller, *Shanghai, the Paradise of Adventurers* (New York: Orsay Publishing House Inc., 1937).

57 Mark Elvin, "The Revolution of 1911 in Shanghai," *Papers on Far Eastern History*, 29(1984), pp. 113-61.

58 秦、胡兩人事蹟見：王樹枏，《陶廬文集》（清光緒・民國年間新城王氏刊本），卷15〈廣東提學使固始秦君墓誌銘〉，頁33；卞孝萱、唐文權(編)，《辛亥人物碑傳集》，卷13，陳三立，〈皇清誥授光祿大夫護理兩廣總督廣東布政使胡光墓誌銘〉，總頁689。

著行醫和算命維持生活[59]。

然而，上海人潮往來，環境複雜，遺民一向標榜忠清立場，也因而受到矚目。1914年，在此隱居的瞿鴻禨曾無故受累，遭某位商人控告，理由是涉入不法集資營商[60]。後來事件雖平和落幕，但可想見遺民經常處於危困之境。此外，暗殺的事件時有所聞，也無形增添了幾許不安，讓遺民多所顧慮。鄭孝胥本人在1911年末革命口號甚囂塵上之際，曾有六次被革命黨人監視的經驗，甚至來信說有意要加害於他。後來鄭氏將恐嚇信件直接提供給當地的巡捕房做爲佐證，並要求加強保護。非惟來自私函的恐嚇而已，更有人公然刊文，勸誡鄭氏不如自殺。此後，鄭個人的言論處處傳達仇視民國之立場，故屢次飽受革命黨人威脅。有位名叫陳子範的黨人，一度私造炸彈，忿忿揚言欲殺鄭；又有北京的輿論謠傳，鄭氏將有不測；鄭爲人書寫碑志，屢言「宣統十一年」，也遭到恐嚇要殺之[61]。類似這樣政治分立且鮮明的氛圍，引發社會內部不安和動盪，在民初絕非鮮見；但上海素爲多國租界，安全仍然不見得能夠周全，騷亂時常發生。民國後陳三立猶存髮辮，行經張園時，忽遇革命黨人欲行強剪。後來陳叱言要求捕房囚之，始解困[62]，可見社會對立的氣氛亦不可免。難怪會有遺民私下表示：上海乃萬惡所萃，斷非宜居，甚至有

59 三人辛亥革命後動向，見：袁思亮，《蘉菴文集》（台北：文海出版社，1975，據民國手寫稿影印，收在：近代中國史料叢刊續編第21輯），卷4〈清授榮祿大夫二品頂戴法部左參議余公行狀〉，總頁267；趙啟霖，《趙瀞園集》，卷3〈余堯衢同年七十序〉，總頁78；卞孝萱、唐文權（編），《民國人物碑傳集》，卷9，王蘧常，〈清故貞士元和孫隘堪先生行狀〉，總頁631；錢仲聯（主編），《廣清碑傳集》（揚州：蘇州大學出版社，1999），卷16，陳三立，〈清故三品河南候補道李君墓表〉，總頁1094。

60 瞿鴻禨（撰），瞿宣穎（續纂），《止盦年譜》（北京：北京圖書館出版社，1998，據民國二十三年〔1934〕鉛印本影印），頁12。

61 俱見：中國歷史博物館（編），《鄭孝胥日記》，頁1365、1623-3、1845。

62 中國歷史博物館（編），《鄭孝胥日記》，頁1417。

以「險道」、「絕地」來稱呼[63]。

儘管如此，僑居上海的清遺民，平日生活愜意，與他處不同。民初一度蟄居於此的王國維，可能是比較特殊的例證[64]。1917年已經佇留兩年的王氏，就感慨其他遺民日常「無論公私，皆腐敗顢頇，至無可言」。王並暗喻曹元弼及參與《浙江通志》的諸位遺民，辦事風氣亦復如是；對照到政局的隳壞，如此不過只是放大甚且極端而已[65]。即便身處他地的忠清遺民，也在書信、日記之中，無意間流露出對上海遺民鄙薄的態度。1925年溥偉至香港，張其淦(1859-1940)致信言道：

> 海上繁華，勝於他處，遺老如鯽，視為桃源。幻等蜃樓，巢危燕幕，陶侃運甓，誰真致力？祖逖擊檝，孰抱雄心？灑新亭之淚，豈曰無人揮？[66]

究竟遺民的生活方式，爲何遭人詬病？詩酒之會可做爲思考的起點。遺民藉由詩酒唱和，傳達思念故國之情，早已有之，無論宋元、明清之際，皆可得見。但處境殊異，不可等同看待；尤其居留上海的清遺民，經濟狀況並非一致，而詩酒之會，花費龐大，時有耳聞。秦樹聲私下便稱「海上諸遺老，留〔流〕連詩酒，太不雅馴。」這番話引起其他

63　惲毓鼎，《惲毓鼎澄齋日記》，頁774；徐珂，《康居筆記匯函》（太原：山西古籍出版社，1997），頁21。

64　日人諸橋轍次曾歷訪滬上幾位著名的遺民，便有如此觀察。譬如他發覺繆荃孫家中係以接待室和書齋並用，而且寬廣的程度遠非王國維所能及。見：諸橋轍次，《游支雜筆》（東京：目黒書店，昭和13年〔1938〕），頁104-6。

65　王慶祥、蕭立文(校注)，羅繼祖(審訂)，長春市政協文史和學習委員會(編)，《羅振玉王國維往來書信》（北京：東方出版社，2000），頁323。

66　張其淦，《松柏山房駢體文鈔》（台北：文海出版社，1971），卷3〈答恭親王啟〉，頁4。

遺民辯駁[67]，但也恰如其分點出酒觴伴飲的情形，遭致批評。例如，遺民們平時定期相聚酒肆，效法古人合醵的方式，各納銀幣十角，集資充作食飲之貲，戲謔名曰「一元會」或「十角會」。如此聚飲當然獲致注目；據稱某次還共籌得二十餘元，時人詫爲豪舉[68]。除了固定時間外，詩酒會飲更多爲不定期的形式。胡思敬(1870-1922)在遜國不久有訪舊之舉，後來共有26人相聚上海愚園，對飲欷噓，感嘆不已[69]。

透過詩酒之會，而有詩社、文社等組織。這些由清遺民發起的詩文社，屬於傳統士大夫的學術、文藝和政治集合等層次。如同古代文人結社一般，像白居易(772-846)的「香山九老會」、司馬光(1019-1086)的「耆英會」、元明之際的「月泉吟社」、明季的「復社」等，與近代「學會」組織和性質大不相同[70]。遜清遺民的詩文社中，尤以上海的活動最爲熱絡，且規模最大。例如有「淞社」，係由劉承幹、周慶雲共同主持，首次修禊和成立於1913年。先後加入該社的成員很多，計有金武祥(1841/42-1925)、李瑞清(1867-1920)、繆荃孫、李岳瑞(1862-1927)、

67 章梫，《一山文存》（台北：文海出版社，1969，據1918年劉氏嘉業堂刊本影印，收在：近代中國史料叢刊第33輯），卷10〈答金雪孫前輩同年〉，頁16；中國歷史博物館(編)，《鄭孝胥日記》，頁1571-3。

68 沃邱仲子，《當代名人小傳》（北京：北京圖書館出版社，2003，據1926年崇文書局版影印），卷下〈清室遺臣〉，頁150；胡思敬，《退廬全書》（台北：文海出版社，1961，據民國十三年〔1924〕刊本影印），《退廬文集》，卷2〈吳中訪舊記〉，頁10-1。

69 胡思敬，《退廬全書》，《退廬文集》，卷2〈吳中訪舊記〉，頁9-10。

70 傳統文人結社的討論，見：柳詒徵，〈述社〉，《學衡》，54（上海，1926.6），述學，頁1-16。近人指出學會共同特性有六點：一、客觀化的社團組織；二、有固定宗旨與專門性的旨趣；三、循一定規章以為會員行為之約指；四、會員有負擔年費、會費、特捐的義務；五、為宣傳某種理想，而有機關發行之報章書刊；六、由選舉而組織執行中樞。換言之，學會組織具有公開、理性和改革宗旨色彩。見：王爾敏，《晚清政治思想史論》（台北：台灣商務印書館，1995），〈晚清政治思想及其演化的原質〉，頁11。

吳慶坻(1848-1922/24)、徐珂(1869-1928)、葉昌熾、陶葆廉(1862-1938)、章梫(1861-1949)、王國維、胡韞玉(1878-1947)、喻長霖(1857-1940)、唐晏、張爾田(1874-1945)、潘飛聲(1858-1934)、姚文棟(1853-1929)、呂海寰(1842-1927)、李詳(1859-1931)、鄭文焯等[71]，當中泰半俱爲遺民。另外，沈曾植也發起「超社」、「逸社」，依照宋元遺民「汐社」故事，參加者幾乎全爲忠清遺民；瞿鴻禨、馮煦(1843-1927)、陳夔龍(1857-1948)、梁鼎芬、吳慶坻、楊鍾羲(1865-1940)、吳士鑒、林開謩(1862-1937)等人均爲社員，且不限身處上海地區[72]。至於結社的形式，既有配合時節(如消寒)的詩酒之會，或以科舉同年的名義集聚，或有假借歷史人物的生日爲由，或以描寫某人物爲題進行[73]。

上海遺民流連於詩酒文會，因而產生不少作品，時人稱爲「遺老文學」[74]。1912年，以高翀(？-約1914)、姚文棟爲首組成「希社」，目睹

71 周延礽(編)，《吳興周夢坡(慶雲)先生年譜》(台北：文海出版社，1972，據1934年刊本影印，收在：近代中國史料叢刊第82輯)，頁22；楊鍾羲(著)，禮廣貴、路明義(等整理)，《雪橋詩話》(瀋陽：遼瀋書社，1991，重印本)，《來室家乘》，頁35。

72 沈瑜慶，《濤園集》(台北：文海出版社，1967，據庚申年〔1920〕刊本影印，收在：近代中國史料叢刊第6輯)，沈成式，《沈敬裕公年譜》，頁337，民國元年壬子條；閔爾昌(編)，《碑傳集補》(台北：文海出版社，1971，據1932年北平燕京大學國學研究所排印本影印)，卷20，姚詒慶，〈清故湖南提學使吳府君墓誌銘〉，頁20。關於汐社研究，見：歐陽光，《宋元詩社研究叢稿》(廣州：廣東高等教育出版社，1998)，頁116-24。

73 中國歷史博物館(編)，《鄭孝胥日記》，頁1519。李一華(等編)，《藝風老人日記》(北京：北京大學出版社，1986)，頁2632，以王漁洋生日寫字為由；頁2779，有以顧炎武為主題。葉昌熾，《緣督廬日記》，頁7142-3，則以黃丕烈(1763-1825)150歲的冥誕為由。

74 胡懷琛，〈上海學藝概要(三)〉，《上海通志館期刊》，1：4(上海，1934.3，香港：龍門書店影印)，總頁1094。

「昊天不弔，厄我斯文，神州大地將及陸沉之禍，中原文獻亦同板蕩之憂」，而時人黜孔教、廢國學，因此號召同道聚集，以維護爲己任[75]。但清遺民身處民國，他們相互酬唱追思故國，難免廣受譏議。1917年張勳復辟前後，上海地區的清遺民詩社因此引來南社柳亞子(1887-1958)、吳虞(1872-1949)等人的質難和攻訐[76]。這場啓自文學的爭執及意義，將於第五章第一節陳述。

近代幾位著名的藏書家或出版商，也和潛伏滬濱的遺民來往密切，甚至自己就是忠清遺民。譬如劉承幹，本身非惟效忠清室，並且經常延攬他人幫助董理藏書。楊鍾羲在辛亥後宦囊如洗，面對母親丁憂時甚至無以爲喪；經由朱祖謀(1857-1931)、沈曾植等人私下向劉建言，委請楊氏擔任校勘的工作，始得獲資攜櫬歸窆[77]。還有棲居於此的遺民，因爲深通古籍版本之學，故多依附藏家，從事蒐羅編纂。葉昌熾便係經由繆荃孫的介紹，爲張鈞衡(1872-1927)主持並整飭其藏書書目[78]。張元濟與若干遺民相互通訊，更使其主持的商務印書館，得以出版許多稀見的刊本。張氏和他們保持良好關係，如沈曾植、沈曾桐(1853-1921)、繆荃孫、劉承幹、王秉恩(1845-1928)等，皆爲涵芬樓出版《四部叢刊》貢獻不少心力[79]。

最後值得一提，由於洋人群集上海，也與清遺民有所接觸。猶太巨

---

75 希社事務所(編)，《希社叢編》，冊1（上海：編者印行，1913），高翀，〈希社小啟〉，頁1-2。

76 林志宏，〈從南社到新南社：柳亞子的民族和社會革命(1909-1929)〉，收在：彭明輝、唐啟華(主編)，《東亞視角下的近代中國》（台北：國立政治大學歷史學系，2006），頁389-418。

77 葉昌熾，《緣督廬日記》，頁7156-7。

78 顧廷龍(校閱)，《藝風堂友朋書札》，頁421。

79 如見：張樹年(主編)，《張元濟年譜》（北京：商務印書館，1991），頁181、197。

商哈同(Silas Aaron Hardoon, 1851-1931)不僅與革命黨人的關係良好，也因平日附庸風雅，和遺民們頗爲熟絡。1915年8月，哈同花園的總管姬覺彌(潘林，1861後-1964)造訪鄭孝胥，想請鄭氏法書一壽屏，做爲哈同生日的祝賀品；而馮煦、喻長霖、章梫等人，跟哈同私下也有往來。以下幾件事可看出哈同與遺民的交誼匪淺：一、哈同曾委任章梫編纂教科書；二、沈曾植還借住過哈同在滬之房屋；三、唐晏之子亦在哈同園內充任教員；四、1916年創設倉聖明智大學和廣倉學宭，因爲標榜「復古」的傾向，紛紛促成留居上海的遺民與其建立關係，前者有王先謙(1842-1917)執教該校，後者有王國維客任編輯，甚至還推舉馮煦擔任會長[80]。

哈同的例子或許和現實的經濟條件有關，不過，還有外國人士與遺民互動頻繁，乃基於相同的政治意見及利益。譬如，居住在上海的美國傳教士李佳白(Gilbert Reid, 1857-1927)，辛亥革命發生之際，特別公開反對中國採取共和的政治體制[81]。其餘類似如此的意見，同樣深獲清遺民的歡迎，雙方可說同聲共氣[82]。另外，日本學者也和上海遺民互動頻

80　俱見：中國歷史博物館(編)，《鄭孝胥日記》，頁1574、1727、1783、1797；李恩績，《愛儷園夢影錄》（北京：三聯書店，1984），頁53-5；曾就讀倉聖明智大學的蔣君章，對王國維留辮裝扮尤感深刻，還形容該處「充滿著清季革命潮流和清朝遺老的矛盾。」見：蔣君章，〈倉聖明智大學的回憶〉，《傳記文學》，9：6（台北，1966. 12），頁13。但蔣氏以王國維任教倉聖明智大學，不確，此據：陳鴻祥，〈王國維和“廣倉學宭”及其他——觀堂遺事片斷〉，中華書局編輯部(編)，《學林漫錄》，8（北京：中華書局，1983），頁23-5。

81　溥偉，〈遜國御前會議日記〉，《社會科學戰線》，總19（長春，1982. 7），頁173。李佳白在清末時贊助中國維新運動，故早已和這些流寓滬濱、且具維新看法的遺民們熟識。像他與呂海寰共同創設的「尚賢堂」(international institute of China)，成為許多在野的朝臣時常駐留之處。

82　據稱孫德謙作〈孔教大一統論〉文，也受到李佳白的欣賞。見：卞孝萱、唐文權(編)，《民國人物碑傳集》，卷9，王蘧常，〈清故貞士元和孫隘堪先生行狀〉，總頁631。

繁。諸橋轍次(1883-1982)回憶到初次拜訪沈曾植和王國維的情形，說到兩人仍舊盛論復辟主張；不僅如此，沈氏則爲日人西本省三講授《尚書》，並以「太平人語」贈其創辦的刊物《上海》(如圖1-2)；甚至洪

圖1-2　沈曾植贈予西本省三之「太平人語」題字

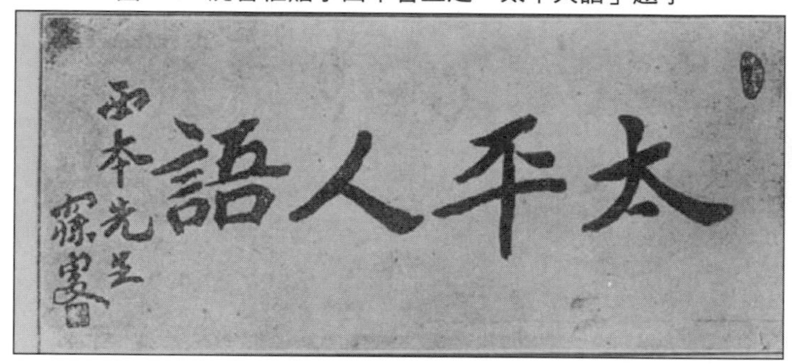

資料來源：西本白川，《支那思想と現代》（上海：春申社，1921），頁首。

憲帝制如火如荼時，上海的遺民開會私議肆應之道，西本還親身參與[83]。還有一位宗方小太郎(1864-1923)，精通漢語，和革命黨人與遺民均有所往來。1913年5月，宗方親赴青島面見恭親王溥偉，令恭親王深表感謝；在他的日記中，不時記載和姚文藻、升允、鄭孝胥等人的互動；張勳復辟時，更與遺民商討肆應之策[84]。而曾經居留日本的王國維，1917

83　諸橋轍次，《游支雜筆》，頁232；王蘧常，《清末沈寐叟先生曾植年譜》（台北：台灣商務印書館，1982），頁65、73。

84　神谷正男(編)，《宗方小太郎文書》（東京：原書房，1975），報告第400號〈恭親王会見概況〉，頁331；宗方小太郎，《宗方小太郎日記》（上海社會科學研究院歷史研究所藏），大正6年(1917)7月1日條起，未標頁碼。相關討論亦見：馮正宝，《評傳宗方小太郎：大陸浪人の歷史的役割》（熊本：熊本出版文化会館，1997），頁242-6。

年3月趁著友人內藤湖南(1866-1934)、稻葉岩吉(1876-1940)與富岡謙藏來訪，順便引介給劉承幹、繆荃孫和徐乃昌(1868-1936)等人見晤[85]。

第四節　廣東及港澳

受到歷史時空的發展和影響，嶺南始終係近代中國境內極爲特殊的地域。由於較早與西方文化接觸，它既是變法主張的發源地，也和革命思想有著亟爲深厚的淵源；然而，這區域亦存有極「頑固」的保守樣貌，而且並行不悖[86]。儘管感染革命思潮，可是廣東境內各地對武昌革命的反響不一[87]；民國以後，不少原先具有功名的傳統士紳，政治傾向清室，以遺民自居。這群遺民和清季東塾學派的關係密切。眾所周知，東塾學派的創始，以陳澧(1810-1882)主持學海堂學長爲標記。嗣後張之洞(1837-1909)擔任粵督期間，繼承學海堂的流風遺緒，創辦廣雅書院，又陸續培養出很多士子，使得該地的學術風氣更趨榮盛。透過同鄉情誼與師友門生的關係，這群士人非惟在清季時相互聯繫，紛紛登躋朝廷中央，互通聲氣[88]。迨清帝遜位，因爲具有共同認可的政治態度和價值觀，

---

85 袁英光、劉寅生(等編)，《王國維年譜長編》(天津：天津人民出版社，1996)，頁203-4。

86 1932年有人便指出如此饒富趣味的現象，見潘光旦，《夔庵隨筆》(天津：百花文藝出版社，2002)，〈孔老對峙的粵港〉，頁38-40。

87 如同近人指稱，以往幾乎關注廣州、汕頭、順德等地，考察革命的個別事例，並無考慮到階層的認同意識和尋求政治體制的主張。見：深町英夫，《近代中国における政党・社会・国家：中国国民党の形成過程》(東京：中央大学出版部，1999)，頁67-8。不過，作者似乎僅就廣東各地革命的情況而論，忽略了反革命者的意見。

88 相關事例可見：鄧又同，〈一幅珍貴的歷史照片：晚清廣東翰林及其事略〉，《春秋雜誌》，882(香港，1999.7)，頁16；鄧又同，〈清代廣東翰林入選概述〉，《春秋雜誌》，889(香港，2000.2)，頁31-2。

他們構成所謂的「社交圈」(social circle)[89]，彼此產生凝聚力，變成堅持忠清的遺民。

這群效忠清室的廣東遺民，廣為人知的，包括梁鼎芬、吳道鎔(1851-1936)、陳伯陶(1855-1930)、丁仁長(1861-1926)、張學華、朱汝珍、何藻翔、汪兆鏞、賴際熙(1865-1937)與溫肅等人。他們平日即以同鄉的名義，糾備貢物，推派代表入京覲見，甚至後來溥儀圖謀成立「滿洲國」，仍聯名上摺，規勸乘機恢復，事後還去信祝賀[90]。有項未經證實的紀錄提到：1922年末溥儀大婚時，全國各地自命為清室之遺老，紛紛獻上婚禮，總計共有千餘分，其中來自粵人的數目，則占有八百餘[91]。這雖是時人印象式的說法，卻可想見廣東遺民數目確實不少。

和其他地區相較，清遺民在廣東有其特殊之處。首先就地理環境來看，他們具有深厚的歷史淵源，尤其效忠宋、明兩代的遺民，許多曾在

89 有關「社交圈」的說法，詳見：Florian Znaniecki, *The Social Role of the Man of Knowledge* (New York: Columbia University Press, 1940), pp. 14-5. 它指的是每一個社會中的個人，經由認同及價值，而凝聚彼此的群體。在社交圈中，每個人受到凝聚力的影響而無形約束。例如：醫生與病人的凝聚力是衛生保健的價值；而牧師與信徒則建立在宗教價值上。對本書而言，地域與同鄉的情誼也可能成為形塑和維繫政治認同及價值觀的媒介。像何藻翔在詩裡，指責武昌革命後浙江湯壽潛、江蘇張謇電勸各省獨立，力阻北軍南下，有「作賊皆名士」一語。其中「蟄庵右丞」指曾習經，「毅夫御史」指溫肅，「露苑編脩」指黎湛枝，俱為廣東人。何藻翔，《鄒崖詩集：附年譜》，〈辛亥九十月間雜感示蟄庵右丞毅夫御史露苑編脩〉，頁34、〈雜憶〉，頁42。

90 中國歷史博物館(編)，《鄭孝胥日記》，頁2354。在溥儀回憶成立「滿洲國」之初，來信祝賀名單有汪兆鏞、朱汝珍、黎湛枝、溫肅等，俱為粵人，見：愛新覺羅・溥儀，《我的前半生》(北京：群眾出版社，1964)，頁338。

91 劉成禺，《世載堂雜憶》，頁276。溫肅為嶺南地區籌募溥儀婚禮款金的主要中介人物；他自己亦言「皇帝大昏盛典，九牧貢金者，以吾粵為多」。俱見：溫肅，《溫文節公集》，卷3《檗庵文集》，〈北行小草〉，總頁147、〈記何倬雲事〉，總頁213；不著撰人，《翰墨流芳》(香港：學海書樓，2003)，〈溫肅致賴際熙書〉，頁77-8。

嶺南活動[92]。這些人物事蹟一再被流傳，無疑增添清遺民的思想資源。因此，如果仔細分析廣東遺民的活動，就不難發現：他們經常蒐羅歷代遺民的軼稿遺物，積極自地方上找尋種種相關的「陳跡」、「遺物」，希望藉此喚醒志同道合者的歷史記憶，同時表達追思，勿忘黍離之痛。汪兆鏞本人提供了例證，據稱到處「訪求明遺老書畫，不惜重價，曠世相感，拳拳故國之思。」另外，張學華嘗輯有明遺民行誼，繫以絕句進行評論，命名「采薇百詠」；溫肅則與明遺民陳恭尹(1631-1700)居處同里，身感異世同痛，故摭拾其詩文，編有《陳獨漉先生年譜》，甚至有意爲陳氏全集做註解[93]。乍看之下，這些彷彿是傳統文人附庸風雅的行爲，但細究起來，卻有不尋常的意涵。質言之，清遺民憑藉玩物而懷舊，以懷舊凸顯一己的心志[94]。

正由於歷史記憶，廣東遺民懷抱對地方的情感，積極參與鄉里間公共活動，熱心投入記載和製作歷代遺民即將湮沒的事蹟。並且，他們經常集眾之力，重修遺民的墓碑，撰寫紀念文字以表彰氣節。在1928、1929

92　譬如，因為受宋末厓山之役影響，元初東莞當地仍不時傳聞有宋遺民的蹤跡；明清易代之際，嶺南的明遺民如屈大均、方顓愷(1637-1722)等人，也以逃禪入佛為躲避戰亂。相關研究見：Jennifer W. Jay, *A Change in Dynasties: Loyalism in Thirteenth-Century China*, pp. 190-4；方勇，《南宋遺民詩人群體研究》，頁98-101；蔡鴻生，《清初嶺南佛門事略》（廣州：廣東高等教育出版社，1997）。

93　汪兆鏞、張學華、溫肅等例見：張學華，《闇齋稿》（廣州：蔚興印刷場，1948），〈誥授朝議大夫湖南優貢知縣汪君行狀〉，頁27；孫甄陶，《清代廣東詞林紀要》（台北：台灣商務印書館，1970），頁139；吳道鎔，《澹盦文存》（台北：大華印書館，1968，重印本，據民國三十二年〔1943〕吳氏門人陳善伯編印本影印），卷1〈陳獨漉先生年譜序〉，頁9；溫肅，《溫文節公集》，卷3《檗庵文集》，〈陳元孝先生年譜序〉，總頁146。

94　Ching May-bo, "Literary, Ethic or Territial? Definitions of Guangdong Culture in the Late Ch'ing and the Early Republic," in Liu Tao and David Faure(ed.), *Unity and Diversity, Local Cultures and Identities in China* (Hong Kong: Hong Kong University Press, 1996), pp. 51-66.

年間，時年已屆八十的吳道鎔，因書法遠近馳名，仍受番禺縣長陳樾所託，撰寫屈大均(1630-1696)的墓誌銘文[95]。溫肅非但發起活動，糾集友朋共同倡修明人陳邦彥(1603-1647)之墓，還親自題寫文字，明示「勝朝捐軀死義之盛，與新朝章志貞教之隆，皆亙千古而無匹」[96]，既追懷明遺民形跡，更彰顯了清朝德政。此公領域的活動不單保存資料而已，還包括他們如何經由塑造歷史達成建立認同的過程。確切言之，廣東的清遺民對現在和過去之間，試圖尋繹及聯繫兩者關係。他們認為「現在」的認知，係取決於過去的史實；並由「過去」的形象，強化現今處境和活動的合法性。

誠如近人指稱：廣東遺民的活動以文化性質居多[97]。最需指出的貢獻是他們因此保存了大量地方文獻。其中，汪兆鏞以私人之力編有《嶺南畫徵略》，輯自唐代迄至1930年代的嶺南畫家，計有六百餘人。該書敘例表示「此編意在以人存畫，不拘拘於丹青專家，逸事遺聞，多所采錄，稽文考獻，或有資於此焉。」[98]此外，晚年為屈大均寫墓銘的吳道鎔，還效習屈氏，甄錄嘉慶、道光以來嶺南諸家文士的遺作軼文，彙成《廣東文徵》。這部書凡收七百餘家，文章共千餘篇，而編纂時間竟長達20年之久。據吳道鎔自言，所以編《廣東文徵》的原因，主要深恐文獻流傳日稀，且多遺漏，至於其他類似的選本，則偏舉一隅未全，故發願要摭取諸家文集和方志，廣泛蒐羅[99]。即使身不在鄉里，廣東遺民對

95 吳道鎔，《澹盦文存》，卷2〈屈翁山先生墓碑〉，頁1-2；祝秀俠，《粵海舊聞錄》（台北：聖文書局，1987），頁257。

96 溫肅，《溫文節公集》，卷3《檗庵文集》，〈明陳忠愍公墓碑〉，總頁164-5。

97 程美寶，《地域文化與國家認同：晚清以來「廣東文化」觀的形成》（北京：生活・讀書・新知三聯書店，2006），頁195。

98 汪兆鏞(編纂)，汪宗衍(增補)，周錫馥(點校)，《嶺南畫徵略》（廣州：廣東人民出版社，1988），卷首「敘例」，頁1。

99 吳道鎔，《澹盦文存》，卷1〈與姚君慤書〉，頁29。該文並另有略例。

保存地方人物的軼事及文獻，也不餘遺力。相傳曾有參與纂修《清史稿》的「宦京粵紳」，因緣際會得以見到北京舊藏清代國史館關於粵人的資料，不惜花費人力物力，將之抄出，另編爲《清史粵人傳》，較《清史列傳》早兩年輯成，且內容、人數多出兩倍以上[100]。

文化活動當然還包括教育事業，這無疑係承襲清季以來的學術風氣。爲了承繼學海堂作育英才的遺風，早在辛亥革命前夕，梁鼎芬即有集議鄉紳重開之舉[101]，直到民國後才如火如荼地展開。1920年7月，重辦學海堂一度短暫曾獲實現，廣東省長還聘任汪兆鏞、何藻翔和其他地方耆舊爲學長，共襄盛舉[102]。何藻翔訴說自己心境，云：

> 近以知交零落，宿將凋喪，時事知無可為，家計難支，不得不以教讀餬口，逃居島外，耳目較覺乾淨。晚悔詞章考據舊學，誤盡青年，聰明浪用，唯以宋儒義理書啟牖後進，堅其志趣，佐以通鑒、通考、掌故之學，擴其才識，庶三十年後，此小學生有出所學以救國者。[103]

可知重辦學海堂，旋有數因：一來隨著民國局勢與復辟目標漸行漸遠，同志們又日益凋零，「知無可爲」；二來生計所迫，需以教讀的收入維持度日所需；三來則是爲伸張理念，認爲教育裨益人心，要青年「堅其

100　佚名(輯)，《清代粵人傳》（北京：全國圖書館文獻縮微複製中心，2001）。原書係孤本，藏於廣東省中山圖書館，其緣由係引自：姜亞沙(編)，《影印珍本古籍文獻舉要》（北京：北京圖書館出版社，2002），頁225-7。

101　梁鼎芬，《節庵先生遺稿》（香港：楊敬安印行，1962），〈重開學海堂啟〉，頁86；吳天任(編著)，《梁節庵先生年譜》，1911年閏6月條，頁284。

102　何藻翔，《鄒崖詩集：附年譜》，民國9年7月條，頁150-1；黃榮康，《求慊齋文集》（甲戌年〔1934〕刊本），卷4〈學海堂課稿序〉，頁6。

103　引自：何藻翔，《鄒崖詩集：附年譜》，頁151。

志趣」。何氏的此番憶述，當一體視之，顯示政治與文化的理念交互作用，密不可分。由於缺乏政治理念的伸張和拓展，廣東遺民最終受限現實的無奈，轉往實踐教育主張。

恰巧1914年香港大學成立，因何啓(1859-1914)堅持，賴際熙、區大典(1877-1937)分別被聘爲該校的教習：賴負責講授史學，區則專授經學。兩人的薪資待遇雖與英國籍教授相差很大，可是最多時增加至五、六百元港幣[104]。1920年後，賴際熙更於香港中環的半山堅道設壇講學，聘何藻翔每週講課兩次。及至1923年，賴氏進一步發揚「宏振斯文，宜聚書講學」的志願，結合癸卯(1903)、甲辰(1904)兩年同科如溫肅、朱汝珍、區大典諸人，「仿廣州學海堂之例」，在香港創立學海書樓(如圖1-3)。學海書樓的成立，象徵清遺民尋覓另一文化和教育實踐之所。承蒙在港紳商熱烈贊助，學海書樓因此購置了大量圖書，在香港政府與市政局尚未設立公共圖書館的當時，猶屬創舉[105]。非惟如此，賴氏屢次翊贊香港相關的國學事業，在香港大學首創中文系，並以自己的人際關係，向南洋僑商徵募中文藏書。著名的馮平山(1860-1931)圖書館即在賴際熙多方奔走之下，請同樣具有忠清情結的陳步墀(1870-1934)出資捐建而成[106]。

綜括廣東清遺民活動的特色，可知不在政治復辟運動，而是汲汲於文化事業。羅香林(1906-1978)曾在《香港與中西文化之交流》中，論

104 陳謙，《香港舊事見聞錄》（廣州：廣東人民出版社，1989），頁206-7；伯子，〈辛亥革命後前清遺老在香港的活動〉，全國政治協商會議文史資料委員會(編)，《文史資料選輯》，144（北京：中國文史出版社，2000），頁217-8。

105 鄧又同，〈香港學海書樓之沿革〉，《香港華僑日報》，1990年7月21-23日，第9版；區志堅，〈發揚文化、保存國粹：學海書樓八十年簡史〉，收在：學海書樓董事會(編)，《學海書樓八十年》（香港：編者印行，2003），頁13-20。

106 賴際熙，《荔垞文存》，附錄，羅香林，〈故香港大學中文學院院長賴煥文先生傳〉，頁166-7。

圖1-3　癸卯、甲辰科同人敘於香港學海書樓

資料來源：學海書樓董事會(編)，《學海書樓八十年》，頁18。

及第三時期香港的中國文學發展，以隱逸派人士之懷古作品爲代表，並舉遺民陳伯陶、張學華、賴際熙、汪兆鏞、吳道鎔、丁仁長、何藻翔等人[107]。然而，這些文化事業的目標，卻脫離不了與政治的關連。概言之，他們希望以文化活動重建「過去」，經由「過去」所認可的政治價值，積極地形塑「現在」，並爲自己的處境，尋求正當性的理由。

107　羅香林，《香港與中西文化之交流》（香港：中國學社，1961），頁197。

第五節 其他海內外各處

相對上述清遺民的活動區域，主要偏重於通商大邑，還有一些海內外零星的記載，也值得順便介紹。

先以居處在廣大內地的忠清遺民來談。有關這方面的數目可能很多，受限於資料的蒐集，恐怕無法詳盡，只能略舉所見的幾個省分例證說明。譬如戍守徐州的張勳，民國後隨時預備復辟，熟悉他的人以「尤隱若一敵國」形容張氏心境。非惟如是，張勳每次命幕客講說史書時，還刻意表露對共和政體的不滿，嘗語：「上下二十四史，未見有『民國』字」[108]，仇視民國之心昭然若揭。

至於存在社會基層且具有遺民心態的人，浙江黃巖的王舟瑤亦係顯例。王氏原為兩廣師範學堂的教員，辛亥革命發生不久，丘逢甲(1864-1912)有意延請擔任廣東教育司長和師範校長，皆為嚴拒。此後他回歸自己鄉里，購地結屋，名為「王逸民廬」，又把家中廳堂叫做「後凋草堂」。由於光緒年間王曾參與纂修郡志，深知保存文獻的重要，自此既逢桑海變遷，於是發憤網羅，成《台州文徵》。此外，與當地其他遺民如王詠霓(1848-1916)、楊晨(1844-1922)等均相游友好[109]。

在南北各處，我們也看到若干堅持認同清室、無意成為民國國民的人物。但他們日常活動上比較接近「逸民」的象徵，而非直接以行動對抗新的政權。以華南地區而言，福建的謝叔元(1866-1938)鼎革後改名「希安」，以甲子紀年，避居在家研治五經，並關心地方上的文廟祀典，

108 卞孝萱、唐文權(編)，《民國人物碑傳集》，卷1，錢海岳，〈書張勳復辟事〉，總頁52。

109 王舟瑤(編)，王敬禮(續編)，《默盦居士自訂年譜》（民國間鉛印本），頁37-8、43-4。

擔任崇孔會支會的副會長[110]。同樣是福建人的戴鳳儀(1850-1918)，民國後在家鄉從事教育工作，1913年冬傳聞政府所任用皆是昔日「科舉中人」，於是門生極力鼓吹其「出山之策」。然而，戴氏卻以七言排律表達一己意志，自謂「不作四朝馮道身」，又言：

枋得自稱宋處士，淵明僉誄晉遺臣。
願君呼我清遺老，猶勝皤皤列縉紳。

不僅如此，當聽到昔日舊臣復任政府官員時，更深感憤慨，直諷「再來不值一文錢」[111]。湖南的程頌萬(1865-1932)忠於清室，但「國變」時不肯隨眾避亂而離居，仍是羈處漢口，藉著鬻書作畫以自給生活[112]。廣西另有位趙炳麟(1877-1925後)，最初則伏居家鄉，平日從事農礦維生，但見民初亂事愈甚，唯獨山西卻疆圉謐如，於是慨然接受該省實業廳長一職[113]。至於遜國後輾轉到天津、上海、成都，最後返回四川榮縣的趙熙，與地方上「五老七賢」相往，拒絕民國的任何官職；後來雖然曾經接受地方當局邀請修志，可是直到1928年《榮縣志》編修方成，卻被縣上國民黨部革斥，將志書視爲「謗書」，一度頗遭阻撓[114]。

110　鄭慶聰(編)，《侯官謝希安先生年譜》（1962年鉛印本），頁21、32、46、66。

111　俱見：戴鳳儀，《松村詩文集補編》（北京：中國文聯出版社，2003），〈卻諸生勸予出山之議〉，頁311、〈時有大清舊臣復仕民國者聞之慨然有感〉，頁322。

112　趙啟霖，《趙瀞園集》，卷3〈十髮居士六十序〉，總頁84。

113　趙啟霖，《趙瀞園集》，卷4〈清空居士墓表〉，總頁145。

114　王仲鏞(主編)，《趙熙集》（成都：巴蜀書社，1996），附錄1《趙熙年譜》，總頁1318；龐俊(著)，白敦仁(編)，《養晴室遺集》（成都：編者印行，1995），卷6〈四川省政府牋〉，總頁316-7。有關「五老七賢」的研究，參考：許麗梅，〈民國時期四川“五老七賢”述略〉（成都：四川大學歷史文化學院碩士論文，2003，未刊稿），特別是頁25-31。

北方部分，遼寧、河南、甘肅、山西都有心態忠清之人。肅親王愛新覺羅・善耆(1866-1922)在辛亥遜國之後，便攜家遁逃至旅順。日人川島浪速(1865-1949)特別集款數十萬，供其給用，密圖規復。據說善耆潛抱艱貞之志，死前尚有遺摺，文辭悱惻，令人動容，並獲謚「忠」字[115]。其子孫多留學日本，尤其十四女愛新覺羅・顯紓，即是著名的間諜川島芳子(為川島浪速養女之故)[116]。河南境內有王新楨、凌甲烺(1867-1924)、劉果(1856-1914)等，皆家居鄉里，無意接受民國徵聘，平日則詩酒聯歡，名爲「餐英會」、「同慶社」。凌氏尤以「五榴」爲宅名，蓋仿陶淵明(365-427)「五柳」之意[117]。甘肅的李于鍇(1863-1923)原來任官山東，與袁世凱的關係良好；後來民國建立，袁有意招攬來京，並授予甘肅巡警道，李均堅辭。最初李氏閉門讀書，逮聞洪憲稱帝，於是戚然不出戶庭。另一位遺民安維峻(1854-1925)說李在溥儀大婚盛典時，竭誠進奉，特蒙「御筆回賞『寒松勁草』匾額」[118]。劉大鵬係山西的地方士紳，日記裡文字到處顯現對清室的擁戴和嚮往，而不滿民國的心情時刻湧現；聽聞張勳復辟，與友人欣然互道：「今中國之大權仍歸舊主，何幸？」又眼見閻錫山(1883-1960)有意赴京聲討，則說：「指

---

115 相關事蹟及遺摺全文收入：金梁(編)，《四朝佚聞》(台北：文海出版社，1990，收在：近代中國史料叢刊第3編第61輯，據民國丙子年〔1936〕排印本)，卷上〈肅親王善耆〉，頁13。

116 珠爾扎布，〈肅親王之一家〉，收在：中國人民政治協商會議全國委員會文史資料委員會(編)，《文史資料存稿選編・晚清北洋(上)》(北京：中國文史出版社，2002)，頁47-53。

117 王開文(編)，《王新楨詩文集》(開封：河南大學出版社，1993)，文集卷下〈祭凌保生文〉，總頁260。

118 李于鍇(著)，李鼎文(校點)，《李于鍇遺稿輯存》(蘭州：蘭州大學出版社，1987)，附錄，安維峻，〈讀涼州李叔堅傳書後〉，頁124。安氏和劉爾炘(1865-1931)亦共襄盛舉，見：王濬源(主編)，鄧明(校點注釋)，《王烜詩文集》(蘭州：編者印行，1997)，《存廬文錄》，卷8〈劉果齋先生事略〉，總頁435。

張勳爲叛逆，抑何悖謬若此耶？」[119]

最後受到辛亥變局而逃離海外者，羅振玉與王國維是眾所矚目的例子。兩人因昔日友好的日本學者來信，勸說浮海東渡至京都[120]，於是開啓一段旅居東瀛的歲月。避地海東的羅氏，主要生計乃藉由過去舊藏的古籍鬻賣度日；葉德輝(1864-1927)曾作〈後買書行〉詩，諷喻和形容羅因此頗獲利市，甚至連寶熙都託羅在日本代售所藏古物[121]。羅也促成中日文化交流，逐漸得到當地學者所重視，影響甚鉅[122]。而隨著羅振玉東渡的王國維，此時學問則出現轉向。由於爲羅整理藏書所影響，王氏放棄過去鑽研的西洋哲學，傾心中國經史考據。王曾自語京都四年多的生活，「在一生中最爲簡單，惟學問則變化滋甚」。相關討論已多，此不待贅論[123]。

羅、王只是眾多清遺民亡命日本的典型。他們所以遠赴海外，除了躲避戰亂外，經濟現實因素可能也是考量之一。王國維給繆荃孫的信函

---

119 劉大鵬(遺著)，喬志強(標注)，《退想齋日記》(太原：山西人民出版社，1990)，頁246-7。

120 羅振玉，《羅雪堂先生全集》（台北：大通書局，1973），續編，《貞松老人遺稿甲集・後丁戊稿》，〈狩野君山博士六十壽序〉，頁63。

121 葉氏以「近貪玉簡利」稱之。該詩收在：葉德輝，《書林清話》（北京：中華書局，1957，據1920年長沙觀古堂刻本排印），卷9〈都門書肆之今昔〉，總頁262；房學惠、王宇(整理)，〈寶熙致羅振玉信札十七通〉，《文獻》，2002：2（北京），頁246。

122 有關羅、王兩人和日本京都的學者交往，亦可參考：何培齊，〈王國維對「京都學派」的影響〉（台北：私立中國文化大學史學研究所碩士論文，1996，未刊稿）。

123 房鑫亮，〈王國維丙辰日記注考〉，《中華文史論叢》，2006：4（上海），頁5；狩野直喜，〈王靜安君を憶ふ〉，《藝文》，18：8（京都，1927. 8），頁38-9；周明之，〈由開明而保守——辛亥政局對王國維思想與心理的衝擊〉，《漢學研究》，11：1，頁122-34。

裡，便傳達在京都的生活費用略低於北京[124]，略可推知。再者，喪國黍離的痛楚，一時之際也令他們難以釋懷，更何況民初的思想環境，與己格格不入，未必足以安身立命。1914年羅振玉吐露自己心聲：

> 玉海外餘生，所以久久不歸者，蓋亦以賦性狷隘，其不能容於今之世必矣。[125]

直到1916年初，王國維始回上海，任哈同處《學術叢編》的編輯。但二人約定各寫日記，仍時時刻刻聯繫兩地學術訊息，甚至對中國政治的局勢交換意見。

小結

1915年夏天，陳夔龍偶閱清代黃景仁(1749-1783)的《兩當軒集》，內有「異鄉偏聚故人多」一語，緬維自我身世，於是觸動詩興，找來幾位寄居上海的遺民，共同拈此七字唱和[126]。這七字充分傳達清遺民同處異鄉的無奈，也道出現實下的心境。此處所論，係從地域環境出發，嘗試釐清各地遺民的活動和特色。經由探討可以發現：這群始終效忠清室的遺民，因爲具有複雜的人際網絡關係，活動現象不一，無法單純簡化其處境。

結束這一章之前，要特別提出三點說明。第一、清遺民的遭遇各自

124 顧廷龍(校閱)，《藝風堂友朋書札》，頁1024。

125 顧廷龍(校閱)，《藝風堂友朋書札》，頁1005。

126 當時如沈曾植、瞿鴻禨、繆荃孫、馮煦、吳慶坻等遺民的詩，現今都收在：錢仲聯(校注)，《海日樓詩注》（北京：中華書局，2001），卷7〈和庸庵尚書異鄉偏聚故人多五首〉，頁911-9。

殊異，上述不同的地區亦能顯現。原來在清廷任官的朝臣進入民國後，地位各有起伏；劉聲木《萇楚齋隨筆》裡便感慨「升沉不一」，曾以「高者入九天，低者入九淵」句，形容不同的境遇[127]。有的遺民結果是選擇佇留異鄉，其實基於不得不的因素使然。陳寶琛曾向曹元忠透露清季到民初自己的際遇：清亡以前陳氏主持憲政實進會，成爲「新政」的推手；民國後又擔任溥儀的師傅，反對共和體制，結果兩者均受鄉里人士唾棄，無法還鄉。勞乃宣在浙江家鄉的情況，亦相差無幾。他的兒子屢遭鄉民恫嚇，難以安處，只好舉室北遷，寄居曲阜；而里中的田產，則委託親友統籌經營[128]。

第二點涉及的問題，遺民何以會考慮選擇住在租界？時人即有如此的觀察：「清亡遺臣之隱居者，大抵視夷場爲安樂窩，北之津、膠，南之淞滬，殊多遺老之足跡。」[129] 熊月之的研究也告訴我們：清遺民決定居於洋人建立的租界，其實與歷代遺民的命運頗爲不同[130]。不過以資料所見，遺民關於這方面的心境似乎相當矛盾：既是爲了避難躲亂，可是內心卻又百感不願。在沈曾植、鄭孝胥及陳三立詩中，經常看到他們把寄居的上海譬喻爲「牢籠」，用來形容自己的束縛和不自由[131]。當然，詩文多半只是爲了抒發情感，無從爲據；不過，吳道鎔說辛亥後側身香港，不得已藉著行醫以懸壺濟世，其實真正畏懼的是自己終將名實不

127　劉聲木，《萇楚齋隨筆續筆三筆四筆五筆》（北京：中華書局，1998，以下書名簡稱《萇楚齋隨筆》），《續筆》卷9，總頁430。

128　陳、勞兩人例見：曹元忠，《箋經室遺集》（吳縣：學禮齋，1941），卷15〈與張聞遠孝廉書一〉，頁2；韓行方、房學惠（整理），〈勞乃宣致羅振玉書札十六通〉，《文獻》，1999：4，頁269。

129　陳灨一，《睇向齋逞臆談》（上海：上海書店，1998），頁150。

130　熊月之，〈辛亥鼎革與租界遺老〉，《學術月刊》，2001：9，頁12-3。

131　說法參見：王標，〈空間的想像和經驗——民初上海租界中的遜清遺民〉，《杭州師範學院學報（社會科學版）》，2006：1（杭州），頁38。

副，深感痛苦[132]，或許也可以窺知遺民的內心一斑。

本來租界係屬洋人居地，基於華—夷之別，不該佇留，但相對於向來厭惡的民國，有些遺民寧可僑居異鄉。劉廷琛、易順鼎(1858- 1920)、蔣國亮(1860後-1929)異口同聲希望「學孔子而居九夷」，說到「亂邦不居」，至少身處租界，還能安身立命。劉向友朋談及青島「此間山水不惡，然託庇外族，舉目傷懷，弟等亦乘桴居夷之意耳！」[133] 易氏有詩曰：

> 無寧入裸國，而不居危邦。
> 諸夏競澆漓，九夷轉敦龐。
> 所以從鳳嬉，尼父足音跫。
> 居夷孰云陋，海色明軒窗。[134]

至於蔣則以上海為例，說：「上海者，古之東海，而洋場者，九夷也久矣。夫當世之無余，而余之逃於人外也，余與天為徒耳。」[135] 成為另一種「化外之民」，何藻翔未必完全會同意蔣氏的見解；可是何氏卻也避亂於不遠的九龍城：

> 西人展拓租界，華民輒爭界址，今轉幸得避亂地也。余壬子

---

132 吳道鎔，《澹盦文存》，卷1〈贈章珠垣序〉，頁19-20。

133 房學惠(整理)，〈羅振玉友朋書札·劉廷琛致羅振玉(1913年11月26日)〉，《文獻》，2005：2，頁54-5。

134 易順鼎(著)，王飇(校點)，《琴志樓詩集》(上海：上海古籍出版社，2004)，卷18〈五日樊園宴集限三江韻五言一首〉，總頁1248。

135 卞孝萱、唐文權(編)，《民國人物碑傳集》(北京：團結出版社，1995)，卷11，章乃羹，〈蔣觀雲先生傳〉，總頁785。

（按：1912年）後經亂數次，不肯避居港澳，託庇外人。[136]

上述幾位遺民共同說明處於租界目的的複雜性，各有說詞。這一點，汪兆鏞倒是看得很豁達；身處澳門的他，深信儘管夷夏雜遝，可是只要洋人不加禁制，自己終究還是會秉守中華舊俗[137]。由此得知政治和文化認同，不必然可一概而論。

最後還需提出：有些清遺民內心不見得同意彼此的作爲。福建的江瀚（1853-1935）嘗有詩提到：「異迹生寧慙白谷，傷心死尙著黃冠。昔人辛苦今人樂，遺老渾難比例看。」[138] 後兩句點出今日遺民的地位與處境，尤其難與歷代遺民相較。趙炳麟則把江翰的話講得更爲清楚，還對青島、上海地區清遺老生活優渥情形，語帶不滿之意：

江叔海瀚……告余曰：「今之逸老，居青島、住上海高樓大廈，車水馬龍，其供奉內廷者，每月薪千餘圓，乘軒駕駟，大肉細旃，猶自以逸老自居，吁奇矣！」[139]

類似說法也出現在恩光（1852-？）的《潛雲堂日記》[140]。無論引文中言

136 何藻翔，《鄒崖詩集：附年譜》，〈題九龍疍廬壁〉，頁54。

137 汪兆鏞（著），葉晉斌（圖釋），《澳門雜詩圖釋》（澳門：澳門基金會，2004），頁80有詩云：「笑煞江郎論徙戎，種多白黑與棲紅。中華民氣休輕視，三百年來守土風。」

138 江瀚，《愼所立齋文詩集》（台北：文海出版社，1972，據1924年太原排印本，收在：近代中國史料叢刊第71輯），《愼所立齋詩集》，卷9〈陽曲傅青主祠〉，頁5。

139 趙炳麟，《趙柏巖集》（台北：文海出版社，1969，據1922年排印本，收在：近代中國史料叢刊第31輯），《柏巖感舊詩話》，卷3，頁8-9。

140 恩光，《潛雲堂日記》（收在：國家圖書館分館〔編〕，劉家平、蘇曉君〔主編〕，《中華歷史人物別傳集》，冊71，北京：線裝書局，2003），編頁608。

及兩地遺民的情況是否屬實，可知各處忠清遺民的生活程度不一，處境殊異。

由本章的討論，大致獲得如下概括的印象，即清遺民的活動約有兩種面貌。首先，距離民初政治的核心北京愈近，則涉入政治活動愈深；反之，便與政治關連疏遠。許多遺民佇留京津地區，除了運用昔日的人際網絡，積極尋求延續自己的政治生命外，還因北方帝制的氛圍濃厚，隨時都有復辟的打算。其次，離開北京越遠，則主要以文化的活動居要。像是港澳與廣東，甚至是來自廣大內地，忠清遺民多以籌辦教育事業、參與修志爲主。接下來第二章，將從他們的出處儀式來了解其認同。

第二章

出或處：

政治抉擇及其象徵性儀式

吾不能自欺其良知。寧使世人譏我之不達，不能使後世指我為不義，故反對革命之舉耳。

——鄭孝胥[1]

前言

民國以後，效忠清室之人和歷代遺民的境況並不相同。這些失去政治倚靠的群體，面對的問題不再只是改朝換代而已，更要被迫承認和接受「民主共和」價值及時代的來臨。職是之故，關注的焦點既異，無需以「不事二姓」的理念來支撐，那麼忠君的原則，自然無從憑依和定調。他們儘管心態上敵視新政權的種種法令，卻對抵抗民國政府的合法性，顯得相當無力。就在失意之餘，清遺民還要承受與以往不同的歷史評價。誠如開頭引文所示，從鄭孝胥對「不達」和「不義」的兩難抉擇中，便可嗅出他們的處境。

這群懷抱忠清的遺民，因為人們普遍的觀感和評價，也讓他們的處境更形困難。若是關注民初社會輿論，將不經意察覺：有關忠清之人的

1 中國歷史博物館(編)，《鄭孝胥日記》，頁1401。

聲譽，經常被「污名化」，賦予「負面」的標籤。尤其日常的集會和行爲舉止，泰半被視爲不符民意之怪異現象[2]，甚至描述時更蒙上神秘的色彩，以爲像傳統社會裡的貴族一般，難於接近民眾。1920年代有部描寫北京生活的小說，列舉社會上三種特殊人物——滿貴族、清遺老、闊佾官——爲題材，當中說到「遺老高風亮節，爲世所尊。而清室之遺老，間有陽取孤忠之名，陰施鼠竊之技，某名流所稱『耗子式拖尾巴人物』者，其存心之齷齪，手段之卑鄙，較之現代無恥官僚爲尤甚。」[3] 再以廣東爲例，有人後來形容那群忠於清室的遺民，平日家庭生活是「亦古亦老，又中又西，豪華奢侈，較諸內地遺老尤甚」；非但如此，還「多染阿芙蓉癖」，說他們酒肉爭逐，極盡糜爛之事[4]。無論事實的真相到底爲何，可以發現：帝國演變到民國的歷程中，清遺民遭遇的時代環境和難題，與歷代遺民有別。這使得他們的心態和肆應，乃至獲致的聲名，也不盡然與後者相同。

清遺民怎樣表現自我的政治認同？出處仕隱的取捨準則，是了解他們想法的起點。傳統中國士大夫對出處之道，尤其面臨改朝換代之際，感受最爲深刻。《周易・繫辭》有謂：「君子之道，或出或處」[5]，許多形形色色對出處的安排，都可得見政治的抉擇爲何。本章試從三部分來討論。第一部分，探析政治和經濟空間之中，遺民如何在民國維持生計，特別係當中政治認同所扮演的角色。本章的第二部分則把命題放在

2 如溥儀大婚時，報載有群清遺民集會假松江縣公署舉行遙賀典禮，標題即為「這是什麼怪現象」。見：《大公報》（天津），1922年12月7日，第3版。

3 陳慎言，《故都秘錄》（揚州：江蘇廣陵古籍刻印社，1998，重印本），序，頁1。

4 陳謙，《香港舊事見聞錄》，頁348。按：鴉片膏又稱為阿芙蓉膏，此意即吸食鴉片。

5 李學勤（主編），《十三經注疏》（台北：台灣古籍出版有限公司，2001），《周易正義》，卷7，總頁325。

「儀式」(rites)展現的政治意涵。儀式係人類對自己生命的體認和表達方式之一。通過行動所發出的聲音，有時還要比講話更爲深刻，甚至震撼人心[6]；而儀式本身的呈現及展演，人們亦可在特殊情境下，獲得或換取象徵性的社會認同及價值。儀式既是一種紀念性質的活動，也是對現實環境態度的反映與投射。此外，這裡還企圖區分清遺民的種種儀式，並放在「理念結構」(structure of ideas)交流的關係上來看[7]。遺民選擇達成具有政治意義的行爲，除了受到現實外在的條件所刺激，更是自發性產生的認同。前者屬於公領域，後者則爲私領域展現出來的儀式，毋寧都係清遺民的「自我表現」(the presentation of self)[8]。

最後部分，本章將檢視清遺民對帝制和復辟的活動中，到底如何來回應自身出處的課題。我們將看到，徘徊在出或處雙重抉擇的路上，清

---

6 David Johnson, "Actions Speak Louder than Words: the Cultural Significance of Chinese Ritual Opera," in David Johnson ed., *Ritual Opera, Operatic Ritual: 'Mu-lien Rescues his Mother' in Chinese Popular Culture* (Berkeley, CA.: University of California, 1989), pp. 1-45.

7 Edmund R. Leach, *Culture and Communication: The Logic by Which Symbols are Connected An Introduction to the Use of Structuralist Analysis in Social Anthropology* (Cambridge: Cambridge University Press, 1976), p. 45.

8 我是借用了高夫曼(Erving Goffman, 1922-1982)表演形式的說法，將人們日常生活與習慣，比喻為劇場上的表演，區別台前(front regions)與台後(back regions)概念。他指出，一位演員在台前和台後的表現可能截然不同。例如，演員們在舞台前由於面對的是觀眾，自然要按照劇本，各自呈現劇中的角色；然而舞台的後方則離開了觀眾的視線，那是一處演員得以控制的場域，因此可任意交談，甚至表現角色外的行為。在高夫曼看來，兩種顯著的差別與態度，其中頗具有行為語言及其意涵：台前的表演來自於台後所精心設計，並且台後的演員可以擺脫既定的角色安排。同樣地，人們日常生活中形形色色的情況，也可作如是觀。高夫曼企圖說明人們在公－私不同領域裡有著雙重的處境與肆應。但他認為公－私也並非絕對劃分的，而強調那是人們自主性的體現。見：Erving Goffman, *The Presentation of Self in Everyday Life* (Garden City, N.Y.: Doubleday, 1959), pp. 112-40.

遺民的心態既是徬徨，又兼具矛盾。

第一節　易代之際的生計與政治選擇

清社易屋最直接的影響，就是使得帝國內朝官，頓時薪給不繼，無以維生。留心零星資料將發現，那些遺臣憑藉昔日的積蓄過活，乃至於賣車、租房等情事，時而有聞。居住天津的榮慶，曾囑咐親友代爲經手售出車輛，並且將北京的自宅租賃他人[9]，謀供生計。另一個實例則是那桐。那氏在清季時負責辦理外交事務，從中累積了許多財富，故遜國後的生活，可說過得相當優渥。他在北京城內擁有豪宅巨園，經常提供他人租借，做爲拜壽、嫁娶婚禮，甚至是演戲等場地之用。而這些出租場地遂讓那桐得有豐潤的收入。在那氏日記中，不時看到很多的政界、商界名人或團體，陸續前來央請借園宴客的記載。儘管那桐自己並未明言是否爲租賃關係，但若非1923年5月6日提及「園中牡丹盛開，比較去年暢茂。新種牡丹均活著，花不多，幸有生意，明年當更好矣」[10]，亟難驚悟此乃他個人治生之道。

不過像榮、那兩氏境遇，終究屬於幸運；畢竟他們還是位居高官的人，本來俸祿已豐，並且財富積累有餘。否則，治生無道以致歲愈貧苦，時有悉聞[11]。如果長期擔任中、下層官僚者，想要始終堅持不食民國之粟，恐怕匪易；無論如何，生計勢必遭受影響和打擊。那麼，其他遺民

9 謝興堯（整理點校注釋），《榮慶日記》，頁222、235。

10 北京市檔案館（編），《那桐日記》，頁1016。

11 如恩光在民國甫建之初，日記多處屢有生活「窮困待斃」，甚至類似「時運遭際，如此艱苦，殆即活地獄現相也」之語。又如曾習經，將昔年積俸盡購天津軍糧埕田，因為田地土質斥鹵，不堪耕種，使得虧損甚鉅。俱見：恩光，《潛雲堂日記》，編頁602；錢仲聯（編校），《陳衍詩論合集》（福州：福建人民出版社，1999），《石遺室詩話》，卷16，總頁230。

到底又是怎麼治生的？有關這方面的材料極多，無法詳舉，此處擬從他們鬻賣筆墨的情況，且配合政治的選擇略作說明。

鬻賣書畫、題主

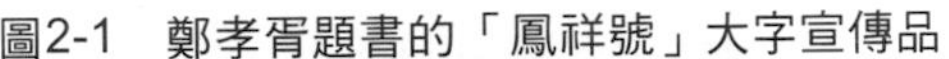
圖2-1　鄭孝胥題書的「鳳祥號」大字宣傳品

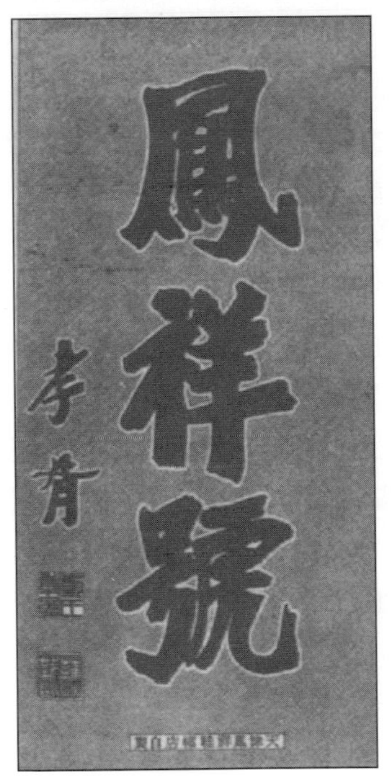

資料來源：由國慶(編著)，《再見老廣告》（天津：百花文藝出版社，2004），頁31。

透過鬻賣書畫謀生，在清遺民的史料中記載不少。就目前蒐羅所見，王乃徵(1861-1933)、羅振玉、鄭孝胥、李瑞清、康有爲、馮煦、鄭文焯、章梫等人，均係當中佼佼者。圖2-1是鄭孝胥替民初天津知名的鞋帽店「鳳祥號」，在廣告宣傳品冊頁背面的題書，據此可以推知鄭氏潤筆的價值。自署「北海逸民」的華世奎(1863-1941)也以此見長，有人形容他「書法顏真卿，鯁直如其人，名日重，求者日眾」，人們「非得其字不爲榮」[12]。何以遺民會考慮如此的方式維生？又爲什麼他們的字畫，能夠普遍廣受市場歡迎？這兩項問題限於資料所囿，難以獲致完整的解答。大致來說，文字係屬傳統社會中士大夫階層的專利和象徵，惟自1905年科舉考試廢止後，嚴格的書法即逐漸不再爲人所重視。因此，民國初年時能夠展現藝術美感的書家，除了繼續擁有此一「文字上的威權」外，某種意義下還兼具有昔日科舉時代的社會地位與身分[13]。然而，替人作畫寫字，原在傳統社會的價值裡，倘屬凸顯個人人格高尚之舉[14]，如今卻淪爲生財方式，不可不謂爲人間慘況。

譬如，著名的書畫家李瑞清，辛亥以前曾任兩江師範學堂監督，在學堂傳授書畫藝術；革命後隱姓埋名，在上海鬻字自給。李的作品因爲廣受注意，且獲利甚多，曾勸誡其他遺民以此謀生[15]，連名畫家張大千(1899-1983)亦曾隨他學習書法。甚至直到李氏死後，上海猶太商人哈同還一度有意將李在「國變」時，拒絕受程德全(1860-1930)聘爲最高顧問的信函，遍徵名家題詠[16]。但若觀察最初武昌革命發生之際，李氏

12 金梁，《清遺逸傳稿本》，〈本傳・華世奎〉，頁12a。

13 類似的說法可見：陶孟和，《孟和文存》（上海：上海書店，1996，據亞東圖書館1925年版影印），卷1〈士的階級的厄運〉，頁25-6。

14 中國書畫的潤格約自晚明形成，一般人訪求這些作品，為了展現作者獨特的品格，通常未必直接交易，而是另一套更完整的市場機制來達成。有關這方面的討論，可見：James Cahill, *The Painter's Practice: How Artists Lived and Worked in Traditional China* (New York: Columbia University Press, 1994), pp. 32-70. 感謝王正華教授提供此一書訊。

15 此乃清遺民高振霄個人經驗，承蒙高氏之子高式熊先生告知，時間是2007年7月6日，謹致謝忱。

16 李永翹，《張大千年譜》（成都：四川省社會科學院出版社，1987），頁42。

鬻賣筆墨的境遇，可知並非始終順遂。據稱李的友人代親朋向他乞書文字，還顧念其經濟窘困，無以爲憑，爲了幫助生計，曾以三倍的潤資贈之。跟李瑞清向來非常熟稔的楊鈞，便直言「鬻賣筆墨，同於賣身，爲儒生之慘事」[17]，一語道破其心境。

與鬻賣書畫類似的工作，也多跟清遺民有關。如傳統習慣，均以毛筆書寫，原因既爲鄭重其事，又因筆墨落紙後不易塗改，所以經常有涉及財產繼承權的遺囑採用此方式。爲了判別遺囑是否真實，賴際熙在1920至30年代時，經常被邀請出庭指認[18]。另外，遺民爲人擔任「題主」（按：指喪家請人在木主上題署死者的銜名，如書「某封謚某官顯考某公」），負責掌持祭儀，更屬常見。由於民初尚屬傳統到現代的過渡階段，基層民間仍有人尊崇昔日的科場功名，略有名望之人往往會邀請具有翰林、進士地位者，來主持家中的喪禮、題主等儀式。如此的風氣進入民國後迄仍未衰。1917年9月馮國璋(1859-1919)的夫人周道如死後，希望找位曾是「狀元宰相」身分的人題主。不過，那時清朝最後的「宰相」陸潤庠已死，只好改找翰林拜相的人將就。可是以翰林拜相的人多爲清遺民，且不久前爲了張勳復辟事件，馮氏臨時決定聲討復辟，產生齟齬，怎肯屈身爲馮題主？最後沒有辦法之下，馮國璋只好退而求其次，找了曾經也是狀元的夏同龢(1869-1925)擔任題主祭儀。馮的心態，頗可代表當時一般的社會風氣，有人亦批評類似這種祭儀中「奴隸成性」的怪現象[19]。

(續)——

李氏曾任職兩江師範學堂情形，見：蘇雲峰，《三(兩)江師範學堂：南京大學的前身，1903-1911》（台北：中央研究院近代史研究所，1998），頁109-14。有人曾說李是「清末老作家中最具異彩者。」見：橋川時雄，《中華文化界人物總鑑》（北京：中華法令編印館，昭和十五年〔1940〕），頁166。

17　楊鈞，《草堂之靈》，卷5〈訂例〉，總頁80。

18　陳謙，《香港舊事見聞錄》，頁25。

19　許金城、許肇基(輯)，《民國野史》（昆明：雲南人民出版社，2003），〈馮我們另從吳蔭培(1851-1930)的神道碑文中，提到吳氏晚年「遠近求書及喪禮請題主，潤筆酬幣悉以賙恤窮乏」[20]，可以想見：遺民替人題主的情形，如同鬻書謀生一樣，相當普遍。但類似的個案絕非僅止一處，榮慶日記裡也屢見替人題主的記載[21]。朱祖謀「月必數爲之，足資存活」，江浙各地有人聞其名而來，經常過訪不值，告以外出爲人題主。據趙叔雍(1897/98-1956)云：

> 同時李瑞清、鄭孝胥，鬻書歲入數千金，祖謀笑謂：「公等為人作丈帛書，更數千百番紙，方得此數。吾朱墨兩點，動致千金，且勝古人之一字千金矣！」[22]

可見喪家的具禮甚豐。聽說朱氏晚年幾乎依恃鬻書、題主爲活，傳聞後來抱病出外題主二次，因爲受感冒風寒侵襲，結果病情增劇不起[23]。

遺民們販售字畫、爲人題主，目的非惟爲了維持自我生計而已，行有餘力還積極投入公益活動。1915年9月《申報》有則啓事，提到康有爲將鬻字墨，並出示自己私藏的12世紀義大利畫作助賑。康氏悲天憫人之舉，以書畫作品鬻賣所得救災，陸續在報章上記載。像1922年時，廣東省潮汕地區遭逢災害，康也主動出面減低潤筆價格，鬻字百幅，希望

(續)

國璋——烏龍王〉，頁51；《時報》(上海)，1912年11月5日，第7版「滑稽餘談」，滎陽三水，〈共和新怪誕一・沿用亡清頭銜〉。

20 錢仲聯(主編)，《廣清碑傳集》，卷16，曹元弼，〈皇清誥授資政大夫二品銜記名提學使貴州鎮遠府知府前翰林院撰文吳公神道碑〉，總頁1110。

21 謝興堯(整理點校注釋)，《榮慶日記》，頁220。

22 趙叔雍，〈人往風微錄(五)・朱祖謀〉，《古今半月刊》，27-28（上海，1943.8.1），頁10。

23 夏承燾，《夏承燾集》（杭州：浙江古籍出版社、浙江教育出版社，1997），冊5，《天風閣學詞日記》，頁266-7。

提供做爲賑災用款[24]。相同的義舉也在其他清遺民的身上可見。羅振玉、章梫、馮煦、林紓(1852-1924)、朱益藩(1861-1937)、錢振鍠(1875-1944，見圖2-2)等人，都有過法書鬻畫來賑災的紀錄[25]。

圖2-2　繫有髮辮的錢振鍠爲人鬻書賑災

資料來源：錢仲易，《錢仲易詩文集》（錢璱之等刊行，2007），卷首照片，未標頁碼。

24 原載《申報》，收入：王中秀(等編著)，《近現代金石書畫家潤例》（上海：上海畫報出版社，2004），頁91、105。鄭孝胥日記也提到康氏賣字助賑，每聯40元。見：中國歷史博物館(編)，《鄭孝胥日記》，頁1575。

25 俱見：王中秀(等編著)，《近現代金石書畫家潤例》，頁96、101、117、132；羅繼祖(撰)，蕭文立(編校)，《永豐鄉人行年錄》（大連：遼寧出版社，2004），卷中，總頁67；朱義胄，《貞文先生年譜》，卷2，頁43；繆荃孫、吳昌綬、董康(合撰)，吳格(整理)，《嘉業堂藏書志》（上海：復旦大學出版社，1997），附錄2，劉承幹(撰)，王大隆(整理)，〈嘉業老人八十自序〉，總頁1409；朱家溍，《故宮退食錄》（北京：北京出版社，1999），〈憶朱益藩先生和他以參與公益博得聲名，究竟爲清遺民獲得多少成效？我們無法得知。但可以肯定是許多遺民心目中，認爲「抱道自任」的想法，絕不在少數。這從他們替人訂定潤例的情況得知。有些遺民因爲鬻書的聲名響亮，曾爲人擔保，謀訂潤筆之資[26]；值得提出，如此作爲主要係敬重對方人格。李瑞清在報上介紹徐淦泉，就說他「抱道自逸」，故願意代定仿單[27]。此外，遺民們相互扶持、彼此推崇的情形，在訂定潤格之中亦能窺見。1925年有則關於王叔用的潤例，便係由呂海寰、馮煦、王秉恩、鄭孝胥、葉爾愷(1864-1937前)、王乃徵、章梫眾人共同酌訂。該啓事即云：

> 王叔用觀察，又號懣盦，博今通古，著有《正氣集》、《女德傳》行世，識者咸推為有功世道人心之作，稱之曰「正氣先生」。國變以後，隱居滬瀆，撰著之餘，博習秦、漢、魏、晉、南北朝、隋、唐四體書法，絕古絕俗，……[28]

由內容看來，既言王氏有功世道，又標榜他「國變」後身體力行，故而王氏的法書筆墨甚値留存。這樣以人論字，遺民尤其樂於宣傳。我們實在無從判定王叔用個人的政治立場爲何，但與此類似的例證，卻非乏見。像是左孝同(1857-1924)、王乃徵、鄭孝胥和章梫等忠清遺民，1920年時嘗爲高振霄(1876-1956)代定書例；而無獨有偶地，沈曾植、陳三

(續)

舉辦的賑災書畫展覽〉，頁734。

26 像李瑞清，給張模訂潤例；鄭孝胥為余天遂、馮春航等人代定潤格。俱見：王中秀(等編著)，《近現代金石書畫家潤例》，頁92、95、168。

27 原載《申報》，收入：王中秀(等編著)，《近現代金石書畫家潤例》，頁99-100。

28 原載《有美堂金石書畫家潤例》，收入：王中秀(等編著)，《近現代金石書畫家潤例》，頁175。

立、朱祖謀等人，不久後則替陳曾壽(1878-1949)謀訂畫例[29]，就並非偶然了。

應該留意，清遺民題主、鬻字之舉，亦有意圖藉此標榜自我的政治傾向和認同。以題主儀式來說，非惟屬於傳統舊禮，更重要是必須穿著故國衣冠[30]。1928年初，河北某富戶人家延請一名郝姓的前清官員負責祭儀，據稱羅列官銜的名牌中，有三項頗耐人尋味：一是「清華舉職」，「清」謂「清朝」，「華」謂「中華」，「舉職」意即由武舉入仕；一爲「隱守都銜」，即「隱居之都司銜守備」；另一係「中華當分」，意謂「在中華民國充當國民一分子」。服色以清朝的靴帽行裝，但帽上並無頂珠，改用紅、黃、藍、白、黑五色覆蓋，以類五色國旗，相當不倫不類[31]。該則來自筆記小說的見聞，雖屬趣談，卻充分顯示藉由儀式可以傳達的政治傾向。

至於鬻書筆墨，一個最爲顯明的例證，是章梫在《申報》上公告啓事，標題寫著「清太史七十叟留龠遺民鬻書」(如圖2-3)。1929年已是距離民國創建有十八載之久，但猶書「清太史」的職稱，且自云「留龠遺民」，可以推知章氏立場及用意。而表達如此強烈的個人認同，李瑞清和鄭孝胥也不遑多讓。據稱李瑞清手書之件，凡清社未屋前，署稱必以其名；但於民國年間所書，落款僅「清道人」三字，而且絕不書民國的年、月。倘若有人挾輦重金強行要求，不得已則繕寫「宣統某年」，並署名「李瑞清」[32]。另外，根據鄭孝胥日記所言，1913年友人受梁鴻

29 原載《申報》，收入：王中秀(等編著)，《近現代金石書畫家潤例》，頁100-1。

30 惲毓鼎，《惲毓鼎澄齋日記》，頁686。

31 徐凌霄、徐一士，《凌霄一士隨筆》（太原：山西古籍出版社，1997），頁713。

32 孫玉聲，《退醒廬筆記》（太原：山西古籍出版社，1995），卷下〈清道人軼事〉，頁101-2。

圖2-3　《申報》刊載章梫鬻書啓事

清太史七十叟

留盦遺民鬻書

楹聯三四尺二元加一尺加一元屏條三四尺四元加一尺加二元中堂幅僅聯同扇件二元墨費一成潤資不加先潤後墨約日取件外埠紙可代對郵票通用收件處上海英租界實善街大吉[illegible]

資料來源：《申報》（上海），1929年5月25日，第15版。

志(1882-1946)所託，延請鄭氏書「民國大學」的匾署，但鄭卻辭謝不爲[33]。蓋因「民國」兩字，本非鄭所喜，政治上既無法苟同，又何必爲人法書？

仕與隱的兩難

以上所言個案，均與鬻賣筆墨文字有關，係屬舊式文人活動的形式。但要知道，清遺民在那樣的謀生環境之下，經濟尚爲政治空間之外所容許，自然足以表達一己的立場。可是，更多的遺民卻因生計難以維持，則在仕與隱兩難之間，搖擺不定。有些人則需廁身於新政權下，方能苟活。

33　中國歷史博物館(編)，《鄭孝胥日記》，頁1481。鄭孝胥為人寫字有三項標準：語及易代之事者不書、改事民國者不書、品格不高者不書。相關例證還可見：劉衍文，《寄廬茶座》（上海：漢語大詞典出版社，2004），頁65-74。

這裡先以冒廣生(1873-1959)爲例。冒氏在遜位詔書下達次日，便奉母避地天津。本來他還與友人相約不受民國官職，且出門的名刺猶署「前清四品京堂」[34]，以遺民自期。可是後來迫於經濟緣故，冒無法像他人能夠歸隱僻巷，終老其生。編寫冒氏年譜的作者，就暗指有不得已的苦衷，說他「以貧也，不能堅其志」。嗣後經由袁克定(1878-1958)私下的推薦，冒廣生赴往浙江省，擔任甌海關監督，並兼溫州交涉員。爲了能夠扶養年邁的母親，冒氏用心甚苦，語及自己的境況，有詩云：「餓死亦知俄頃事，一身容易一家難」，是時還發誓「此身此官與吾母爲進退」[35]。

冒氏的例證可能相當普遍。那些受到家境影響所困，願意屈身委任民國政府之職者，不在少數，甚至還陸續出現。劉大鵬在1914年10月3日寫下這樣一段話，適足描寫當時的情境：

> 今日從政者，清廷臣工十居八、九，想係家無儋石之儲，不得已而做二代之臣也。口腹之累，致使失節敗名，而亦莫能之顧矣，吁！可概也已。[36]

又如左紹佐(1846-1928)，本來選擇避居滬瀆，與其他遺民平時結社唱和，但迫於貧苦，不得已只好返回京師謀職。據說他身處北京時，「居恆戚戚，屢以愧見海上遺逸」，內心感受可謂迹屈志苦[37]。當然這樣的

34 張寅彭(主編)，《民國詩話叢編》（上海：上海書店出版社，2002），冊2，陳銳，《裒碧齋詩話》，總頁69。

35 冒懷蘇(編著)，《冒鶴亭先生年譜》（上海：學林出版社，1998），1922年正月條，頁227-8。

36 劉大鵬，《退想齋日記》，頁196。

37 卞孝萱、唐文權(編)，《民國人物碑傳集》，卷9，傅岳棻，〈應山左笏卿先生墓碑〉，總頁612。

情形，若以歷史上伯夷、叔齊餓死首陽山來衡量，出處自然不無瑕疵，可是有的清遺民卻抱予同情。葉昌熾聽聞冒廣生的情形，就拿清初的吳偉業(1609-1671)境況比擬，認爲冒所以從事海關監督的工作，實「非其志也」；而何藻翔的詩中，也說冒氏「自命爲遺老」，但「富貴苦逼人」，言下之意似乎頗能體諒其難處[38]。

爲了避免誤會，應須強調：清遺民的世界實際上形形色色，政治認同可能居於某一層次，而現實環境的壓力則又在另一層次，兩者之間的關係千絲萬縷，斷非可用一刀劃開。許多會繼續留任北京爲官的人，生計問題帶給他們的無奈，更是如此。以章華(1872-1930)爲例，他在辛亥變作，抑鬱不自勝，因而引發狂疾。病癒後，儘管章氏歷任民國官職，但都不過僅是虛應敷衍當局。跟章私交甚篤的王樹枏，形容他在「國變後，浮沉宦海，爲貧而仕，非其志也」[39]。同樣亦是經濟上因素，讓章華只好尋求另一平衡政治空間的辦法。

當然還有許許多多的遺民，無意委身民國任官，經濟狀況時常捉襟見肘，甚至到讓家人無法諒解的地步[40]；爲了解決生計困擾，需要想辦法向他人借貸度日[41]。曾經參加張勳復辟的關鍵人物劉廷琛，某次給胡思敬的信函中，也傳達類似的情形。劉氏對胡能屢購古籍，甚表妒羨，

38 葉昌熾，《緣督廬日記》，頁7120；何藻翔，《鄒崖詩集：附年譜》，〈效元次山贈黨茂宗篇戲贈〉，頁48。

39 王樹枏，《陶廬老人隨年錄》，頁414；卞孝萱、唐文權(編)，《辛亥人物碑傳集》，卷15，鄭沅，〈章君曼仙墓誌銘〉，總頁785，說：「依違數年，無所可否，順應而已」。

40 如沈瑜慶於清室遜國後，堅持隱逸不出，據聞家人頗恆詬病，於是沈氏憤悒得疾。事見：中國歷史博物館(編)，《鄭孝胥日記》，頁1747。

41 即使是身為恭親王的溥偉，也曾向康有為說到自己為債所困，又「點金乏術」，希望康能轉借解囊，以償急索。見：蔣貴麟(輯)，〈康有為收文錄〉，收在：中國社會科學院近代史研究所近代史資料編輯部(編)，《近代史資料》，總96（北京，1999. 3），頁80。

宣稱自己則無餘力添置，甚至連密謀復辟的行動，都還得向友朋籌款。這封給胡的私密信件，劉氏也透露了梁鼎芬的窘況；說梁罷官後不能自給，每月必須依靠昔日學生寄奉500元，才得以維生，直到入北京止[42]。

既然不願食民國之粟，過去的門生師友關係，於是成爲清遺民唯一可運用的資源。曹元忠一度商求繆荃孫替他代謀工作，原因是「書畫逐漸售人，近且售無可售，深抱鮮民瓶罄之恥，不得已呼籲師門，亟求援手」，自語計需月得百五十餘元即可[43]。因爲生活清貧，更須彼此照應和相互扶持。梁鼎芬病逝後，羅振玉便膽書至上海給沈曾植、章梫等人，希望能夠集賻取息，做爲贍養梁家之費用[44]。此事最終事與願違，但同樣凸顯了遺民的經濟窘況。

了解清遺民對生計和政治選擇的複雜情況後，下面將探討他們的種種行爲，特別係那些具有象徵意涵的儀式。

第二節　衣著、曆法、髮辮等認同行為

在遺民的世界中，表達深具意義的儀式和行爲，經常是他們體現自我認同重要的方式。不獨其他時代的遺民如此，對清室遺民而言，亦復如是。宋元、明清之際的遺民，歷來有關的討論已多[45]，但我們仍須指

42 劉廷琛，《劉廷琛文稿》（民國稿本，北京中國社會科學研究院藏），〈答胡瘦唐副都書〉，未標頁碼。

43 顧廷龍(校閱)，《藝風堂友朋書札》，頁988。

44 羅繼祖，《永豐鄉人行年錄》，卷中，總頁76。康有為身後亦蕭條可憐，門生梁啟超嘗電匯款項，以助殮柩。見：梁啟超(著)，張品興(主編)，《梁啟超全集》（北京：北京出版社，1999），卷21《家書》，總頁6260。

45 例如：何冠彪，《明末清初學術思想研究》（台北：台灣學生書局，1991），〈論明遺民的出處〉，頁53-124；區志堅，〈明遺民查繼佐(1601-1676)晚年生活之研究〉，頁183-202；趙園，《明清之際士大夫研究》，頁308-17；嚴

出：清遺民利用若干象徵符號，進一步表達自我情境，卻由於時代和環境殊異，因而訴求也有所不同。

境地記憶

先談談其中相同之處。譬如，部分清遺民選擇在前代遺民的居所，藉由境地(place)的示意和記憶，因爲身受感同，喚起黍離之悲[46]。曹廣權(1859-1935)即於清室覆亡未久，隱居在江蘇省寶應縣，購得明遺民故址，築造精舍。他刻意模仿明遺民的作爲，做〈環溪卜居圖〉，圖成分寄給各友題詠[47]。1922年陳寶琛歸鄉時，也做了一件頗爲相似的事。當陳氏出遊到永福小雄山，經由訪探，得知該地有元遺民隱居的舊址，遂在此處的聽水第二齋，做題像及建墓道[48]。而沈瑜慶以「濤園」自號命名，其實是他所購的園宅，位於家鄉福建侯官，也係昔日明遺民許有介的故居。儘管該園址早在遜國前業已購得，可是辛亥後卻別具意義。與沈氏同樣懷抱忠清觀念的林紓與沈曾植，兩人均有文章以茲紀念[49]。在二篇同名的〈濤園記〉中，特別彰顯了沈氏在「國變」滄桑下，漂泊淞滬的思鄉情懷；同時也寓意現今忠清遺臣，無法獨享以往遺民那種遺

(續)

志雄，〈體物、記憶與遺民情境——屈大均一六五九年詠梅詩探究〉，《中國文哲研究集刊》，21，頁43-88；林麗月，〈故國衣冠：鼎革易服與明清之際的遺民心態〉，《台灣師大歷史學報》，30，頁39-56，茲不贅列。

46 凱西(Edward S. Casey)曾從現象學的角度，探索人的記憶活動，認為其中「境地記憶」(place memory)，透過某一處地方的選擇，來承載和容納個人記憶，甚至還把遙遠的過去，轉化與當下互通聲氣。見：Edward S. Casey, *Remembering: Phenomenological Study* (Bloomington & Indianapolis: Indiana University Press, 1987), pp. 114-215.

47 趙炳麟，《趙柏巖集》，《柏巖感舊詩話》，卷2，頁11-2。

48 卞孝萱、唐文權(編)，《辛亥人物碑傳集》，卷12，陳懋復(等撰)，〈誥授光祿大夫晉贈太師特謚文忠太傅先府君行述〉，總頁618-9。

49 二文均收於：沈瑜慶，《濤園集》，沈成式，《沈敬裕公年譜》，總頁176-80。

逸之樂。

衣著

擇「遺」而居，固有以古喻今之用意，但大量從服飾上自成一格，不諱言來自歷史的經驗。以資料所見，清遺民仿效「逃禪」之風，改穿僧道服裝的例證不少。當中最著名的人物，如李瑞清，辛亥革命後嘗仿清初石濤(1630-1707？)，以束髮道裝打扮、假道號聊以自娛，因名「瑞清」而自稱「清道人」，並懸掛「玉梅花庵道士」牌於宅門。據聞某宅有喪事，敦請做道場，李氏為之窘甚，連忙舉薦鄰巷道士自代[50]。類似這種用「道士」、「山人」或僧名等稱呼，除了有「閉戶不與世通，絕口不提世事」的想法，表達自己為遺世邊緣人外，目的還在避免當局打擾。杜本崇(1858-1931)人在湖南，屢受地方當局邀請擔任顧問，始終固辭。有次鄉人手持函牘請杜簽名，輒嚴峻拒絕，此後杜氏為逃名避世，改字稱「樵僧」[51]。

選擇以「逃禪」方式做為避世的手段，此固在明清之際的遺民間即已蔚為風氣[52]，可是對清遺民來說別具意義。「國變」後的陳昭常

50 李瑞清，《清道人遺集》（台北：文海出版社，1961，收在：近代中國史料叢刊第42輯），《清道人遺集佚稿》，〈復中國道教會書〉，頁11；錢仲聯(主編)，《廣清碑傳集》，黃維翰，〈清江蘇布政使臨川李公瑞清傳〉，總頁1310；楊鈞，《草堂之靈》，卷16〈上石〉，總頁315。

51 趙啟霖，《趙瀞園集》，卷4〈杜坦庵同年墓表〉，總頁138。類似不勝枚舉，如吳庚、汪兆鏞、張錫晉、王新楨等，俱見：卞孝萱、唐文權(編)，《民國人物碑傳集》，卷12，張瑞璣，〈空山人墓誌銘〉，總頁853；汪兆鏞，《微尚齋雜文》（台北：文海出版社，1981，據壬午年〔1942〕排印本，收在：近代中國史料叢刊續編第83輯），卷6〈張君墓誌銘〉，頁8；汪兆鏞，《清汪微尚老人兆鏞自訂年譜》(台北：台灣商務印書館，1980)，頁37；王開文(編)，《王新楨詩文集》，文集卷下，〈僧東霞、道士李宗陽合傳〉，總頁193。

52 陳垣，《明季滇黔佛教考》，卷5〈遺民之逃禪(第14)〉，總頁200-38；暴鴻

（1867-1913），據稱「凡事皆不槪於心，以病辭官」，又以道士自居。在陳的墓誌銘文中，有段話透露仿效「逃禪」的理由：「是宜稱之爲道人，在昔有道之士，讀聖賢書，服習於綱常名教，秉心以衛道，凡事之艱難曲折，力任之，惟知守道而不顧。」[53]換言之，若從「衛道」的角度思量，或許可見遺民不無藉由身分以自期。

另外，僧道衣著可能還有對抗民初社會易服現象的時代意義。原因是因辛亥革命爆發時，禮制隨之崩解，崇洋而穿著西服始爲時尚。劉聲木《萇楚齋隨筆》就提到了這一風氣的轉變：

> 辛亥以前，服西裝者甚少，即有之，亦以中下等人為多，中人之上者不屑為之。九、十月亂熾之時，舉國競以服洋裝為時髦。避亂在滬之遺臣遺民，經濟每多困難，平時出門，僅坐黃包車而已。時人集一聯云：「革命鉅子綠氈帽，亡國大夫黃包車。」[54]

劉氏筆記形容遺民境遇，可能言過其實；但從當時的風氣衡量，反觀他們爭相穿著僧道衣裝，或許不無區分彼此之用意。有則資料就提到民國後某位舊臣，身穿洋裝向隆裕太后（葉赫那拉・靜芬〔1868-1913〕）行鞠躬禮，當面爲梁鼎芬所喝叱[55]。姑無論此一消息是否正確，足以想見清遺民厭惡洋裝打扮，甚至藉僧道衣服凝聚認同價値觀，形成人類學家所

（續）

昌，〈明季清初遺民逃禪現象論析〉，頁57-62。不過，明清之際也有遺民反對「逃禪」的方式，詳見：何冠彪，《生與死：明季士大夫的抉擇》（台北：聯經出版事業有限公司，1997），頁47-8。

53 張錫麟，〈陳道人墓誌銘〉，收在：許衍董（等編纂），《廣東文徵續編》，冊1（香港：編者印行，1986），總頁462。

54 劉聲木，《萇楚齋隨筆》，《隨筆》卷9，總頁202。

55 沈瑜慶，《濤園集》，〈樊園修禊分韻得群字〉，總頁91。

謂的「社群」(communitas)象徵[56]。所以，當趙炳麟號「清空居士」，自命爲清人，具有鼎革後萬事皆空的意涵[57]，我們不能簡單認定乃效法先人行爲。

清遺民從服裝展現政治認同，態度有時更加強烈，堅持穿清代「朝服」，或把衣服保存起來，隨時念茲在茲。王闓運(1833-1916)雖非忠清之人，然嘗自嘲身穿清代冠服，一如西式衣冠，皆屬外國服裝；他的說法頗引人側目，能反映其中時代現象[58]。倪釗形容自己遜國後雖生猶死的處境，有自輓的聯語云：「鶴化恨今遲，八六年戴髮歸泉，碑碣猶題清處士；鵑啼悲路迴，三千里忠魂繞闕，衣冠不改舊遺民」。企望將來墓碣上還能題名「清處士」，又說自己「衣冠不改舊遺民」，這樣的語氣可見多麼地堅定[59]。不同於倪氏，一心想望清室有朝還能復辟的葉昌熾，則是選擇在傳統節慶時身穿朝服。如值逢歲末，葉氏燃燭迎神，依然自言：「衣冠雖敝，猶是大清章服，祝王室之再興，祈人心之嚮善」，像他「不忘王室」的語調，也見諸於金兆豐(1870-1933)、惲毓鼎、沈曾植、程頌萬、李顯光(1873-1935)等人身上[60]。還有趙啓霖，平日僻

56 Victor W. Turner, *The Ritual Process: Structure and Anti-Structure* (Chicago: Aldine Publishing, 1969), pp. 131-65.

57 趙啟霖，《趙瀞園集》，卷4〈清空居士墓表〉，總頁146。

58 易宗夔，《新世說》（太原：山西古籍出版社，1997），卷1〈言語第二〉，總頁44。後來魯迅還舉此事例，認為具有反革命的意味，可是卻誤植為樊增祥(1846-1931)，可以想見在他心目中對這些忠清遺民的印象。見：魯迅，《魯迅全集》，卷5《花邊文學》，〈洋服的沒落〉，總頁370。輿論對於穿著清代衣冠的報導，也多採取負面的形象。見：《時報》(上海)，1912年11月5日，第7版「滑稽餘談」，滎陽三水，〈共和新怪誕二‧娶親著前清禮服〉、1914年5月5日，第5版，紹興，〈亡清衣冠仍出現〉。

59 劉聲木，《萇楚齋隨筆》，《隨筆》卷2，總頁32。另一位忠清的遺民朱孔彰，生前也自題墓碣「清有處士，朱氏孔彰」，見：夏孫桐，《觀所尚齋文存》（民國己卯〔1939〕年排印本），卷5〈處士朱君墓誌銘〉，頁3。

60 葉昌熾，《緣督廬日記》，頁7922；1913年金兆豐〈癸丑元旦〉詩中有云：

圖2-4 康有爲與家屬、親戚及門人合影

資料來源：李雲光(編)，《南海康先生法書》（香港：明謙有限公司，1985），未標頁碼。

居生活清苦，但仍不忍典當朝衣，時時保存舊日衣物，目的就爲了藉此未忘故國[61]。

（續）

「破屋孤懸堯曆象，遺黎未改漢衣冠」，見：金兆梓(編)，《涉岡集》（上海：中華書局，1949），金兆豐，《遯廬吟草》，頁29；惲毓鼎在端午節時，與兒子仍著清室衣冠行禮。見：惲毓鼎，《惲毓鼎澄齋日記》，頁596；沈曾植嗣子合巹，「仍復舊時衣冠，新郎亦然，故國不忘」，見：許全勝，《沈曾植年譜長編》（北京：中華書局，2007），頁406，引《求恕齋日記》；程頌萬的例子，見：徐珂，《康居筆記匯函》，頁128；李顯光之例見：袁思亮，《蘉菴文集》，卷3〈李惜舭先生墓誌銘〉，總頁229。

61 趙啟霖，《趙瀞園集》，卷6〈黎薇生太史六十生日〉，總頁292。

更有趣的景象，是1927年康有為70歲誕辰時，溥儀由天津派徐良送來御書「嶽峙淵清」的匾額祝賀，在上海愚園路自宅留影(如圖2-4)。這幅照片中的康氏，仍穿清代朝服，並戴紅頂翎帽。相較於其他家人的打扮，康的衣著雖然突兀，神情卻顯得格外氣定神閒，充分展現他執意有所區隔的心思。這次壽誕未幾，康即因病逝世；最後彌留之際，康仍具摺謝恩，足見內心的激盪[62]。另一位凸顯清代朝服深具政治意味的人，是避世上海的姚文棟。後人替姚氏作傳，說他闔門寂處，不改正朔、不棄髮、不廢衣冠。當袁世凱欲加網羅時，姚還刻意挑選身穿朝服，詒明倫堂攝影的照片致之[63]。朝服在此非但用來表明不屈之志，還顯現了豐富的政治意涵。

忠清遺民安排死亡儀式，同樣展示自我的認同和意志力[64]；包括堅持自身衣著，當非止於生前，即使臨簣之際亦然。比如江蘇宜興人蔣萼(1835-1915)，遺命子孫要「以前朝制服斂，墓碑廟主署所任職，全視為清人也」。曹元忠死前也有類似遺言，希望採取朝服行殮的方式，用意彰顯勿忘故君之志。相信與蔣、曹二氏有著相同作法的人，可能還有許多[65]，儘管難以一概而論這些零星的個案，是全然站在同一立場來發

62 王樹枏，《陶廬文集》，卷19〈南海康府君家傳〉，頁12；劉太希，〈記康有為先生〉，收在：夏曉虹，(編)，《追憶康有為》(北京：中國廣播電視出版社，1997)，頁451-2。康氏謝摺全文見：樓宇烈(整理)，《康有為自編年譜外二種》(北京：中華書局，1992)，頁233-35。

63 卞孝萱、唐文權(編)，《辛亥人物碑傳集》，卷14，許汝棻，〈景憲先生傳〉，總頁733-4。

64 這裡舉湖南長沙的簡純澤為例。簡氏投海自盡，身懷楷書絕命詞，有云：「道德仁人，遇見尸身，即掘土穴，深埋海濱；毋用棺木，藁葬以薪，面朝北闕」，又謂墓碑欲刻「有清遺民」四字。見：李定夷，《民國趣史》(揚州：江蘇廣陵古籍刻印社，1998)，頁69-70。

65 蔣兆蘭、蔣兆燮(編)，《醉園府君年譜》(北京：北京圖書館出版社，1998，據1916年鉛印本影印)，頁6；陳曾壽，《蒼虬閣詩》(台北：文海出版社，

聲的；不過，與明遺民流行深衣斂一樣[66]，如此的想法和言論跟政治傾向不無關連。因爲選擇死後仍然還要身著清代服制，同樣亦表現出拒絕當朝的意思。

但這些林林總總看似雷同的儀式行爲，由於面臨的時代環境迥異，自然無法完全等同對待。像「不入城」現象，受到人口過多及交通便利等客觀條件影響，民初的社會顯然亟難被允許，是故清遺民不入城的例子，並非明遺民那麼頻繁[67]，大概只有在中國內地鄉野之間，還能稍窺數例[68]。不過也有更多例外的情況發生，遺民基於個人的安全考量，決定安居在城市之中。李瀚昌(1851-1921)即因故里多盜，不得已僑居在湘潭城內7年；余肇康則是另一從不履城市到避亂遷徙上海的實例[69]。

(續)

1977，收在：近代中國史料叢刊續編第45輯），卷4〈挽曹君直〉，頁4。其他類似的例子，尚有李鎮藩，亦遺命以幅巾斂，並納朝服於棺中（趙啟霖，《趙瀞園集》，卷4〈李翰屏郡丞墓誌銘〉，總頁151）；孫文昱自許為清遺臣，編髮未薙，卒時以清官服殮（李肖聃〔著〕，絳希〔點校〕，《星廬筆記》〔長沙：岳麓書社，1983〕，頁85-6）；李瑞清也是遺體著清朝禮帽、禮服（西本白川，《現代支那史的考察》〔上海：春申社，大正11年〔1922〕〕，〈李梅庵氏を懷ふ〉，頁230）。

66 章太炎的遺囑便謂要以深衣服斂，此乃歷經二百餘年來明遺民的歷史記憶傳承。相關討論可參：王汎森，《中國近代思想與學術的系譜》（台北：聯經出版事業有限公司，2003），〈清末的歷史記憶與國家建構——以章太炎為例〉，頁103-5。

67 有關明遺民「不入城」的討論，見：王汎森，〈清初士人的悔罪心態與消極行為——不入城、不赴講會、不結社〉，收在：周質平、Willard J. Peterson(主編)，《國史浮海開新錄——余英時教授榮退論文集》（台北：聯經出版事業股分有限公司，2002），頁418-41。

68 如陳榮昌、王新楨、趙啟霖等，俱見：陳瀨一，《新語林》（上海：上海書店出版社，1997），頁79；王開文(編)，《王新楨詩文集》，文集卷下，〈致史小周書〉，總頁241；趙啟霖，《趙瀞園集》，卷4〈祭孫蔚林戶部文〉，總頁175。

69 趙啟霖，《趙瀞園集》，卷4〈李鷗叟墓誌銘〉，總頁162；袁思亮，《蘉菴文集》，卷4〈清授榮祿大夫二品頂戴法部左參議余公行狀〉，總頁267。。

接著還要進一步分析：清遺民跟前代遺民的儀式中，有那些不同地方。之所以要強調「不同」的差異，主要希望深化討論時勢本身呈現的意義，尤其遺民對民國後各種政治措施的不滿，以及如何鞏固自我的認同。這些儀式容或在以往中國易代之際，有類似的面貌出現，但其意義卻為獨發，深值玩味。

曆法

例如改元易朔，為每一朝代君主新立時都會面臨的課題，可是對清、民之際而言，即有極大的差別。民國肇建，臨時政府在孫中山(1866-1925)大總統就職儀式上，公佈〈改用陽曆令〉，並通電全國要求人民遵行，這項命令使曆法充滿政治的意涵[70]。從社會和文化的層面來看，前此民間早已普遍慣用陰曆，一旦共和政府以西元陽曆取代，如此新、舊曆法之混淆，與歷代使用陰曆不同，勢將造成諸多生活不便。就報紙而言，全國大多採行陽曆，但為習慣因襲所致，同時還標識有陰曆的年、月、日記載。1913年《大公報》的記者便言這種「官國」和「民國」的二元區別[71]。青年吳宓(1894-1978)也在民國後，嘆言自己生辰究

70　李學勤(主編)，《十三經注疏》，《尚書正義》，卷2〈堯典第一〉，總頁33，說堯「乃命羲和，欽若昊天，曆象日月星辰，敬授人時。」曆法使用除有受命改制的政治意涵，更將王朝天子的正當性凸顯出來。漢武帝的太初改曆即是最著名的例證（新井晉司，〈曆法の發達と政治過程：漢代を中心に〉，《東方學報》，62〔京都，1990〕，頁31-67）。關於民國的新舊曆問題，參見：Henrietta Harrison, *The Making of the Republican Citizen: Political Ceremonies and Symbols in China, 1911-1929*, pp. 65-71；又如《申報》(上海)，1913年2月15日，〈自由談話會〉云：「論者謂改用陽曆，商人莫不關意，不曰頑固，即曰反對民國，斯所謂持之有故，言之成理矣」，尤可說明當中政治意涵。

71　《大公報》(天津)，1913年1月1日，第4版，夢幻，〈閑評一〉。參考：左玉河，〈評民初曆法上的"二元社會"〉，《近代史研究》，2002：3（北京），頁222-47。

係該以陽曆還是陰曆來確定，深感困擾[72]，相信是眾聲喧嘩中的一種聲音。

而有意義是，新、舊曆法的訂定或取消，背後還反映政治認同及衝突。反對陽曆、緬懷陰曆，幾乎爲清遺民共同持有的心態。如果翻閱相關史料，可以發現他們均不喜陽曆，仍沿用甲子干支的方式紀年。方觀瀾即在自訂年譜中，有意不書「民國」年分，依舊言「宣統遜位之某年」，並附以干支年分[73]。至於鄭孝胥對張謇「自書〈狼山觀音造像記〉，後書『民國元年』，且不避『淳』字諱」，深感欠妥，日記隱約傳達了不滿的情緒[74]，溢於言表。羅振玉與王國維結爲親家，但羅要求王遴選訂親日期時，特別聲明只需告知陰曆，因爲自己「不知陽曆爲何物」；又說諏吉書內僅需塡「明年」，理由係「不欲見民國六年字樣也」[75]。羅氏內心敵視民國的態度，可見一斑。

新、舊曆法還涉及傳統節慶的紀念。葉昌熾即謂：若是全然使用新曆，則自古以往的「帝王聖賢誕降之節」，皆無可紀念[76]，割斷原來人們的歷史記憶。至於身在山西的劉大鵬，眼見傳統節慶的進行，則表心

72 吳宓(著)，吳學昭(整理)，《吳宓日記》（北京：三聯書店，1998），冊1，頁249。

73 方觀瀾(編)，《方山民紀年詩》（北京：北京圖書館出版社，1998，據民國間刻本影印），頁37。據稱姚文棟為母親喪葬祭書署，仍稱宣統辛酉，以清帝干支紀年；錢駿祥有詩云「大集編成書甲子，此身長在義熙中」。俱見：卞孝萱、唐文權(編)，《辛亥人物碑傳集》，卷14，許汝棻，〈景憲先生傳〉，總頁733-4；孫雄，《舊京詩文存》（台北：文史哲出版社，1973，據1931年排印本影印），卷8，〈翰林院侍讀嘉興錢公新甫行狀〉，頁14-5。

74 中國歷史博物館(編)，《鄭孝胥日記》，頁1456。甚至直到1930年，鄭孝胥還說：「黨人禁用舊曆，而買時憲曆書者沿街皆是，此真所謂民意。」（頁2268）

75 長春市政協文史和學習委員會(編)，《羅振玉王國維往來書信》，頁135。

76 葉昌熾，《緣督廬日記》，頁7488。

喜(如元宵燈會)，而認爲那些在陽曆1月1日慶賀新年者，均「有叛逆之心」。劉氏日記展現如此態度，俯拾皆是，這裡姑引1914年11月17日一段話，以概其餘：

> 陽曆陰曆，月日紛歧，民間只記得舊曆，而對於新曆並不過問，以其時序之不符也。民不遵行新曆，當道亦不迫脅；今改民國之年，而予稱年號，仍係「宣統」，以予係大清之人，非民國之人耳。各行其志不能強，維新人所謂之「自由」是也。[77]

可以想見：陰陽曆法帶來的政治意趣及聯想，對清遺民的衝擊有多麼深刻。而民初時于式枚也擬過一首對聯，這麼寫著：

> 男女平權，公說公有理，婆說婆有理。
> 陰陽合曆，你過你的年，我過我的年。[78]

聯語說明民國建立後種種措施的紛歧和混亂，時人嘗形容所謂「舊民心理，此足代表」[79]。于氏在辛亥以後避居青島，立志成爲忠清遺民。這首聯語的後半段，尤其代表遺民普遍的想法。而所謂「舊民」，不必然泛指反對民國之人，但清遺民確實對使用陽曆是頗有微詞的。

然而若進一步細究，清遺民面臨曆法問題，態度未必一致。以惲毓

77　劉大鵬，《退想齋日記》，頁199。以上所舉之例，還見：頁175、177-8、190。聯祐也認定「陽曆乃西國之度，我堂堂中華何必效外夷耶！」見：聯祐，《聯祐日記》（收在：國家圖書館分館〔編〕，《中華歷史人物別傳集》，冊71，北京：線裝書局，2003），編頁866上。

78　陳灨一，《新語林》，頁19。

79　王錫彤(著)，鄭永福、呂美頤(點注)，《抑齋自述》（開封：河南大學出版社，2001），頁183。

鼎《澄齋日記》為例，1912年後惲氏雖以陰曆標示日期，卻也夾注陽曆，自言是「為對於外人酬應計也」，足以想見惲的內心頗掙扎。不過大致說來，在改制之初，惲氏時常非議民國政府的決策過於輕率。日記中他提到新曆不符傳統節氣，且民眾仍襲舊慣，泰半只有苟且因應[80]。除了諸多憤懣及怨懟外，惲毓鼎對曆法的態度，並非如人想像那般完全堅持。這樣的心態不乏單一個案。例如，在天津頤養天年的榮慶，日記採民國紀元和陰曆同時並用(如記：民國五年丙辰正月初一日)。那桐則更饒富趣味；本來民國建立後，那氏說他自己「遵照臨時大總統袁通告，改書陽曆」，並列陰曆日期；然而1917年7月2日至11日張勳復辟期間，日記卻又私自改回陰曆[81]，足見無所堅持。

髮辮

與曆法具有異曲同工現象的，還有髮辮問題。辮髮之去留在清季民初時曾引發諸多爭論[82]，還成為危害中國現代化封建幽靈的代表[83]。但對清遺民來說，保留髮辮可謂別具政治意義。因為對照無數的人興高彩烈地剪去辮子來看[84]，遺民們決定保留清代髮型，同樣有標榜忠清之意。

---

80 俱見：惲毓鼎，《惲毓鼎澄齋日記》，頁578、590、596、603、677、713。

81 北京市檔案館(編)，《那桐日記》，頁709、850-1。

82 相關研究請見：Henrietta Harrison, *The Making of the Republican Citizen: Political Ceremonies and Symbols in China, 1911-1929*, pp. 30-40; 吉澤誠一郎，〈清末剪辮論の一考察〉，《東洋史研究》，56：2（京都，1997. 9），頁117-51；陳生璽，〈清末民初的剪辮子運動〉，《中華文史論叢》，61（上海：上海古籍出版社，2000. 3），頁87-118。

83 直到1980年代，髮辮仍意味著妨礙改革的象徵，近人曾以廖冰兄(1915-2006)為例說明。見：洪長泰，《新文化史與中國政治》，〈現代藝術與政治：廖冰兄漫畫中的困局〉，頁96-7。

84 曾有類似的記載，形容有人刻意選擇吉日，莊重地把辮子剪除燒了；甚至聯合多人同日剪辮，並燃放爆竹，舉行公宴來慶祝。見：許金城、許肇基(輯)，據說民初梁鼎芬某次辮髮竟被學生強制剪去，自己後來設法裝上假辮；于式枚民國後則有〈不薙髮詩〉，當中意欲維護與展現政治認同，不言可喻。又如曹元忠給繆荃孫信裡，特別提到自己髮辮始終未去，頗有藉以想要博取認同[85]。

我們檢視清遺民相關史料，其中涉及剪辮與否，似乎相當敏感，因爲這是立刻可以分辨彼此政治立場的一項指標。像易順鼎有〈告剪髮詩〉，諷喻民國爭相剪辮之風，甚得陳三立、葉昌熾、梁鼎芬及于式枚等人私下稱許[86]。民國初建不久，鄭孝胥每於淞滬見到昔日友朋，首先便會注意對方有無髮辮[87]，用來區分彼此。鄭氏此舉並不令人意外，以髮辮展示認同，相關的例證頗多。魏元曠(1857-1921)蓄留髮辮，遺民即以「忠臣」目之；同樣在上海的王存善(1849-1916)，民國之後也未斷髮，自言：「誓吾戴吾髮，以入棺見先人於地下」，然報章卻譏詆與馬夫、車夫同爲乙流人物[88]。張錫恭(1857-1924)對存留髮辮的態度更爲強硬。有次他因病篤，始終不肯就醫服藥，理由係「俗醫皆去髮媚世之

(續)

《民國野史》，〈辛亥預言與辮子革命〉，頁17。

85 柴蕚，《梵天廬叢錄》（台北：鼎文書局影印，1976），卷8〈于式枚二則〉，頁30；長春市政協文史和學習委員會(編)，《羅振玉王國維往來書信》，頁12；顧廷龍(校閱)，《藝風堂友朋書札》，頁988。

86 該詩及評語，俱見：易順鼎(著)，王飈(校點)，《琴志樓詩集》，卷17〈告剪髮詩〉，總頁1204-7；葉昌熾，《緣督廬日記》，頁6935。

87 如報載辜鴻銘在北京「著頂帽、袍掛、拖辮，用『外務部員外郎』名刺拜客」；又如見陳三立「猶辮髮」，聽聞朱祖謀「亦留辮」；又如晤陳夔龍，「仍辮髮」；提到吳籛孫，說他與張勳約為兄弟，仍留髮辮。俱見：中國歷史博物館(編)，《鄭孝胥日記》，頁1415-7、1466、1818。

88 張寅彭(主編)，《民國詩話叢編》，冊2，魏元曠，《蕉庵詩話》，卷3，總頁20；顧廷龍(校閱)，《藝風堂友朋書札》，頁717。廣東南海人楊裕芬(1857-1914)也在革命黨人以剪髮相脅迫時，言：「吾留此以見先皇帝於地下」，屹然不為所動。見：張學華，《闇齋稿》，〈學部主事楊君墓誌銘〉，頁33。

徒」。好友曹元忠聽聞情形，急忙馳往醫治，才轉危爲安[89]。髮辮表現出政治立場，於此可見。

堅持保存髮辮，當然亦不乏有刻意標榜的意思。陳宧並非效忠清室的遺民，民國後依附袁世凱，甚至替袁謀圖稱帝。洪憲事敗後，陳便隱居在京津陋巷，徒留辮而受到醒目，儼若遺民。據時人觀察，陳氏頗有意藉此讓世人信其背袁，並表示對清室念念不忘之意[90]。即便自言忠清之人，態度也未可一視同仁。1916年，在上海的王國維致信他人說，自己親睹吳慶坻、左孝同等雖有辮髮，卻將它束之於頂。當王氏看到如此景象，心中仍不免有所譏詆[91]。但也有例外，部分遺民因應時局而態度轉變；聯祐、惲毓鼎兩人心境的變化，就是頗値留意再三的證例。聯祐自言由於供差，不得已將髮辮盤頭，如此生計才不致受到影響[92]。至於惲毓鼎，剛開始先是表示反對，聽聞南京有人攜帶剪刀迫人截辮，稱其「如飲狂藥」；而後束髮作道裝，最終則並不堅持。惲氏日記中還提及自己剪辮的緣由始末：

> 赴青雲閣理髮處剪髮。此辮與我相守五十年，一旦截之，不無戀戀。唯上流社會人俱已濯濯(唯商界中人尚有存者)，余既不能杜門自守，不免馳驟於酹酢場中，日受刺激，只可降心從眾矣。[93]

89 曹元忠，《箋經室遺集》，「家傳」，曹元弼，〈誥授通議大夫內閣侍讀學士君直從兄家傳〉，頁4。

90 矢原謙吉，《謙廬隨筆(初集)》（香港：掌故月刊社，1974），頁6。

91 長春市政協文史和學習委員會(編)，《羅振玉王國維往來書信》，頁126。

92 聯祐，《聯祐日記》，編頁869下。

93 俱見：惲毓鼎，《惲毓鼎澄齋日記》，頁579、589、592。

這時爲1912年5月21日，距離清帝遜位尚未久。如果對照許多清遺民向以不改正朔、不棄髮辮、不變衣冠來明確表示自己反對民國的話，惲氏作爲顯然要被看做是缺乏堅定信念的人了。但需注意的是這段引言最後說「余既不能杜門自守，不免馳騾於酹酢場中，日受刺激，只可降心從衆矣」，可知處於公領域之中，人在北京的惲毓鼎仍不免要隨波逐流。

第三節　奉安、萬壽祝蝦等政治性儀式

當我們反思清遺民在公領域處境中的矛盾後，接著觀察他們對私領域內的堅持。這裡集中討論幾種現象：奉安典禮、萬壽祝蝦、獻金及語言，特別它們背後的政治意涵。這些儀式明顯屬於個人自發性的，而有更濃郁的氣氛，別於外在環境的影響，也別於其他非政治性象徵。

奉安祭儀

民國初年，遜位清室曾舉辦幾次重大的祭典儀式。從祭儀裡將發現：儀式本身固爲既定的操作形式，但當中卻也無形強化了遺臣遺民對政治的認同。此一自我認同不見得公諸世人，可能蘊含在個人內心深處。所以，屬於私密性的書寫資料才得以窺見；日記便是其中一種，惲毓鼎《澄齋日記》即爲顯例。1913年2月隆裕太后逝世，一時頗有中毒傳言，造成遺民多方揣測[94]；不獨如此，其安葬過程，當時亦曾引起社會轟動(如圖2-5)，惲的記載尤其明白。像寫到惲氏入宮內行禮的情形，「毓鼎滿腔哀憤，並爲痛淚千行。既出，猶嗚咽不能自已」，並提到「行禮不滿二十員，較之光緒三十四年，不堪回首矣」，描述此一時彼一時

94　房學惠(整理)，〈羅振玉友朋書札・寶熙致羅振玉(1913年3月7日)〉，《文獻》，2005：2，頁48-9。

圖2-5 隆裕太后奉移時沿途觀看者之擁擠情形

資料來源：《東方雜誌》，9：10（上海，1913. 4），卷首，未標頁碼。

的冷熱哀淒之情。又有北京的團體社政進行會，籌備開會追悼，惲毓鼎親臨現場，「與祭者達八十人，足見吾人心理所同然。」還有清遺民吳郁生、鄒嘉來(1853-1921)等人，自青島來謁梓宮，藉著機會與其他同志相晤[95]。

另一次的祭典則在同年12月，係光緒、慈禧兩人奉安於梁格莊。這次活動清遺民參與的人數更爲踴躍。事後清室還以不忘故主爲由，分賜御筆紀念。據稱，查核到陵人數姓名，約有一百四十餘人；勞乃宣特別託人抄錄名單，寄給羅振玉以示詳情[96]。即使無法親臨者，亦「聞崇陵

95 俱見：惲毓鼎，《惲毓鼎澄齋日記》，頁632-4。

96 韓行方、房學惠(整理)，〈勞乃宣致羅振玉書札十六通〉，《文獻》，1999：4，頁270；不過，惲毓鼎日記記載人數有出入，約一百六十餘人。見：惲毓鼎，《惲毓鼎澄齋日記》，頁674。

奉安，率耆老於是日北望行禮，皆感歎泣下」，或「家中服衰九叩」[97]。惲氏在日記中也詳細記載其經過，先後共有兩天。日記提到會見了各清室遺臣，儀式進行時「毓鼎伏地痛哭不能起，淚濕棕席。既興，與梁【鼎芬】前輩執手略話先帝傷心歷史，復失聲大慟。」廣東番禺人顧臧(1875-1926)以諸生資格，專程由滬赴京來叩梓宮，惲氏以為其人「尤可敬也」；而趙秉鈞(1859-1914)奉總統之命派往致祭，穿著及表現得宜，惲說他「其心可嘉，遠勝孫寶琦、劉若曾輩岸然與舊主鞠躬，滴淚不落者。」[98]

細觀《澄齋日記》中內容，一方面體現惲氏個人的哀戚之情，躍然紙上，另一方面從文字書寫還獲致若干弦外之音：首先，儀式的開展對清遺民而言，甚為重要。因為透過儀式，遺民既得撫慰，又能藉此尋求跟自己政治認同一致的人。日記說社政進行會預備開會追悼隆裕逝世，當中致祭者之多，惲毓鼎表示與「吾人心理所同然」，便是一例。換言之，我們不能輕略看待惲毓鼎書寫該段內容時，所希冀傳達的自我心境。其次關於文字描述，頗多涉及忠清之人的表現，像梁鼎芬係「話先帝傷心歷史，復失聲大慟」，另外又表示對顧臧、趙秉鈞的忠誠態度，感到欽佩可嘉。

---

97 許玨，《復庵遺集》（台北：成文出版社，1970，據民國鉛印本影印），卷首，馬其昶，〈清故出使義國大臣許公墓誌銘〉，頁2；丁仁長，《丁潛客先生遺詩》（己巳年〔1929〕刊本），〈癸丑十一月十六日崇陵奉安，粵中遺民衣冠詣廣州府學宮，遙申哀奠，禮成敬瞻御書恭題〉，頁14；曹元弼，《復禮堂文集》（台北：文史哲出版社，1973，據1917年刊本影印），卷10〈覆梁節庵前輩書〉，頁5。如許玨向姪子的信中，詳細說道：「景廟奉安之期，我與同志數人就崇安寺之大悲殿，恭設神牌，通知闔邑紳耆屆時恭詣行禮者一百餘人，衣冠雖不周備，拜跪仍循舊制，間有誦念遺澤歎息泣下者，足見天理民彝之未盡澌滅也。」見：許玨，《復庵遺集》，《家書節鈔》，頁29。

98 惲毓鼎，《惲毓鼎澄齋日記》，頁671。

類似惲毓鼎日記內容的展現，有一本稀見藏稿《隆裕太后大事記》，亦可佐證遺民的心態。從書名來看，這部手稿似乎記載隆裕個人的生平和經歷，其實並非如此，反倒詳錄梓宮暫安至奉安梁格莊的過程。內容中還歷載前往叩謁行禮人員的名單，場面悲慟，像「哈拉哈蒙古親王某、郡王某來叩謁梓宮，伏地大哭」，奉安時又加上自己的感嘆，如云：「嗚呼！我皇太后從此捨神京而去矣！臣等將何以為生耶？皇上將歸何人撫育耶？」[99] 藉由太后逝世歷程，傳達故國思念。

再者，經由儀式發展的詩詞唱和也值得留意。惲毓鼎日記對上述的兩次清宮祭典活動都有賦詩。在初聞隆裕太后逝世不久，惲氏即作輓詞表示哀悼；而對崇陵奉安的經過，日記裡陸續載有三首詩作[100]。但我們不應將此僅僅視如簡單的舉措而已；相反地，對照若干其他資料，可以想見就算是詩詞唱和，實際上也充滿彼此認同的意味。這些詩詞，有些遺民藉著刊物上公開，以示忠貞[101]，更多則私下流傳。人在日本的羅振玉，致信繆荃孫時，便言「大行太后之喪，海外孤臣，聞之摧痛。想長者同此情也。如有挽章，倘求賜示。」[102] 羅氏希望求獲他人挽章，目的顯見忠清情懷。與他一起的王國維，則在隆裕太后逝世後不久，做有五言排律的輓辭九十韵，頗感滿意，並寄予同道指正[103]。對於那些私下

99 富察・敦崇，《隆裕太后大事記》（台北：成文出版社，1968，據民國二年〔1913〕刊本影印），頁24、52。

100 惲毓鼎，《惲毓鼎澄齋日記》，頁631、672-3。

101 例如：瞿鴻禨、沈曾植等人在《庸言》發表隆裕太后哀詞，見《庸言》，1：11（天津，1913），「詩錄」，頁1。

102 顧廷龍（校閱），《藝風堂友朋書札》，頁1006。

103 顧廷龍（校閱），《藝風堂友朋書札》，頁1018-9。秦綬章也有輓辭，當中言：「歸來望帝聲如訴，哭到遺民事更悲」，見：秦綬章，《蕚盦吟稿》（民國三十□年合眾圖書館據稿本傳鈔本，上海圖書館藏），〈隆裕大行皇太后輓辭〉，未標頁碼。

傳頌的詩詞作品，清遺民甚至將之抄錄在日記中，亦屬一種隱性的認同表現。例如，榮慶嘗錄陳夔龍哭隆裕的數首詩句，包括有「何圖陽九厄，先崇未亡人」等，而自己也作詩紀之；秦樹聲、冒廣生亦與葉昌熾先後往來函示，競作輓詞以宣揚聖德[104]。無論描寫儀式或詩詞唱和，這些文字顯現出來，娓娓道出清遺民個人的心態和認同。

圖2-6 梁鼎芬致陳寶琛手札

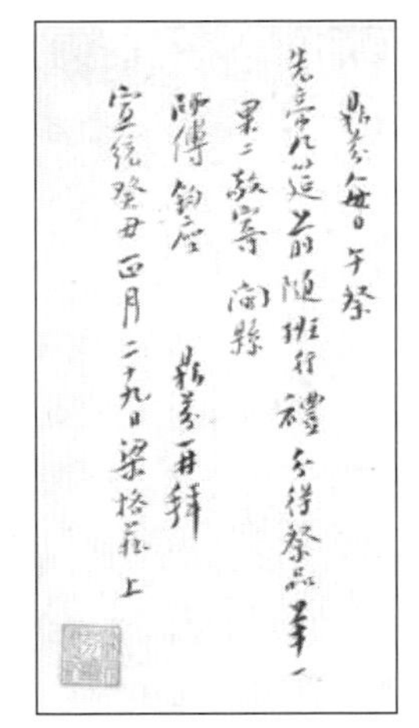

鼎芬每日午祭
先帝几筵前隨班行禮，分得祭品羊一
果二，敬寄 [illegible]
師傅鈞座　鼎芬再拜
宣統癸丑四月二十九日梁格莊上

資料來源：浙江圖書館(編)，《浙江圖書館館藏名人手札選》（杭州：浙江人民出版社，2000），頁197。

另一項從祭儀中展現政治性是供品貽餉。梁鼎芬每值崇陵祭祀，必以所得供品見餉同道(如圖2-6)，舉動深具政治意味，頗有呼喚之意。

---

104 謝興堯(整理點校注釋)，《榮慶日記》，頁224、226；葉昌熾，《緣督廬日記》，頁7105-7。曹元忠也有〈恭賦大行皇太后輓辭〉三章，請陳寶琛教正，見：曹元忠，《箋經室遺集》，卷15〈與陳伯潛師傅書二〉，頁2。

以目前的資料所見，許多遺民都嘗收到梁氏的崇陵祭品。榮慶、葉昌熾、金兆豐、胡思敬、趙啓霖等人在日記或詩裡，均有梁來函分貽祭品的記載；即使遠在湖南的趙啓霖，亦屢次收到。1915年梁鼎芬除了給鄭孝胥寄來祭品外，隨附信函內容中提及大祭的情形，以及近況[105]。

如同奉安祭典一般，日常生活儀式的進行，毋寧也刻畫清遺民的自我認同。陰曆元旦便爲具有類似意義的特殊節慶。某則傳聞曾提到：廣東的清遺民汪兆鏞每逢陰曆元旦，必穿著朝衣向北叩拜；有一年恰巧同父異母胞弟、也是革命鉅子的汪兆銘(1883-1944)前來拜年，故意拉他一起叩拜。傳聞難免以訛傳訛，不見得屬於實況[106]，但卻顯現時節儀式對遺民具備的政治意涵。像在《澄齋日記》中，每逢陰曆的正月初一時，家家戶戶將行祭拜，惲毓鼎總會帶領家人，一同朝宮闕方向行三跪九叩之禮。這些儀式背後，代表某些難以言喻的情懷；儘管日記只是寥寥數字，絕非尋常。與惲氏一樣，那桐每逢正月初一當天亦有類似的儀式，日記內則更標記「予告太子少保、文淵閣大學士，前清遺老也」，藉示不忘故國。在《榮慶日記》中，也有正月初一日「上樓行九叩禮」的記載；而劉嶽雲(1849-1917)每值歲時元旦，先向北再拜；劉承幹則「每逢三令節，北向衣冠肅，既願聖壽長，亦禱明辟復」，皆是以儀式隱喻

105 俱見：謝興堯(整理點校注釋)，《榮慶日記》，頁272；葉昌熾，《緣督廬日記》，頁7555；金兆梓(編)，《涉岡集》，金兆豐，《遯廬吟草》，〈梁節庵訪自崇陵貽祭品感賦〉，頁32；胡思敬，《退廬全書》，《退廬詩集》，卷4〈謝梁節盦按察餽先陵祭品〉，頁14；趙啟霖，《趙瀞園集》，卷5〈哭梁節庵前輩〉，總頁201；中國歷史博物館(編)，《鄭孝胥日記》，頁1598。

106 傳聞引自：許金城、許肇基(輯)，《民國野史》，〈汪兆鏞窘汪兆銘〉，頁208，該文有若干錯誤之處。另據鄧又同所聞，1920年代的某年汪兆銘曾經返歸祖居祭拜。聽說當時汪還身著風靡一時的中山裝，祭拜時行三鞠躬禮。如此新派的作風頗令兄長不滿，結果汪兆鏞卻以嚴肅的態度向他說：「你在外搞甚麼我不管，但回家拜祖先應穿長衫，【行】三跪九叩」，要求採古禮進行。鄧又同，〈汪兆鏞與汪精衛〉，《春秋雜誌》，912（香港，2002. 1），頁33-4。

自我的忠君態度[107]。

萬壽祝嘏及大婚致賀

還有每年清帝溥儀的生日，對紫禁城內外的遺民而言，也具隆重和深遠意義。幾乎每年陰曆正月十三日，都會看到有關萬壽節祝嘏之記載。尤其居臨京津地區的遺民，都會在這一天整肅衣冠，入宮朝謁；如此情形直到溥儀遷往天津租界，未嘗中斷[108]。而距離北京較遠的忠清遺民，會以其他方式表示慶賀。如曹元弼有萬壽祝嘏詩，亦贈致葉昌熾，而葉氏亦回敬作詩[109]，藉由酬唱傳達彼此認同；又如集體群聚，一起祝嘏溥儀誕辰，慶賀萬壽聖節[110]。相反地，民國的國慶節日對他們來說，

---

107 上述個案俱見：謝興堯（整理點校注釋），《榮慶日記》，頁256；錢仲聯（主編），《廣清碑傳集》，卷16，唐文治，〈劉佛卿先生神道碑〉，總頁1093；王季烈，《螾廬未定稿》（台北：文海出版社，1969，收在：近代中國史料叢刊第40輯），稿續《螾廬未定稿續編》，〈題嘉業堂勘書圖為劉翰怡〉，頁27。

108 相關例子頗夥，有林開謩、黎湛枝、章梫、劉世珩和楊鍾義等，俱見：陳寶琛，《滄趣樓文存》，卷上〈林君貽書六十壽序〉，頁50；溫肅，《溫文節公文集》，卷3《檗庵文集》，〈光祿大夫學部右丞黎君行狀〉，總頁173-4；倉石武四郎（著），榮新江、朱玉麒（輯注），《倉石武四郎中國留學記》（北京：中華書局，2002），頁39；中國歷史博物館（編），《鄭孝胥日記》，頁1644；莊嚴，《山堂清話》（台北：國立故宮博物院，1980），頁13。

109 葉昌熾，《緣督廬日記》，頁7484-8。

110 例見：中國歷史博物館（編），《鄭孝胥日記》，頁1896-7、1940；梁慶桂，《式洪室詩文遺稿》（1931年刊本），〈正月十三日萬壽節，梁慶桂偕陳煜庠、王仁煦、汪兆鏞、盧鴻翔、王宗緯、王詵、崔師貫同於濠鏡墺盧氏園，敬謹行禮恭紀〉，頁53；汪兆鏞，《微尚齋詩續稿》，〈丙寅正月十三日娛園祝嘏，同集者八人，敬紀小詩用甲子韻〉，頁8；崔師貫，《北郭類稿》（癸酉年〔1933〕刊本），《硯田集》，頁3；丁仁長，《丁潛客先生遺詩》，〈甲子正月十三日孔曼部郎招集泰華樓祝嘏，禮畢醵飲恭紀以詩〉，頁35-6；溫肅，《溫文節公集》，卷1《檗庵年譜》，總頁20；何藻翔，《鄒崖詩集：附年譜》，吳天任（編著），《何翽高先生年譜》，頁166。

則深感嫌厭。惲毓鼎遇逢雙十，表示「觸處生感」，不願行經通衢大道，目的爲了避見各種有關慶祝的盛況。鄭孝胥的表現更見強烈不滿，日記上還說：「是日十月十號，亂黨號爲『雙十節』，謂之『國慶日』，市居頗有休業者，學生舉行提燈會，真醉生夢死之徒也。」[111]

1922年末溥儀大婚，更凝聚了許多清遺民政治忠誠之心。第一章業已提及廣東遺民先後踴躍籌具婚禮的情形，陳伯陶可說是居中四處活動的關鍵人物，親自從九龍啓程北上，入京朝賀，出資1萬元，並有奏摺[112]。像陳氏那樣進獻的人絕不在少數。劉承幹在民國後屢次輸金入貢，獲賜「欽若嘉業」匾額，但大婚時更親自趨朝覲賀，又獻納巨金。金蓉鏡(1856-1930)也是爲了進呈嘉禮，將自己私藏多年王士禎(1634-1711)等人審定的《綿津山人詩集》初校本出售，結果換得數百金來慶賀。還有件賀禮，頗令莊士敦(Reginald F. Johnston, 1874-1938)的印象深刻，在《紫禁城的黃昏》(*Twilight in the Forbidden City*)一書中特別提到：有位不知名的遺民，欲示忠君之心，進獻聖祖康熙(愛新覺羅・玄燁〔1654-1722〕)手抄〈千字文〉一幅[113]。凡此林林總總的賀禮，絡繹不絕。

111 惲毓鼎，《惲毓鼎澄齋日記》，頁706；中國歷史博物館(編)，《鄭孝胥日記》，頁1629。與此相關之例，還可見聯祐、林紓等人。聯祐形容紙花堆成匾額，做為共和國慶之賀，語帶嘲諷謂：「夫以紙為花，豈是耐久之物；又皆極小，亦窮相也」，認為形同兒戲；林紓則有詩稱「萬人稱慶我獨愁，陸沉不日哀神州」。見：聯祐，《聯祐日記》，編頁863上；李家驥(等整理)，《林紓詩文選》（北京：商務印書館，1993），〈國慶〉，頁178。

112 陳伯陶，《瓜盧文賸》（民國排印本，香港大學藏），卷2〈壬戌北征記〉，頁45-61，詳細記載此事經過。這件事也令溥儀的一位師傅記憶深刻，有回憶錄記下為證。見：Reginald F. Johnston, *Twilight in the Forbidden City* (London: Victor Gollancz, 1934), pp. 316-7.

113 俱見：繆荃孫、吳昌綬、董康(合撰)，吳格(整理)，《嘉業堂藏書志》，附錄2，劉承幹(撰)，王大隆(整理)，〈嘉業老人八十自序〉，總頁1407-8；卞孝萱、唐文權(編)，《民國人物碑傳集》，卷10，金兆蕃，〈從兄永順君事略〉，總頁707；溥佳，〈溥儀大婚紀實〉，收在：中國人民政治協商會議全國委員會文據稱現存的檔案中，編有「大婚典禮進奉銜名物品冊」，內容不乏馮恕(1867-1948)、張人駿、呂海寰、升允、鐵良(1863-1938)、康有爲及胡嗣瑗等遺民。另外，根據一項資料供稱：各地進獻的物品與現金，約莫百萬元，當中京外舊臣獻金，便有近30萬；此外還遍及於東三省、甘肅、川邊及南洋群島等地。溥儀皆有書畫物品回賞[114]。

象徵性語言

除了儀式表達外，遺民還有所謂象徵性語言的使用。這類深具隱喻意義的語言，一方面透過自我認可所形塑出來的，另一方面也是一種「隱藏性劇本」(hidden transcript)[115]。譬如遺民深惡痛絕的「民國」與「大總統」等字樣，常在文字中詭之爲「㞁國」、「冥國」與「大忡恫」，或將民國紙幣喻爲陰間紙錢[116]，戲謔之情，可以得曉。經由如此的語言，清遺民不僅表現反抗心態，而且還溝通了彼此的人際網絡和關係，用來尋求認同與慰藉[117]。從不少詩句中，也可以發現相關語言的變體，像「杜鵑」一詞，成爲特殊指涉的符號，最爲清室遺民喜用。他們之所以熱中

(續)

史資料委員會(編)，《晚清宮廷生活見聞》(北京：文史資料出版社，1982)，頁129；Reginald F. Johnston, *Twilight in the Forbidden City*, p. 315.

114 名冊我並未見到，上述的部分名單和說法，是引自：秦國經，《遜清皇室軼事》，頁114-6；徐珂，《康居筆記匯函》，頁165。

115 相關研究指出：當群眾面對政治高壓進行抗議時，有的人民會選擇不以武裝和激烈的活動，避免惹來殺身之禍，反倒通過笑話、歌謠或嘲弄的手勢，委婉地表達自己的憤怒及不滿。像這樣的舉措便被視為「隱藏性劇本」。見：James C. Scott, *Domination and the Arts of Resistence: Hidden Transcripts* (New Haven: Yale University Press, 1990), pp. 14-6, 187-92.

116 矢原謙吉，《謙廬隨筆(初集)》，頁110；胡思敬，《退廬全書》，《退廬詩集》，卷4〈見通行民國銀行紙幣書以誌慨〉，頁20。

117 John J. Gumperz, *Discourse Strategies* (Cambridge: Cambridge University Press, 1982), pp. 38-58.

使用這個名詞，目的蓋有藉此表現追思故國之意。溫肅居留在北京時，家裡即設有「杜鵑庵」，乃取杜老拜鵑的典故。同樣他提及「杜鵑」的意義時還說：

> 近日遺臣野老，多取此寄其故國之思。「杜鵑」二字，已成習見，又不足為奇矣。[118]

丁仁長演繹溫氏該詞用意，說：「謂是古帝魂，拳拳寓忠愛」；至於給梁鼎芬的詩，更以身爲遺臣的心境，描述「低頭拜杜鵑」：

> 坐守寒灰待復然，橋山宿草已芊芊。
> 劇憐臣甫飄零甚，日日低頭拜杜鵑。[119]

類似這種深具「擬物化」的語言，超越了人們既有的感知，以達相互認同，有時未必全以文字的方式呈現。溫並將自己的孩子分別取名「必信」、「必果」、「必復」、「必清」[120]，寄望中興能有結果，意義不言自明。其他透過戲劇傳達意涵，亦復如此。以下專以京劇爲例。

京劇在清季民初普受歡迎，人所共知。儘管有唱戲誤國之說[121]，不

118 溫肅，《溫文節公集》，卷3《檗庵文集》，〈記命名與古暗同〉，總頁220。

119 丁仁長，《丁潛客先生遺詩》，〈乙卯節盦歸自梁格莊賦簡六首〉，頁18、〈為杜鵑菴主題春心圖〉，頁32。

120 此承賴際熙之子賴恬昌教授告知，時間是2005年5月7日，謹致謝忱。梁基永先生並向我解釋：「信、果、復、清」四字實乃按照順序所排，象徵溫肅個人意志之堅定。

121 牟潤孫，《海遺雜著》（香港：中文大學出版社，1990），〈京劇的盛行與滿清政權的崩潰〉，頁45-50；呂長賦(等編)，《溥儀離開紫禁城以後》（北京：文史資料出版社，1985），溥佳，〈溥儀出宮的前前後後〉，頁23-4。

過普遍說來，遺臣遺民喜觀演劇，甚至與優伶往還密切，以「捧角」為生活消遣[122]，張勳與梅蘭芳(1894-1961)的關係便是一例。據趙炳麟《柏巖感舊詩話》有謂：

> 梅蘭芳係京伶，……張將軍勳於宣統間，練兵浦口，出萬金為贖身。蘭芳常與張將軍親近，多宗社之感。每言及清時事，太息流涕。[123]

這段話言及梅蘭芳個人的政治態度，應有所本[124]；而遺民愛好京劇，即因能以戲劇提倡忠孝節義。惲毓鼎甚至觀而優則演，趙炳麟說他「登台演劇，欲以通俗教育提起忠孝節義，雖渾迹優伶而不悔」，是「古之傷心人也」[125]。

可是戲劇中傳達忠孝觀，不必然見容於民國的社會。聽說一向主張新文化的胡適、錢玄同等人，嘗有詆毀京劇為俗劇，甚至斥責臉譜為「糞譜」[126]。汪笑儂(1858-1918)係梨園八旗子弟，辛亥革命後在上海登台演唱，自編自演數戲，頗受歡迎，人多稱為拿手。其中「哭祖廟」一劇，

---

122 陶亢德(輯)，《北平一顧》（上海：宇宙風社，1940），綠英，〈廣和樓的捧角家〉，頁86。另據菊壇名角章遏雲(1912-2003)供稱，1936年陳夔龍八十壽誕，家中唱戲三天，章氏前往拜壽，還臨時登台高唱一齣「女起解」。1938年時，同宗的遺民章梫也送了兩首詩給章遏雲，引來京津名士唱和。見：章遏雲(著)，沈葦窗(編)，《章遏雲自傳》（台北：大地出版社，1985），頁106-8，112-4。

123 趙炳麟，《趙柏巖集》，《柏巖感舊詩話》，卷2，頁16。

124 不過，我個人相當懷疑此則史料的真實性。查遍王長發、劉華所撰的《梅蘭芳年譜》（南京：河海大學出版社，1994），並無梅氏與遺民互動的記載。然而，趙炳麟為忠清遺民，他的說法頗可印證遺民熱切觀劇的情形，大致無誤。

125 趙炳麟，《趙柏巖集》，《柏巖感舊詩話》，卷1，頁15。

126 陳聲聰，《兼于閣雜著》（上海：上海古籍出版社，2002），《兼于閣文存》，〈記張繆子其人其事〉，頁19。

民初時迴響尤鉅，蓋主要內容敘說北地王劉諶(?-1961)遜國之狀。此劇符合現實的時事與環境，嘗有人發出「國破家亡，幾見人來哭祖廟」之語[127]，故清遺民感觸良多。1917年5月，在上海的鄭孝胥，便與友人共同前往觀賞汪所主演的「哭祖廟」。惟原本一場熱鬧歡欣的盛會，卻遭到恐嚇與脅迫，革命黨人暗中施放炸彈，眾皆奔散。鄭氏在日記云「此革命黨仇視忠義之說，故作此劇耳」[128]。有趣的是，汪氏戲劇在清季時被用來激勵革命黨人，藉以救亡圖存[129]，如今物轉星移，成爲清遺民喚起忠孝節義的工具，同樣都是爲了燃起故國之思，卻由立場相互對立的一方所援用。

另外一個例子，也說明忠清遺民將京劇做爲傳達象徵性語言的工具。時間是發生在1922年2月10日，杭州戲園演出以戊戌政變爲主題的戲劇，親身經歷過政變的康有爲也前往觀賞。根據親臨現場的人描述，當戲入演到痛心處時，演員皆涕哭於台上，而康氏本人在台下，因爲觸景生情，亦老淚橫流，竟至放聲大哭。次日，康有爲爲此賦詩紀事云：「猶存痛史懷先帝，更現前身牽老夫。優孟衣冠台上戲，豈知台下有真吾」[130]。我們當然不能全將康有爲的例證，認定與忠孝有關；可是京劇之所以深受清遺民喜愛，內容除傳達前清舊事外，不妨亦可視作另一種象徵性語言的使用。因此，當榮慶有詩曰：

127 陳翰珍，《荔園瑣記》（台北：現代國家雜誌社，1972），頁18。

128 中國歷史博物館(編)，《鄭孝胥日記》，頁1664。

129 如南社的陳去病，清季時即積極肯定汪笑濃所編新劇《瓜種蘭因》。見：楊天石、王學庄(編著)，《南社史長編》（北京：中國人民大學出版社，1995），頁34-5。

130 康有為，〈入杭州戲園觀光緒皇帝痛史傷心賦十八章〉，收入：李雲光(編)，《南海康先生法書》，未標頁碼；陳翰珍，《荔園瑣記》，頁45。陳氏回憶有誤，以為時間是1921年元旦，今據康詩改正。

曾是當年供奉班，風神無改貌凋殘。
德和舊事分明記，多少遺官不忍看。[131]

值得留心的是最末一句「多少遺官不忍看」。「不忍看」或許僅是反面隱喻而已，因爲惟有藉由演劇的內容，才能激起他們對故國的懷念。

第四節　主張帝制與復辟

從上面的討論，已經知道清遺民處於一個樣貌紛陳的時代。無論基於生計理由，還是透過儀式的展現，他們最後的政治抉擇及認同，通常歷經千迴百折地思忖之後，才得以形成決定。因此，考量思想和「境遇中行爲」之間交涉，無法將它簡單化約成等號，或者用幾條可遵循的規律加以歸納，然後視爲普遍且顛撲不破的原則。同樣地，觀察清遺民的政治立場和傾向，也應抱有如此的警覺。

爲了能更清楚說明清遺民面臨出或處的困境，這裡要從對袁世凱的態度和復辟意見的紛歧上，進一步解釋他們的政治行爲。遺民在政治文化轉型之下，最後選擇了認同清室、敵視民國的結果。這樣的想法其實歷經幾番波折，逐步調整和發展起來，並非始終一致。

反袁的兩歧性

大體而言，除了部分在清季政爭時和袁世凱有私人恩怨外，實際上清遺民對袁的態度普遍消極，情況不見得如所想像那樣，全然站在反對立場；甚至有時想法相當紛歧，而且耐人尋味。于式枚在清季與袁有私交，據說覆信之箋面稱「大總統」，至於內函則云「四兄大人」，又說：

131　謝興堯(整理點校注釋)，《榮慶日記》，頁264。

「封面是官樣文章，不敢獨異；內函係私人交誼，不敢忘十餘年布衣昆季之雅。」[132] 康有爲在洪憲帝制醞釀之前，有信給萬繩栻(1879-1932)、劉廷琛，表示此舉必敗，但又云「吾輩宜壁上觀，此極新劇，望貴府主(按：指張勳)亦只可作壁上觀，暫時切勿登場爲要。」[133] 康的口氣既不希望同志淌入渾水，更亟待帝制氛圍復萌，故言「新劇」，頗有想望之意。

並且，遺民的內心儘管厭惡袁氏，但卻又相當無奈，私心寄望袁能維持現狀，保有清室之地位。林紓給鄭孝胥的信曾傳達如此想法：

> 似弟所云，袁、段、馮、徐均屬舊臣，無敢公然為移宮之議，因是賢之。然弟固以四人對孫某、黃某言也。當日果孫、黃得勢，則不惟有五代六朝之弒逆，直行放路易十六之事，思之可為寒心。以四人較孫、黃，尚復彼善於此，用以警醒內廷，非賢之也。[134]

至少相較於孫中山、黃興(1874-1916)等革命黨人而言，對保護清室的立場上，遺民寧可信賴昔日曾爲清朝官僚的人。更何況爲了要廣爲結納勢力，袁世凱積極地運用各種人際關係，分送厚禮給遺民舊臣，希望藉此爭取支持[135]。張勳的態度即是很好的例子。1912年夏天，張氏迴盪在

132 柴萼，《梵天廬叢錄》，〈于式枚二則〉，頁30-1。

133 王爾敏(編)，《康有為手書真跡》（台北：中央研究院近代史研究所，1994），頁22。

134 朱羲胄，《林琴南先生學行譜記四種》，《貞文先生年譜》，卷2，頁58。按：該信雖為1922年所寫，但可證民國初建時的清遺民意見一斑。

135 比如1913年，袁嘗派遣章華親送信函，致予人在上海的袁樹勳、樊增祥、瞿鴻禨及馮煦等數人，殷殷表達禮羅之意。關於袁世凱致袁樹勳信件，以及章華回覆北京政事堂抄件，現均收在：王爾敏(編)，《袁氏家藏近代名人手書》（台

忠清和親袁之間，一度向袁表白自己的立場，說：「袁公之知不能負，君臣之義不能忘；袁公不負朝廷，勳安敢負袁公？」然而同年12月，劉廷琛問張對袁世凱的觀感，張回答「項城，勳廿年舊交也。今日之事，勳視爲亂臣賊子。」當劉氏又詢及是否只希望俯首稱事亂臣，張勳答以「爲之奈何」；直到劉提出復辟的建議，才確立了張氏日後的計畫[136]。顯然在沒有辜負清室和維持個人私交關係間，本來的張想要尋求一種「平衡」，這是他樹立自我認同的方式。所以1913年，張勳雖然有意結合青島地區的遺民聲討袁世凱，但歷經協調後則不了了之；相反地，他的部隊卻轉往援救受到黃興攻擊的方玉普軍。從這個例子看來，張仇視革命軍的態度，顯然要超過對袁氏的仇視[137]。後來儘管洪憲事敗，張仍堅持保袁，以維圖帝制體制[138]。

當然反袁的想法，可能基於情感因素，徘徊在兩歧性(ambivalence)之間。有的清遺民甚至不惜借助革命力量，想要抵抗袁世凱。民國剛建立，何藻翔的幾首詩透露訊息，希望遏阻袁擴張政治勢力；像是紀念于式枚的詩中，便提到與于氏、陳寶琛等人，意欲聯合岑春煊(1861-1933)，並暗結革命黨人，避免袁氏坐大。非惟如此，何於1912

(續)

北：中央研究院近代史研究所，2001），76-9、99-101。

136 張勳，〈松壽老人自敘〉，收在：中國社會科學院「近代史資料」編輯部(主編)，《民國人物碑傳集》，頁451；陳三立撰寫的張氏墓誌銘文字記載略有出入，見：陳三立(著)，李開軍(校點)，《散原精舍詩文集》（上海：上海古籍出版社，2003），《散原精舍文集》，卷13〈張忠武公墓誌銘〉，總頁1021；陳毅，〈潛樓讀書記題律〉，原文未見，引自：申君，《清末民初雲煙錄》，頁85。

137 商公澤，〈張勳策動丁巳復辟失敗經過〉，中國人民政治協商會議天津市委員會文史資料研究委員會(編)，《天津文史資料選輯》，31（天津：天津人民出版社，1985），頁144。

138 吉迪(整理)，〈胡嗣瑗致劉廷琛密函〉，收在：中國社會科學院近代史研究所近代史資料編輯室(編)，《近代史資料》，總70（北京：中國社會科學出版社，1988.9），頁70。

年返鄉後不久，致函廣東都督胡漢民(1879-1936)，揭發袁世凱的陰謀，促胡先發制人[139]。何氏之例應非向壁虛構，一同參與此事的遺民尚有章棱、陳毅等人，他們也言及要利用二次革命的機會，「假革軍以興，俟勢成乃復辟」的想法[140]。我們可能會訝異：這群遺民爲何考慮選擇與革命黨人合作？也就是說，反對袁世凱主政，實在難以做爲釐清遺民們對政治的考慮與認同。

可是對政體的選擇而言，意義則有所不同。洪憲帝制初萌之時，昔日的清室舊臣遺民，紛紛做出不同的抉擇。有的人認爲袁世凱決定稱帝，將使自己陷於「棄舊君而事叛臣」的不忠不義之境。周樹模即說：

> 前清變民國，予等皆清室舊臣，民國無君，以人民為君，予等無二姓之嫌，皆可廁身為官。今袁氏稱帝，予等事之，棄舊君而事叛臣，何以自解？[141]

也有資料顯示，有人考慮虛與委蛇，有意做行荊軻刺秦王之舉[142]。還有不少人則是相繼受邀而出山；像由上海遺民組成的「超社」，本屬詩鐘之會，此刻面臨出處問題而分崩離析。王存善戲稱：「『超』字形義，

---

139 何藻翔，《鄒崖詩集：附年譜》，〈哭于侍郎晦若〉，頁61；又見：何藻翔，《鄒崖詩集：附年譜》，吳天任(編著)，《何翽高先生年譜》，頁132，引自〈六十自述〉。又見：〈讀晚唐人詩集得三人各紀一絕〉，附記，頁47。另據〈餘生〉，1913年袁世凱大借款，胡漢民遣人再訪何氏，詢問救危之策。何力主勸推岑春煊為盟主。見《詩集》，頁51。

140 事詳：陳毅，〈答和章棱詩附註〉，原文未見，引自：申君，《清末民初雲煙錄》，頁85。

141 劉成禺、張伯駒(等著)，《洪憲紀事詩三種》，頁186。

142 如趙炳麟、曹廣權兩人規勸李瑞清，應袁世凱所徵召，而於晤面時行荊軻之事，但李頗感為難，終未成功。趙炳麟，《趙柏巖集》，《柏巖感舊詩話》，卷2，頁11-2。

本屬聞召即走」，類似形容清遺民不知氣節的說法亟多[143]。

要解釋這些遺民的政治抉擇和認同，顯然相當困難。那時的思想氛圍，既是處在新舊雜揉之際，而且不能天真地擺脫原來帝制政治文化帶來的影響。決定接受洪憲年號的遺民，內心可能並不喜袁世凱爲人處事，但卻主觀地傾向支持帝制。所以在他們私密的史料裡，才會透露同情袁氏的想法與作爲。第一章曾列舉榮慶和那桐兩位，提到他們贊成洪憲帝制，至少這樣的情形不只發生在北方；身處上海的繆荃孫，在日記本來以干支紀年，後來也稱洪憲元年[144]。據此推想對承認袁世凱稱帝一事，繆氏會接受清史館聘約，非無蛛絲馬跡可尋。

從取向危機(orientational crisis)觀之，最能顯現如此態度，惲毓鼎的個案很可以做爲代表。我們讀惲氏《澄齋日記》會得到一種印象，他的性格似乎多元而複雜，難以掌握。在某些時候，惲的想法看來是位忠清遺民，但行爲未必如是；所以袁世凱稱帝過程中，惲氏處於相當掙扎與矛盾。1915年，當北京政治圈傳出改共和爲君主國體之議時，幾乎人人都說袁氏頗有稱帝的意圖，令人意外地是惲毓鼎竟然力表贊成。他道出自己內心的衝突和抉擇：

> 京兆二十縣呈遞更定國體請願書，推余領銜，而王鐵珊、金筱山、李丹孫次之。余於共和民國深惡而痛絕之，況總統更替必爭，爭則必亂，吾儕將永無安業之時。改共和為君主，與吾衷

143　章梫，《一山文存》，卷10〈答金雪孫前輩同年〉，頁17；又如：裘毓麐，《清代軼聞》（台北：華文書局，1969，據1928年鉛印本影印），卷5〈一隊夷齊下首陽〉，頁64言：「清室退位後，大老多自託逸民。近日起用舊官僚，議起，遺逸紛紛出山」。

144　李一華(等編)，《藝風老人日記》，頁2925。

固非次謬也。[145]

仇視民國共和體制，同意更定國體，係促使惲毓鼎決定改事二姓的主要理由。不久惲即接受袁世凱的授職任命，並自言「寡婦再醮，自此始矣。」以後袁氏稱帝、行君主立憲等種種作爲，惲氏皆力表贊成；乃至撤銷帝制及洪憲年號，還對袁的評價甚高，說「元首不惜屈己從人以救中國，自是可敬。」[146]

張勳復辟

就在袁氏稱帝活動進行如火如荼之際，有些遺民藉著鼓動君主政體的風潮，醞釀將恢復清室的想法訴諸公意。何藻翔最先提出此議。據他的〈六十自述〉，何暗中與溫肅、胡嗣瑗等人相謀，遊說各地軍閥。這一構想同時還結合上海地區瞿鴻禨等遺民的意見，一共由33人聯銜，推舉馮國璋、張勳爲盟主，主持大局[147]。惟計畫並未馬上付諸實現，緊接著洪憲帝制失敗，竟促成隔年夏天由張勳發動的復辟事件。

對這段復辟運動的來龍去脈，近人豐富的實證研究[148]，已經帶來若干啓示，本章不擬重覆。值得提出的是，張勳復辟能夠短暫曇花一現，

145 惲毓鼎，《惲毓鼎澄齋日記》，頁741。

146 惲毓鼎，《惲毓鼎澄齋日記》，頁743、749、752、763、771。

147 何藻翔，《鄒崖詩集：附年譜》，吳天任(編著)，《何翽高先生年譜》，民國四年條，頁139-40。此33人，據吳天任推定，共有瞿鴻禨、劉廷琛、萬繩栻、張勳、胡嗣瑗、升允、趙爾巽、陳夔龍、張英麟、馮煦、梁敦彥、張鎮芳、雷震春、沈曾植、勞乃宣、李經邁、李瑞清、陳曾壽、王乃徵、陳毅、顧瑗、章鴻銘、章梫、黎湛枝、陳邦瑞、朱益藩、王士珍、袁大化、朱家寶、薩鎮冰、李盛鐸、詹天佑、貢桑諾爾布、高而謙、楊壽枏、黃承恩、田文烈、崔祥奎、吳炳湘、張志潭、江庸、錢能訓、趙春年、阮忠樞等。

148 胡平生，《民國初期的復辟派》，頁141-353。

除了民初政治文化條件尚屬過渡而模稜兩可的階段外，也與袁世凱陰謀帝制給予的刺激不無關連。就在袁氏死後不久，梁鼎芬即開始醞釀和馮國璋、張勳、倪嗣冲(1868-1924)、張懷芝(1860-1933)等人聯合計畫宣統復辟事宜[149]，但屢因故延宕，直到隔年才伺機起事。復辟運動前夕，惲毓鼎在日記寫道：

> 近日「復辟」二字，忽喧傳於中外。康南海(按：康有為)唱之，馮華帥(按：馮國璋)和之。聞梁星老(按：梁鼎芬)頗奔走於其間。民國以來，橫徵暴斂，綱紀不修，於是人心日思舊朝，加以項城失威信於北，民軍爭權利於南，土匪橫行，生民蹙蹙靡騁，急謀救濟之策，不得不出此一途矣。[150]

我們應該留意後面一句透露的訊息。根據惲氏的看法，復辟思想所以暗潮洶湧，絕大部分的責任與民國政治紛亂和袁世凱失信有關；因此「人心日思舊朝」，在惲的心目中，變得理所當然。惲毓鼎並非意識到「民國」應係全新的政治文化，而是視爲過去歷史朝代更替的一種現象，所以帝制君主政體依舊普遍存在人們心中。類似的情形也可從張伯駒(1898-1982)的回憶文章推知。據張的形容，當時少數北京的市民願意復辟而懸掛龍旗，「蓋亦有憤於袁氏之叛清而自爲帝制也」[151]。

149　宗方小太郎，《宗方小太郎日記》，大正5年(1916)6月11日條，未標頁碼。袁世凱死於該年6月6日，但復辟預定於15日發動。

150　惲毓鼎，《惲毓鼎澄齋日記》，頁768。

151　劉成禺、張伯駒(等著)，《洪憲紀事詩三種》，頁325。余紹宋(1883-1949)的日記裡也透露一段遺民間談話，說溥儀在1916年冬至於宮中祈雪，結果如願以償，有人私謂其「方十二齡，所作如此，亦不可多得矣」，頗有稱道之意。這段軼聞雖引來林志鈞等人不置可否，卻顯見張勳復辟前人們並未擺脫帝制的政治心態。此外，莫理循(George E. Morrison, 1862-1920)給家人的信也提到，北推動復辟之舉，自難忽略國際動向所帶來的影響。除了張勳外，遺民如勞乃宣、鄭孝胥、升允、徐世昌等人，積極接觸德國、日本列強各國，企求援助[152]。然而不該忘記，其背後亦涉及歐戰期間中國是否參戰的思想意態。梁啓超在一篇回顧文章裡便提到：舉國適逢俄國革命發生，因此反對對德宣戰的氣氛瀰漫，也包含了忠清遺民的立場[153]。換言之，遺民基於帝政因素，因親德而主張聯合、反對宣戰，具有內在理路可尋。

但復辟的規劃和口號，清遺民意見之中也出現殊異的情況。譬如到京的羅惇曧(1871-1924)、康有爲，皆感復辟舉動將有種種不利情況發生；沈曾植則樂不可支，「一切愁苦憂慮之言，均不願聽」，王乃徵也持樂觀態度，甚至以作詩譬喻羅氏，謂其「所論全是詩人之言」，因此大可放心[154]。另外在看法上，張勳、劉廷琛等人力持完全恢復君權；涉入甚深的康有爲則另有一套主張，認爲應該推行他的「虛君共和」理念。雙方既然意見相違，於是無從協力，致使本有意願要舉事響應復辟的徐世昌、馮國璋等人，遂躊躇不前[155]。

(續)

京家中的老管家相當歡迎張勳此次的復辟，看來並非單獨現象。俱見：佘紹宋，《佘紹宋日記》（北京：北京圖書館出版社，2003），頁55-7；駱惠敏(編)，劉桂梁(等譯)，《清末民初政情內幕——《泰晤士報》駐北京記者袁世凱政治顧問喬·厄·莫理循書信集》（上海：知識出版社，1986），冊下，頁655。

152 胡平生，《民國初期的復辟派》，頁178-98。

153 梁啟超還舉康有為切責批評，認為代表一般遺民的意見。見：梁啟超(著)，夏曉虹(輯)，《飲冰室合集集外文》（北京：北京大學出版社，2005），〈對德宣戰回顧談〉，頁731-5。

154 佘紹宋，《佘紹宋日記》，頁197-8。

155 胡平生，《民國初期的復辟派》，頁320-1。康有為最初對張勳身旁的復辟派人士，亦持「缺乏知識，不明世界大勢」之態度，可知雙方隔閡；有人即言復辟事敗，乃兩派人馬爭執結果，「誤在康【有為】、沈【曾植】入都也」。俱見：伍憲子，〈丁巳復辟真相〉，收在：許衍董(等編纂)，《廣東文徵續編》，冊2（香港：編者印行，1987），總頁420-1；何藻翔，《鄒崖詩集：附年譜》，〈無相較於熱烈參與的人，有的遺民則心懷悲觀。葉昌熾即認爲反對復辟者多，恐怕難於成事。他指出反對力量，包括有：「第一報匪，其次革匪，又其次軍商界之不匪而匪。」葉氏察覺素來掌握輿論的報刊，並無支持論調；又言廣大的民心，未必真誠希望能夠復興清室，所以葉指那些軍人、商人，都是「不匪而匪」，說「人心喜亂，天命靡常」[156]。王季烈(1873-1952)則以清帝年幼，尙無具備完全的主導權，因此也沒有貿然投入復辟的行列。王氏主張，今日時機尙未成熟，可行的辦法係「宜緩十年，待今上成年後」，另圖謀作爲[157]。

復辟除了遺民意見不一，以及外界反對聲浪大外，應該還要觀察其中正當性的問題。如果對照反對與聲討復辟者的主張，可以發現一個異常諷刺的現象，那就是無論支持復辟或「討逆」一方，皆宣稱以維護清室利益及安全，做爲口號自命。早在1917年7月張勳復辟前，相關言論漸成一股風氣，最值得注意是熊希齡(1870-1937)。他公開宣稱，復辟論非惟「有叛民國，抑且危及清帝」。熊氏詳陳五項理由，其中的最後一點「清皇室之危險」，指出民國的清室優待條件，爲中外各國所罕見，故政變頻仍，但清帝晏然；現在前清舊人高唱復辟，無異圖自己的利益，而陷幼帝於悲慘境地[158]。熊希齡如此的說法顯然並不仇視清室，雖反對復辟卻替皇室的處境設想。而從今日業已出版的「閻錫山檔案」中亦可知：熊氏意見頗得部分軍閥的奧援和支持[159]。

(續)

題寄明夷乙庵檗庵琴初〉，頁64。

156 葉昌熾，《緣督廬日記》，頁7743。

157 王季烈，《螾廬未定稿》，卷首〈(寶熙)序〉，頁3。

158 〈熊希齡通電痛陳復辟不可行五端〉，收在：何智霖(編注)，《閻錫山檔案：要電錄存》，冊2（台北：國史館，2003），頁405-6。

159 均見：〈馮國璋通電贊同熊希齡所舉復辟不可行之五端〉、〈田中玉電黎元洪贊同熊希齡所舉復辟不可行五端〉、〈閻錫山電復田中玉贊同定亂三端並辭闢復辟謬說〉，收入：何智霖(編注)，《閻錫山檔案：要電錄存》，冊2，頁406-8。

將復辟與清室危安的關係聯繫起來，同時也充分說明：絕大多數那些原本是「舊臣」的各地軍閥心目中，眷戀清王朝種種過去，依舊屬於他們內心裡難於磨滅的部分。儘管他們公開聲稱必須保有共和體制，可是對清帝的態度相當混亂。馮國璋在張勳復辟不久戮力聲討，反映個人的出處，說：

> 按之約法，謀叛民國者，雖大總統不能免於裁判，清皇室亦有倡議復辟置諸重典之宣言。誠以民生不可復擾，國基不可再搖，處共和國體之下而言帝制，無論何人，即為**革命**。國璋今日之不贊成帝制，亦猶前之不主張革命，所以保民國，亦所以安清室。皇天后土，共鑒此心。……夫禪讓之詔，優待之條，著在史書，傳為佳話。今乃一切破壞之，玩吾人於股掌，遺清室以至危，是謂不義。[160]

公開的電文固然有許多場面話，可是深值探究。最後提到「遺清室以至危，是謂不義」，足以印證前述熊希齡所言，絕非個人看法，但引文前半段的內容更耐人尋味。馮氏表示支持「保民國，亦所以安清室」的理由，是因爲現在如果主張實行帝制，可能將造成政局的動盪。他自言帝國時期不談革命，猶如今日不主復辟一樣，目的在於安靖國土，避免動亂，所以爲了「民生不可復擾，國基不可再搖」，在民國體制之下倡言帝制，勢如另一場革命。根據整理「閻錫山檔案」的學者指稱，嗣後出版的《閻伯川先生要電錄》，該電文「革命」二字改爲「叛亂」[161]。可

160 〈馮國璋電陸榮廷等剋日興師誓討復辟〉，收入：何智霖(編注)，《閻錫山檔案：要電錄存》，冊2，頁469。標示黑體字為我所加。

161 閻伯川先生紀念會(編)，《閻伯川先生要電錄》（台北：編者印行，1996），頁75。

以想見，「革命」一詞在帝制時期視爲叛亂行爲，而將復辟形同作亂，不言可喻。

如此一來，意欲復辟的清遺民頓然失去合法的理由。所以難怪人在上海的鄭孝胥，聽聞段祺瑞入京，復辟事將敗，憤言：「張勳之無謀，劉廷琛之躁妄，皆足取敗；辱我幼主，羞當世之士，哀哉！」[162] 就連日後胡思敬，也對張勳復辟之舉，深感倉促有欠周詳，不得不承認：「丁巳同難，良莠不齊；當時縱僥倖有成，善後殊非易事。」[163]

復辟既敗，參與其間的遺民下場究該如何？此亦攸關個人的出處動向。本來王國維在事起未幾，眼見舉事終將失敗，給羅振玉的信中曾斷言「北行諸老恐只有以一死謝國」[164]，但後來發展的情況並非如此。被視爲主導復辟的罪魁禍首張勳，結果輾轉隱匿至東交民巷的荷蘭公使館，要求政治庇護。晚年他徙寓天津，還通電表示願「求做太平之民，永拜共和之賜」[165]。張的結局不啻賠掉自己的政治生命，還換來歷史惡名，只有贏得少數的忠清遺民稱許。然而，就像柯劭忞對張的輓詩中所云：「可憐擴廓奇男子，百戰終全牖下身」，不免也暗譏其首鼠兩端，進退失據[166]。張勳如此，更多參與復辟的遺民，亦成眾謗所歸。像是瞿鴻禨，竟公開電告承認自己的「罪行」，被其他遺民譏爲「無心肝」、「甘與犬羊爲伍」；另一位涉入甚深的劉廷琛，信中也極力撇清自己沒

162 中國歷史博物館(編)，《鄭孝胥日記》，頁1672。

163 胡思敬，《退廬全書》，《退廬箋牘》，卷4〈致陳詒重書〉，頁7。

164 長春市政協文史和學習委員會(編)，《羅振玉王國維往來書信》，頁268。

165 參見：胡平生，《民國初期的復辟派》，頁339-45、359。親身歷經和觀察復辟事件始末的余紹宋，即言張「如此不濟，亦出乎意料之外」；而鄭孝胥批評張氏此電文「為各國人所笑」，「若果本心，真奴才也！」俱見：余紹宋，《余紹宋日記》，頁206；中國歷史博物館(編)，《鄭孝胥日記》，頁1835。

166 柯劭忞，《蓼園詩鈔》（上海：中華書局，1924），卷5〈輓奉新張忠武公〉，頁7。

有殉節的理由[167]。因爲有感於此，梁濟即在私下手札中，表示復辟諸位遺民的結局，「尤以不死爲最謬」。梁指稱天下事以死爲至極；他重視個人氣節，「死則成忠，不死則一錢不值」。我們雖無法直接斷定復辟是否帶給他刺激，造成後來決定「以身殉節」，但足以顯見梁濟對復辟諸人下場，其實深表不以爲然的[168]。

至於那些沒有捲入復辟漩渦的清遺民，同樣沒能避免政局帶來的風聲鶴唳及影響。許多蟄伏上海、原先定時便召開詩鐘之會的遺民，據說也在革命黨和總統逮捕的雙重壓力下，遭受波及[169]。勞乃宣本來亦受邀參與復辟行動，結果以「衰軀難勝重任」爲由辭謝；後來事發，京師當局即以嫌疑犯看待，列名逮捕，不得已於是出走曲阜，返回青島躲避[170]。

整體而論，1917年張勳復辟之舉，刻畫遺民在民國後，首次以政治行動相互聯絡，意圖恢復清室。對他們而言，這次復辟非惟是一次政治活動的串連，還因表達了個人認同，將立場相符的同道們結合得更爲緊密。譬如康有爲和梁鼎芬兩人，自戊戌以來由於政見齟齬，本已斷絕往來；直到民國後何藻翔及溫肅的極力撮合，從此友誼復合。1913年，康氏母親去世，梁還親往康母墓前弔唁；復辟前夕，梁以康六十壽誕，特向遜帝奏聞請加榮典。兩人互動情形，如同何藻翔形容是「復辟一役，

167 長春市政協文史和學習委員會(編)，《羅振玉王國維往來書信》，頁271；劉廷琛，《劉廷琛文稿》，〈答胡瘦唐副都書〉，未標頁碼。劉氏理由有二：第一、君友無恙，義無可死；第二、活命猶待後圖。

168 梁濟(著)，梁煥鼐、梁煥鼎(編)，《桂林梁先生(濟)遺書》（台北：文海出版社重印本，1969，收在：近代中國史料叢刊第34輯），《伏卵錄》，頁29。林紓也透露類似的看法，見：朱義胄，《林琴南先生學行譜記四種》，《貞文先生年譜》，卷2，頁59-60。

169 如「逸社」第四集，朱祖謀與楊鍾義等人，以此為由而不到。事詳：李一華(等編)，《藝風老人日記》，頁3090。

170 韓行方、房學惠(整理)，〈勞乃宣致羅振玉書札十六通〉，《文獻》，1999：4，頁271。

沆瀣一氣」[171]。這句話特別值得措意，蓋許多昔日政見殊異之人，直逮復辟時互通聲氣，站在同一陣線。

另外，復辟活動宣告失敗，也象徵清遺民此後復國的計畫將改弦易轍。1918年胡嗣瑗透露張勳、陸榮廷(1856-1927)兩人秘密聯絡，有意再圖復興清室；但陸提出附帶條件，首要就是「復辟」二字勿遽提出[172]。爲了因應新發展的情勢，遺民選擇謀定而後動，不再完全以籠絡軍閥做爲主要策略。羅振玉在復辟事後不久，檢討情勢所以趨於不利，理由係諸人倚賴已成性根，斷難成事[173]，一語道破此後考慮不再過度向軍閥靠攏。非惟如此，他們靜待有利時機，以中興清室爲務。胡思敬給章梫的通信中，便謂：以「今日之患，不患海內志士無蜷懷故國之思，而患重見天日之後，無安民定國之才」。甚至有的遺民到處散播相關言論；袁金鎧在復辟失利後，逢人即言清理奉天故宮古物時，見有韻語言及清代「興如周，隆於漢，五百年，中一段」，意謂清室猶有兩百餘年氣運。儘管事甚荒誕，袁卻視若寶物，廣爲傳播。1921年劉廷琛給陳寶琛的信裡，也檢討昔日方針錯用，表示當今所處形勢，清帝應如夏之少康、越王句踐一樣，亟待臥薪嘗膽，而非安常處順之境[174]。但是，此後幾次不利清室事件(如溥儀被逐出紫禁城、東陵盜墳事件等)接連發生，終使復辟行動激化，預伏日後「滿洲國」成立的契機。

---

171 何藻翔，《鄒崖詩集：附年譜》，吳天任(編著)，《何翽高先生年譜》，頁146；溫肅，《溫文節公集》，卷3《檗庵文集》，〈跋梁文忠書札〉，總頁220。

172 中國歷史博物館(編)，《鄭孝胥日記》，頁1701。鄭氏之子鄭垂也參與這場密商，見：宗方小太郎，《宗方小太郎日記》，大正7年(1918)2月4日條，未標頁碼。

173 長春市政協文史和學習委員會(編)，《羅振玉王國維往來書信》，頁271。

174 胡思敬，《退廬全書》，《退廬箋牘》，卷3〈與章一山書〉，頁34；徐凌霄、徐一士，《凌霄一士隨筆》，頁662；劉廷琛，《劉廷琛文稿》，〈上陳弢庵太傅書〉，未標頁碼。

同樣地，復辟事件也讓清遺民的名聲自此一落千丈，甚至成爲輿論所指的「逆流」。尤其中國向來以氣節做爲個人歷史地位的定調，原本所謂「遺老」之名，自然廣爲尊崇；如今物轉星移，飽受社會貶斥。有關這方面討論，本書的第五章將繼續涉及。此處需要指出的是，不獨昔日舊臣希冀區隔彼此[175]，就連忠於清室之遺民，亦復無意承此惡名。葉德輝於丁巳復辟後不久，寫下一段話，頗可印證「遺老」之名的沒落：

> 近又有人為人敘書，稱子培(按：沈曾植)為尚書。此張勳【復辟】時代之名稱，出自張勳，固屬偽詔；果其出自皇上，則主憂臣辱。當死難京城，豈有背負尚書官銜，而逃命上海者？前此復辟，請歸政之首銜二人，一則電報竊名，一則亡命逃走。「遺老」架子，可謂倒塌盡矣。嘗言今日遺老，皆亡國大夫，斷無再做中興功臣之理。今之新人，動曰「愛國」，而日尋干戈；今之舊人，動曰「復辟」，而日謀金錢。中國之不亡，亦天幸矣。[176]

這段引文相當長，可是卻具豐富意義。首先，葉氏對參與復辟的遺民們下場頗不滿意，認爲所謂「遺老」盛名，均因而受貶。其次葉認爲中興清室的責任，不能再從這群「日謀金錢」的遺老身上，看到曙光。無論如何，葉德輝的話相當深遠意長；這段小插曲似乎印證復辟造成遺民看

175 有則軼聞提到：梁鼎芬曾在政變前夕至總統府，對黎元洪進行勸說，引來黎氏正言厲色說：「先生若以清室遺民來與元洪話舊，自當竭誠歡迎；若為復辟而來，今天我是民國大總統，我統御無方，使逆賊叛變民國，我當為民國盡忠，你是清室大臣，你也該為清室盡節，我們同歸於盡吧。」見：沈雲龍(訪問)，賈廷詩(等紀錄)，郭廷以(校閱)，《萬耀煌先生訪問紀錄》（台北：中央研究院近代史研究所，1993），頁87。

176 顧廷龍(校閱)，《藝風堂友朋書札》，頁563。

法的變化，背後隱藏從帝制到民國政治文化的轉變。

小結

從儒學傳統與中國歷史的觀點來看，「出處之大義」長期成爲士大夫追求的理念，也是他們試圖建立政治「道統」秩序的精神所在。但環顧歷史的現實，如此的理想和原則又是另一回事。借用宋代理學家「理一而分殊」的說法，一旦面臨出或處的抉擇時，改朝易代的士人必須考慮時代環境的不同，而有所因應。

需要鄭重指出，本章並非點出清遺民思想的矛盾和衝突，說明他們的認同模糊。更進一步希望討論：認同的現象中具有許許多多的變化，難以真正去涵括。換言之，如果只把遺民的政治認同，視作與民國對立而絕對不可逾越的界線，不加以考察其中人事複雜的關係，則似乎過分簡化了他們出處的課題。最有意思的例子是陳三立，其政治傾向曾引人質疑。像是李肖聃(1881-1953)說陳氏「晚歲以清室遺臣自居，作〈張勳碑〉，直書其復辟時官爵，無所忌諱。然於民國權要以詩文相質者，亦不拒之。」[177] 懷疑自非無的放矢；事實上，若從若干蛛絲馬跡中推求，也會發現陳與國民黨人往來的紀錄。例如，陳三立歿後，國民政府曾舉行褒揚典禮。負責撰寫傳文的吳宗慈(1879-1951)，謂「此非先生之本心，然既欲據此傳文以請褒，則措辭不能不有曲折以達其意者」。儘管立場代表國民政府，吳氏還是在傳文裡，這樣描述陳氏：

> 然洞察一姓難再興之理，且以民主共和政體，為中國數千年歷史之創局，與歷代君主易姓有殊，故與當世英傑有為之士，亦

177　李肖聃，《星廬筆記》，頁7。

> 常相往還，從無崖岸拒人之言行，其甘隱淪做遺民以終老，衹自盡其為子為臣之本分而已。[178]

引文說「與當世英傑有爲之士」，指的是國民黨人或民國名流。因此得以想見：當1929年，譚延闓(1880-1930)欲擇陳三立之子爲婿，陳以「譚延闓是民國政府大官，我怎好與他結爲親家」的理由婉拒；1931年8月，盛傳陳氏已就廬山修志之席，並爲胡漢民的詩略做評定；而1932年10月，冒廣生爲張默君(1884-1965)送來陳氏八十壽禮時，敏感的問題和歷史記憶時常不經意爲眾所忽略[179]。

與陳三立雷同的例證還相當多。顧臧係梁鼎芬的表弟，一樣忠於清室。1917年鄭孝胥見到他時，說顧氏「六年來宗旨不變」；可是又聽聞顧與革命黨人鈕永建(1870-1965)甚爲熟稔，有人懷疑其潛通革黨[180]。1918年，汪兆銘透過友人轉介，親訪避居上海深巷的朱祖謀，據稱「祖謀握手道故，存問至殷，且出新刊叢書爲贈」；直至1932年汪出任南京國民政府行政院長時，還曾親執弟子之禮向朱請謁，最初兩次俱遭婉拒，直到三顧後始相見。而汪氏在謙讓之餘，並餽贈大洋1,000元，朱氏也欣然接受；沒有多久，朱壽終滬邸，汪則親臨，且哭之甚哀[181]。由此

178 卞孝萱、唐文權(編)，《民國人物碑傳集》，卷10，吳宗慈，〈陳三立傳〉，總頁685。

179 潘益民、潘蕤，《陳方恪年譜》（南昌：江西人民出版社，2007），頁107；中國歷史博物館(編)，《鄭孝胥日記》，頁2337；冒懷蘇(編著)，《冒鶴亭先生年譜》，頁326。為了是否將陳三立的「遺民」身分特別提出來，吳宗慈和胡先驌還有過書信上的往返商榷。見：胡宗剛，《胡先驌先生年譜長編》（南昌：江西教育出版社，2007），頁333-7。

180 中國歷史博物館(編)，《鄭孝胥日記》，頁1704。顧臧生平可見：商衍瀛，〈陸軍部協參領顧君事略〉，收在：許衍董(等編纂)，《廣東文徵續編》，冊1，總頁484-5。

181 趙叔雍，〈人往風微錄(五)・朱祖謀〉，《古今半月刊》，27-28，頁10；邵鏡

可見朱、汪二人關係深邇，要是對照前述何藻翔意欲聯合胡漢民反袁的情形來看，也就不會令人感到意外。

雖然共同忠於清室，人際關係與政治認同不見得劃上等號。林紓最終以遺民自居，但與同盟會的革命黨人林之夏(1878-1947)有著情同父子的厚誼，主要因素固和昔人故子有關，可是卻也影響到他的創作。1914年，林的小說《金陵秋》，內容即以獻身革命的林述慶(1881-1913)日記為素材，用同情和讚美的筆調歌頌革命。儘管小說裡，林紓以「爾兄弟自信為革命鉅子，老人則固清室宦裔也」的口吻，表明自己立場，卻無法忽視當中人際關係代表的意義[182]。葉昌熾的昔日故友，民國以後出仕為洛陽縣知事，向葉氏索取《語石》一書，並寄貽魏齊隋唐各代的墓石拓本，央求審釋。結果葉的理由認為「雖出處殊途，故者無失其為故，但以文字論交可耳」[183]。無獨有偶，柯劭忞基於過去情誼，特別替民國後出任山東財政廳長的郭光烈(？-1930在世)陳情，原因係郭有「反革命」嫌疑，遭拘捕審訊。由於郭氏身染重病，亟需保外就醫，為了撤銷警察的監視，柯願意出面保證絕不逃匿[184]。

諷刺的是，個人認同和社會認同很有可能是兩條平行線，往往缺乏交集。儘管個人出處的角色係由自我界定，可是社會的賦予卻又超出原先個人的設想之外。有時堅持敵視民國的清遺民，有朝一日角色變換，將成為另一種政治角力的符碼，甚至為政敵所用。1935年陳寶琛病歿，除了「滿洲國」特別優卹外，連南京的國民政府也有意下令褒揚。惟陳

(續)

人，《同光風雲錄》（台北：中外圖書出版社，1976），下篇，頁285。

182 林薇，〈林紓軼事二三則〉，中華書局編輯部(編)，《學林漫錄》，13（北京：中華書局，1991），頁153-5。

183 葉昌熾，《緣督廬日記》，頁7887。

184 《大公報》(天津)，1930年5月24日，第9版，〈柯劭忞保證郭光烈，請撤銷宅內監視之警察，地方法院批准隨傳隨到〉。

氏生前既對「滿洲國」表示失望，他的訃帖未敘溥儀追贈爲「太師」，而仍以昔日的「太傅」相稱[185]。同樣基於「不事二姓」的遺訓，陳的家人並未接受國府的褒揚，但在陳氏開弔之日，卻出現了兩造政治力量的爭持。據曾經親睹盛況的人回憶，「靈堂兩側，挽章悼詞，重重疊疊，其中不乏僞滿官員和國民黨官員的淋漓筆墨」，就連福建省主席陳儀(1883-1950)亦都親往弔唁[186]。甚至直到中共「解放」前，還謠傳蔣介石(1887-1975)堅請廣東遺老江孔殷(1864-1952)全家移往台灣，結果江氏以年邁見辭[187]。

至於個人的認同，既然在出處上顯得紛歧，接下來要討論：清遺民如何在書寫中展現他們自我的認同。

185 金梁，《瓜圃叢刊敘錄》（台北：文海出版社，1968，收在：近代中國史料叢刊第29輯），《瓜圃述異》，卷上，頁20。

186 郭肇民，〈我所知道的陳寶琛〉，中國人民政治協商會議福建省委員會文史資料編輯室(編)，《福建文史資料》，5（福州：福建人民出版社，1981.7），頁71。我曾向上海的陳絳教授求證此則資料真實性。

187 江獻珠，《蘭齋舊事與南海十三郎》（香港：萬里機構‧萬里書店，2004），頁111。

第三章

文化政治：

書寫中的自我認同

你要知道一個人的自己，你得看他為別人做的傳；你要知道別人，你倒該看他為自己做的傳。自傳就是別傳。

——錢鍾書(1910-1998)[1]

前言

探討清遺民的政治傾向，透過文字書寫傳達自我認同，也是常見的方式之一。面對辛亥喪國創痛，許多遺民選擇以撰作做爲寄託，期望立言藏諸名山。曹元弼清季時在湖北存古學堂擔任經學總教習，遜國後隱居在家，他的歷程頗具代表性。據曹自言：

> 辛亥……十二月杪，驚聞我皇上致政詔下，心摧氣絕，飲恨吞聲。恭人(按：即曹夫人)常密防余，余問何故？對曰：「主辱臣死，君素志也。但自裁無益，守死善道以存書種，效貞苦節

1 錢鍾書，《寫在人生邊上／人・獸・鬼》（台北：書林出版社，1989），〈魔鬼夜訪錢鍾書先生〉，頁8-9。

婦何如？」余長太息，曰：「天乎！與子偕隱，矢死靡它。」[2]

後來曹氏將黍離之悲轉化爲著述的關懷，正以「自裁無益」，反不若「守死善道以存書種」，這樣的心境應擺在易代的時空脈絡來看。與曹氏相同，唐晏辛亥後避地上海，杜門纂述，所著《孔門學案》、《兩漢三國學案》，鑒述歷代儒學得失，以示後人。顯然唐的撰作並非無意識表現，時人稱他「託文字以立教」，有心仿效王應麟(1223-1296)《困學紀聞》、顧炎武(1613-1682)《日知錄》二書[3]。而王、顧兩人，正是嬗代之際的遺民。

由書寫作品裡呈現認同感，當然包括自己的文集。蘇輿(1874-1914)在民國初立後避居鄉野，無意過問世事，嗣後未幾，開始遍注顧炎武的詩作，又有《辛亥濺淚集》刊刻行世[4]。注詩本有將古人心志融合於己的情愫，還選用了顧氏之詩，自有效習遺民作爲的用意在。至於書名更耐人尋味，特別標示在辛亥之年來「濺淚」，不啻說明蘇輿係以遺民自許，做出最佳註腳。

除了文集外，詩作同樣大量隱發遺民個別心曲。本來許多人不擅以寫詩傳達心聲，但辛亥鉅變後，卻讓這些不想公諸於人的詩詞，刻意保

2 曹元弼，《復禮堂文集》，卷10〈皇清誥授封宜人晉封恭人先室唐恭人哀辭〉，頁31-2。卞孝萱、唐文權(編)，《民國人物碑傳集》，卷7，王大隆，〈吳縣曹先生行狀〉，總頁415也說曹氏「自此閉戶絕世，殫心著述」。章鈺則是另一處例子，有人說他「網羅墜佚，功不可泯，而黍離之感，深軫於中」，「藉晨鈔暝勘，以銷磨其鬱抱」。見：夏孫桐，《觀所尚齋文存》，卷2〈四當齋勘書第二圖記〉，頁13。

3 章梫，《一山文存》，卷10〈唐元素大令文集跋〉，頁26-7。

4 《辛亥濺淚集》一書也收在：蘇輿，《蘇輿詩文集》，頁109-273。說明另見：楊樹達，《積微居詩文鈔》（上海：上海古籍出版社，1986），〈平江蘇厚庵先生墓誌銘〉，頁87；楊世驥，《文苑談往》（台北：華世出版社，1978〔1946初版〕），頁5。

留下來。汪兆鏞在自訂年譜中提及整理詩詞的情況：

> 【一九二三年】四月，清理辛亥以來所作詩詞，多傷時感事，於時觸忌不少，然意之所寄，不忍捐棄耳。[5]

還有類似經歷的是何藻翔和丁仁長兩人。何氏自言辛亥前偶爾作詩，惟不刻意存稿；「國變」後棄官南歸，於是重蒐舊作，加上年來感傷之作，彙鈔一冊。有趣的是，和汪兆鏞一樣，何也深知自己的詩作頗遭時忌，「殆多有不得以於中者」，故特別囑咐子孫「死三十年後，乃可出眎於人」[6]。丁仁長本非以詩自鳴，辛亥前雖偶存佳篇寥寥數首，然而山河既改，江桑搖落，遂積其幽憤，盡發於詩。爲丁寫序的吳道鎔，就稱他的「詩心聲也」[7]，同樣顯示當中意涵。

遺民寫作深懷覆巢痛楚，固然充滿遺／棄／悔／恨的敘事，但應知道：清遺民的書寫非惟展示了個人主觀意見，有時還以客觀的面貌呈現出來，形成今日認知的歷史素材。仔細發掘這些林林總總的「著作」裡，既可驚覺有他們對時代問題的迴響，同時亦表達出自己的政治立場。因此，我們不能忽略做爲「文獻」和「文本」之間所存在的差異。特別那些背後參與史料製作的作者，他們的思想不應被刻意隱藏或忽視；相反地，更須注意其扮演「能動性」（agency）的角色。

---

5 汪兆鏞，《清汪微尚老人兆鏞自訂年譜》，頁44。

6 何藻翔，《鄒崖詩集：附年譜》，自序，頁1。

7 吳道鎔，《澹盦文存》，卷1〈丁潛客先生遺詩序〉，頁15。林紓給門生的信中提到：「愚不甚為詩，國變後始稍為之，然多傷時感舊之作，語語含黍離之悲，非正聲也。」郭曾炘也在國變後始存詩，自言如黃宗羲苦趣橫身，並題額其居室曰「詩世界」。見：李家驥（等整理），《林紓詩文選》，〈與胡孟璽論詩啟〉，頁315；郭則澐，《郭則澐遺稿三種》（天津：天津古籍出版社，1987），《家乘述聞》，卷6，頁14。

以有關從清遺民的著作來反映其心境，個人曾做過初步的討論。在那篇以劉聲木《萇楚齋隨筆》爲例的研究中[8]，提到筆記中多爲不滿時代的對話，且抄錄大量遺民事蹟和記載。但劉氏個案應非獨特之例，本章繼續以此課題爲核心深入探討，嘗試列舉幾種文本：《清史稿》、《元遺民錄》、《碑傳集三編》，以及相關的地方志和詩話等加以分析。

第一節　《清史稿》和王朝的最後記憶

《清史稿》的史學史意義

近代中國史學發展中，《清史稿》的編纂相當值得措意。從史學史的角度審視，該書至少具有三重的意涵：第一、它說明官方史學自唐代以來，終將面臨收場和結束。受到梁啓超等人的提倡和影響，中國歷史書寫不再以王朝的立場和時間斷限；同時，中國固有的「正史」撰寫體例和宗旨，至此劃上句點。第二、《清史稿》曾引起廣泛爭議，先後歷經刊刻、禁止出版等種種曲折；該書命運猶如近代中國的發展般，無疑代表「國家建構」(state-building)的寫照，也就是說，象徵終結以帝王家族爲政治主體，取而代之是民族國家的面貌。至於因應這樣嶄新的歷史書寫，則是擺脫了傳統「帝王家譜」、「將相才子」等敘事方式，而自清季「史學革命」以降逐漸爲人重視的新史學[9]。第三、由於政治權力最擔心的是歷史記憶，而《清史稿》的出現，正處於後帝制

8 林志宏，〈清遺民的心態及處境：以劉聲木《萇楚齋隨筆》為例〉，《東吳歷史學報》，9，頁183-218。

9 誠如杜贊奇所言，這一套藉由新的詞彙和敘事，表達過去及現在之間關係，目的就是希望重新確立及建構「國族」的地位。詳參：Prasenjit Duara, *Rescuing History from the Nation: Questioning Narratives of Modern China* (Chicago: the University of Chicago Press, 1995), p. 5.

(post-imperial)各項政治角力及衝突之時，也是一顆記憶選擇和角逐征戰下的棋子。

關於上述討論，近人有初步的說明[10]。這裡希望進一步提供其他線索，集中在清遺民個人的政治認同上，重新思考。眾所周知，《清史稿》最引起爭議之處，即這些參與撰稿的作者，泰半俱爲仇視民國的遺民。他們站在忠貞前朝的立場，竟爾對民國人物肆意貶斥，甚至各自隱諱、惡意蔑棄。如此原因遂使史稿在接收之初，時任故宮博物院院長的易培基(1880-1937)提出19點聲明，要求南京國民政府予以查禁。細繹易氏抨擊的主要意見，認定修清史由前清遺民主其事，雖貴爲民國史官，卻深具反革命、反民國之意[11]。其次，由於史稿編纂期間，官方既無一定政策，未能發揮作用，並且體例缺乏完整一致，匆匆付稿，謬誤可謂亟多，遭致譏評。但大體來說，《清史稿》卻給予一定的空間，讓遺民得以形塑自我政治認同，甚至表達個人心境。

遺民修史的徘徊

最先開啓纂修《清史稿》的契機，實與袁世凱籠絡遺民有關。爲了避免自己獲致謀篡的歷史惡名，並且防制復辟的聲浪再起，袁氏於是接受趙爾巽(1844-1927)的建議，藉由編修史書，達成安撫遺臣和養士的目的。在袁承諾設置清史館、願意給予經濟資助後不久，趙氏積極羅致

10 前田司，〈『清史稿』小考〉，收在：早稻田大学文学部東洋史研究室(編)，《中国正史の基礎的研究》（東京：早稻田大学出版部，昭和59年〔1984〕），頁413-31；Hsi-yuan Chen, "Last Chapter Unfinished: The Making of the Official *Qing History* and the Crisis of Tradition Chinese Historiography," *Historiography East & West* 2: 2 (2004), pp. 173-204.

11 〈故宮博物院院長易培基呈行政院文〉，收在：許師慎(編)，《有關清史稿編印經過及各方意見彙編》（台北：中華民國史料研究中心，1979），冊上，總頁228-33。

人物，無論同意來否，皆禮貌有加，餼廩無絕[12]。這一透過編纂史書來爭取人心的構想，確實成效可觀；許多遺民也因而暫時解決了生活困局。從現有的資料顯示，1914年剛開設清史館時，像溫肅一樣擔任纂修並不到館的人，月脩爲240元[13]。至於歐戰發生後才接任總纂的繆荃孫，儼然爲當中諸老魁率，每月尚有260元之資。雖然章鈺致信繆氏，謙稱這「修羊極薄」[14]，可是在民初時局動盪的情形下，已是相當優厚的經濟來源。根據繆氏個人的記載，修史初始的1915年度，得自清史館的稿資，共有3,435元，不可不謂鉅額[15]；或許這也使得他在隔年袁世凱稱帝時，並無表示反對態度的關鍵因素。所以，有人形容「此間無數方藉此爲生活也」[16]，應係實況。

「集眾之力」修纂清史這項工程，係由北京當局飭令主導，但嚴格說來，此事進行並未深獲基層支持，同時只有局部的遺民願意參與。例

12 〈北京政府大總統袁世凱設置清史館令〉、〈大總統袁世凱延聘趙爾巽任清史管館長函〉，俱收在：許師慎(編)，《有關清史稿編印經過及各方意見彙編》，冊上，總頁2-3。趙爾巽在其中扮演的角色與功能，詳參：奭良，《野棠軒全集》（台北：文海出版社，1969，據1929年吉林奭氏排印本，收在：近代中國史料叢刊第17輯），《野棠軒文集》，卷3〈清史館館長前東三省總督盛京將軍趙公年八十四歲行狀〉，頁10；伏傳偉，〈新朝與舊主的抉擇——清史館設置緣起與趙爾巽的就任〉，《學術研究》，2006：5（廣州），頁104-9。

13 溫肅，《溫文節公集》，卷1《檗庵年譜》，總頁10。溫氏僅撰稿兩刻本，但是後來出版時均不載入。朱師轍，《清史述聞》（台北：樂天出版社，1971），頁268。

14 顧廷龍(校閱)，《藝風堂友朋書札》，頁602。此可對照到同時期身為教育部中級官員的魯迅，每月官俸200餘元不等，約花費20元左右購書可知。有關魯迅個人的收支，見：魯迅，《魯迅日記》（北京：人民文學出版社，1976），頁117。

15 李一華(等編)，《藝風老人日記》，頁2908-25，此乃據日記統計而得。

16 顧廷龍(校閱)，《藝風堂友朋書札》，頁453。瑞洵(1856-1936)也是家貧幾至饔飧不繼，趙爾巽憫其窮困，招助編纂，獨自完成〈德宗本紀〉，見：夏孫桐，《觀所尚齋文存》，卷4〈史館滿洲三君傳〉，頁26。

如資料方面，爲求廣蒐文獻，除了宮中的檔案外，清史館多次公告，希望藉助民間力量徵集各省私家留存的傳記、碑銘、墓碣乃至地圖[17]，俾供修史之用；然最後情況並不怎麼順利。吳士鑒——這位自始至終參加《清史稿》編纂過程、而且關係亟爲密切的人，曾經目睹當中冷暖。他給長輩的信裡提到：「外省送書者寥寥，以江南、江西、安徽、湖南如此省分，竟無片紙尺楮，足見外間之淡漠。」不難想像，這次纂修正史，竟爾如此窒礙重重。更重要是，因爲清遺民內部意見紛歧，亦有人不願參與，難怪總纂趙爾巽私下感嘆，一度發出「知得力之人太少」之語[18]。

對那些支持修史的遺民來說，無疑正是報效清室的絕佳機會，不管如何都應義無反顧，恪守遺臣之責。柯劭忞便說身爲儒臣，國亡後無所自盡，「修故史即以恩故國，其職也。」[19] 有的遺民抱持「清未亡，不當修清史」爲由，未赴史館，如此情形讓張爾田深感不以爲然。後人提到張氏前往赴聘，理由係以《東觀漢記》爲例，「即當世所修，何嫌何疑耶？」[20] 因此毅然應聘。金兆豐本在民國後屢拒地方官吏相邀，獨對修纂《清史稿》一事，反而顯得積極；根據王樹枏所述，金氏接受母親規勸，以爲修史是千古事業，故奉母命而就道[21]。

17 〈大總統袁世凱特頒徵書命令〉、〈清史館徵集私家傳記碑銘墓碣等通告〉等，俱收在：許師慎(編)，《有關清史稿編印經過及各方意見彙編》，冊上，總頁4-9。

18 顧廷龍(校閱)，《藝風堂友朋書札》，頁455-6。

19 張爾田，《遯堪文集》（上海：張芝聯印行，1948），卷2〈清故學部左丞柯君墓誌銘〉，頁33。同樣看法亦從宗舜年(1856-1933)的例子可見。宗氏係以「將藉以酬報故國，誅奸發潛，此尤非悻悻淺人所能窺測也」為由，認定纂修清史乃遺民應有的態度（顧廷龍〔校閱〕，《藝風堂友朋書札》，頁730）。

20 卞孝萱、唐文權(編)，《民國人物碑傳集》，卷6，鄧之誠，〈張君孟劬別傳〉，總頁451。

21 卞孝萱、唐文權(編)，《民國人物碑傳集》，卷7，王樹枏，〈清封二品銜記名提學使翰林院編修金雪蓀行狀〉，總頁474。

至於拒絕接受史館之聘的遺民，理由則顯得相當複雜。劉廷琛以爲史書「由新朝修之，今大清皇帝尙居深宮，何忍即爲修史乎？」[22] 唐晏辭卻清史館事，堅稱自己年歲已大，且習慣於江南風土，不願北上觸目生悲，又謂辛亥後裝束改從道家，到京後恐將取禍；在各種推託之語下，最終僅答應擔任不掛名的諮詢顧問[23]。章梫個人的心聲，或許值得探究。他堅持反對屈身就聘，因國史出於異代，乃遺民恥辱。原本章的老師陸潤庠受趙爾巽請託，曾向其洽詢修史意願，卻被一口回絕。1913年章向陸的回信說，清史館不該由民國總統出資。章梫私下陳言，清史修纂的費用，應由皇室的歲支負擔，無須倚賴民國，有云：「皇室雖窘，所爭不在區區」。在另一篇文章中，他更含蓄地揭露自己的立場，說：「亭林、黎洲皆史才，諳習明事而皆不受明史館之聘，今願法顧、黃」[24]，可知章梫出處並非毫無憑藉。王舟瑤爲章氏《一山文存》作序時，直言：

> 昔元裕之欲修金史以報故國，而委蛇於異代之朝貴，君子惜其近於降志辱身。若危太樸之蒙面異姓，借國史以自脫，尤無恥不足道。一山以實錄之命出自朝廷，必終其事；國史之聘出於異代，堅不與聞。其辨義之精，自守之固，非有得於鄉先正方遜志（按：方孝孺）諸賢之學者，而能如是乎？[25]

王語及「蒙面異姓，借國史以自脫，尤無恥不足道」，適足表達章梫個人心聲。

---

22 徐凌霄、徐一士，《凌霄一士隨筆》，頁142。

23 唐晏，《涉江先生文鈔》（民國十年〔1921〕刊本），〈答寶瑞臣書〉，頁39-40。

24 章梫，《一山文存》，卷9〈上陸太保〉，頁17-8、卷10〈明史義例彙編敘〉，頁18。

25 章梫，《一山文存》，卷首，王舟瑤，〈一山文存序〉，頁1-2。

葉德輝推卻清史館的聘約，也和政治態度有關。葉氏給繆荃孫信中，提到辭退的原因大致有兩點。首先來自對總纂趙爾巽的不滿。由於趙氏早年曾於湖南任官，政策上過度放縱維新勢力的增長，引發革命致使清室遜國，此一經驗讓葉難以忘懷。第二項理由乃對史書體例的見解歧異而發。葉指出，他對《清史稿》內採取「隱逸」和「逸民」的立場不表同意。簡單地說，即清史館諸人將顧炎武和李顒(1627-1705)的歷史地位，放在同一天平看待，葉認爲不妥。根據葉氏之見，李顒曾受康熙的褒嘉，但對明朝而言，「於隱逸則相宜，於逸民則有愧」；至於顧炎武個人，葉表示顧氏不納歸於逸民，卻逕入〈儒林傳〉，「不足以遂其初志也」[26]。從這兩點理由，足見葉德輝係以政治立場來思忖。他所舉證「隱逸」和「逸民」之別，毋寧也是檢視自我出處的反映；故在同信中，勸阻繆荃孫、柯劭忞不要應聘，說這是「重二公之意」，其實亦以己度人。

從上述葉的理解，進而還可探究清史館如何看待明遺民與清室的定位。于式枚即站在史館的立場，贊同顧炎武、黃宗羲(1610-1695)、王夫之(1619-1692)三人，和李顒同應入〈儒林傳〉。于認爲黃固然緬懷故國，卻「猶述聖祖恩遇」，毫無諱言清朝德政，覺得他客觀公允，不以遺民情愫產生偏頗，「實天理人情之公」。比照《魏志》收入管寧(158-241)、《宋書》收入陶侃(259-334)，甚至《明史・儒林傳》中范祖幹情形來看，于式枚並不同意非得刻意強調顧炎武等人的心態，如云：「何嘗必須題爲漢晉遺民遺臣，乃足重耶？乃爲安耶？」[27]仔細推敲于的說法，既然清室有德，就不該過分地描寫彼此政治的對立面。于

26　顧廷龍(校閱)，《藝風堂友朋書札》，頁558-9。

27　于式枚，〈修史商例按語〉，收在：許師慎(編)，《有關清史稿編印經過及各方意見彙編》，冊上，總頁53-4。

氏和葉德輝最大不同處，在於後者積極凸顯遺民情操，前者卻以美化清室爲目的；兩者言論看似殊異，其實處於相同的政治立場。

于式枚歌頌清室的動機，也可用來解釋多數參與《清史稿》編修者共同的想法。袁嘉穀(1872-1937)固非忠於清帝，亦能說明一二。袁希望在列傳部分增設「黨人傳」，以爲「革命之黨人，共和之原因也；諱言革命，則清室之禪讓爲無名矣」[28]。據此想見，要說服其他遺民考慮納入革命黨人的事蹟，其基調仍以維護清室聲名爲主，是以在看待清室與革黨關係上，易培基宣稱史稿充滿反革命、鼓動復辟的思想，也就不足爲奇了。

史稿中的政治認同

透過史稿展現清遺民的認同，可以說是他們的共識。據稱最初排定史目時，「本紀」的〈宣統紀〉初擬爲「今上本紀」，但隨後改定[29]。此外，下面幾項材料能更清楚做出斬截的判斷。第一處的實例爲奭良。他建議《清史稿》內文字採用「史臣曰」，原因是秉筆之人率皆前朝遺臣，故「史臣」乃指曾經仕清爲故，而且顯現史書之公正中立，不爲民國任何一主所有[30]。此可管蠡遺民的想法，在在具有政治認同的意涵。另一例子是吳慶坻致信繆荃孫，反對《清史稿》另立〈興學志〉，蓋因其中涉及亡國之恨。吳氏堅持的理由相當簡單，宣稱「興學專志萬不可，此痛心事也」，因爲興學和練兵，後來均間接造成清室遜國，乃「亡國

28 〈袁嘉穀、陳敬第陳清史凡例商榷〉，收在：許師慎(編)，《有關清史稿編印經過及各方意見彙編》，冊上，總頁115。

29 王鍾翰，《清史補考》（瀋陽：遼寧大學出版社，2004），〈張爾田師談清史稿纂修之經過〉，頁172。

30 奭良，《野棠軒全集》，《史亭識小錄》，〈史論擬用史臣曰說〉，頁9-10。

之媒」[31]。

林紓和嚴復兩人紀傳的編排，亦爲遺民藉由史稿表示政治意識的例證。林、嚴兩氏係以近代中國翻譯西方的著作而成名，康有爲形容「譯才幷世數嚴林」[32]，並非過譽之詞；然兩人列入史稿之中，不是以並陳排列的方式，而是將嚴復附在林紓紀傳之後。時人的觀察即指出，主要因爲林氏篤念先朝，故清史館諸遺老，引爲同道，反以「佳傳報之」。至於嚴復，雖以清室遺臣服官民國，然躬身籌安會之舉，大節終究有虧，與林紓適成強烈對比[33]。所以，編排紀傳充分說明清史纂修者個別的意向，既要表示林紓「恪守臣節，特示軒輊」，也凸顯史稿本身的政治性意義。

最後一處個案，是引起眾聲喧嘩的關內－外《清史稿》本。這兩種版本的肇始於1928年，當時南京國民政府「北伐」方亟，金梁乘時增改內容和卷數，竄入張勳、康有爲與張彪(1861-1927)三人傳記[34]。事後金梁曾公開說明理由，自稱列入張勳等人傳記，目的是：

> 余為清史譔〈張康合傳〉，論引《明史・遺臣傳》例。蓋一朝史傳，以事傳人，亦以人傳事。張、康二人，例應有傳，而復辟出宮，事皆在後，亦無此無以附見。然此非深知史事者，不能與之言也，難矣！[35]

31 顧廷龍(校閱)，《藝風堂友朋書札》，頁224。

32 康有為，〈琴南先生寫萬木草堂圖題詩見贈賦謝〉，《庸言》，1：7（北京，1913. 3），頁1。

33 徐凌霄、徐一士，《凌霄一士隨筆》，頁430。

34 詳情請見：朱師轍，《清史述聞》，頁79-98。

35 金梁，《瓜圃叢刊敘錄》，《瓜圃述異》，卷上，頁14。

另據《四朝佚聞》，金自言「張勳傳兼詳復辟，康有爲傳兼敘移宮，皆各有立言之要，非貿焉撰筆而已」[36]；可知私謀入傳，金氏希望復辟始末藉由清史而流傳，使後人存留此一歷史記憶。無論「以事傳人」或「以人傳事」，這項動機與忠於清室的政治認同是分不開的。

這部清史的修纂，伴隨政局翻新日棼，過程艱辛。袁世凱死後，經費首先面臨短缺緊絀，先是突然驟減10萬，其後逐步遞減，甚至僅達月至三、四千元。有時北京政府因爲財政枯竭，無法按時定期而來，參以國庫劵、公債票之類，日形拮据。爲了讓史書早日完竣，趙爾巽還向北方的軍人乞援，如吳佩孚、張宗魯等，均慨捐鉅款[37]。而且，經費問題也帶來關說弊端叢生，造成有人挾私交要求入傳，不避親諱[38]，引發詬病；也促使館中之人因此惶惶，勢難團結共心。據吳士鑒描述，有人其實從不來館；有人則來而未曾開口置詞；甚至有的人絕不言及史事，終日從事買賣書畫、拉人入會；還有的人忙於他事，像是專心起草憲法，而非致力撰史。總之，形形色色的人皆有，所以清史編修自始至終無法獲得成效。這種狀況，致使吳氏有所感慨：「吾輩有可共事者，有不可與共事者，惟有臨時斟酌而已」[39]，難言之隱，俱在片紙之間。

如此匆匆草率成書的《清史稿》，錯誤自所難免。然而最初付梓之際，有遺民認爲保存前清史事，乃至包括背後強調的政治和道德動機，遠遠要比追求客觀的史實來得重要。袁金鎧即倡議速印《清史稿》，也

36　金梁，《四朝佚聞》，〈光宣列傳書後〉，頁46。

37　奭良，《野棠軒全集》，《野棠軒文集》，〈清史館館長前東三省總督盛京將軍趙公年八十四歲行狀〉，頁10-1。張作霖也曾應趙爾巽所託，允撥史稿印費。見：〈趙爾巽致張作霖書〉，收在：許師慎(編)，《有關清史稿編印經過及各方意見彙編》，冊上，總頁187。

38　如徐世昌為母求入清史列女傳，即是一例。見：徐世昌，《韜養齋日記》，丙辰四月十三日條，未標頁碼。

39　俱見：顧廷龍(校閱)，《藝風堂友朋書札》，頁457-60。

是促成這項決定最爲關鍵的人。他向總纂趙爾巽建言：史稿付刻公布的目的，不僅可以任人提出指摘糾謬，以供來日修正，同時一旦書出，就不致有燬稿之虞。可是袁的真正目的，與其說是希冀有修正的機會，不如說目的在於避免史稿因此石沉大海。所以，當夏孫桐認爲「史稿如欲完全，應再修三年，可以成功」時，袁卻表示應掌握先機，「刊稿是一事，修正又是一事」，要想求全責備，恐一事難成[40]。1928年春，歷時十餘年的《清史稿》全書終於印竣，共製1,100百部。隨著北伐軍北上，金梁擔心史稿遭遇不測，連忙以40部輦至遼東，剩餘的部分果然被國民政府查禁。至此訪購者益眾；廣州有「明德社」，更以史稿行世甚少爲由，特刊〈忠義〉二傳，藉倡君臣德行[41]。楊圻(1875-1941)有首詩盛讚袁金鎧的決定，無異保留了一朝掌故，「有功清代」[42]。由此可知：「永遠的《清史稿》」(陳熙遠語)留下的非惟史學史裡「正史」體裁的意義，還充滿政治認同上的角力。在新派史家看來，史稿不過是「官樣形式文章」的重現而已[43]，但對清遺民而言，卻是他們對王朝最後的記憶。

第二節　《元廣東遺民錄》透露的反種族觀

40 袁金鎧，《傭廬日記語存》（收在：國家圖書館分館〔編〕，《中華歷史人物別傳集》，冊81，北京：線裝書局，2003），卷4，頁30、34。

41 王鍾翰，《清史補考》，〈張爾田師談清史稿纂修之經過〉，頁173。

42 楊圻，《江山萬里樓詩詞鈔》，〈贈袁潔珊〉，頁518-9。

43 傅斯年提過類似的說法，見：傅斯年，〈歷史語言研究所工作之旨趣〉，收在：歐陽哲生(主編)，《傅斯年全集》（長沙：湖南教育出版社，2003），卷3，頁4-5。受到中國新派史家的影響，國際史學界上亦做如是觀，見：Kenneth S. Latourette, “Chinese Historical Studies during the Past Nine Years,” *The American Historical Review*, 35: 4 (Jul., 1930), p. 778.

遺民錄與近代中國的種族問題

中國歷史上「遺民錄」的編撰，大致始於明代程敏政(1445-1499)《宋遺民錄》。明清易代之際，因爲受「異族」亡國所刺激，明遺民廣泛整理歷代遺民的事蹟和資料，開啓歷史敘事，此後不絕如縷[44]。這類「遺民敘事」體裁大量湧現，除了尋求自己的安身立命外，更有追溯和通達古今之意。如史家所言，是希望在歷史上求得人格自身「認同」的表現[45]。

清帝既遜位，許多遺民面臨如何出處的困境。如第一章提及廣東遺民的情況一樣，他們感同身受，從歷史找尋和自己背景類似的人物[46]。而且，遺民將尋得的遺物見贈同道，藉以明志，亦屬互通聲息。梁鼎芬於1912年8月在顏子廟，得元代殘斷碑銘，係宋之遺民所留，以拓本送給吳慶坻[47]，藉此喚醒自己及志同道合者的歷史記憶，同時表達勿忘黍離之痛。

製作歷代遺民傳記，也是清遺民經常進行的歷史記憶工作[48]。然而，

44 趙園，《明清之際士大夫研究》，特別是第五章〈遺民論〉，頁269-79；謝正光，《清初詩文與士人交遊考》，頁1-37。

45 余英時，《方以智晚節考》，頁105。

46 如渠本翹、郭曾炘、葉德輝、汪兆鏞、劉世珩、劉承幹等，俱見：趙炳麟，《趙柏巖集》，《潛并錄詩存初續》，卷2〈哭張奉新二十二韻〉，頁6-7；陳寶琛，《滄趣樓文存》，卷上〈郭春榆掌院六十壽序〉、〈郭春榆宮太保七十壽序〉，頁33-4、卷下〈郭文安公墓誌銘〉，頁25；吳慶坻，《蕉廊脞錄》（北京：中華書局，1997），卷7，總頁207；張學華，《闇齋稿》，〈誥授朝議大夫湖南優貢知縣汪君行狀〉，頁27；勞乃宣，《桐鄉勞先生遺稿》，卷2〈劉伯宗先生年譜序〉，頁11、13。

47 吳慶坻，《蕉廊脞錄》，卷6，總頁183。

48 陳伯陶的《明季東莞五忠傳》、《勝朝粵東遺民錄》即為顯例。據聞章梫亦纂有《明遺民傳》數十卷以見志，見：章梫，《一山文存》，卷首，王舟瑤，〈一山文存序〉，頁1。

與以往的遺民錄稍異，清室遺民編纂的典籍具有兩項特色：一以地域爲範圍，一從種族立場而論。地域考量當然和他們在民國後長期住在鄉里有關，就像明清的鄉紳編修地方志一樣，「以本省人求本省之書，尙易爲功」[49]，遺民在自己身居的環境裡，找尋處世的思想資源。

但須留意清遺民的種族觀。此處應先簡略回顧清廷的種族政策。清代自乾隆朝後的統治，是以延續明代成爲正統中國王朝爲基調。如此策略歷經編纂《四庫全書》、《貳臣傳》後，遂爲官方主要的意識型態[50]。我們還可自清廷對中國歷史另一征服王朝——蒙古人統治之元代——態度和詮釋，推知此一政治文化的形成。早自乾隆在位期間，以「異族」入主中國的朝代歷史，便獲高度重視。試以遼、金、元三代爲例，清廷既不滿於以往撰者「輕貶勝朝」的想法，另一方面爲了彰顯本朝修《明史》「大公至正」的態度，而將此三代史書重修[51]。此風氣無疑也擴及民間社會。特別在乾嘉之際，考證學風盛行，天下學者但治古經，略涉《史記》、《漢書》、《後漢書》三史，然三史以下之書則茫然未知[52]；儘管如此，清人的元史學卻一枝獨秀，而有豐碩地研究成績。根據考察，有清一代的士子研究《元史》不下30人，其中造成的原因紛陳，除了《元

49 語出自：張其淦（著），祁正（注），《元八百遺民詩詠》（台北：明文書局，1991，收在：明代傳記叢刊，冊71），緒言，頁2。

50 清代最先理出「承統之正」的觀點，當屬雍正；但乾隆時繼續發揮此一論點，將「正統」定義為：「繼前統，受新命也」，也就是得天下之正，無關於種族和政權本身強盛。有關的討論見：饒宗穎，《中國史學上之正統論》（香港：龍門書店，1977），頁56-7；Pamela Kyle Crossley, *A Translucent Mirror: History and Identity in Qing Imperial Ideology* (Berkeley: University of California Press, 1999); 葉高樹，《清朝前期的文化政策》（台北：稻鄉出版社，2002），頁120-2。

51 何冠彪，《明清人物與著述》，〈論清高宗之重修遼、金、元三史〉，頁215-40。

52 錢大昕（1728-1804）便慨然疾呼經學史學初無軒輊之論。相關討論見：杜維運，《清代史家與史學》（台北：東大圖書有限公司，1991），頁230。

史》本身存有眾多錯誤，引起糾謬的內在緣由外，外在政治形勢帶來的影響亦不容忽視[53]。值得注意是，元史學的研究風氣所以熾盛，也凸顯清廷本身正統地位，已無清初入關時「異族」統治的問題。要了解此方面心態的材料極多，以下姑以清中葉魏源(1794-1857)的《元史新編》爲例說明。

據該書序文，魏氏盛讚元朝一統天下，功績遠過漢、唐二代：

> 自塞外三帝、中原七帝，皆英武踵立，無一童昏暴繆之主；而又內無宮闈奄官之蠹，外無苛政強臣夷狄之擾，又有四怯薛之子孫，世為良相輔政，與國同休。[54]

引文說元代並無「夷狄之擾」，是將元朝視如中國正統一支的確證。此書脫稿於1856年，當時魏源所稱「夷」係指洋人，自非傳統中國夷夏之防的對象。近人雖言魏氏以元、清二代同爲非漢人政權，思以史爲鑒，令滿族有所警惕[55]，但此段序文亦不難想像：無怪乎比魏早一世代的淩廷堪(1755-1809)，會有同情金、元征服王朝、駁斥宋儒正統之說，引起後來所謂「反民族觀念之歷史論」的看法[56]。如此的政治文化觀直到晚清之際，因受革命黨人鼓動、操作，成爲種族議題，促成典範危機。

清季的種族問題蔚爲風潮，飽受輿論關注和質疑，連官方也不得不因應。特別是教育宗旨，清廷試圖擺脫種族糾葛，以「中體西用」概念

---

53 黃兆強，《清人元史學探研：清初至清中葉》（台北：稻鄉出版社，2000），頁1-22。

54 魏源，〈擬進呈元史新編序〉，收在：鄭振鐸(編)，《晚清文選》（上海：上海書店，1987），頁14。

55 王家儉，《魏源年譜》（台北：中央研究院近代史研究所，1967），頁172-4。

56 錢穆，《中國近三百年學術史》（台北：台灣商務印書館，1966），頁509-10。

的中西之別，巧妙取代滿漢界域[57]。等到民國肇建，社會上普遍宣稱「革命」而不言「光復」，強調「五族共和」的口號與精神，儼爲文化話語之一，就連代表國家象徵的國旗亦然[58]。很顯然地，強調滿漢對立已非現實環境和條件所需；然而，儘管強化五族共和的形象，種族問題依舊並未消泯。尤其遺民忠貞的清朝，事實上即由「異族」建立起來；因此，如何說服自己對滿漢種族的立場及抉擇，似乎是一項重要的難題。

對忠清遺民而言，他們深受清代政治文化所影響，並無狹義的種族觀念。近人探討康有爲在民國後的詩文，發現他將「漢」、「中國」、「清王朝」等字眼混淆不分，適可佐證滿漢意識並未在其內心生根[59]。猶可論者，遺民覺得與其過度區分種族的立場，不如強調君臣之義。一個最明顯的實例，便是廣東遺民何藻翔有詩說到：「不嫌迎立異族主，寧惟感激先朝恩。」[60] 張其淦對此也深表贊同，認爲民國政府既云「合五族爲共和」，何以淪落三綱於草莽？他心目中理想的國度，不僅種族

---

57 劉龍心，《學術與制度：學科體制與現代中國史學的建立》（台北：遠流出版事業公司，2002），頁95-7。1904年會試的第五題「北宋結金以圖燕、南宋助元以攻蔡論」，即是合乎時事立言，以遼、金、元譬喻東西列強外患，又針對以夷制夷、聯某制某之說而發。然據筆記小說所載，舉子譚延闓卻以此大唱復仇之義。近人也指出，慈禧推行新政，當中因應滿漢種族課題，一項最要緊的目標是政治「再帝制化」(reimperializing)。俱見：徐凌霄、徐一士，《凌霄一士隨筆》，頁312-4；Edward M. Rhoads, *Manchus and Han: Ethnic Relations and Political Power in Late Qing and Early Republican China, 1861-1928* (Seattle and London: University of Washington Press, 2000), pp. 7, 143-171, 286-7.

58 沈亦雲，《亦雲回憶》（台北：傳記文學出版社，1980），頁53；Henrietta Harrison, *The Making of the Republican Citizen: Political Ceremonies and Symbols in China, 1911-1929*, pp. 101-2.

59 王柯，〈「漢奸」：想像中的單一民族國家話語〉，《二十一世紀》，總83（香港，2004. 6），頁68-70。

60 何藻翔，《鄒崖詩集：附年譜》，〈為曼宣題康弼德丁巳五月圍城中吟卷後〉，頁78。

間既要合作，而且人之綱紀宜存；至於高舉孔孟之語，藉此申論夷夏之辨，實屬荒謬[61]。厭惡種族說法，揭櫫君臣大義，鄭孝胥亦持如是觀。從他的日記中看到，1913年9月湯壽潛(1857-1917)有意在杭州建朱舜水祠，並藉朱氏的種族言論，設立學社，用以自解排滿的說法；後來湯曾向鄭氏求詩，卻遭嚴厲拒絕[62]。

從其他材料也發現，清遺民對歷史上征服王朝的人物相當同情。因爲描述「異族」統治事蹟時，他們經常刻意談到對種族的看法。1915年葉德輝編《觀古堂藏書目》，提到家族的十七世祖伯昂公，由於身爲元朝故臣，因此明太祖朱元璋(1328-1398)屢徵不起，子孫承其家教，始終以不入仕爲榮[63]。葉氏藉以凸顯自己現今的處境，強調君臣倫理與種族問題無關，不諱言祖先也做「異族」之臣。同樣地，忠清遺民編纂「異族」王朝的遺民錄，情有獨鍾，亦透露類似觀感。據聞孫德謙編有《金遺民錄》，藏於家裡[64]，可惜該書的刊本甚少，流傳不廣，無從得見；

61 張其淦，《松柏山房駢體文鈔》，卷4〈辛亥殉難記跋〉，頁43-4。

62 中國歷史博物館(編)，《鄭孝胥日記》，頁1484。這裡並非意指他們不喜明遺民的作為，相反地，清遺民所以推崇明遺民，主要是以站在忠貞臣節的眼光來看待，而非涉及種族立場。譬如，高覲昌在辛亥歸隱後，心存魏闕，嘗有言「今日得有是境，莫非君恩」。高的子孫記載他平日居處，恒覽「衡陽王氏遺書」，又說「志之所在，顧可知矣」。見：高覲昌(編)，《葵園遯叟自訂年譜》(北京：北京圖書館出版社，1998，據1925年鉛印本影印)，卷末〈跋〉，頁2。

63 葉德輝(編)，《觀古堂藏書目》(民國四年〔1915〕長沙葉氏觀古堂排印本)，〈序〉，頁1。錢玄同對葉氏自言入仕「異族」之姓為榮，頗不為然。見：玄同，〈什麼話？(三)〉，《新青年》，6：2(北京，1919.2)，頁245。

64 繆荃孫、吳昌綬、董康(合撰)，吳格(整理)，《嘉業堂藏書志》，附錄1，劉承幹(撰)，王大隆(整理)，《嘉業堂群書序跋》，卷2，總頁1324。孫德謙在武昌革命後，隻身出走上海，「獨居深念，几席常有涕泣處」，亦為忠清遺民。關於孫氏的生平見：卞孝萱、唐文權(編)，《民國人物碑傳集》，卷9，王蘧常，〈清故貞士元和孫隘堪先生行狀〉，頁630-5。

倒是汪兆鏞晚年有部《元廣東遺民錄》，其中的種族觀能提供我們進而討論。

汪兆鏞的《元廣東遺民錄》

現存的《元廣東遺民錄》爲1922年刊本，內有序文共兩篇，分別爲汪氏本人及丁仁長所撰。經查訪得知，至少另有吳道鎔及張其淦二人撰寫序跋[65]。除了丁、張以外，綜合汪、吳兩人的序言內容，其中涉及種族問題，頗能道出清遺民的意見。

吳道鎔的〈元廣東遺民錄序〉即稱，歷代遺民的處境實際上並非一致，不可同日而語。吳氏特別說明身在漢族－非漢族之間的差異。他說：宋明兩代之亡，遺民出處是不可爲而爲之；然而元遺民的情形則有不同。譬如東莞一地，元朝亡後籍土雖歸附明朝，卻與宋、明遺民的境況大異。同時明太祖又命令對勝國人士不仕者處以嚴罰。所以根據種種跡象，吳認爲元遺民戴良(1317-1383)、王逢(1319-1388)及賈裕伯等人不忘故主，屢徵不應，端居遺世，「不可謂非通道之篤決」。換句話說，對吳道鎔而言，元遺民面臨的問題，絕非種族的不平等，反倒係政治上的迫害；然而他們卻能堅守其志，故吳氏認爲節操高潔。這篇序文中，吳強調個人立身處事的原則；他並說作者汪兆鏞撰寫此書優點，在於「捃理務覈，既章潛德，且使士人立身大節所繫，非可藉口以自寬假，此尤其微旨所寓，若其補闕，又其餘事焉爾。」[66]這句話耐人尋味，因爲所言「藉口」，當意有所指，乃現今的種族看法而語。

相較於吳道鎔強調「士人立身大節」，汪兆鏞同樣在編纂的《元廣

65　吳道鎔，《澹盦文存》，卷1〈元廣東遺民錄序〉，頁3-4；張其淦，《松柏山房駢體文鈔》，卷4〈跋元廣東遺民錄後〉，頁23-7。

66　吳道鎔，《澹盦文存》，卷1〈元廣東遺民錄序〉，頁4。

東遺民錄》序文，對種族觀點有更清楚的表示。汪氏給另一位清遺民簡朝亮(1851-1933)的信中，提到自己撰作用意，宣稱「拙著《元廣東遺民錄》二卷，乃憤激於謬悠之論而爲之。」[67] 所謂「謬悠之論」，呼應吳道鎔的說法，直指種族爭論；因爲汪的序文開頭，就直截了當地互較漢族與非漢族王朝之下遺臣的志節，言道：

> 說者謂：宋明二代主辱臣死，或躬采薇之節，大義魷魷，照耀史策；元順帝國亡北奔，其時宜少忠節之士。蒙竊以為不然。夫君臣之義，萬古常昭，若時移世易，輒躡跡新朝，靦顏而不知恥，甚至持謬說以自解，此何異倚門市倡、朝秦暮楚之為耶！[68]

這段話提醒我們注意汪兆鏞對「君臣之義」的說法。顯然他認爲君臣道義，本屬亙古恆常之理，並無種族分別，人們不應以「異族」王朝易代爲由，致使前後態度不同。至於「蒙竊以爲不然」之後數語，汪氏似乎也暗喻自己對「忠節」的看法，頗與時人有異。簡言之，整部《元廣東遺民錄》中，汪企圖傳達遺民晚節，絕非僅於力圖恢復舊君而已，還包括遺民自我潔身自愛的精神與理念。這才是他想要彰顯的內容。關於此點，該書體例亦可略見，如凡例第二條提到：

> 宋明遺民多志圖恢復，恆千回百折，備歷艱苦。元人無之，然堅辭徵辟，不履新朝，已為歸潔其身。此編采錄，惟以不仕不

67 汪兆鏞，《微尚齋雜文》，卷4〈與簡竹居書〉，頁7-8。簡氏在辛亥國變後的生活及態度，見：張啟煌，《殷粟齋集》（香港：香港中文大學古典精華編輯室，1998），卷26〈簡先生傳〉，頁15-7。

68 汪兆鏞，《元廣東遺民錄》（壬戌年〔1922〕刊本），卷首「序文」，頁4。

試為斷。[69]

明示《元廣東遺民錄》所收人物，要「以不仕不試爲斷」。這裡他再度區分宋明遺民與元代遺民因處境殊異，自然作爲有所不同。

更需注意是：汪兆鏞編纂《元廣東遺民錄》，說明漢－非漢族王朝遺民相異的處境，用意非惟鑒古，亦爲知今。前引序文一段，足見汪氏頗有呼應現實之意，藉由元遺民的事例，譏諷民國時期那些抱持「種族」說法來自我解套的政治新貴，認爲其作爲與心態，無疑朝秦暮楚。因此，汪兆鏞指出元遺民抗節未屈、始終不渝的態度，當見賢思齊，值得自己效法。至於序文最後的幾句話，不啻對元遺民的稱頌，也是做爲一位清遺民自我的期許：

……固不必盡效宋明人所為，而乾坤正氣，常存於嶺海之間，足以後先輝映，豈持謬說所能淆惑天下後世哉？[70]

他覺得未必要學宋明的遺民殉國，但絕不容許種族「謬說」混淆社會輿論和視聽，最後一段話尤能顯示箇中心態，希以元遺民爲榜樣。所以儘管張爾田認爲汪書病在淩雜，但卻也說「其曰《元粵〔廣〕東遺民錄》者，則以自寓也」[71]，確爲實言。

綱常勝於種族之見

69　汪兆鏞，《元廣東遺民錄》，卷首「凡例」，頁5。

70　汪兆鏞，《元廣東遺民錄》，卷首「序文」，頁4。

71　鄧之誠（著），王鍾瀚（整理），〈五石齋日記選鈔〉，《學術集林》，2（上海，1994. 12），頁26；張爾田，〈清故朝議大夫湖南優貢知縣汪君墓誌銘〉，收在：汪兆鏞，《清汪微尚老人兆鏞自訂年譜》，附錄，頁66。

利用編纂遺民錄表達種族觀，張其淦也是顯例，其《元八百遺民詩詠》透露的意涵亦復相同。他在〈緒言〉22則中，提到元代係中國正統的王朝。張氏舉乾隆《御批通鑒輯覽》，認定明太祖朱元璋稱帝，元大都尚未失守，故「正統猶在元也」，所以「發元非正統之論」，實屬「謬言」[72]。張此番議論，帶給我們遺民接受清代政治文化和思想的證據，而落實此一說法，即強調綱常勝於種族之見。張學華爲該書撰序，也明確附和如此觀點：

> 夫綱常之義，自古為昭，既已委質為臣，在三〔王〕之節，有死無二。若其靦然異代，從復巧詞文飾，甚且反顏醜詆，豈唯史筆所必誅，抑亦名教所不容也。世之論者，或持種族之見，以曲為解，如元季諸賢，獨非中原志士耶！[73]

除了得到廣東清遺民稱頌外，更有來自其他地區遺民的序文、題詞等，足可窺探他們共同想法。譬如孫雄(1866/67-1935)爲《元八百遺民詩詠》寫序，就深嘆今日猶有狹隘的種族之見。孫氏認爲元、清遺民的地位，應如同宋、明兩代遺民一般，不該強加種族的分別；可是現在民間的態度卻不同，仍視元、清「雖能混一區宇，而終屬非我族類」，所以孫形容係「古今未有之奇變」。另一篇劉承幹的序文也說，元代承接宋代理學之後，爲「用夏變夷」的典範，藉此暗示清室的正當性，可是「自後世種族之說興，靦顏兩姓者得以自遂其趨避之私。」他把種族觀興盛的緣由，歸咎於眾人不明其中學術流衍，所以疑問是：「學術不昌，四維

72 張其淦，《元八百遺民詩詠》，卷首「緒言」，頁1。
73 張其淦，《元八百遺民詩詠》，卷首「序文」，頁1。

滅亡，抑豈君臣之分，無所逃於天地？」[74]

至於題詞方面，參與詩詠的清遺民更多，當中亦有明白支持上述類似的說法。陳夔龍便有「百年縱有興亡判，一統何能種族分」之語；黃誥則云：「君臣之義著春秋，妄說種族成橫流。豈有一家判胡越，翻於九世復仇讎？」劉承幹非惟撰序，題詞更是坦言：

聖清養士二百載，起而反噬何披猖。
桀犬狺狺吠堯影，種族之說殊荒唐。
惟公借此扶綱常，遺民之詠實自傷。[75]

最後二句，不啻解釋遺民看待扶持綱常之重要，也直接強調張其淦著書的主要目的。總之，他們對種族論均持否定，說明清遺民試圖以過去來詮解現今處境的見證。

由此可知，將元代視爲中國之正統朝代，種族論點對清遺民不具任何意義。與中國首次「由夷入夏」的元遺民一樣[76]，他們疾呼對君王忠貞，真正受到影響的是「君臣大義」。1927年，郭曾炘說「異族」王朝禮遇漢人學術，未必無功[77]；在他的《邴廬日記》中還有段話，特別申

---

74 孫雄和劉承幹序文均見：張其淦，《元八百遺民詩詠》，卷首「序文」，頁2-4。孫雄的生平見：俞壽滄，〈常熟孫吏部傳〉，收在卞孝萱、唐文權(編)，《辛亥人物碑傳集》，頁723-5，該傳末贊曰：「當宋之季，不可無魯齋；明之季，不可無亭林。有清養士三百年，豈竟無許與顧其人者。大哉孫子，道將毋同。」足證孫氏遺民心境。

75 均見：張其淦，《元八百遺民詩詠》，卷首「題詞」，頁1-2。

76 蕭啟慶，〈元明之際士人的多元政治抉擇：以各族進士為中心〉，《台大歷史學報》，32，頁131-6。

77 郭曾炘，《邴廬日記》（收在：國家圖書館分館〔編〕，《中華歷史人物別傳集》，冊72，北京：線裝書局，2003），編頁794上。

明得君無須以種族強分：

> 不知天生民而立之君，非為一人，為億兆人也。得一人以為君，漢祖、明祖之興於草澤，君也；李唐、趙宋之纂〔篡〕奪，以至元、清之以異族入主中夏，亦君也。但使其才力足以統一區宇，其法制足以約束臣民，或二、三百年，或數十年，使閭閻得以安居樂業足矣。[78]

所以當劉承幹反思身爲清遺民的立場，表示「今時之遺民節士，爲尤難而尤可貴」，因爲面對種族異說援以民主加以衝擊時，還得「不爲所惑而能自持」，困境無形更爲嚴厲[79]。魯迅即說劉氏刊印明遺民典籍，儘管同情他，但奇怪的是滿口前清遺老的味道，看似矛盾扞格。唯一可以解釋的，即當中著重「遺老」兩字，蓋清遺民無論「遺於何族，遺在何時」，純粹「爲遺老而遺老」而已[80]。

第三節　《碑傳集三編》的纂輯

重視生平事蹟文字的書寫

除了編撰《元廣東遺民錄》外，汪兆鏞生命裡另一重要的文獻整理工作，是纂輯《碑傳集三編》。神道、碑表、誌銘、行狀等人物記載方式，在中國流傳久遠[81]。對史家來說，「傳狀誌銘」的目的多半頌揚墓

78 郭曾炘，《邴廬日記》，編頁852。

79 繆荃孫、吳昌綬、董康（等撰），《嘉業堂藏書志》，附錄，劉承幹，《嘉業堂藏書序跋》，〈清遺民詩詠序〉，總頁1398。

80 魯迅，《魯迅全集》，卷6《且介亭雜文》，〈病後雜談〉，頁135。

81 大約自西漢便已開始出現，見：趙翼（著），欒保群、呂宗力（校點），《陔餘

主生平，難免有奉承阿諛之嫌，究該擷取哪些深富社會和歷史意義的部分，其實見仁見智，端看資料本身及如何運用而定[82]。不過需要指出，由他人書寫的「傳狀誌銘」，內容可能還包含個人意向，不應忽略作者建構文本的主體性。王闓運曾有看法認爲，爲別人撰寫銘墓文字，需要強調和敘述傳主生平最不得意之事，以別於傳記[83]。可是文獻使用的語言不見得是透明的，當史家閱讀它時，必須隨時帶有警覺和想要直接透視的企圖。如同本章開頭所引錢鍾書的話，那些爲人作嫁的傳記，經常係自我表現，藉此發揮自己的情懷。錢的說法容或屬於個人意見，未必確爲真相，但呼應清遺民對「傳狀誌銘」文類的心態上，頗能得到證實。

實際上，清遺民對自我生平的隻字片語，尤其重視，這還可從編撰自訂年譜的情形推知。年譜自訂係傳統士大夫追憶前事的紀錄，其內容根據或本於日記，或採自他書，頗似今人的回憶錄。勞乃宣有〈題自訂年譜後〉詩，明白表示：

偃蹇乾坤一腐儒，老來牛馬任人呼；
銅仙閱盡愴喪劫，賸有難忘是故吾。
回頭往事已成煙，聊記鴻泥舊日緣；
自序敢希班馬筆，願隨五柳傳同傳。[84]

(續)

叢考》（石家莊：河北人民出版社，1990），卷32，總頁560。

82 對於「傳狀誌銘」資料的說明，建議不妨閱讀陶晉生，《北宋士族：家族・婚姻・生活》（台北：中央研究院歷史語言研究所，2001），序，頁iii-vii的說明。當然，這方面已有相當的研究成績，足供借鏡參考，如：劉靜貞，〈女無外事？——墓誌碑銘中所見之北宋士大夫社會秩序理念〉，《婦女與兩性學刊》，4（台北，1994. 3），頁21-46。

83 王氏說法來自：楊鈞，《草堂之靈》，卷2〈說墓誌〉，頁1。

84 徐世昌(輯)，《晚晴簃詩匯》（北京：中國書店，1989，據退耕堂民國十七年〔1928〕版影印），冊4，卷165〈勞乃宣〉，總頁208。引文對該詩略有刪節。

希望謹記「故吾」之心，並效習陶淵明，可知年譜自訂之用意。汪兆鏞的年譜裡，有段〈小引〉談到年譜之由來，說道：

> 辛亥革命後，戰亂頻仍，先父微尚老人僦居濠鏡澳，王玫伯丈舟瑤自粵返浙之黃巖，張漢三丈【學華】亦南歸至香港。三老論學，情誼至契，書札往還頗密。王丈嘗深慨平生知己無幾人，世變日亟，人事靡定，更不願身後銘墓之文，倘有誣飾之詞則恧矣。乃相約自訂年譜，記述生平行跡，以存其真。老人隨時記之。[85]

這段緣由為汪氏後人親見親聞，自然可信。引文提到王舟瑤相約年譜由各人自訂，希望避免身後遭到「污名化」，心態表露無遺。

不限於敘述生平事蹟而已，清遺民就連平日撰作的一文一字，亦復如是，顯得格外彌足珍貴。陝西白遇道(1837-1925)只將自己的文集私下抄錄贈與知心友朋，不敢貿然出刊，理由是「所以相寄者，為尚能一閱也」。就連梁鼎芬也有同樣的心情，嘗手書要求「勿留一字在世上」，又解釋箇中理由：「我心淒涼，文字不能傳出也。」張學華則在〈微尚齋雜文序〉透露汪兆鏞生前即已出示自編文集，囑為之校訂，自言文字多憤世之談，恐遭時忌，不敢求序於人，只好夙託相知，數行弁首，略述生平[86]。

因為遺民重視生前種種文字的整理與呈現，所以遑論身後「傳狀誌銘」，更要完全託付給生平知交。非惟如此，他們對於撰作之人的考量

85　汪兆鏞，《清汪微尚老人兆鏞自訂年譜》，頁1。

86　王開文(編)，《王新楨詩文集》，文集卷下〈覆魏肇峙書〉，總頁237；梁鼎芬，《節庵先生遺詩》（台北：廣文書局，1972，重印本），卷首，余紹宋識語；汪兆鏞，《微尚齋雜文》，「弁首」，頁1。

亦相當重要[87]。只要翻閱任何一本清遺民文集，將不經意發現：他們爲別人撰寫「傳狀誌銘」，多半另有意涵，絕非普通泛泛的酬酢交際所可比擬。饒平陳步墀係香港鉅商，平時廣結交遊，崇尚氣誼；在清季雖無功名，卻對忠於清室的遺民，無不往還款洽。民國後有數次向溥儀進獻方物的機會，他表現得極爲熱心積極，雖是一介恩貢，但報效實錄館、宗人府，每每動輒盈千；無論貢方物、助陵工，乃至萬壽節進奉慶賀，「未嘗後人，其忠於【皇】上也如是。」[88] 陳步墀私下向賴際熙表明：由於兩人相知最深，一旦「孰爲後死，當爲先死撰狀，斯可傳信，更不假諸人也。」[89] 不假他人之因素在於顧慮能否真實「傳信」，同樣爲王舟瑤的《默盦集》撰序的章梫，也明確指出：「身後墓誌，不可出異代達官之手」，理由是「以屬異代達官，必乖耿耿未忘之心跡。」[90] 陳、章兩人之例，充分顯示前述「不願身後銘墓之文，倘有誣飾之詞則恧矣」，其實普遍存於許多遺民心中。

非惟如此，「傳狀誌銘」因涉認同，不容輕忽，這方面亦可從名稱上略見。通常「傳狀誌銘」裡有無「清」字，也係遺民特別關注的焦點，

87 1924年溥儀被逐出宮，趙炳麟憂憤幾致病危，曾囑知友趙啟霖預作碑文；林紓本在北京五城學堂主講，「國變」後始盡棄所事，以賣畫譯書自給，並託墓誌銘於友人；陳伯陶也嘗戲語，要張學華他日為其作墓銘。劉廷琛乞託陳三立為父親撰寫銘文，表達品節係他選擇作者主要的考量之一。以上數例，俱見：趙啟霖，《趙瀞園集》，卷4〈清空居士墓表〉，總頁144；陳寶琛，《滄趣樓文存》，卷上〈林君畏廬七十壽序〉，頁41；林紓，《畏廬文集》（上海：商務印書館，1923），〈誥授資政大夫鹽運使銜梧州府知府長樂高公墓誌銘〉，頁43；張學華，《闇齋稿》，〈江寧提學使陳文良公傳〉，頁20；劉廷琛，《劉廷琛文稿》，〈與陳伯嚴吏部書〉，未標頁碼。

88 溫肅，《溫文節公集》，卷3《檗庵文集》，〈陳子丹夫婦六十晉一壽序〉，總頁161。

89 賴際熙，《荔垞文存》，附錄，羅香林，〈故香港大學中文學院院長賴煥文先生傳〉，頁166。

90 章梫，《一山文存》，卷9〈默盦文集敘〉，頁16。

蓋題石記載前清官銜，尤其別具意義。何藻翔給曾習經的詩，娓娓道出心聲：「他日中郎題墓石，頭銜猶是舊官兒」。鄒福保(1852-1915)死後，亦有兩種作法引來商議：一是以「誥授」之上無「清」字；另一則是託言碑版之例，逕改「清故某公」。遺民葉昌熾贊成後一種用法，理由因爲鄒對清室忠誠不渝，「不在『皇』字之有無，若并『清』字而去之，不知者將轉以爲葸也」[91]。據此，無論撰寫或被寫，許多清遺民堅持在「傳狀誌銘」文字上，繼續保有自我的政治認同。

這些替清遺民撰寫的「傳狀誌銘」文字，當中有許多成爲汪兆鏞《碑傳集三編》主要內容。和汪氏一樣，以遺民自視的劉聲木和劉承幹兩人，均有續輯碑傳集的心願。透過他人介紹，藏書家劉承幹以書信與汪兆鏞共商體例，並對外公開啓事，徵集清遺民的事蹟、資料，甚至任何詩詞篇什[92]。不但如此，劉將蒐得的「傳狀誌銘」，進而提供給張其淦，做爲繫詩題詠的根據[93]。我們自然要問：爲何他們不約而同選擇以碑傳集來保存遺民事蹟？

91 何藻翔，《鄒崖詩集：附年譜》，〈見除目喜曾蟄庵除右丞〉，頁34；葉昌熾，《緣督廬日記》，頁7571-2。朱祖謀、成多祿也有類似情況。見：中國歷史博物館(編)，《鄭孝胥日記》，頁2125；朱孝臧(著)，白敦仁(箋注)，《彊村語業箋注》（成都：巴蜀書社，2002），卷3，總頁393-4；王樹枏，《陶廬文集》，卷19〈成澹堪墓誌銘〉，頁23。

92 劉聲木曾有編《續補碑傳集》之意，見：李國慶，〈續補《藏書紀事詩》——記《清藏書紀事詩補遺》稿本〉，《藏書家》，8（濟南，2003. 12），頁31；劉承幹之例則見：張樹年、張人鳳(編)，《張元濟書札(增訂本)》（北京：商務印書館，1997），頁409-10；繆荃孫(等合撰)，《嘉業堂藏書志》，附錄1，劉承幹，《嘉業堂群書序跋》，卷4〈樓窗雜記跋〉，總頁1387-8；趙一生、王翼奇(主編)，《香書軒秘藏名人書翰》（杭州：浙江古籍出版社，2005），頁794-5。

93 繆荃孫(等合撰)，《嘉業堂藏書志》，附錄1，劉承幹，《嘉業堂群書序跋》，卷4〈清遺民詩詠序〉，總頁1398。

「緬懷現今」和構築集體記憶

應當指出，碑傳集是中國史學一大特色。最先纂輯碑傳集的風氣，大約始自宋代杜大珪（約宋光宗時〔1189-1194〕人）的《名臣碑傳琬琰集》，目的在保存歷史文獻。明清以後，「傳狀誌銘」遂爲人物記載最重要的來源。清道光年間錢儀吉（1783-1850）廣泛採摭各家碑誌、傳狀及方志，開啓編纂碑傳之風，以補國史取材之不足[94]。此後直到清末，蒐集「傳狀誌銘」的情況更形蓬勃。向來「博見異書，勤於纂輯」的繆荃孫（1844-1919）編輯《續碑傳集》，目標即爲了補充錢氏以降遺缺的部分；民初閔爾昌更有《碑傳集補》。不過，相信汪、劉等人如此舉措，並非單純偶發，其實有更深一層的意義。

如果遺民錄是對遙遠「過去」的一種紀念，那麼碑傳集對汪兆鏞而言，不只完成了蒐集歷史資料的工作，亦爲對「現今」（present）情勢的緬懷。也就是說，汪氏遺民錄目的係以古鑒今，而碑傳集乃以今證古。那些被有心留下「傳狀誌銘」的過往人物，乃因他們自身的精神理念，具有「以事存人」之感。此點實與過去文獻保存的目的迥異；清遺民希望保留事蹟背後蘊含的意義，而人物則是他們凸顯意義的「媒介」。

因此，這項「緬懷現今」的活動，是汪兆鏞藉由碑傳集構築另一全新的集體記憶，通過資料表彰和自己有相同境況及認同的遺民。當然此種方式，不獨以碑傳集爲然，類似的形形色色文本，也具備表明「自我身分認同」的象徵。譬如，溫肅嘗編《感舊集》，用來追懷同志，收錄陳寶琛、梁鼎芬、曾習經、何藻翔、郭曾炘、王國維、于式枚、胡思敬等清遺民的詩詞舊作。與溫氏有異曲同工的人，是朱祖謀編《滄海遺音

94　錢仲聯（主編），《廣清碑傳集》，「前言」，頁1；馮爾康，《清代人物傳記史料研究》（北京：商務印書館，2000），頁116。

集》；據龍榆生(1902-1966)說，「《滄海遺音》者，先生匯刻遜清遺民詞」，亦能由此理解。李詳則有刻畫上海地區遺民事蹟的《海上流人錄》(僅存其序而未完成)；張其淦曾撰《清遺民詩詠》；金梁編作《清遺逸傳稿本》。至於晚年來到台灣的溥儒(1896-1963)，生前也編有《靈光集》，據說立例甚嚴，凡清遺民在民國任仕宦者，一概不錄，原稿積達十餘冊[95]。

無論如何，纂輯碑傳集對汪兆鏞別具意義，並且他鞠躬盡瘁，直至逝世前仍孜孜不倦[96]。汪氏言及三編的目標，期於錢儀吉、繆荃孫兩編，及《清史稿》諸臣列傳外，約有裨助四端：訂譌、補遺、參證、續纂。其中「續纂」的功能尤值措意。據其〈自敘〉指出，像陳寶琛、朱祖謀、沈瑜慶等遺民，均歿於《清史稿》成書後，故須詳略異同，各具別裁，顯見碑傳集的用意，更加留心清遺民個人資料。此外還明言，另仿《後漢書》創〈獨行傳〉體例，以示崇尚節義，蓋有激勵辛亥後松柏歲寒之意[97]。如今我們已難完整勾勒他費心爬梳這些資料的經過，只能自零星的友朋來往書信略知梗概。此處需要特別言明，在汪氏纂輯《碑傳集三

95 俱見：鄧又同，〈錄溫毅夫太史輯「感舊集」(上)〉，《春秋雜誌》，896(香港，2000.9)，頁26-7；龍沐勛，〈朱彊村先生永訣記〉，《文教資料》，1999：5(南京)，頁56；李詳，《李審言文集》(南京；江蘇古籍出版社，1988)，《學製齋駢文》，卷1〈海上流人錄徵事啟〉，總頁796-7。葉昌熾以李氏仿《永嘉流人錄》之例，認為「近於標榜聲氣，不敢與聞也。」見：葉昌熾，《緣督廬日記》，頁7142-3。張氏《清遺民詩詠》未見，引自：繆荃孫(等合撰)，《嘉業堂藏書志》，附錄1，劉承幹，《嘉業堂群書序跋》，卷4，〈清遺民詩詠序〉，總頁1398-9。關於溥儒《靈光集》，詳參：李猷，《近代詩介》(台北：台灣商務印書館，1973)，〈溥心畬先生寒玉堂詩〉，頁37。《靈光集》目錄可見同書，〈溥心畬先生所編靈光集之目錄〉，頁61-70。

96 據張學華，《闇齋稿》，〈誥授朝議大夫湖南優貢知縣汪君行狀〉，頁28言：「彌留時，促余往訣，以所輯碑傳集屬〔囑〕為參訂」，殆見晚年仍執此不悔。

97 汪兆鏞(編)，《碑傳集三編》，卷首，〈碑傳集三編自敘〉，總頁3-4。

編》的艱辛歷程裡，不得不提到一位對他助益甚鉅的人物——張元濟。

張元濟和汪兆鏞的關係來自1889年時同榜登第。雖然兩人後來對民國的政治態度及立場未必全然一致[98]，可是並不影響同年情誼；而且從他們的書信也可得知，張氏係汪晚年不可或缺之人。眾所周知，清末民初張元濟主持商務印書館，始終爲出版界舉足輕重的人物。但張不獨與新文學人物交往，亦和舊派老輩保有密切的關係[99]。現存的張氏日記中記載，兩人民國後交往約始自1922年3月左右[100]，尤其1926至1930年期間，雙方的書信問候頻繁。1929年3月，汪兆鏞一度舉家遠遊杭滬各地，會見了江南地區的遺民，並有詩鐘之會，而張元濟亦廁身其間。回歸粵省後，汪氏特將出遊期間陸續所寫的詩詞，刊爲《己巳紀游草》，以茲紀念。至少各項已知的資料顯示，直到1937年11月爲止，汪兆鏞與張元濟仍有書信往來[101]。

或許可以這麼形容，汪、張兩人共同扮演聯繫江南和嶺南地區清遺民活動的中介角色。以目前公開的信件看來，汪、張互往的內容，不外乎下列幾方面：第一是訊息的溝通，特別有關互購／互贈上海、廣州兩地之書。張元濟還基於出版業務上的需要，向汪詢及粵省藏書、佚稿及

---

98 編輯張、汪書信的張人鳳曾敏銳地察覺到：張元濟致汪兆鏞信，均用民國紀元、公曆，而汪兆鏞致張元濟的信則一律採舊曆，由曆法的使用可推知兩人對政治的態度迥異。見：張元濟、汪兆鏞(著)，張人鳳(編注)，〈張元濟汪兆鏞往來書札〉，《學術集林》，卷6（上海，1995. 12），頁4。

99 譬如遜帝師傅陳寶琛搭乘輪船北上，張元濟即和李經邁、鄭孝胥等人在上海送別。見：宗方小太郎，《宗方小太郎日記》，1922年4月22日條，未標頁碼。

100 張元濟(著)，張人鳳(整理)，《張元濟日記》(石家莊：河北教育出版社，2001)，頁1079。

101 汪兆鏞，《清汪微尚老人兆鏞自訂年譜》，頁48-9；張元濟，《張元濟日記》，頁1214。後來張元濟給汪兆鏞信中曾提到：「惠寄《己巳紀游草》，瞻望松湫滄懷禾黍，開緘展誦，不覺百感交集矣。」見：張樹年(等編)，《張元濟書札(增訂本)》，頁605。

地方志之事；而汪兆鏞也委託商務印書館發行並代售《嶺南畫徵略》[102]。第二、聯繫和詢問其他清遺民的生活近況，甚至互相提攜、引薦。如張元濟告知上海遺民王秉恩、冒廣生和陶葆廉的動向；汪兆鏞則介紹廣東遺民吳道鎔、張學華、陳伯陶及溫肅，為商務新出版的《百衲本二十四史》叢書撰寫題記[103]。最後，包括汪兆鏞請託張元濟代為注意並蒐羅近人的「傳狀誌銘」文字，抄有勞乃宣、吳慶坻、左孝同、吳士鑒的墓誌行狀，乃至馮煦的遺囑等私人資料[104]。

我們應該留心後面兩點，因為說明《碑傳集三編》收錄來源所在。為了與閔爾昌《碑傳集補》有別，汪兆鏞非常關心當代對清遺民的臧否和文字記載。非惟如是，張元濟也在過程裡起了若干作用，告知諸多難以獲得的資訊(像孫雄文集存有多位近人傳志)，並且送給汪的「傳狀誌銘」中，往往夾帶自己的補注，或以其他資料佐證說明[105]。此外可自汪兆鏞設法收購《清史稿》的情況得知：為求關外本僅有的〈康有為傳〉與金梁敘記，汪氏先後去函，商請張向瀋陽方面洽購，希望知曉康傳中簡略之處，俾以進行纂輯碑傳時，提供其他補充依據。經過千折百難之後，汪兆鏞終於得以目睹該篇康傳，同時經由張氏補正戊戌變法相關史實，認定梁啓超《戊戌政變記》所言係「張大厥詞」，而清史館先前將

102 譬如，汪兆鏞請代購《朔方俾乘札記》、《西游錄注》和《金石錄》三書，至於張元濟詢問龍山溫氏藏書、陳澧佚稿及地方志，還有出版並代售《嶺南畫徵略》等，俱見：張樹年(等編)，《張元濟書札(增訂本)》，頁600-9；張元濟(等著)，〈張元濟汪兆鏞往來書札〉，《學術集林》，卷6，頁7、10。

103 張樹年(等編)，《張元濟書札(增訂本)》，頁602-6；張樹年(編)，《張元濟友朋書札》(上海：上海古籍出版社，1987)，頁82-5，汪兆鏞所撰的題記亦收錄其中。

104 張樹年(等編)，《張元濟書札(增訂本)》，頁572、600-1、608；張元濟(等著)，〈張元濟汪兆鏞往來書札〉，《學術集林》，卷6，頁3。

105 張樹年(等編)，《張元濟書札(增訂本)》，頁607；張元濟(等著)，〈張元濟汪兆鏞往來書札〉，《學術集林》，卷6，頁5、7、16。

康傳逕行刪去，是適得其所[106]。

從對《清史稿》關外本〈康有爲傳〉的矜慎態度可知，汪兆鏞相當重視史源。在每次獲得他人抄來的「傳狀誌銘」中，汪總會竭盡辦法，勘核其中文字不同之處，以存其真。例如，朱祖謀所撰〈陳麗秋侍郎神道碑〉，汪氏亦由他處託人輾轉抄錄寄示後，加以校對(如圖3-1)，相符後編入集中。與此雷同的例證，係陳三立所撰的嚴良勳(1846-1914)墓誌銘，原文載嚴氏「享年幾十有幾」，而三編內文則稱「六十有九」，且有多處文字不同，顯見汪兆鏞絕非僅是抄撮陳氏文集而來[107]。

圖3-1 汪兆鏞致友人信函

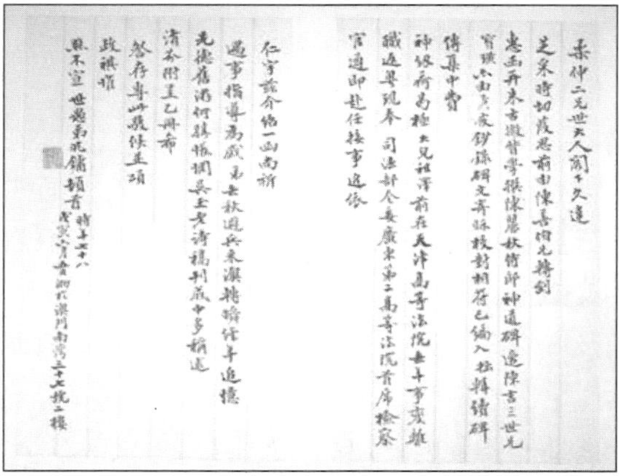

資料來源：行政院文化建設委員會國家文化資料庫計畫「謝鴻軒先生收藏名人手札數位化計畫」。網址：http://cls.admin.yzu.edu.tw/digital/xie/latejing/org/12.jpg，2004年6月15日，感謝主持人羅鳳珠教授慨允引用。

106 張樹年(編)，《張元濟友朋書札》，頁72-4。關於張元濟的朱筆訂正內容，詳見：汪宗衍，《讀清史稿札記》（香港：中華書局，1977），頁123-5。

107 詳參：陳三立，《散原精舍詩文集》，《散原精舍文集》，卷9〈誥授榮祿大夫福建泉州知府嚴君墓誌銘〉，總頁931-2，校記部分。

與以往各類的碑傳集一樣，有關人物傳記材料，汪也盡可能收錄，甚至有的達二篇以上，希冀保留傳主不同面向。像是王國維的記載，《碑傳集三編》收錄羅振玉先後撰作〈海寧王忠慤公傳〉及〈王忠慤公別傳〉兩篇，蓋二文寓意各有不同[108]。另一實例是葉德輝，三編收有兩篇傳記；比較二文，當中一篇名為〈葉郎園事略〉對民國政治直言無諱，影射諸多不滿。比如提到1912年秋天，葉氏反對革命黨之情形，說：

> 黃興歸，當路迎至德潤門，改為黃興門，道出其故居坡子街，並改為黃興街。君命掃街夫撤去之，戲作〈光復坡子街記〉，語多諧謔。當路憤甚，拘之至警廳，觀者千人。[109]

與當局關係形同水火，記載詳細無遺；又言葉德輝之死，乃受共產黨戕害。值得一提，該篇事略其實正為汪兆鏞本人所寫，蓋收在1935年出版的《郎園先生全書》中同文，署名作者便是汪氏[110]。然而對照《郎園先生全書》，將發現兩點可議之處：其一、三編對該文作者題為「失名」，但與原來的內文筆跡不同；其二、三編裡明顯尚有兩處脫落的文字，其中有一部分言及「丁卯，共產黨戕害之」，若是還原至《郎園先生全書》，則於同句「共產黨」之下，還多出「肇亂」二字。這兩點疑問或許難於證實即汪兆鏞所為，卻可想見三編出版之時，仍未脫文字噤蟬效應[111]。

108 汪兆鏞(編)，《碑傳集三編》，卷31，總頁1689-707；對於羅振玉兩篇王國維的傳文，第六章將有說明。

109 汪兆鏞(編)，《碑傳集三編》，卷41，失名，〈葉郎園事略〉，總頁2209-10。黃興抵湘受到熱烈歡迎盛況，見：毛注青(編)，《黃興年譜長編》（北京：中華書局，1991），頁347-8。

110 葉德輝(著)，葉啟倬(輯)，《郎園先生全書》（長沙：中國古書刊印社，1935），卷首「事略」，汪兆鏞，〈葉郎園先生事略〉，頁1-3。

111 汪兆鏞，〈葉郎園先生事略〉，頁2-3。根據資料顯示，《碑傳集三編》後由張除了史源外，汪兆鏞對撰作之人審核標準尤見慎重，也經幾番斟酌才採用。譬如，爲了釐清孫詒經行狀的作者魯燮光究爲何人，他曾去信詢問張元濟[112]。而不同於先出版的閔爾昌《碑傳集補》，汪非惟無「釋道」一卷，也沒有爲革命黨人另列一卷。不立「黨人」卷，蓋又仇視革命心態之顯例。同樣在三編卷首「作者紀略」裡，可以清楚察覺他是如何看待和選擇撰文作者。如標示作者謚號均爲溥儀遜位後（像是溫肅謚「文節」、楊鍾羲謚「文誠」），強調王乃徵「辛亥後，僑寓上海，丁巳五月，授法部侍郎，未到官卒，予謚『文慎』」，更見遺民心境。當然被《碑傳集三編》納入的作者，基本上幾乎都在清朝任官，而汪兆鏞的簡介之中，亦無「民國」二字出現。

不提「民國」，顯然別有深意，可知用心所在。試以徐世昌爲例，閔氏《碑傳集補》一書提到徐的經歷是「民國三年任國務卿，七年選舉大總統」，而汪氏《碑傳集三編》完全不列徐氏文字。此外關於孫雄的介紹，閔書尚有「民國國史館協修」等字，但汪書卻僅提光緒時擔任過吏部主事，不言孫氏民國後的官職；同樣在閔書中，說馬其昶(1855-1929)擔任「民國參政院參政」，至於汪氏三編則採用清遺民陳三立所撰的墓誌銘，類似之例，不一而足[113]。足以解釋箇中理由爲：汪氏其實刻意選擇他所「補遺」的文獻，而作者個人政治態度，誠係參酌和採納的一項標準。

至於內容方面，汪兆鏞《碑傳集三編》有時「爲賢者諱」，刪節若干文字。此處且以陳寶琛所撰的丁傳靖墓誌銘說明。根據陳氏原文，提

(續)

學華校訂，而後在1976年在香港出版，見：番禺縣縣志編纂委員會(編)，《番禺縣人物志》（番禺：編者印行，1991），頁88。

112 張元濟(等著)，〈張元濟汪兆鏞往來書札〉，《學術集林》，卷6，頁7。

113 舉例俱見：汪兆鏞(編)，《碑傳集三編》，卷首，「作者紀略」，總頁5-22；閔爾昌(編)，《碑傳集補》，卷首下，頁1-18。

到丁氏生平是：

> 國變後，**君司江南軍府記室。歲**丁巳，復來京師，與余過從加密。[114]

然而汪在《碑傳集三編》則少了「君司江南軍府記室。歲」幾個字[115]，頗值注意。究竟這是被遺漏或刻意省略，殊難證明。據後人編撰的丁傳靖年譜告訴我們：事實上丁氏1913年嘗受聘入馮國璋麾下，直到張勳丁巳復辟時隨馮氏入京，並有爲陳寶琛所撰的祝七十壽文[116]。按馮氏民初擔任江蘇督軍，曾表示相當同情復辟的主張，但最後張勳大張旗鼓之際，旋與張氏不睦，堅決反對，痛罵謬妄禍國，並率軍討伐[117]。如此跡象顯示，丁傳靖銘文所謂「君司江南軍府記室」，指的是進入馮幕工作之事，並非陳氏誣造。然而汪氏遺缺文字另有用意，或許有意隱諱，想要忽略丁氏那段曾在馮幕的事實。透過丁傳靖之例及上述種種說明，我們不得不將汪兆鏞《碑傳集三編》，視作是他在自我對「現今」政治處境下一項「過去」的著作了。

第四節　其他幾種表達認同的書寫

114 陳寶琛，《滄趣樓文存》，卷下〈丁君闇公墓誌銘〉，頁45。標示黑體字為我所加。

115 汪兆鏞(編)，《碑傳集三編》，卷41，陳寶琛，〈丁君闇公墓誌銘〉，總頁2233。

116 丁志安，〈丁闇公先生年譜〉，見：中國人民政治協商會議江蘇省鎮江市委員會文史資料研究委員會(編)，《鎮江文史資料》，6(鎮江：編者印行，1983. 10)，頁134。

117 胡平生，《民國初期的復辟派》，頁267-72；公孫訇，《馮國璋年譜》（石家莊：河北人民出版社，1989），頁94-8各條。

清遺民透過撰作展現個人的政治認同，可說相當多樣；最後還想嘗試列舉數種來說明，以結束本章。

地方志

首先是地方志。進入民國後，各地有許多遺民紛紛受邀參與編撰方志[118]。不過，他們最後是否決定接受邀請，因為政治傾向而各有說法。簡言之，如同文獻修纂一樣，地方志亦為清遺民們終身立命所在，但儘管熱中參與地方事務，卻無意接受民國之聘。河南的凌甲烺在「國變」後閉門著書，袁世凱、徐世昌等人先後徵召，均堅辭不出；而清史館召修、河南通志局敦請分纂時亦不赴。可是家鄉的縣志因為年久失修，地方大眾公推凌氏擔任編纂，卻義不容辭，檢書起草，勞心費力[119]。陳伯陶本來辛亥後潛伏九龍，有人敦請纂修《東莞縣志》，據說願意參與的理由是「款從沙田公產出，無應縣尹聘，受粟肉之嫌。」[120]凌、陳兩人之例，可以想見遺民內心的抵抗，編修方志往往也被考量是否涉及等同服仕民國。

還有自1918年始開局的《番禺縣續志》，並無政治力介入，主要係遺民與地方耆舊合力完成。負責分任纂修的人員共有吳道鎔(總纂)、汪兆鏞、丁仁長、梁慶桂(1858-1931)、凌鶴書(1854-約1918)、謝祖賢及徐紹棨(1879-1946)等人，於1931年完刊。據汪兆鏞的長子汪祖澤所言，該縣志進行最初的兩年間，因缺乏經費，「分纂多輟筆」，以後甚至幾

118 僅以廣東地區來說，便有龍山鄉、增城縣、東莞縣等，遺民陳伯陶、何藻翔、賴際熙、溫肅、朱汝珍等人皆親身參役。見：何藻翔，《鄒崖詩集：附年譜》，頁154；賴際熙，《荔垞文存》，〈重修增城縣志序〉，頁22；溫肅，《溫文節公集》，卷3《檗庵文集》，〈重修龍山鄉志序〉，頁143；卷3〈朱聘三七十壽序〉，總頁154。

119 王開文(編)，《王新楨詩文集》，文集卷下〈凌保生先生傳〉，總頁199。

120 劉聲木，《萇楚齋隨筆》，《三筆》卷8，總頁639。

乎由汪兆鏞一人獨力支撐，「綜計全書四十四卷，其整卷爲先君手纂者，凡十七卷，與諸君合纂者十八卷」，歷時14年始畢。該志大功告成之時，汪兆鏞也已年歲耄耄，屆臨七十一[121]。

部分遺民拒絕參與編寫方志，原因當然和政治的傾向有關。1915年，葉昌熾斷然婉拒主持江蘇志修纂的工作，理由是自己並非屬於當地之人，無法理解地方事務，但說詞純以政治立場而發：

> 不佞大清長洲縣人也。今大清何在？縣何在？而可為之秉筆乎？[122]

他提到「大清」，自然指業已被民國政府推翻的清室；而「長洲」更名蘇州，正是民國的命令。基於反對和敵視民國，兩地名既被替換，所以葉氏假託無法爲江蘇省政府編寫方志。

不過也須指出，在抱殘守缺和不恥二姓的兩難抉擇下，地方志形如認同場域的糾葛，清遺民的看法產生分歧，續修《廣東通志》即是顯例。早自民國甫建，梁鼎芬有意續纂《廣東通志》；直到1915年籌安會事起，袁世凱將行帝制，藉由開設廣東志局，網羅遺民襄助，敦聘梁氏爲總纂。結果梁不欲爲袁所利用，並未應聘，但亦無明言拒絕。然值此之際，其他受邀的遺民們卻出現兩股不同的意見：贊同參與的何藻翔、溫肅，以保存文獻爲由赴往，而汪兆鏞、吳道鎔、丁仁長與陳伯陶等人則紛紛辭謝[123]。即使答應親赴應聘的人，他們的目的也不容簡單視之。何藻翔的

121 汪兆鏞，《清汪微尚老人兆鏞自訂年譜》，頁51-2；吳道鎔，《澹盦文存》，卷1〈番禺縣續志序〉，頁5。

122 葉昌熾，《緣督廬日記》，頁7557。

123 汪兆鏞(編)，《碑傳集三編》，卷9，汪兆鏞，〈梁文忠公別傳〉，總頁503；吳天任(編著)，《梁節庵先生年譜》（台北：藝文印書館，1979），頁327。

自述描繪當時錯綜複雜的心情：

> 余告溫毅夫(按：溫肅)曰：「馬阮不送妝奩，李香君何從唾罵見節？」即受聘書。且曰：「在朝不鋤奸，國亡不舉義，未足為遺老也。廿四朝無不亡之國，我豈徒戀豢養恩者？但欺人孤兒寡婦，欲取代之，我拼一死相搏。人人可以作皇帝，惟袁不能，此獠非至登御床前十分鐘，聲聲猶堅稱共和以欺人。」[124]

足見受聘纂輯省志，何氏其實另有抱負，認爲此項工作猶如「舉義」，要直接揭穿袁世凱的面目。與何藻翔的決定不同，汪兆鏞也提到這段往事：

> 滄桑而後，遯跡海外。當道訂修省志，君(按：吳道鎔)與余皆力辭；里中薦紳耆舊以續修邑志相約，則聯袂同赴。而一事之是非，一字之予奪，力諍至面發赬，齗齗不休。[125]

第二句說到推辭了當道邀聘，而後卻與吳道鎔聯袂同赴鄉里，續修邑志，其中心理轉折頗堪留意。對汪氏等遺民而言，編修地方志無異攸關政治角力，接受與否亦展現自我的認同及態度；即使一起纂修方志，同道間對下筆內容也斟酌計較，充分顯示重視修志的程度[126]。

124　何藻翔，《鄒崖詩集：附年譜》，頁138。

125　汪兆鏞，《微尚齋雜文》，卷2〈澹盦詩存序〉，頁10。

126　續修《廣東通志》一事，嗣後旋遭雲南軍反對洪憲帝制起事而停，直至隔年八月袁世凱死後，始由廣東省長朱慶瀾(1874-1941)主持之下復纂，繼續歷時數月才完成。見：朱慶瀾、梁鼎芬、鄒魯(等編)，《廣東通志稿》（北京：全國圖書館文獻縮微複製中心，2001），朱慶瀾，〈續廣東通志序〉，總頁2-3。廣東通志館後來在1929年重開，由鄒魯(1885-1954)等人繼續完成約120冊的《廣東另外考究方志體例，同樣亦展示遺民認同的意義。有幾處個案說明他們對年代的斷限，深感重視。1915年章梫給友人的信中直言：關於縣志續編，他主張截至宣統三年，或到本年爲止，理由是「梫爲大清朝官，今不反對所謂民國，亦必無附和所謂民國之理」；信中還特別言及浙江通志局也將如此訂定時限[127]。與章氏具有相同作法之遺民不少，王澤寰（？-1923)也一樣，地方鄉里首長有意聘請修纂縣志，也開出條件，以宣統三年爲斷[128]。朱汝珍編寫《清遠縣志》時，原本打算比照辦理，可是眾意難違，只得鄭重聲明，辛亥後記載爰請他人分纂；此外還有喻長霖續纂《台州府志》、吳慶坻續編的《杭州府志》、胡思敬《鹽乘》(以江西省宜豐縣舊名「鹽步鎮」，故命名為地方志)，亦爲相同例證[129]。爲何不約而同選擇以宣統三年做爲時間斷準呢？其中顯然有深刻的政治意涵。易言之，在遺民眼中，1911年正是清室崩解的開始，因此希望追溯故國的歷史種種(在《台州府志》中，喻長霖每言及清代，更以「國朝」稱之)，而不願詳述任何厭惡的民國事蹟。所以，從選擇歷史記憶

(續)

通志》稿本。見：姜亞沙(編)，《影印珍本古籍文獻舉要》，頁218-24。

127 章梫，《一山文存》，卷10〈答楊子權明經〉，頁20。浙江通志局乃係續修，根據後人記載，主持人為沈曾植，參與者共有朱祖謀、吳慶坻、張爾田、陶葆廉、金蓉鏡、章梫、葉爾愷、王國維、劉承幹、喻長霖等人，皆為遺民。據稱「定續志凡例，自乾隆元年起，訖宣統三年。議增遺民傳、大事記、大事錄，皆補前志所遺。」後來該方志未刊，稿本現藏浙江省圖書館。見：王蘧常，《清末沈寐叟先生曾植年譜》，頁63；許全勝，《沈曾植年譜長編》，頁410，引〈與吳慶坻書第五十三函〉；洪煥椿(編著)，《浙江文獻叢考》(杭州：浙江人民出版社，1983)，頁8-9。

128 趙啟霖，《趙瀞園集》，卷4〈翰林院編修王澤寰墓表〉，總頁144。

129 朱汝珍，〈清遠縣志序〉，收在：許衍董(等編纂)，《廣東文徵續編》，冊1，總頁456；龔嘉儁(修)，李榕(纂)，《杭州府志》(台北：成文出版社，1974，據民國11年〔1922〕鉛印本影印)，〈(盧永祥)序〉，頁1；喻長霖(等纂修)，《台州府志》(台北：成文出版社，1970，據民國25年〔1936〕鉛印本影印)，卷首〈續修台州府志例言〉，頁1；胡思敬，《退廬全書》，《鹽乘》，例言，頁1。

／遺忘的角度衡量，遺民自然無意留下任何與民國相關的隻字片語；或者這麼說，根本就不承認民國的存在。試看章梫屢言「所謂民國」，用意便昭然若揭。

就算方志收錄辛亥後事蹟，當中內容摭取，難免亦與清遺民有關。前面業已提及歷時10年才完成的《番禺縣續志》，序文內說：「惟尋方志爲體，本屬通史，無斷限可言，顧辛亥後一切紀述，無所據依，若惟摭取要聞，甄錄一二，非惟挂漏，例亦不純，此則概付闕如，事非得已者也。」應該注意該段話的按語：

> 如梁文忠公(按：即梁鼎芬)直節，蓋代以卒，辛亥後人物無傳。陳伯任縣長，修屈翁山墓，并與士紳修陳獨漉墓，皆為二百年來盛舉，亦以在辛亥後，不補入古蹟。[130]

從文字中發現，《番禺縣續志》彰顯梁鼎芬，強調其忠清態度，蓋因恐遭「失語」的處境；至於修葺陳恭尹之墓，也是廣東遺民追溯歷代遺民文物時自詡的貢獻。

歌詠國朝之文獻

第二項傳達政治認同的文獻，不能忽略那些有關歌詠清代史事的作品。此處討論幾種廣爲熟知的例子。楊鍾羲的《雪橋詩話》，非惟畢生重要著作，也是記載有清一代學術文藝、朝儀制度等掌故的文化史。這部詩話的地位早已備受肯定，成爲研究必備的工具書，1921年日本學者田中萃一郎(1873-1923)就撰文盛讚該書，羅振玉也謂該書「載三百年

---

130 引文均見：吳道鎔，《澹盦文存》，卷1〈番禺縣續志序〉，頁6。

間遺文逸事，至詳博，實外史也」[131]。但對遺民來說，《雪橋詩話》不獨如此而已；從認同的角度而論，還兼具凸顯、追懷清室光輝的過去之意。最可證實這番說法的是楊氏自述清代史事，「必託始勝國之遺民」。孫德謙爲該書作序時，一語道盡其用心，有言：「雪橋者，所以抱彼黍之慟，致維桑之恭焉」[132]。然而楊鍾羲的深意，卻以另一面目呈現給世人。

與楊類似功能的「著作」，則有《崇陵傳信錄》，其實是一部追思前朝史事的文獻。該書寫作係始於1912年7月，據作者惲毓鼎自承：撰寫的背景和動機，固爲報答慈禧知遇之恩，但主要目的，則是針對輿論惡意醜詆清室，頗有更正民間傳述當中曖昧情事之意[133]。陳夔龍的《夢蕉亭雜記》，表面上看來在追述自己一生榮枯，不過內容卻也傳達對清季新政的見解。更饒富趣味是，這部書於1925年出刊，而辛亥後只挑選與忠清有關的事蹟，如梁鼎芬糾集內外遺臣，報效崇陵建工，以及前一年發生的溥儀出宮事件，召集上海遺民電示當局等[134]，當中呈現的意態不言可喻。

然而我們必須小心，遺民在紀事追念前朝種種之際，不免也投射自

---

131 田中萃一郎，〈支那學問研究法上の一特色〉，三田史學會(編)，《田中萃一郎史學論文集》（東京：編者印行，昭和7年〔1932〕），頁116；羅振玉，《羅雪堂先生全集》，編3，《五十日夢痕錄》，頁12。

132 楊鍾義，《雪橋詩話》，〈(孫德謙)序〉，頁1；《雪橋詩話三集》，卷1，頁2。

133 惲毓鼎，《惲毓鼎澄齋日記》，頁657。與惲氏如出一轍，溫肅、羅振玉也對報刊書坊印行的短書稗文，每每毀謗聖政宮廷，表達不滿的想法。羅甚至將上海地區的清代軼聞記載，稱之為「滬上穢史」。羅還向柯劭忞表示，應「將歷朝實錄及館臣舊撰國史、紀傳、表志刊刻傳世。日月既出，則爝火自息。」俱見：溫肅，《溫文節公集》，卷3《檗庵文集》，〈與趙次珊書〉，總頁185；羅振玉，《羅雪堂先生全集》，《後丁戊稿》，〈與柯鳳蓀學士書〉，頁64。

134 陳夔龍，《夢蕉亭雜記》（北京：北京古籍出版社，1985），特別是頁106、112、121-2。郭則澐的《十朝詩乘》也是與此相關的史籍。

我的看法和主張，遂致錯誤百出。如金梁所撰《清帝外紀》、《清后外紀》等，泰半不言史源所自，真僞無從辨明，又出筆記大吹修纂《清史稿》之功，引來其他遺民不滿。有人即言：「新學小生，以其系〔係〕旗人，孰〔熟〕悉滿洲掌故，頗有信其說者。」[135] 像是胡思敬的《國聞備乘》，即以光宣時期的人物和政治內容爲主，可是言及當時朝綱敗壞，亦有意氣之見。另一位遺民許寶蘅(1875-1961)有謂：「胡瘦唐所著《國聞備乘》一卷，皆記前朝光宣人物朝政，謬誤甚多。瘦唐官京曹亦多年，不知何以鄙陋若此，然不知者方以爲瘦唐耳目所親接，必皆實錄，其關係亦非小。」[136] 許氏所言，無疑點出後人必須留意之處。

甚至幾種關係清代的史料，從這些作者的身分立場多少可以觀察出端倪。譬如陳伯陶的《勝朝粵東遺民錄》，似在褒揚明遺民的行止，而書名依舊具有懷清之意。梁啓超就敏銳地指出：該書名題爲「勝朝」，乃指前代明朝而言；而陳氏爲清遺民，雖處民國，但溥儀猶在，不忍視清廷已然亡國，故稱明爲「勝朝」[137]。又如劉錦藻(1862-1934)的《皇朝續文獻通考》和徐世昌編纂《晚晴簃詩匯》、《清儒學案》等書，內容皆涉及清代典章制度、學術思想，看來宗旨在於保存資料。然而，細究這些著作成書的目的，實際上依然與政治認同脫離不了關係。以《皇朝續文獻通考》而論，時人即認定劉氏本屬急就雜湊之作，意在進呈乞恩[138]。至於徐氏所編的兩種著作，亦爲歌頌清室。像《清儒學案》一書，

---

135 張爾田，〈覆夏閏枝先生書〉，引自：王鍾翰，《清史補考》，〈張爾田師談清史稿纂修之經過〉，頁183。

136 許寶蘅(著)，許恪儒(整理)，《巢雲簃日記》（未刊稿，許恪儒先生藏），1924年7月17日條，未標頁碼。另，1924年8月23日條也提到胡氏另一本《戊戌履霜錄》「紀事頗有謬誤」。

137 梁啟超，〈陳子礪勝朝粵東遺民錄〉，收在：許衍董(等編纂)，《廣東文徵續編》，冊1，總頁596。

138 顧廷龍(校閱)，《藝風堂友朋書札》，頁448。

徐世昌便在序文指稱「清代之達人傑士，悉推本於聖祖教育而成」，孕育二百餘年的學術基業。張爾田撰而未刊的〈清儒學案序〉直接點明「一代之治，帝則康之；一代之學，帝則章之」，意謂徐把清代學術的源頭直指至康熙，推崇其做爲清儒立說之主，目的係報先朝知遇之感[139]。

互通聲氣的文字

最後，各式各樣招引同聲共氣的書寫文字，也足以傳達自我認同和聯繫關係。比如前述的題詞一類文字，時而藉由歷代人物史事，訴說「遺民情結」。梁慶桂便給張其淦的《明代千遺民詩詠》一書，敬題首尾兩句即言：「懷古傷今感百端，閒從野乘檢叢殘」，「闡幽自具如椽筆，尚作人間信史看」[140]，既道盡詠詩之目的，也對張氏著書動機深表支持。

至於日記一類文獻，屬於比較私密性質的文字，對有的遺民來說，得以看出彼此隱喻的思想和活動；他們非但時時刻刻自我校訂，還展示給同樣具有共通心態之人，用來呈現自己的想法及主張。有人嘗謂榮慶日記平日秘不示人[141]，其實未必盡然；如果仔細翻閱可以發現：他不僅有重抄日記之舉，且讓知交成多祿、張人駿等人觀看，甚至還囑咐吳慶坻作題跋[142]。此外，金武祥於辛亥「國變」後僑寓上海，與汪兆鏞以詩

139 俱見：徐世昌，《清儒學案》（台北：世界書局，1979〔1938初版〕），序，頁2；張爾田，《遯堪文集》，卷2〈清儒學案序〉，頁23。另參：夏承燾，《夏承燾集》，冊5，《天風閣學詞日記》，頁377；顧廷龍，《顧廷龍文集》（上海：上海科學技術文獻出版社，2002），〈清儒學案跋〉，頁51。

140 梁慶桂，《式洪室詩文遺稿》，〈張豫泉提學以明代千遺民詩詠見示，敬題二律〉，頁56。其他類似的情況，還可見：洪再新，〈皇家名分的確認與再確認——清宮至僞滿皇宮收藏錢選《觀鵝圖》始末〉，《故宮博物院院刊》，2004：3（北京），頁121。

141 卞孝萱、唐文權(編)，《辛亥人物碑傳集》，卷13，王季烈，〈蒙古鄂卓爾文恪公家傳〉，總頁687。

142 謝興堯(整理點校注釋)，《榮慶日記》，頁240、242、244、251、262。

詞相慰，並言有意仿效明遺民冒襄(1611-1693)等人「六憶」之詩詞，賡續自己先前《陶廬五憶》，踵成六憶。汪氏讀後感到「忠愛之旨，溢於言表」；秦綬章(1849-1925)則形容六憶係「欷噓一掬遺民淚，心史重編鄭所南」[143]。如此的現象同樣也告訴我們：清遺民是藉由書寫傳達彼此認同。

小結

釐清遺民心態，他們的著作固然不容忽視，但更應注意那些書寫文本中透露出來的訊息。訊息的傳遞表面雖屬文化層次的，目標卻有政治性的功能存在；更確切說，都在展現遺民的思想狀態，也可歸結成他們的政治實踐。所以，在各式各樣的文獻著作裡，清遺民其實是有意識地在進行書寫，並體現自我認同。

本章以幾種遺民著作做爲討論焦點。《清史稿》是部由眾多遺民合力完成、而且引起廣泛爭議的史籍。經過前述探討發覺，後來該書得以出版，甚至旋遭查禁，都與遺民維護清室及王朝的歷史記憶有關。儘管史稿日後匆匆付印，謬誤亟多，但也和政治角力、選擇記憶／遺忘不無關係。同樣亦是透過集眾之力完成的地方志，政治壓力在此反而比較彈性，顯然要幸運許多。

《元廣東遺民錄》與《碑傳集三編》係由私人力量獨自完成，此處試以汪兆鏞爲中心，討論他和現實政治的對話。經由文化實踐，汪氏充分把自己的政治認同，展現於兩部史籍之中。這非惟有他對「過去」歷

143　汪兆鏞，《微尚齋雜文》，卷2〈陶廬六憶後敘〉，頁9-10；秦綬章，《蕚盦吟稿》，〈金君粟香以陶廬六憶詩見示，辛亥以後作也，為賦二絕〉，未標頁碼。至於金氏託汪兆鏞撰序的書信可見：黃蔭普，《近代名人翰墨》（台北：文海出版社，1979，收在：近代中國史料叢刊續編第63輯），頁13-5。

史知識的選擇和認知，也同時表現「現在」當下處境之反應。以內容而言，《元廣東遺民錄》形諸的文字，固然爲了表彰忠貞節義，但更該留心是他（甚至其他遺民）流露出抗拒時下風行的種族見解。至於纂輯《碑傳集三編》，收有許多近人的「傳狀誌銘」，對文獻保存做出功不可沒的貢獻；然而不該忘記，藉由蒐羅清遺民「傳狀誌銘」之舉，更深一層意義也正傳達自己的政治認同。因此，從爭取歷史發言權的角度來看，汪兆鏞之例無疑說明身爲一位清室遺民，究竟如何將政治理念由隱諱的歷史著作來發衷心曲。汪氏自「過去」投射到「現在」，並加以合理化；至於活在遺民集體記憶中的歷史，正是做爲「現在」處境的「過去」。

在諸多類似回憶「過去」的文字及現象中，也需了解：爲何清遺民要據以建立自己的正當性？社會學家告訴我們，人類活在世界和社會上，往往需要靠著「意義」來支撐，顯現一己之存在。爲了傳達這些既抽象又複雜的「意義」問題，於是通過塑造一種「理想型」的人物或生活風格，做爲自我準備及實踐認同的方式。尤其經常從逐漸消逝的自我，企圖尋覓生存和提攜的根據[144]，而文字正是影響人們對認知事物的力量。經由描述和呈現的方式，清遺民創造了他們界定自我的「真實」（reality），並且引導思想、情緒和想像力，最後甚至是行爲[145]。愈是歷經無數次自我的挖掘，便愈能提煉更純粹的真我，儘管過程裡充滿悔

144 David A. Snow and Richard Machalek, " The Convert as a Social Type," in Randall Collins ed., *Sociological Theory* (San Francisco, CA.: Jossey-Bass Inc., Publishers, 1983), pp. 259-89; Clifford L. Staples and Armand L. Mauss, "Conversion or Commitment? A Reassessment of the Snow and Machalek Approach to the Study of Conversion," *Journal for the Scientific Study of Religion*, 26: 2 (1987), pp. 133-47. 特別感謝李建民教授提供此一訊息。

145 對於文字認知產生的力量，參看：Anthony Pratkanis and Elliat Aronson, *Age of Propaganda: The Everyday Use and Abuse of Persuasion* (New York: W. H. Freeman, 2001), pp. 71-9.

恨、憂慮，甚至可能是光明面的希望。從這個角度來看，當吾人面對一系列回顧清季歷史的典籍時，不妨考慮其生態環境，何以大量陸續地出現？實際上，這些紀錄著遺民作者種種過往的辛酸淚史，既可喚起他們的新亭之痛，又鞏固了彼此的政治認同。

然而，直到今天再度回首清遺民編纂的史籍時，並無聯想到他們背後深藏的豐富動機。以做為具有主體性的「文本」而言，這些只是遺民有意表彰和傳達理念的一項媒介，如今卻成為史家研究時使用的客觀性「文獻」。的確，歷史的記憶和理解(understanding)如同對教室黑板進行塗寫一般，有時在人們不斷地添寫、修改或擦拭之後，使得原先許許多多不為人注意的現象，由此挖掘出來，賦予全新詮釋。同樣地，那些業經塗抹的部分，原因可能由於自然因素所限，也可能是受到社會和政治環境帶來的制約。《清史稿》因為廣受矚目，結果得到政治壓迫，被當局加以查禁；而汪氏的兩部文獻雖然保留下來，其中的用意卻消失了。如此現象實際也標誌新建立的政權，由上而下清除歷史記憶，成功將它們置在一處不被發現的角落中。

當我們嘗試分析清遺民的心態與認同後，要想進一步了解他們的言論及主張，就須從爭論的焦點著手。這將是下一章所要揭示的主題。

第四章

重建社會秩序：

政治與文化的議論

現在在中國，袁世凱的喉舌不僅無恥地宣稱共和政體是最好的統治形式，而且實際上宣稱共和國對於中國人民來說，就等於無神論的代名詞。……但在我看來，袁世凱及其共和國在中國的直接後果，甚至於比法國的「恐怖統治」還要可怕。

——辜鴻銘[1]

前言

清室遜國，不僅造成政治體制的幡然改變，還涉及社會風氣及思想上的變化；關於婦女解放、貞操、禮教和父子等形形色色的問題，以往的探討極多[2]。一切有關文化價值產生劇烈變動，表現得最清楚的，即在無數次的爭論。各項激烈論辯背後，無疑代表了新、舊各方勢力的拉

1 辜鴻銘，〈雅各賓主義的中國：一個中國官員致一位德國牧師的信〉，收在：辜鴻銘，《中國牛津運動故事》，在：黃興濤(等譯)，《辜鴻銘文集》（海口：海南出版社，1996），卷上，頁293。按：此信收在《中國牛津運動故事》(*The Story of a Chinese Oxford Movement*)係再版之時，時間為1912年4月，適值清帝遜位不久。個別標點偶有更易。

2 如劉志琴主編的《近代中國社會文化變遷錄》（杭州：浙江人民出版社，1998），其中卷3就以報紙做為材料，指出當時各種現象和問題。

扯，忠清遺民也是這場政治和文化轉型裡值得觀察的一群。他們堅持的論點與看法，呈現在新的政治文化開展中，這是另一股排斥或表示異議的聲音。本章主要探析的焦點，即是清遺民在民國的相關爭論。

人們可能質疑：民國後忠於清室的言論，看來違反時潮，爲何要分析其論點？不該忘記，清遺民大多生長於19世紀下半葉，而此正是中國文化思想開始激盪的時代。到了20世紀，許多讓他們難以接受的言論，乍看似屬文化問題，直接原因卻和清室鼎革有關；質言之，梳理民初時期的思想爭論，均可追溯至政治層面的影響。如果刻意忽略當時某些人們的意態，那就難於獲致真正完整的面貌。清遺民則是如此長期以來被湮沒。

此處分析清遺民的政治言論與關懷，透過掌握「脈絡中理念」(ideas in context)[3]，重新思考他們的定位。主要論旨有三：首先係他們對民國政局的觀感。由各種零星的說法可看出，遺民認定文化價值的衰落和政治體系崩解脫離不了關係。其次將集中在兩個論點說明。第一爲設立孔教，第二是關於共和的爭論。兩次的言論同時顯示：遺民有意企求「社會重整」爲目標，以重建社會秩序做爲政治立論的根據和理念。

第一節 「五代式民國」下道德的焦慮

仔細端詳忠清遺民的言行，會發現他們環顧清室崩解，動輒把其中的理由，歸結到綱常毀裂及廉恥喪失[4]。甚至直到遜國後，許多遺民還

3 關於「脈絡中理念」，主要是受史金納(Quentin Skinner, 1940-)的啟發。這方面的討論及批判，見：James Tully ed., *Meaning and Context: Quentin Skinner and His Critics* (Princeton, NJ.: Princeton University Press, 1988).

4 譬如羅正鈞、劉聲木等人表達過類似的說法。羅正鈞，《辛亥殉節錄》（台北：明文書局影印，1985，收在：清代傳記叢刊，冊64），總頁236；劉聲木之例

有如此認知，覺得情形尚在每況愈下之中。猶有過之，在不承認新政權統治的正當性同時，有許多人卻把寄託於故國黍離之感，轉化投射在對綱常崩解的不滿和緊張。

這樣的思想狀態值得探討。感嘆風俗不再，本爲歷代政權轉換之際士人共同的聲音，目的既爲了尋求國家淪亡的教訓，還帶有強烈的價值判斷和道德主義色彩[5]。明末清初顧炎武曾有亡國、亡天下之辨，說：

> 易姓改號，謂之「亡國」。仁義充塞，而至於率獸食人，人將相食，謂之「亡天下」。……是故知保天下，然後知保其國。保國者，其君其臣肉食者謀之。保天下者，匹夫之賤，與有責焉耳矣。[6]

「亡國亡天下」之別擔心的不僅爲政權改變，而是人類的秩序即將瓦解。顧氏說「知保天下，然後知保其國」，隱含文化認同和政治認同的雙重邏輯。然而，「易姓改號」絕非意味只強調風俗倫常就此湮沒，其實政治秩序才是最感憂忡的。

對清遺民來說，文化精神和價值的衰落，與政治體系敗亡不無關連，因爲政治諸多變動，可能只是表面的惡果，並非惡因。劉聲木即謂漢、唐盛世所以衰亡，無不出於自己內在的因素；可是清廷易社爲屋，卻來自袁世凱的篡盜，因爲人心衰敗，大家不再講究倫理精神和價值。

(續)

請詳參：林志宏，〈清遺民的心態及處境：以劉聲木《萇楚齋隨筆》為例〉，《東吳歷史學報》，9，頁193-203。

5 岸本美緒，〈「風俗」與歷史觀〉，《新史學》，13：3（台北，2002. 9），頁10-5。

6 顧炎武(著)，黃侃、張繼(校勘)，徐文珊(點校)，《原抄本日知錄》（台北：台灣明倫書局，1979），〈正始〉，頁379。

所以，劉氏慨然有亡天下的感受[7]，不惜大聲疾呼，想要發聾振聵來正人心、厚風俗。

時局猶如五代割據

還有遺民目擊時變，反覆強調對政局觀感，猶如中國歷史上五代時期的混亂。1912年初，清室尚未宣布退位、政局依舊渾沌不明之際，惲毓鼎眼見京津地區接連發生動亂，私下抱怨豢兵結果帶來的災害，日記裡每每對此表達遯世的情緒，甚至發出「五代驕兵之禍，將見於共和世界矣」之感嘆[8]。1917年張其淦也選擇五代來吟詠，相當程度是一種對現實環境的不滿及投射，誠如序言中說到：「茲篇之詠，所以爲五代之人悲也；雖然，吾豈僅爲五代之人悲也」，以古鑒今的意味十足；直到1920年代，郭曾炘還秉持相同的說法，斬釘截鐵地加以諷刺：「今日之擾攘不定，並六朝、五季而不如乎！」[9]

當他們假借五代割據形容今日時局，非但逕言兵亂造成禍患而已，更意有所指說：綱常一旦隳壞，人類的社會毫無秩序，即將邁入滅亡。

7 劉聲木，《萇楚齋隨筆》，《隨筆》卷5，總頁96。

8 惲毓鼎，《惲毓鼎澄齋日記》，頁580。

9 張其淦，《五代詠史詩鈔》（上海：寓園，戊午年〔1918〕刊本），自序，頁2；郭曾炘，《邴廬日記》，編頁852下。無獨有偶，金蓉鏡的一位韓姓友人也自稱「清遺五代民」；柯劭忞致信給羅振玉，說：「世無忠孝人，但亟圖自私自利耳。唐之季世，政於今日相同，公以為然否？」廣東的張學華也在同時間撰有《五代史詠事詩》，以五言共有32首。據其自題云：每歎世運衰微，廉恥道喪，至五代而極，於今日又甚焉，故考察史傳，有絕句紀之，以明身世之感。俱見：金蓉鏡，《滮湖遺老集》（民國刊本，上海圖書館藏），卷3〈和韓尺園游無錫梅園感舊之作〉，頁14；王宇、房學惠(整理)，〈柯劭忞致羅振玉手札廿三通〉，《文獻》，2001：1（北京），頁228；張澍棠，《張提法公(學華)年譜》（台北：文海出版社，1961，據1952年鉛印本影印，收在：近代中國史料叢刊第63輯），頁8。

許多清遺民宣稱，這簡直就是中國所面臨最大的一場災難。勞乃宣便言，六朝的名教爲亂有百餘年；五代輕視綱常，社會也是數十年不安；至於今日的情況，則「必過六朝、五代無疑」[10]。章梫的家族長輩向他形容情勢是「三綱埽地，人類將盡，不止爲六朝五代亂，未可猝定」，似乎章的內心深表同意[11]。另外一位遺民許珏(1843-1916)，更不諱言地提到：

> 自辛亥之秋，潢池告警，當軸措置不善，遽易滄桑。海內賢士大夫，莫能挽救。其上者相率為居夷浮海之計，下焉者則縈情利祿，與世推移。昔歐陽公作《五代史・馮道傳》，引虢州司戶參軍王凝之妻李氏斷臂明節之事，而嘆士不自愛其身，忍恥以偷生者為有愧。今題節孝之冊，益滋世道之感。竊與歐公有同慨云。[12]

許氏的心境可謂沉痛。他舉了馮道(882-954)的例子，說現今不懂潔身自愛的人比比皆是。引文中還言及上者相偕浮海避居，下者寄託利祿、隨世俗移轉，講的正是鼎革後人心的見異思遷。如此情形，難怪勞乃宣即向羅振玉慨嘆「今日西方如戰國，中夏如五代，今方在朱梁時代」，而羅則謂「已至石晉，但中間尚無差強人意之朱邪朝」[13]，暗喻廉恥不再，世間只有後晉時馮道一類的人物。

10　勞乃宣，《桐鄉勞先生遺稿》，卷1〈續共和正解〉，頁37。

11　章梫，《一山文存》，卷10〈家四君傳〉，頁5。

12　許珏，《復庵遺集》，卷3〈秦節孝婦周孺人事實冊題詞〉，頁4。

13　韓行方、房學惠(整理)，〈勞乃宣致羅振玉書札十六通〉，《文獻》，1999：4，頁269；長春市政協文史和學習委員會(編)，《羅振玉王國維往來書信》，頁318；顧廷龍(校閱)，《藝風堂友朋書札》，頁1007。

將時勢描述成五代亂世，非特爲遺民對自身現實政治與環境的理解，也暗喻他們企圖重建社會秩序，想要振衰起弊的用心。因爲既然把民國看做是五代，那麼只是過渡時期而已，守待「撥開雲月見天明」，對他們而言，自是殷殷可期。胡思敬向友人斬截地說：「我輩處於今日時勢，與前明遺老不同。明革爲清，國已定矣；今尚在黃巾、綠林時代，無所謂朝廷，無所謂政府。」[14] 當然類似抱持民國悲觀的說法很多，不可誇大歸結爲忠清遺民共同的說辭，也不全然只限於遺民之所見，其他憂國憤時的知識分子亦有相同觀察[15]，惟與本書無涉，此處無法一一詳舉。這裡僅提清遺民的想法，先以辜鴻銘爲例。

憂懷道德廉恥之淪喪

就在1912年4月，辜氏再版了兩年前所寫的《中國牛津運動故事》，並新增一篇給德國友人的書信。該信列在原書的第一章前，用意特別凸顯。整封信中主要論點，是辜鴻銘闡述不久前所發生的革命事件和清帝遜位，表達自己的想法。簡單地說，辜對未來深懷憂心，認爲目前中國問題，非惟具有自身弊端，同時還將承受歐洲文明的痼疾——雅各賓主義(Jacobinism)偏激思想所影響，造成人們厚顏薄恥，到處騷動狂亂。

---

14 胡思敬，《退廬全書》，《退廬箋牘》，卷3〈答王澤寰書〉，頁6。

15 例如，曾經在康有為「天游學院」中研求二年的浙江上虞人俞偉臣，1928年投海自盡，絕筆書裡也說：「中國幾如五代十六國之惡象！」1920年代擔任《申報》主筆的楊蔭杭(1878-1945)，特別喜讀五代史事，並來譬喻民國政局，這麼形容：「『共和』為文明之美稱。初不料共和之結果，一變而為五代之割據」；「談中國史者，每以民國比之五代」。俱見：韓達(編)，《評孔紀年》（濟南：山東教育出版社，1985），頁168；楊蔭杭(著)，楊絳(整理)，《老圃遺文輯》（武漢：長江文藝出版社，1993），頁167、203、651-6。楊氏討論亦見：羅志田，《亂世潛流：民族主義與民國政治》（上海：上海古籍出版社，2001），〈五代式的民國：一個憂國知識分子對北伐前數年政治格局的即時觀察〉，頁142-84。

辜聲稱這才是真正意義上的「黃禍」(yellow peril)[16]。

辜鴻銘反思西方文明對中國造成戕害，當然也不忘呼籲帝制帶來的好處。他接著慨言，帝制誠然有種種無法彌補的缺陷，可是至少還能讓普羅百姓維持一般的道德水準。就這點而言，辜明顯地嚮往帝國時期人民的道德情操。辜氏書信更進一步表示：儘管中國不像西方，具有政教分離的歷史經驗，但人們道德尚能在帝制的統攝之下，維持不墜。如今袁世凱及民國政府，卻使這一切遭到蔑視；尤其以袁個人經歷爲例，直言其背離清室，非惟直接毀棄了中國人的廉恥和責任心，更破壞了固有的政教與文明。這封信行文結束之前，辜鴻銘還提及有關自己的忠清態度，毋寧說明對文化價值的忠誠：

> 我的許多外國朋友笑話我，認為我對滿人朝廷愚忠。但我的忠誠，不僅是對我世代受恩於它的王朝的忠誠，在這種情況下，也是對中國政教的忠誠，對中國文明目標的忠誠。[17]

16 辜鴻銘，〈雅各賓主義的中國：一個中國官員致一位德國牧師的信〉，收在：辜鴻銘，《中國牛津運動故事》，在：黃興濤(等譯)，《辜鴻銘文集》，卷上，總頁287-90。「黃禍」的說法源自1894年甲午戰爭後，當時德皇威廉二世(Wilhelm II von Deutschland, 1859-1941)為尋求俄、法兩國出面干涉日本歸還遼東半島一事，而特別做幅圖畫警示寓意。這幅畫的一端，由駕龍的佛陀高舉火焰向西方前進，而另一端代表歐洲各國的女神，手持武器在十字架保護下，表現迎戰的姿態。據說德皇在此畫添加題辭贈與俄國沙皇。此後，「黃禍」成為世界性的課題，代表東西雙方的緊張與競爭關係。見：桑原騭藏，《桑原騭藏全集》(東京：岩波書店，昭和43年〔1968〕)，卷1《東洋史說苑》，〈黃禍論〉，頁22-3。有關此一「種戰」與近代中國思想的關係，詳參：楊瑞松，〈爾有黃禍之先兆，爾有種族之勢力：「黃禍」與近代中國國族共同體想像〉，《國立政治大學歷史學報》，26(台北，2006. 11)，頁65-108。

17 說法俱見：辜鴻銘，〈雅各賓主義的中國：一個中國官員致一位德國牧師的信〉，收在：辜鴻銘，《中國牛津運動故事》，在：黃興濤(等譯)，《辜鴻銘文集》，卷上，總頁291。

綜觀辜氏說法，他反對民國，態度頗與時人迥異，終將引來側目和非議。不過，這段話也讓我們想起梁濟投河自盡前所寫的遺書。梁氏說他「殉清」固非以清朝爲本位，而是以幼年所學爲本位。質言之，「幼年所學」指的是「義」，不必然係清政權[18]，是文化而非政治的。可以想見類似與辜、梁等人，站在清室的立場說話，絕不在少數。劉廷琛的父親劉斋祺(1842-1920)便認爲：政治上儘管歷經了改朝換代，其實尚不足懼，最令人憂心的卻爲即將面對「數千年綱常之大變」[19]。章鈺是另一例證，以下幾句話尤其透徹：

> 一姓興廢，本天道之適然。獨恨立國五千年，凡夫制度，文為聲名。文物所以殊異夫遐裔，而自別於禽獸者，無不顛倒摧毀，隨之而盡。[20]

其實遺民最感痛心的，是廉恥斲喪，促使清室遜國。除了指責袁世凱外，他們經常提到的例子，就是張謇和湯壽潛兩人。張、湯二氏後來因爲在武昌事件爆發，態度紛紛轉向革命陣營，力勸清帝遜位，故忠清遺民群起詆斥。鄭孝胥的話最具代表性：

> 武漢亂後，國人多以排滿為心理，士君子從而和之，不知廉恥為何物，於黎元洪何責焉。宜作書一正張謇、湯壽潛之罪，他

18 梁濟，《桂林梁先生(濟)遺書》，《遺筆彙存》，〈敬告世人書〉，總頁82、85。

19 劉廷琛，《劉廷琛文稿》，〈府君家奠祭文〉，未標頁碼。

20 顧廷龍(校閱)，《藝風堂友朋書札》，頁588。惲毓鼎也說：「我清之亡，並無暴刑虐政，只是是非顛倒，人心競趨於私利，廉恥蕩然，遂致故國故君之思，消滅殆盡。民國肇建，而又甚焉。吾恐禍未艾也。」見：惲毓鼎，《惲毓鼎澄齋日記》，頁638。

不足道也。[21]

鄭氏不直接苛責革命黨和新軍，反倒對張、湯不滿，說他們「不知廉恥爲何物」，把清室亡國之因，怪到兩人身上。朱祖謀、劉廷琛也傳達同樣心聲，直指張、湯亂天下之罪不可恕[22]，都以兩人的行爲深感不齒，溢於言表。

這些感嘆風俗不再、廉恥淪胥之聲，不應過分簡化當中的意義。清遺民的說辭，不妨視如對政權嬗變下的呼喊和掙扎。爲了維護名教，挽救道德隳壞之局，許多遺民想盡辦法來昌明聖賢人倫。積極者像梁濟一般，爰取歷史上忠孝節廉的事蹟，另撰新曲以授伶人，藉此啓蒙廣大民眾[23]；消極如孫德謙言：「當此之時，見危授命，上也。其次猶將扶植綱紀，昌明聖賢正學，以待宇宙之澄清。」[24] 孫結果是選擇後者，在辛亥後閉戶專心著述。

接著我們還要了解：遺民在整個看來「失序」的國度中，究竟如何表達其立場？他們的意見又是什麼？目的爲何？下面先討論提倡讀經的問題。

第二節　讀經書以明人倫

21 中國歷史博物館(編)，《鄭孝胥日記》，頁1361。

22 朱孝臧，《彊村語業箋注》，卷2，總頁196；劉廷琛，《劉廷琛文稿》，〈與呂鹿笙書〉，未標頁碼。在另一篇〈復魏斯逸書〉中，劉氏更直言張謇對清廷之罪惡，其實大於梁啟超、熊希齡。

23 卞孝萱、唐文權(編)，《辛亥人物碑傳集》，卷12，姚永樸，〈梁君巨川傳〉，總頁641。

24 卞孝萱、唐文權(編)，《民國人物碑傳集》，卷9，王蘧常，〈清故貞士元和孫隘堪先生行狀〉，總頁632。

倡籲「君臣」倫常的存留

民國肇造，三綱（君臣、父子、夫婦）倫常備遭質疑，使得原來帝制時期所具有不容置疑的地位，面臨挑戰。尤其「君臣」關係和原則，本爲三綱之首，如今這套政治文化卻因轉變而難再鞏固。蓋因人們普遍以爲「君臣」價值，已由民主共和取代，既然舊有的皇帝君權被打破，那麼強調尊君的「忠」便無從存在。然而，清遺民對此依然秉持舊有的立場，懷疑一旦忠君觀念消失了，如何還能保有其他的人倫價值？伴隨政治革命的破舊和立新，舊習慣思維的業經失落，卻不見新道德體系的建立，這在遺民理解中是不可思議的。

堅持詮釋「君臣」倫常仍然適用，即爲清遺民因應時局的主張。日後主導復辟運動的張勳，1913年便謂：倫紀雖以君臣爲首，但不限於此，其實應該五倫並重；尤其從廣義的角度來看，「君主」代表亦不必自限於帝王。如言：「今之總統，獨非君歟？即爲君矣，則君之於民，宜負教養之責；民之於君，當效忠順之誠，夫以報酬之道然耳！」[25] 勞乃宣強調三綱的重要，認爲人類生存的準則唯有此一倫常。在〈明恥〉一文裡，他抨擊時下援引黃宗羲《明夷待訪錄》，以君臣忠貞之義爲「一姓之奴隸」。可是勞氏反問：既然人臣不可忠於一朝，那麼何以黃選擇要終身秉守勝國遺民，而以事二姓爲恥、不仕清廷呢？顯然當中是有所矛盾。藉此勞又痛批假借「民主」爲名，說民主非事二姓、而是爲萬姓民眾服務的人，譏諷云：「二姓尚可恥，況萬姓乎？譬之婦人事二姓爲更二夫，是改適也；歸民主則人盡夫矣，是野合也」，對他們的行爲深感

25 《孔教會雜誌》，1：1（上海，1913. 2），「叢錄・公牘」，張勳，〈上大總統請尊崇孔教書〉，頁29。

羞辱[26]。

觀此可知，清遺民討論君臣關係，認爲必須保留，主要乃側重兩點：第一、此項綱常其實代表人際的尊卑原則與秩序，即使是現今皇帝制度業遭取消，不過依然有繼續存留的必要。章鈺即感嘆辛亥以來，變故紛乘，最要緊的原因係「要君者無上，非聖者無法，非孝者無親」，認爲要撥亂反正，「仍非從明人倫著手」不可[27]。在汪兆鏞看來，如果君臣一倫無法堅持，以「以忠爲非者」所強調忠於國家之說，都不過只是藉口、爲了滿足一己的私欲而已。汪聲言：「世之所謂忠，私也，不忠之甚也，是不可以不辨。」[28] 這些意見一齊呼應勞乃宣的講法，直言就算忠於總統、人民，那些態度其實猶如昔日忠君一樣，並無軒輊。

第二種意見是「移忠作孝」，「忠」的觀念可以轉化爲「孝」，不必然要完全摒棄。曹元弼即謂：「父子之道，爲君臣之義所自出，故孝子事君必忠」；趙啓霖也指出：帝制時期士大夫因爲騁馳於王事，忠孝自然分道難全。但鼎革後河山殊異，無忠可盡，「於斯時也，忠與孝乃若融貫合併，渾而爲一，即忠即孝，有不可以剖分者。」[29] 許多遺民於是把昔日忠君的態度，紛紛轉移至孝道的關注，目的仍在挽救道德淪喪之勢。如陳伯陶有《孝經說》三篇，吳道鎔寫序云：

> 蓋吾中國數千年來，以敬宗收族相維繫根源，實基於孝。孝為立國之本，豈待問哉？近者西風東漸，撓物至疾，曰自由，則

26　勞乃宣，《桐鄉勞先生遺稿》，卷1〈明恥〉，頁21-2。

27　章鈺，《四當齋集》，卷5〈手寫孝經題詞〉，頁16。

28　汪兆鏞，《微尚齋雜文》，卷1〈說忠〉，頁4-5。張學華闡述汪兆鏞的說法，說他撰作〈說忠〉、〈說仁〉兩篇，以為人心世道之憂，不可不辨也。張學華，《闇齋稿》，〈誥授朝議大夫湖南優貢知縣汪君行狀〉，頁26。

29　《孔教會雜誌》，1：8（上海，1913. 9），曹元弼，〈孝經學續第七號〉，頁1；趙啟霖，《趙瀞園集》，卷3〈羅母熊太夫人七十序〉，總頁93-4。

為我之餘唾；曰平等，則兼愛之變相，人便其說，靡然從之，噓已灰之爐，潰障流之防。憂時之士，痛道德淪亡，乃求之區區文字。[30]

羅正鈞(1855-1919)則高唱應該纂修族譜，認爲「泰西學說，欲張社會而廢家族，其謬妄直無足辯……必宗法修而後國有與立，其道固窮天地、亙古今而不廢也」，以此「爲知所當務」[31]。

讀經活動

可是一旦傳統綱常遭至破除，那麼長期居於重要位置的儒家思想首當其衝。此時知識階層對孔子的定位和看法，約略分爲兩派：一是主張儒家不再獨尊；另一則認爲，要繼續維繫社會秩序，斷非倚賴孔孟不可。前者強調孔子的思想言論，只可視爲哲學或學術問題來研究，絕無拿來當作人生信仰之必要。這番降低孔子地位的言論，固與清季諸子學的復興有關[32]，但更重要來自現實的政治力量所主導。首先開啓一連串爭論的關鍵人物，是1912年接掌南京臨時政府教育總長的蔡元培(1868-1940)。爲了要合乎共和宗旨，蔡氏厲行教育改革，其中最引人爭議的，便是決議廢止小學讀經科[33]。根據蔡個人供證，他的目的是希望擺脫忠君觀，將其與民國共和政體不合之處剷除，因爲「孔子之學術，與後世所謂儒教、孔教當分別觀之，嗣後教育界何以處孔子，及何以處

30 吳道鎔，《澹盦文存》，卷1〈孝經說序〉，頁1。

31 羅正鈞，《劬盦文稿》（民國庚申年〔1920〕湘潭羅氏養正齋刊本），卷4〈鼓磉羅氏八修族譜敘〉，頁48。

32 羅檢秋，《近代諸子學與文化思潮》（北京：中國社會科學出版社，1998），頁229-50。

33 〈法令·中華民國教育部普通教育暫行辦法通令〉，《教育雜誌》，3：10（上海，1912. 1），頁99。

孔教，當特別討論之。」[34]

1912年這次廢止學生讀經的命令，儘管眾聲喧嘩，並未撼動根深蒂固的民初社會，影響有限。但對遺民而言，卻不啻是項警訊，令其發憤鑽研經學，藉以抗衡，導正社會風氣。譬如當時許玨即向程頌萬有所激勵，說：

> 吾輩遭此時變，返求寸心所安，似不能以括囊作自了之局。閣下與夢公及鄙人，論年雖屆懸車，論所值則尚宜發軔。夢公邃於經學，試以鄙言質之，如楚邱先生之告孟嘗君者，可援以自壯也。顧大君子勿以滄桑墮志，撥亂反正，道不遠人。[35]

不僅如此，遺民還邀集其他同志，共同頌讀經書。陳寶璐(1857-1912)在致其兄陳寶琛的信中，慨言時事無可挽回，欲與上海遺民一同集會讀經[36]。從這年的7月15日起，鄭孝胥開始夥同沈瑜慶等人，每週一次聚集讀經，時間恰巧處於蔡元培倡議廢學校祀孔的前後。鄭氏日記除了記載同輩友朋共襄盛舉外，還有父子孫三代一起聯袂赴會的紀錄[37]，先後長達一年之久。

袁世凱主政期間，崇聖讀經配合帝制施行的需要，一度得到平反。有的遺民順勢響應，在地方上辦理讀經教育事業。如湖南的葉德輝，有感「今之言教育者，不曰尊孔為哲學，無專門不能研求，即曰讀經傷腦

34 〈內外時報・教育部總長蔡元培對於新教育之意見〉，《東方雜誌》，8：10（上海，1912. 4），頁11。

35 許玨，《復庵遺集》，卷5〈復程雨亭壬子九月〉，頁13-4。

36 陳寶琛，《滄趣樓文存》，卷下〈亡弟叔毅哀辭〉，頁70；張允僑(總纂)，劉廣京、陳絳(校訂)，《閩縣陳公寶琛年譜》（陳立鷗印行，1997），頁112。

37 如1913年5月4日條，見：中國歷史博物館(編)，《鄭孝胥日記》，頁1462；錢仲聯(編校)，《陳衍詩論合集》，《石遺室詩話》，卷19，總頁258。

筋，非幼童所宜諷誦」，於是在長沙創立「經學會」，公開鼓吹尊孔讀經，並呈小、中學需讀的經籍書單[38]。

緊接而來的新文化運動，廢經言論及風氣更加蓬勃[39]。這些形諸於外的衝擊，遂令部分遺民對自己子女的教育問題，格外留心，甚至刻意與時興潮流有所區隔。羅振玉對教育看法出現陡變，即是顯證。他原來在清季參與改革，積極主張施行女子和嬰幼兒的教育，又深感學校教育之重要，但清室遜國後，卻一反昔日想法。他的後人回憶，羅的理由「認爲學校乃社會萬惡之源，絕口不再談教育」，不僅如此，又以恢復古代儒家教育爲準，厲禁女子上學，甚至以不上學校之婦女，做爲子孫將來擇偶的條件之一[40]。這樣的變化可謂耐人尋味。與羅家相似，1920年代初期，周馥家庭教導子孫，也還仍以讀古書爲基礎[41]。

我們可以說，讀經此刻儼然變成遺民內心裡堅持的救時良藥。張勳復辟之前，唐晏創「麗澤文社」，糾集沈曾植、馮煦、鄭孝胥、朱祖謀等人，主要目的藉講學號召和吸引青年學子，每半月課文一篇，讀的內容不外經書[42]。1918年左右，汪兆鏞也面對民初以來陸續提倡廢經之舉，而在澳門寫下詩詠，有首名爲〈學塾〉云：

38 《政府公報》（台北：文海出版社，1971，據北京政事堂印鑄局影印），第10301號，呈文，1915年12月21日。

39 有關這段時期的反孔活動及言論，詳參：黃克武，〈民國初年孔教問題之爭論〉，《國立台灣師範大學歷史學報》，12（台北，1984），頁197-224。

40 羅繼祖，《魯詩堂談往錄》（上海：上海書店出版社，2001），頁39。

41 周一良，《周一良集》（瀋陽：遼寧教育出版社，1998），卷5《雜論與雜記》，《畢竟是書生》，頁325-30。

42 葉參、陳邦直、黨庠周（合編），《鄭孝胥傳》（上海：上海書店，1989，據滿洲圖書株式會社1938年版影印），頁29；王重民，《冷廬文藪》（上海：上海古籍出版社，1992），〈唐晏傳〉，頁243。

學僮禁讀經，中土新建議。
此邦老塾師，猶不舊學棄。
彈丸一海區，黌校已鱗次。
雅頌聲琅琅，到耳良快意。
禮失求諸野，宗風儻未墜。[43]

汪的心情顯得相當複雜，一方面寄居洋人租界，感到鬱鬱寡歡；另一方面又深覺此地仍保有舊學，而頗有快意。所以詩中言「禮失求諸野」，不獨係古諺，還在現實中得到印證，是孰幸孰不幸。與汪兆鏞的際遇不同，孫雄就沒有那麼幸運了。他身處北京，面對聖賢經訓失去根據之地，詭異學說造成變亂禍患，感受相當強烈；於是杜戶著書，編有《讀經救國論》六卷，分類爲政治、倫理、理財、教育、兵事、外交，節錄漢、宋諸子與近代耆儒。此書後來還再版，希冀「凡在政、軍、學界，倘能人手一編，或於世道人心，不無小補。」[44]

除了倡導讀經外，抄錄、刻印經書，乃至組織學會，也成爲清遺民試圖昭明人倫的辦法。關於刻印經書，如1916年，劉承幹特意重新刊刻曹元忠在清末所撰的《禮議》二卷。是書原爲禮學館建議之文，目的在拔本塞源，以堵光宣之際各種民權異說，特別是抗議新修刑律罔顧現實，爲了「可以識朝章，通經義，明人倫」，惟因清室遜位而未及公布。但是，此刻《禮議》出版的用意相當明顯，則是希冀「扶植教道」[45]。

43 汪兆鏞，《澳門雜詩圖釋》，頁44。

44 卞孝萱、唐文權（編），《辛亥人物碑傳集》，卷14，俞壽滄，〈常熟孫吏部傳〉，總頁724；孫雄，《舊京詩文存》，文存，卷8〈讀經救國論自序〉，頁34-5。吳士鑒卻對孫氏該書抱以眾望，說「他日吾國學術之重興，皆君之書有以牖之也。」見：吳士鑒，《含嘉室文存》（1941年葉景葵鈔本，上海圖書館藏），冊3，〈孫師鄭六十壽序〉，頁54。

45 曹元弼，《復禮堂文集》，卷5〈書從兄君直閣讀禮議後〉，頁23；王蘧常，

1927至1929年間，年屆八旬的柯劭忞倡議校刻十三經，並以四年之力，考證各種版本經籍注疏之異同；非惟如是，柯氏發出啓事，公開糾集海內大儒共襄盛舉。這項大規模的活動，既邀請到擅長於書法的老輩參與抄寫經文，還登報招聘善書人士分抄，共計正文約63萬餘字，小注約有120餘萬字。根據親身經歷其事的人說，該項工作曾得到衍聖公孔德成(1920-2008)的襄助，惟因進度延緩，至1933年柯氏逝世前仍未完成[46]。

至於成立學會方面，1923年8月，羅振玉鳩合南北的遺民同道，組織「東方學會」。據羅事後追憶，該會擬設四部——印刷局、圖書館、博物館、通信部，並做爲研究東方學術的基礎[47]。應該提出的是，學會甫立之時，還印有簡章10條和發起人名單。到底簡章的內容究竟爲何，今已無從窺得其貌；但鄭孝胥的日記中，明白記載參與該會的發起人，一共20位：王秉恩、柯劭忞、陳三立、辜鴻銘、葉爾愷、鄭孝胥、朱祖謀、陶葆廉、李孺(？-1931)、章鈺、寶熙、王季烈、張美翊(1857-1924)、徐乃昌、陳曾矩、陳毅、金梁、劉承幹、王國維、羅振玉。依照鄭氏推測，該會頗與日本的狩野直喜(1868-1947)、內藤湖南關係密切，而羅振玉正係率先響應之人[48]。據此可知，東方學會的發起，和日本學人不無關連。另外，從這分發起人的名單看來，事實上乃結合了京津和上海地區擁護清室的遺民；因此，成立學會雖美其名爲維護東方文化，可是背後卻與政治立場互爲表裡。羅振玉的後人宣稱，那些向來對傳統文化事業不遺餘力、且與遺民往來互動密切的人士，如傅增湘(1872-1950)、

(續)

《清末沈寐叟先生曾植年譜》，頁66-7。

46 崔振化，〈柯劭忞軼事〉，收在：中國人民政治協商會議全國委員會文史資料委員會(編)，《文史資料存稿選編・晚清北洋(上)》，頁825。

47 羅振玉，《羅雪堂先生全集》，編5《集蓼編》，頁39。

48 中國歷史博物館(編)，《鄭孝胥日記》，頁1959。

董康(1867-1947)、張元濟等，即因政治意見歧異，沒有出現在名單中[49]。儘管如此的看法出於臆測，未必有據，然不難想見政治因素所扮演的角色。

我們還可從另一位清遺民丁傳靖的個案，充分了解推行讀經的政治性意義。丁氏是江蘇鎮江人，辛亥革命後避居天津，曾撰有〈解蔽篇〉；由於該文未見，無從獲知主旨為何。不過，據柳詒徵(1880-1956)《劬堂日記抄》所記，丁文內容涉及讀經態度，必須先議共和之制是否可行。在1936年4月21日與22日條中，柳記其覆書云：

> 十餘年來之非真共和，固公所知(旁注云：非獨中國非真共和，即歐美亦未能行真共和，觀堯舜有天下而不與之意，豈家天下者所能及)。似公謂即論者理想中之共和，亦絕對不可行，詒徵則謂：必真讀孔孟書，始能行真共和。[50]

對於丁傳靖認定「人人嗜利無恥，但須恢復君主時代之美德」，柳詒徵以為，孔孟之書，不獨君主當讀，共和時代尤不可不讀。如謂：

> 孔孟之書，乃教人為人之書(旁注云：學也者，所以學為人也)，非專教人為君主之臣民之書。[51]

從日記的內容推知，丁氏將讀經與共和視為兩造截然不可相容的事情。丁傳靖認為讀經活動具有社會重整(social renormalize)的功能，正因為

49 羅繼祖，《魯詩堂談往錄》，頁13。

50 柳曾符、柳佳(編)，《劬堂學記》（上海：上海書店出版社，2002），頁186。書中引文個別標點偶有更易。

51 柳曾符、柳佳(編)，《劬堂學記》，頁187。

它是在君主時代存在的美德，故推行帝制實屬應然。柳並不贊同丁的論調。對柳氏來說，孔孟之書代表的是中國文化的遺產，並非一朝一代所可涵蓋，換言之，儒家學說裡各種「修齊治平」等道德精神，不為政治體制所限。所以，無論帝制臣民或共和國民，柳詒徵認為都應學習孔孟之書，自然讀經更無庸置言。

此例同時還顯現出：丁、柳兩人之間看法有極大的差異。由於兩人為同鄉，而柳氏是1880年生，幾乎足足年輕了丁氏十年，故可知不同世代對傳統的認知有所分歧。此外，也說明清遺民的政治和文化認同，合為一體；他們所以會支持傳統文化，是將讀經做為政治工具而論。然而，共和國民反對帝制，強調經書只是代表屬於君主的附屬品，所以主張共和自然就不讀經。讀經活動在民初與帝制復辟被劃上等號，當然具有其他的因素交互重疊[52]，可是遺民的政治工具化心態，不容忽視。

整體而言，清遺民對民國以來的教育政策亟感不滿。他們看到經書被束之高閣，罷而不讀，學校採行的卻是歷經編纂的教科書，結果使得道德愈衰。劉大鵬形容如此境況係「古道指之為非，綱常倫理因之大壞」，還檢討說：

> 民國教育似乎大有進步，實則非徒無益而又害之也。其害維〔為〕何？惟重科學，不讀經書，不惜廉恥，五倫破壞，八德淪亡而已。[53]

直到1935年時，劉仍以為情況如此，不僅要求子孫繼續讀《大學》、《中

52 林志宏，〈情感和社會的互動：清末民初文言與白話地位的轉變〉，《思與言》，41：2（台北，2003. 6），頁1-36。

53 劉大鵬，《退想齋日記》，頁291、392。

庸》、《論語》，並嘆言：「故學生皆不知綱常、倫理為何物，此世所以日益紛亂，而人心風速敗壞，已臻極點，即欲挽救使正，抑亦沒個良法也。」[54]所以不顧一切，才會出現像林紓這樣的人，高聲要攻訐這種悖倫侮聖的現象，自己則奮不顧身，篤志要衛道[55]。

第三節　尊孔及立國教的構想

清遺民的尊孔

尊孔風氣其實和讀經關係分不開的。清遺民一方面公開讀經，另一方面也屢屢參與社會上各項相關尊孔的活動，甚至還身體力行，帶頭提倡。江蘇儀徵本屬清代漢學的發源地，學術風氣發達，但遭逢政治鉅變後，年歲屆臨八十、自號「方山遺民」、且不書民國紀元的方觀瀾，為了堅持信仰尊道，1913年和地方上的士紳積極倡聯尊孔會[56]，以抗當時廢書遺禍的反孔潮流。至於民間普遍熱衷尊孔活動裡，如「宗聖會」、「孔道會」等組織[57]，成立各處，也有不少的遺民參與。有則來自報紙的報導，說揚州的尊孔崇道會，在當地孔廟舉行祭禮。據傳親自與會者，皆「大半蒼蒼白髮，豚尾猶存」[58]，不難想見不乏具有同情清室的人。甚至有的遺民不辭辛勞，親往相關組織，表達自己崇道的心意。例如章

54　劉大鵬，《退想齋日記》，頁493。

55　林紓，《畏盧三集》（上海：商務印書館，1927），〈腐解〉，頁1。

56　方觀瀾(編)，《方山民紀年詩》，頁38。

57　兩會組織均在1912年成立。宗聖會以山西太原的孔廟為中心，創辦人景梅九、柯璜等係接受都督閻錫山的援助；孔道會則是由王錫蕃在山東的濟南發起，擁戴康有為擔任會長，馮國璋為名譽會長。兩事均見：柯璜(編)，《孔教十年大事》（太原：宗聖會排印本，1924），卷7，頁55-6。

58　《民主報》，1913年3月1日，未見，轉引自：韓達(編)，《評孔紀年》，頁14。

棲到青島的尊文學社，擔任編輯工作，在他行將前往之際，唐晏特別撰文誌之，認爲值此三綱九常淪斁時，尊孔的精神尤值讚揚表彰[59]。

忠清遺民積極鼓吹尊孔，亦與各地軍閥支持不無關連。陳志讓即指出：如此軍－紳二元的社會體制，是民國初年政治中無法忽略的一環[60]。許多遺民傾向和自己具有相同立場的軍人合作，甚至爲他們獻策，維持一定的關係。前述柯劭忞的刻印《十三經》，據傳得到山東督軍張宗昌(1881-1932)公開資助；而吳佩孚堅持孔子忠恕的精神及道德，因此也和康有爲、劉廷琛私下往來密切[61]。

因爲尊孔，還有遺民與山東曲阜孔府的關係熟稔。康有爲推行孔教，屢和曲阜孔家的往來，眾所周知，無須諱言。辛亥革命爆發不久，康氏極力主張保留清帝名位，提倡「虛君共和」，構想是由曲阜的衍聖公孔令貽(1872-1919)擔任監國攝政。後來康替孔祥霖(1852-1917)的《曲阜碑碣考》寫序，昌言保存聖地的重要；1920年，甫出生的孔德成繼任授命爲衍聖公，康還以個人名義親致賀電[62]。張勳也和孔令貽感情恰切，相互結爲異姓兄弟。1912年民國初建，受到廟產興學政策的影響，孔家資產一度引發爭議，張氏爲此出面挺身維護。當時張率軍在徐州駐守，

59 唐晏，《涉江先生文鈔》，〈送章一山之青島序〉，頁29-30。

60 陳志讓，《軍紳政權——近代中國的軍閥時期》（北京：三聯書店，1980），頁140-9。

61 魯迅，《魯迅全集》，卷6《且介亭雜文二集》，〈在現代中國的孔夫子〉，總頁252；康有為於直奉戰爭後，曾有信給失敗的吳佩孚，藉資鼓勵（〈致吳佩孚書〉，收在：湯志鈞〔編〕，《康有為政論選集》〔北京：中華書局，1981〕，卷3，總頁1116）；至於劉廷琛也曾和吳氏交換國事意見（劉廷琛，《劉廷琛文稿》，〈致吳子玉書〉，未標頁碼）。吳佩孚的尊孔，見：陳志讓，《軍紳政權——近代中國的軍閥時期》，頁142-6。

62 康有為，〈共和政體論〉，收在：湯志鈞(編)，《康有為政論選集》，卷3，總頁691-2；樓宇烈(整理)，《康有為自編年譜外二種》，頁169-70；全文收在：孔德懋，《孔府內宅軼事》（天津：天津人民出版社，1983），頁57。

有人商議砍伐孔家的林樹，做爲變賣資金之用；爲了保存孔子的祀田，張勳於是特別派兵護守，以示尊孔。不特如是，還下令曰：「我但知爲叛聖者，不省其爲新學，敢動聖林一木札者死」，態度強硬，與時興的反孔風氣迥異。後來孔令貽深感其恩，一度有意在曲阜的附近，爲張建立生祠[63]。除了張勳外，馮恕和柯劭忞的幼子，先後與孔府聯姻，娶孔令貽之女；孔生前曾託柯氏爲他死後撰寫墓誌銘[64]。由於彼此關係密切，孔府在許多場合與清遺民的政治態度也亦步亦趨；像是張勳復辟，便公開發電支持，甚至孔令貽還曾擬親自入京覲見溥儀[65]。

組織孔教會

民初各式各樣提倡尊孔的行列中，最值得注意的是設辦「孔教會」。立孔教的構想自清末便已展開，動機在於防制西方天主教以教義煽惑民眾[66]，不過到民國時，卻因時空背景不同，更趨複雜。主要原因是，決定尊孔和選擇未來中國的國體有關，涉及政治角力的問題。大抵說來，忠清遺民對民初的孔教活動，並非無動於衷；相反地，他們積極籠絡各

63 林紓，《畏廬續集》（上海：商務印書館，1927），〈謁孔林記〉，頁58；陳毅，《郇廬遺文》（民國二十五年〔1936〕刊本），〈議政大臣直隸總督張忠武公神道碑銘〉，頁71；中國社會科學院近代史研究所中華民國史研究室、山東省曲阜文物管理委員會(編)，《孔府檔案選編》(北京：中華書局，1982)，〈孔令貽發起張勳建立生祠啟事〉，頁44。

64 均見：孔德懋，《孔府內宅軼事》，頁128-38。

65 中國社會科學院近代史研究所中華民國史研究室、山東省曲阜文物管理委員會(編)，《孔府檔案選編》，〈孔令貽擁護清室復辟致張勳等函稿〉、〈孔令貽擬入京覲見溥儀致張勳、康有為、萬繩栻等函〉，頁44-6。

66 梁啟超在1902年的〈保教非所以尊孔論〉一文，說得最為明白：「保教之論何自起乎？懼耶教之侵入，而思所以抵制之也。」（梁啟超，《飲冰室合集》，文集之九，頁53）孔教在清末民初的活動，相關討論亟多，最新的著作請詳參：蕭橘，《清朝末期の孔教運動》（福岡：中国書店，2004）。

方，大張旗鼓。至少在1928年國民革命軍「北伐」完成前，呼籲尊孔聲浪可說此起彼落，毫無退卻；儘管屢遭挫敗，未獲成功，但努力未絕。

1912年10月7日正式成立於上海的孔教會，非惟象徵尊孔活動邁入高峰，也是一次包含忠清遺民勢力的結合。這個組織係以「昌明孔教，救濟社會」爲宗旨，主要精神領袖是領導戊戌維新失敗、流亡海外的保皇黨康有爲。該會總部後來遷至北京，用意藉此推動輿論；至於其成員和分會，「凡誠心信奉孔教之人，無論何教、何種、何國，皆得填具願書，由介紹人介紹入會」，幾乎遍佈海內外，並創辦刊物(如圖4-1)，設有專門進行教育的學校機構[67]。

孔教以組織的型態出現，公開支持和鼓吹儒家思想，造成尊孔的風氣和思潮迅速發展。除了各地有舉辦慶祝孔子誕生的活動外[68]，1913年9月，孔教會第一次的全國大會還特別選在山東曲阜召開。這次集會的聲勢浩大，被形容「異常踴躍」，既有各省會員代表參加，還有相關孔教組織(山東孔道會、山西宗聖社等)、宗教社團(上海世界宗教會)、文人結社(上海希社)、教育界(北京教育會)、慈善團體(北京中美聯合義賑會)、商界(天津商會)，甚至民國政府、清室等均派人祝賀，連外國人士亦到場觀禮，數目超過千人以上。會議最後公推康有爲任會長，並由陳煥章(1880-1933)擔任總幹事[69]。1914至1915年間，孔教會復於江蘇青浦縣的孔宅舉行祝聖禮。與會的姚文棟有〈訪孔宅拜至聖衣冠墓

67 《孔教會雜誌》，1：1，「叢錄・公牘」，〈孔教會開辦簡章〉，頁24-5。康有為(著)，蔣貴麟(編)，《萬木草堂遺稿外編》（台北：成文出版社，1978），〈清故二品銜河南提學使孔君墓誌銘〉，頁511，形容孔教會是「遍數百縣」。

68 如廣州、梧州、揚州等，詳見：劉志琴(主編)，《近代中國社會文化變遷錄》，卷3，頁69-70。

69 《孔教會雜誌》，1：9（上海，1913. 10），〈孔教新聞・曲阜孔教大會盛典詳誌〉，頁6-7；羅惇曧，〈國聞・曲阜謁聖記〉，《庸言》，1：18（天津，1913. 8），頁1。

圖4-1　《孔教會雜誌》封面

資料來源：北京師範大學圖書館報刊部(編)，《北京師範大學圖書館館藏珍稀期刊題錄》(北京：北京圖書館，2002)，卷首彩色圖錄，未標頁碼。

詩〉，一時和唱者約百人，結果刻印了《孔宅詩》一書[70]。

孔教會得以成立並大幅發展，實與清末民初的社會環境息息相關。其一涉及處理孔家資產，尤其廟產興學，這項原屬帝制時期的「餘蔭」，此刻成爲政府和民間亟待解決的問題；其二則和民國後新道德和理想如

70　章梫，《一山文存》，卷10〈孔宅詩敘〉，頁13、卷12〈聖誕日約往曲阜展謁廟林啟〉，頁30-1。

何建立有關[71]。當然，孔子成爲時代爭論的議題，不能純粹視作毫無政治目的，誠如北京孔教總會幹事李時品所言：

> 為長素(按：康有為)而立孔教會者，其目的恐不在教。今京內外尊孔團體何嘗不多，大抵藉昌明孔教之名，為弋取政權之計；明為教會，陰為政黨，予人以可攻之隙，實他日自敗之原。72

引文「明爲教會，陰爲政黨」，正可看出康有爲尊孔的政治因素。因爲規模聲勢浩大，結果迫使執政的袁世凱不得不發佈「尊崇孔聖令」，以正視聽[73]。

至於尊孔最受矚目，厥爲一連串「立孔教爲國教」的呼聲。最先開啓這項活動的是廣東梅縣人廖道傳。接著康有爲特意撰〈以孔教爲國教配天議〉，要求在北京天壇由總統親率百官行禮。嗣後1913年8月15日，孔教會成員聯名給北京的參、政兩院，提出請願，力圖在憲法中明訂孔教爲國教，深獲閻錫山(1883-1960)、黎元洪等人支持[74]。袁世凱最終認

---

71 島田虔次，〈辛亥革命時期の孔子問題〉，小野川秀美、島田虔次(編)，《辛亥革命の研究》（東京：筑摩書房，昭和53年〔1978〕），頁11；竹內弘行，《後期康有為論》，頁62-4。

72 李時品，《知類疆立齋日記》，1913年6月27日條，引自：中國科學院近代史研究所中華民國史組(編)，《中華民國史資料叢稿》，特刊輯2（北京：中華書局，1974），頁32。

73 中國第二歷史檔案館(編)，《中華民國史檔案資料匯編》，輯3「文化」（南京：江蘇古籍出版社，1991），頁1-2。

74 資料俱見：〈廖道傳請尊孔教為國教上大總統書〉、〈黎元洪請頒定孔教為國教電〉，收在：中國第二歷史檔案館(編)，《中華民國史檔案資料匯編》，輯3「文化」，頁47-50；康有為，〈以孔教為國教配天議〉，收在：湯志鈞(編)，《康有為政論選集》，卷3，總頁842-9；《孔教會雜誌》，1：8，「叢錄・公

爲此一草案過度限制了總統的權力，不表同意。隨後，袁氏解散國會，孔教入憲法於是束之高閣，直到袁死又再度被提起，議院和社會各界對孔教的爭論漸趨白熱化。主張立教者是以「風俗敗壞」、「吏治之弊」、「禍及人心」爲由，而反對者則抬出宗教自由，避免國內各教教徒衝突，兩方各執爭議，懸而未決[75]。

孔教國教化

要釐清孔教國教化的構想，應將焦點放在康有爲身上。近人探討康氏民初的孔教主張，有以「文化的民族主義」思想來定調[76]，然說法似太籠統浮泛。要言之，自清季時，康氏便力主以儒學爲宗教，甚至要在國家內設立孔教。在接受素王之說同時，康極度熱情倡論宗教應該俗世化，並且借資佛教和基督教的歷史經驗，認定孔教無論在學理和實用上，是唯一適合中國的宗教。然而，康有爲以孔爲教，採取宗教觀點把孔子視爲神祇，卻也使他個人遭受諸多質疑，特別來自士大夫和知識階層的抨擊。有人即指稱，康氏說法所以未能信服於人，部分因素在他缺乏類似宗教家推展教義的手段和企圖心，只是一味地希冀爭取執政當局的認可[77]。康的青年經歷，或許沒有馬丁路德(Martin Luther, 1483-1546)般的宗教體驗[78]，但同樣也無法像歐洲的情況那樣，具備適宜的土壤和

(續)

牘」，〈山西閻都督呈大總統祀孔典禮文〉，頁4-10、〈黎副總統請兩院速定國教電〉，頁10-1。

75 關於這方面討論，詳參：肖啟明，〈民国初年の国会における国教案審議について〉，《東洋學報》，79：2（東京，1997. 9），頁33-60。

76 陸寶千，〈民國初年康有為之孔教運動〉，《中央研究院近代史研究所集刊》，12（台北，1983. 6），頁93-4。

77 蕭公權(著)，汪榮祖(譯)，《康有為思想研究》（台北：聯經出版事業有限公司，1988），頁112。

78 討論宗教改革前馬丁路德的認同危機，見：Erik H. Erikson, *Young Man Luther:*

環境，足使他成功將儒學轉型；在清廷統治時如此，民國時期也是。

康堅持把孔子學說宗教化，成爲顛撲不破的人生信仰，卻和部分遺民的看法不同。勞乃宣指出，孔教的「教」，乃屬「教化」，即由上向下施行、效習之意，所以「教」係教人之法，而非黨派之解，亦非神道之教[79]。陳曾矩也有類似之見，認爲形成中國思想所宗，其「教」乃「效」之意，並說：

> 若孔教則純主人倫。但教人之自盡其道，而無所謂教徒者，此其與各教絕不相類者也。[80]

相較起來，康有爲的態度則更強硬激烈，深覺孔子思想應該成爲宗教般的武器，同時還須化成民俗，入於人心，如此政事將有所據；否則如皮毛關係一般，無所存附。對康而言，有著神道之教的孔學信仰，才能進一步確立和延續傳統價值，並維持中國的文化認同。他埋怨政府不立孔學爲國教，遂使人民的日常生活無所宗主[81]。

以重建社會的角度而論，康有爲及孔教會的基本主張是：孔教也應盛行於民國，因爲在鞏固民國的前提和基礎上，孔教同樣也帶來穩定秩序的功能。因此鼓吹尊孔，扶翼聖教，儘管政治體制歷經變革，但目的卻是不變的。對有的遺民來說，推行孔教勢如「以道統維治統」[82]，雖

(續)

A Study in Psychoanalysis and History (New York: Norton, 1962).

79 勞乃宣，《桐鄉勞先生遺稿》，卷1〈論孔教〉，頁46-7。

80 陳曾矩，〈宗教論〉，收在：湖北文徵出版工作委員會(主編)，《湖北文徵》（武漢：湖北人民出版社，2000），卷13，頁48。

81 康有為，〈孔教會序一〉，收在：湯志鈞(編)，《康有為政論選集》，卷3，總頁733。

82 戴鳳儀，《松村詩文集》（戴瑤志印行，1997），卷9〈孔教非他教比論〉，總頁221。

到了民主共和的時代，然而提倡更感迫切，足可解救民國的盛衰興亡。爲了爭取民國政府設立孔教，康氏也把三綱思想對共和的適用性，特別是孔子之道和君臣意義，做了若干辨析。如同上一節提到清遺民對君臣關係的說法，康也宣稱，君臣本義「只職事之上下言之，非爲一帝者言之」[83]，所以在他看來，今日有人藉專制打擊孔教、甚至倡言廢孔之舉，實屬愚昧。

康有爲希望藉政治力量達成孔教國教化的理想，表示要達到救國辦法，必須各地設立孔教會，以冶人心，並在鄉縣各級安排教席講師[84]，然而此目標終究沒有實現。我們看到，將孔教訂爲國教，以宗教強化於倫理價值，經由國家主導來完成，透過政治的實踐，這樣看似「宗教理性化」確實足以解決政治變革時整合社會價值的功能[85]。然而，在儒家學說被摒棄同時，「五・四」一代的知識分子基於反宗教立場，認爲孔教倫理形如另一種「巫術」，不過只是粗劣的迷信，應該以科學主義這樣的「新宗教」來取代[86]。尤其政治上醞釀帝制復辟之際，袁世凱頻頻尊孔的活動和政令[87]，隨著稱帝意圖的明朗化，反對聲浪也愈多，結果

---

83 康有為，〈孔教會序二〉，收在：湯志鈞(編)，《康有為政論選集》，卷3，總頁738-9。

84 康有為，〈中華救國論〉，收在：湯志鈞(編)，《康有為政論選集》，卷3，總頁729。

85 宗教理性化最精彩的討論，咸屬韋伯對新教倫理的分析，見：Max Weber, *The Protestant Ethic and the Spirit of Capitalism* trans. by Talcott Parsons (London: Unwin University Books, 1970). 相較於中國，東鄰日本能夠順利地實現現代化目標，有人便認為德川時期的宗教觀，對形塑整個社會價值具有相當關鍵的作用。見：Robert N. Bellah, *Tokugawa Religion: the Cultural Roots of Modern Japan* (New York: Free Press, 1985), pp. 186-92.

86 關於「五・四」科學主義的傾向討論，詳參：Daniel W. K. Kwok, *Scientism in Chinese Thought, 1900-1950* (New Haven: Yale University, 1965), pp. 20-119.

87 例如，1913年9月的祭孔典禮，教育部也主動辦理。根據魯迅的日記記載，當天竟要求部員前往北京國子監，且需跪拜，引起眾人譁然。到場者僅三、四

仍未能將孔教明訂爲國教。

洪憲帝制失敗後，孔教和帝制幾乎被視爲一體兩面，遂使推展愈加困難。儘管康有爲強調人類「非天不生，非教不立」，要求黎元洪飭令各省續行祀孔活動[88]，不過緊接而來的張勳復辟，造成處境更形尷尬。本來爲了響應國教請願活動，1917年3月，上海設有「各省公民尊孔會」，得到張勳的支持；後來復辟失敗，該會趕緊公開聲明將張氏除名[89]。

至於反對孔教國教化的聲音，始終也並未消減。在清季與康有爲政治態度相違的章太炎(1869-1936)，最先發難抨擊，反對儒家學說被如此糟蹋的工具化作法。根據章氏意見，宗教本是「至鄙」，故把孔學看成宗教，好比人原來毫無瘡痍，卻無故將自己灼得滿身瘡疤一樣，是「杜智慧三門，亂清寧之紀」[90]。藍公武(1887-1957)接著批評孔教會活動的復古言論，將忠孝節義視如「國性」，不過只是人類進化之階，而非中國獨特道德，給予「教條化」實屬不該。他深切反對那些尊崇禮教的人，與近世國家發展並不相容[91]。

《新青年》高舉反孔口號，該刊主編陳獨秀有多篇文章攻訐孔教，強調「非孔」主張[92]。在〈一九一六年〉這篇回顧性文章裡，陳氏首次痛批崇揚綱常名教，直指是「以己屬人之奴隸道德也」，呼籲要恢復獨

(續)

十人，或跪或立，形式不一，瞬間草率了事。魯迅，《魯迅日記》，頁63。

88 王爾敏(編)，《康有為手書真跡》，〈致黎大總統、段總理書〉，頁26。

89 〈各省公民尊孔會開會紀事〉，《宗聖學報》，2：6（上海，1917. 4），收在：中國科學院近代史研究所中華民國史組(編)，《中華民國史資料叢稿》，特刊輯2，頁40-1。

90 章太炎，〈駁建立孔教議〉，收在：湯志鈞(編)，《章太炎政論選集》（北京：中華書局，1981），卷3，總頁688-93。

91 藍公武，〈闢近日復古之謬〉，《大中華》，1：1（上海，1915. 1），頁33-41。

92 特別是針對康有為，陳氏接連發表七篇專文來反駁國體和尊孔的問題。相關討論見：有田和夫，《近代中国思想史論》（東京：汲古書院，1998），頁358-69。

立自主的人格[93]。他將孔教喻爲「失靈之偶像」，又說中國原非宗教立國，故無須藉尊孔以立教。然而，陳氏視孔教如人們「實際生活及倫理思想之根本問題」，倒與主張孔教國教化的人看法一致；但陳希望解決的態度恰巧相反，如他所言，這是一場「倫理道德革命之先聲」，孔教和近世文明社會絕不相容，因此主張「攻破」。陳獨秀的想法是，因爲孔教「無一可取」，若不採取「非孔」作法，那麼國人思想無從解放，「俱無由出黑暗而入光明」[94]。

當然，質疑孔教國教化之舉，不惟主張新文化的知識階層而已。陳垣基於信教自由的理念，反對「強定一教爲國教」，卻引來非議，被人要求加以正刑；日人桑原騭藏(1870-1931)也認爲，將孔教設立爲國教，可能引起中國其他的宗教及民族(如信仰回教的蒙藏少數民族)關係緊張，不見得有利於鞏固凝聚力。更何況，信仰基督教的洋人，有可能以「宗教自由」爲名，反而對民國政府產生諸多外交困難[95]。此外，也有的遺民深表疑慮，如羅振玉之弟羅振常，眼見上海《孔教會雜誌》出刊，斷言其宗旨乃「趨時」，已非單純目的[96]。而許玨的態度更令人玩味，以下擷取他勸諭姪子許同莘(1878-1922前後)的話：

---

93 陳獨秀，〈一九一六年〉，《新青年》，1：5（上海，1916. 1），頁3。

94 這些看法俱見陳獨秀數篇文章中：〈駁康有為致總統總理書〉，《新青年》，2：2（上海，1916. 10），頁1-4；〈憲法與孔教〉，《新青年》，2：3（上海，1916. 11），頁1-5；〈通訊：覆吳又陵〉，《新青年》，2：5（上海，1917. 1），頁4；〈文學革命論〉，《新青年》，2：6（上海，1917. 2），頁1-4。

95 朱維錚(主編)，《馬相伯集》（上海：復旦大學出版社，1996），卷2〈元代也里可溫考序〉，總頁299；桑原騭藏，《桑原騭藏全集》，卷1《東洋史說苑》，〈支那の國教問題〉，頁44-54。

96 羅振常，〈論孔教會書〉，未見，引自：竹內弘行，《後期康有為論》，頁133-4。

> 京中舊學諸人，定於孔子生日大會孔林。我意此事行之今日，殊屬不稱。天降禍亂，綱常掃地，此披髮入山之時，非投戈講藝之日。倫紀不明，遑言禮器？姪於此事不必盲從。[97]

可見許氏立場不願隨人起舞。但此條也清楚反映尊孔心態下的分歧：有的遺民懷疑康有為，認為他是藉由孔教達成其政治目的。遺民錢同壽(1867-1945)更直言以孔子思想做為翼教之作法，不獨希冀要振興綱常而已；蓋「綱常五者之中，君臣尤重。豪傑之士，挺生欲振萬古之綱常，必先振一日之綱常。既知不可一日無君矣，則宜扶君主；既知宜扶君主矣，則應戴舊君。」[98] 他的一番話，道破清遺民立孔教為國教的用心。

第四節　「共和」之辨

面臨新的政治文化衝擊，堅信君主體制的人如何從「思想資源」裡尋求新意，顯為刻不容緩之事。當他們希望繼續保有原來傳統的政治價值時，借用「概念工具」加以模仿、調整為新的面貌，符合自己內心固有的想法，亦為當時趨勢。接著以清遺民討論「共和」的言論說明。

從翻譯層面來看，歐洲的共和制(republicanism)對近代中國而言，可謂相當陌生；因為中國人傳統思維裡，原無西方政治中的民主立憲制度。由於清季受到東鄰國家日本的影響，將republicanism譯成古典漢語的詞彙「共和」[99]，加以援用；名詞本屬中國的「思想資源」，如今卻

97　許玨，《復庵遺集》，《家書節鈔》，頁29。

98　錢同壽，《待烹生文集》（己丑年〔1949〕刊本），卷3〈復田魯嶼書〉，頁2。

99　日本翻譯西方名詞大約發生在明治前夕，最著名的例子是福澤諭吉(1835-1901)的《西洋事情》，已出現「共和政治」一詞。詳見：馮天瑜，《新語探源——中西日文化互動與近代漢字術語生成》（北京：中華書局，2004），

變爲對照西方思想的「概念工具」[100]。根據學者討論，共和原爲中國周代的一個紀年；因爲在厲王、宣王期間，由周公、召公共同輔政，中國曾發生沒有天子統治的14年，司馬遷(135-87B.C.)修纂《史記》時，將這段期間號曰「共和」，後來成爲年代學上極爲重要的事[101]。因而將國家統治無君王的狀態比附爲共和，形成另一處爭論的場域。

辛亥革命成功，政體改建民主共和，因應現實環境的需求，人們普遍濫用「共和」一詞。如同「自由」、「平等」般，共和也成爲社會上具有政治意義的符碼，屬於特定時空脈絡下的議論。然而長期以來，中國歷經將近二千年的皇帝制度，不少人對共和其實心存懷疑，認爲這項體制未必能夠立刻執行。譬如對西方政治思想有過鞭辟入裡研究的嚴復，昌言「國人識度不適於共和」，甚至有所謂「共和女性」之說[102]，這番論調後來還得到袁世凱的注意，爲帝制的說法鋪路。同樣有位敏感的青年就指稱，其實真正了解自由、平等精義的人並沒有，反倒將共和刻意「污名化」，「非指爲狂夫，即誣爲亂黨」[103]。

(續)

頁548-9。

100 劉禾稱這類「回歸的書寫形式外來詞」(return graphic loans)，占有相當的比例，如「活動」、「分析」、「交涉」等，詳見：Lydia H. Liu, *Translingual Practice: Literature, National Culture, and Translated Modernity China, 1900-1937* (Stanford, CA.: Stanford University Press, 1995), pp. 302-42.

101 柳詒徵，《中國文化史》（上海：上海書店，1990，據正中書局1947年影印，收在：民國叢書第2編第42輯），冊上，頁261-6；顧頡剛，《史林雜識初編》（北京：中華書局，1963），頁203-8。

102 陳寶琛，《滄趣樓文存》，卷下〈嚴君幾道墓誌銘〉，頁21。嚴氏舉史書說法為例，說共和實屬陰類，又以顏師古注「共」字讀「恭」，言恭順而和柔之意，故古語「共和」二字，以女性最賤，列於十四等。他認為今日將此名詞尊為全國名號，豈不大謬？因此，嚴力言共和制度，無奮發振拔之氣，乃因女性意涵過多所致。事見：劉成禺、張伯駒(等著)，《洪憲紀事詩三種》，頁267-8。

103 吳宓，《吳宓日記》，冊1，頁510。

清遺民厭惡共和

嫌厭共和，幾爲忠清遺民相同之心聲。這方面言論俯拾皆是，如前述嚴復論點，引起唱和的人極多，辜鴻銘即係顯例[104]。其他像鄭孝胥，撰有〈論共和之惡狀〉一文，痛斥民主立憲之失，嘗寄給友朋以示明志。根據鄭氏的說法，「所謂主張共和者，今皆化爲官僚、土匪矣」；因爲深詈共和，甚至還將民國以來水患，乾脆逕稱爲「共和水」，可以想見心態[105]。林紓因爲對共和政體深惡痛絕，所以在1916至1917年間，陸續寫成《諷諭新樂府》，暗譏民國政府的北京議員諸多醜態。當中一篇以反諷的語氣，道出林氏內心想法：

共和【共和】實在好，人倫道德一起掃。
入手去了孔先生，五教撲地四維倒。
四維五教不必言，但說造反尤專門。[106]

這首名爲「共和實在好」，名稱恰巧反映自己不喜共和體制。同樣1928年，王樹枏讀周召共和的歷史，深感民勞板蕩，那些昔日生靈塗炭的事蹟，與今日耳目聞見相差無幾，莫不痛心[107]。

遺民反對共和體制，既爲了維護君主統治，而且也對所謂民主立憲的政體深感憂心。張勳認爲：陡然實施歐美的共和體制，除了可能令私懷野心的人們樹黨競爭，也將激起風潮鉅亂，「非但後五代之故事重演於今時，將見墨西哥之現狀竟移至中土，內操同室之干戈，外貽漁人之

104 劉成禺、張伯駒(等著)，《洪憲紀事詩三種》，頁267-8。
105 中國歷史博物館(編)，《鄭孝胥日記》，頁1669、1686。
106 李家驥(等整理)，《林紓詩文選》，〈共和實在好〉，頁227。
107 王樹枏，《陶廬文集》，卷19〈張仙舫運使石琴詩稿序〉，頁19-20。

利」[108]。當革命黨要求清室退位之際，許玨甚至還提出相當大膽的構想，希望來場政體的試驗，建議內閣召開臨時國會，將奉天、直隸、吉林、黑龍江、山東、河南、陝西、山西、甘肅、新疆十省及蒙藏回部，採用君主立憲；至於南方各省熱衷共和，不妨聽其意願，設立共和政府，期以三年為限，以觀實效。以後見之明來看，許氏這樣的想法固然顯得天真荒唐，可是卻也關照到當時南、北政治觀點上的差異。他希冀三年之內，經由南北各自施行不同的政治體制及成效，然後再來決定未來中國的走向。不過許的心目中，顯然是比較同情君主立憲制的。他甚至提出：如果三年後北方安靖，而南省擾亂，則將共和政府撤消；反之，南方倘若秩序井然，而北方政治敗壞，則北方亦須將政府加以改革，最後南北政權仍歸統一[109]。

還有的遺民不支持共和，以地理和人口條件為由，斷然認定這是空想。以何藻翔為例，他表示中國幅員寬廣，人口眾多，要想實施共和體制，確有困難。何氏對此態度深表保留：

> 君主民主，政體孰優，聚歐美大政治家，未易決定。而滿清入主中夏，挈滿蒙回疆二萬餘里，歸我版圖。今國體驟更，五族倉卒，如何集講？誰人足當代表？共和空言，豈能團結？勢必分裂。唐宋邊禍，足為殷鑒，切望國人留意。[110]

後來何的意見始終未變。1918年徐世昌就任總統，他親自致電祝賀，勸

108　《申報》（上海），1915年9月6日，第6版，〈軍界之請變國體者・張勳電〉。

109　許玨，《復庵遺集》，卷5〈上陳伯潛侍郎辛亥十二月〉，頁11-2。

110　何藻翔，《鄒崖詩集：附年譜》，吳天任(編著)，《何翽高先生年譜》，頁130。類似看法亦可見：勞乃宣，《桐鄉勞先生遺稿》，卷1〈民主君主平議〉，頁42-3。

行虛君聯邦制，因為「一尊既定，自可兼納眾流」，避免共和禍端[111]。

何藻翔的想法大致可分為兩種層面。他明白表示，共和理想與中國的政治傳統並無吻合之處；如果我們借用劉廷琛的話，理由是「民主國與中國國情不適」[112]。所以1921年召開華盛頓會議討論遠東問題時，何氏親撰宣言，分致外國使臣，敘述所謂「中國真民意」。根據何的詳陳，中國四千年來均為君主立國，絕不可驟改民主。蓋中國的君主其實並非那麼專制，乃放任百姓民眾，給予相當自由，故能歷朝相安；若改民主，可能收到反效果。何藻翔認為中國人民要確切實施民主，需「漸改其性習」[113]。

其次，在何構思的政治藍圖裡，中國未來須以君主做為橫繩，但又為了免於過度專制，那麼君主虛置似成無可迴避的辦法。他斷定共和只是空言一場，真正的民意終難尋覓；反而由於革命黨人強調種族論調，促使分裂加劇，無法團結。因此，要鞏固國內各族合作，避免歷史上唐宋的邊禍發生，泯滅種族歧見最好的辦法是「迎立異族為君主」。何藻翔又說：

> 但中國除清帝外，實無一有君主資格之人，民心厭亂而思清室。民國政府既不履行優待條約，清室亦可收回改組共和命令。國民或將熏穴求君，仿歐洲迎立異族為君主之例。[114]

111 何藻翔，《鄒崖詩集：附年譜》，吳天任(編著)，《何翽高先生年譜》，頁148。

112 劉廷琛，《劉廷琛文稿》，〈復禮制館書〉，未標頁碼。類似說法也出現於沈曾植言論中。見：沈曾植，〈答某君論孔教會書〉，收在：中國科學院近代史研究所中華民國史組(編)，《中華民國史資料叢稿》，特刊輯2，頁43。

113 何藻翔，《鄒崖詩集：附年譜》，吳天任(編著)，《何翽高先生年譜》，頁152。

114 何藻翔，《鄒崖詩集：附年譜》，吳天任(編著)，《何翽高先生年譜》，頁152-3。

從這兩項意見看來，何眼中認爲突破共和體制迷思，非但攸關中國本身性質，而且也是解決現階段國內種族和君主問題的絕佳辦法。

康有爲的「虛君共和」說

比何氏還想辦法來自圓其說的，莫過康有爲提出的「虛君共和」口號。康氏此說目的，在於節制民主的效能，同時因應民國情勢，希望無法抵擋革命潮流下，在君主和民主立憲間尋求平衡點。康甚至強調，革命結果造成四處混亂，應該就此打住，蓋共和體制的建立並非一蹴可幾。他曾說：

> 夫共和之運至難，其本體在道德、政治、物質三者之備，而後能行之，非曰吾標「共和」之名，即可收至治之效也。今吾國以共和為名，而綱紀蕩盡，教化夷滅；上無道揆，下無法守，一切悖理傷理、可駭可笑之事，萬百億千，難以條舉。[115]

所以康的〈共和建設討論會雜誌發刊詞〉中，極力反對不成熟的共和主義，認爲中國政治「不能凌躐而爲之，待其時而後行」[116]，爲了實施共和，必須有階段性的作法。這裡康氏還融入自己的「三世」之說，宣稱君主專制爲據亂世的情況；升平世則透過立憲方式達成君民同治；至於太平世的理想，目的要擺脫君主而讓人民得以自治。但是康對民國共和實行的後果，頗感憂慮：

> 號為共和，實則共爭共亂；號為統一，實則割據分立；號為平

115　康有為，〈憂問〉，《不忍雜誌》，1（上海，1913.2），頁7。
116　王爾敏(編)，《康有為手書真跡》，〈共和建設討論會雜誌發刊詞〉，頁107。

等自由，實則專制橫行。[117]

另外，康氏詳論「虛君」辦法，充分展現於〈救亡論〉、〈共和政體論〉兩文。在〈救亡論〉裡，他表示要將君主的地位完全架空，虛君目標不過爲了遏止積習已久的民俗產生弊端，因爲中國失去君主統治，可能造成群龍無首之況，藉此得免除內啓干戈。至於皇帝的設置，康認爲還是暫時保存，惟其地位形如「冷廟之土偶」[118]。另一篇〈共和政體論〉，康繼續發揮虛君共和的觀點，比較中外歷史12種形式的共和體制，認爲英國的「君主共和」弊端較少。康有爲用意凸顯現在中國試行「總統共和」，無疑冒險許多，而且得不償失[119]。

從實質來看，康的虛君共和論，若與他過去堅持的君主立憲相比，可知君權成分明顯降低，而強調民權則急遽擴張。然而，康氏所以有此心態的轉變，主要來自觀察革命順乎民心、舉國若狂的緣故。他在自己創辦的《不忍》雜誌中，接連提出民國應該繼續走的政治道路。曾有論者指稱，這段心境的演變，剛開始康有爲對共和秉持保留察看的論調，而後則愈來愈不滿，猛烈抨擊共和體制；也就是說，他的態度最初有意要改良民國，絕非全然要與民國爲敵[120]。

不過丁巳張勳復辟時，康氏虛君共和的理念，卻與其他清遺民的復辟構想相異，以致遭受漠視。這段期間，康表示復辟一旦成功，不再採用「大清」名號，而是另建「中華帝國」，同時並預擬〈復辟登極〉、

117 王爾敏(編)，《康有為手書真跡》，〈共和建設討論會雜誌發刊詞〉，頁108。
118 康有為，〈救亡論〉，收在：湯志鈞(編)，《康有為政論選集》，卷3，總頁675-7。
119 康有為，〈共和政體論〉，收在：湯志鈞(編)，《康有為政論選集》，卷3，總頁686-7。
120 蕭公權，《康有為思想研究》，頁232-5；馮祖貽，〈從不忍雜誌看康有為民初的政治主張〉，《近代史研究》，1994：3（北京），頁57-73。

〈保護名教〉、〈免拜跪〉、〈免避諱〉、〈合新舊〉、〈親貴不許干政〉等詔書。可是這些主張均未獲得支持和採納。很明顯地，康有爲在復辟行動中，與張勳雖同列爲兩大「罪逆」，結果難以展其所長[121]。楊壽枏(1868-1949)後來曾親詢其故，康答以「余主虛君共和，年號、官制暫不變更，人才新舊並用。而同事諸人力爭，須一切剗除，聚訟盈廷，以至於敗。」[122] 像積極參與復辟的沈曾植，即對所謂「虛君共和」看法有其爭議，認爲復辟未必讓各國列強認可，所以強調人事要借重梁敦彥(1857-1924)及辜鴻銘的長才，向外爭取支持。此外，沈甚至還主張緩設內閣，不以立憲爲標榜，然後徐圖恢復帝制[123]。

勞乃宣的策略

最後舉勞乃宣爲例，說明遺民對共和如何重新進行詮解。

勞氏有〈共和正解〉一文，撰於1911年之冬。當時適值清室遜位前，政局渾沌曖昧，未見明朗。勞刻正人在北京，面對君主和民主立憲的爭執，提出自己一套說辭，認定今日所謂「共和」二字，應指君主立憲制，還援用中國歷史上周召共和之例。勞乃宣假借傳統以斥現代，用意昭明，甚至直言將西方民主套用共和，不僅誤解了此一古典名詞，並且錯判中國現今情勢。勞氏即言：

> 今日頒布之君主立憲政體，正與周之共和，若合符節也。……

121 愛新覺羅・溥儀，《我的前半生》，頁90-101，敘述復辟事件未提及康氏，僅將康的名字列在「官吏」名單上。惟余紹宋指稱：康氏所提辦法，「頭腦究較所謂遺老清晰多矣！」見：余紹宋，《余紹宋日記》，頁200。

122 楊壽枏，《雲在山房類稿》（台北：文史哲出版社影印，1994），《覺花寮雜記》，卷1，頁9。

123 這是沈曾植致劉廷琛信中的意見，原信未見，引自：申君，《清末民初雲煙錄》，頁115。

> 今之朝局乃真共和也，共和正解也。若時人之所謂乃民主也，非共和也，共和之謬解也。[124]

他認爲中國素無民主之說，現在只爲了少數人喜新提倡，而要多數人跟著同意附和，未免顯得過於專擅，豈可因此即言造就民主之理？我們看勞乃宣的想法裡，直接把君主立憲看做古代共和的精義，是以古附今的作法。該篇〈共和正解〉從內容上言，是勞氏一種自我心理的轉化，藉由古義滿足和實踐現實政治的理想。在勞的心中，君主仍居於正統之名，以鎮服天下人心；至於政府官僚，僅擔負行政之責，國會既有監督功能，即可不致有跋扈之慮，又能達成周召共和之功[125]。他撰寫此文用意，在規勸袁世凱能遵行周召共和前例，勿接受民國總統一職。

此一維護君統綱常的企圖，後來繼續發揮於1914年的另一篇文章。勞乃宣在〈續共和正解〉中，提出三項構想：首先，要求袁世凱維持君主制度，明確地議定憲法內容，將共和正名爲實行君主立憲，而且國名更改爲「中華國」，不稱「民國」，表示政體係屬君主國家。第二項意見是想辦法避免人們對帝制的不安和疑慮，不言「帝國」、不稱「大清」，直接以地名爲據，改名「中華國」。他的理由因爲考量「今環球各國皆稱地名，無以代名稱者」，而且紀元曰「中華國共和幾年」。可以發現，勞氏極爲巧妙地擺脫帝制和種族的問題。至於勞理想和計畫中的最後一項主張，依然重申舊說，乃希望袁世凱任職總統屆滿十年後，採取周召共和方式解決目前政治困局，有朝一日把朝政還給溥儀[126]。他的內心係以日本德川幕府還政明治天皇爲例。

---

124 勞乃宣，《桐鄉勞先生遺稿》，卷1〈共和正解〉，頁34。

125 勞乃宣，《桐鄉勞先生遺稿》，〈共和正解〉，頁35-6。

126 以上說法，俱見：勞乃宣，《桐鄉勞先生遺稿》，〈續共和正解〉，頁38-40；卷3〈書陳東塾先生說長白山篇後〉，頁18。

從兩篇對共和的意見，足知反對施行民主政治，是勞乃宣最根本的態度。他嘗試詮釋這一古老名詞，讓它回歸君主制度，並藉以建立正當性。換言之，勞氏多番費舌的目的，是要以今世名稱行古代實事；用他自己的話說，就是讓政治「外無更張之顯迹，而內有默運之微機」[127]。

這些詮解共和的說法，勞乃宣曾託徐世昌、趙爾巽轉呈袁世凱，甚至刊印給羅振玉、周馥等遺民，廣爲分布眾覽[128]，希望獲致迴響；有不少遺民即對勞氏的意圖深表贊同。章梫亦抱持中國人口眾多，倘使援用西方民權共和之法治理，恐將多致騷亂。在章氏想法裡，人多必無定見，是故認定「選舉之害重於世及」。因爲「世及」雖屬一姓的家天下，然而經法守常不變，儘可相安十世、甚至數十世之久；但是一日改制專言民權，事事皆由選舉產生，任期短迫堪虞，反倒不利中國。儘管勞乃宣對共和的解釋，頗有爲帝制鋪路之譏，可是章梫卻表支持，不諱言帝制係法度所張，本無不符於憲治。因此，章認爲勞氏以周召共和詮解現今局勢，可使名分確定，不啻爲最佳的辦法[129]。

跟勞氏類似的言論，這裡尚可舉張啓煌爲例。張將自己的著作定名「殷粟」，足知其心態。他也相當反對共和即爲民主的意涵，鄙薄革命黨人過度使用孟子說「民爲貴，社稷次之，君爲輕」的看法，云：

> 民為貴者，謂民心，非謂民權；今以此為共和所本，孟子之言，反成語病矣！[130]

127　勞乃宣，《桐鄉勞先生遺稿》，〈民主君主平議〉，頁44。

128　勞乃宣，《桐鄉勞先生遺稿》，卷4〈致徐菊人書〉，頁53-4；卷4〈致趙次珊書〉，頁55-6。另見：韓行方、房學惠（整理），〈勞乃宣致羅振玉書札十六通〉，《文獻》，1999：4，頁266。

129　章梫，《一山文存》，卷10〈勞山人正續共和正解跋〉，頁7-8。

130　張啟煌，《殷粟齋集》，卷25〈共和解〉，頁30。

張又引《易經》的話，說「陽一君而二民，君子之道也；陰二君而民一，小人之道也」，康熙已將此分爲上下二段來詮解，上段曰君主，下段曰民主。這段話同樣顯露張氏認爲君主優於民主之調，所以，張最末的結論便稱：

> 今日君主國，幾無存在之餘地。然世界太平有日，必由共和轉向君主。今我國所謂「共和」，共不共，和不和；所謂「民國」，民不民，國不國，不獨我國為然。就歐洲各共和國言之，其外觀雖富強之安樂，其內容不止貧弱之憂慮。醉心共和者宜知之。[131]

雖然我們無從得知張在何時寫下文字，可以想見他內心厭惡民主學說，認定共和轉向君主，才是穩定社會秩序唯一的辦法。

總之，勞乃宣等人的共和說，徵諸中國歷史事實，基本架構仍以維護君主帝制爲主。他們的目的是希望追溯原意，將古典傳統在現今恢復。雖然有些遺民並非完全同意如此看法[132]，但勞的想法未嘗可視爲反撲民主體制的方式。

小結

131 張啟煌，《般粟齋集》，〈共和解〉，頁31。

132 曹元忠顯然並不完全贊同其說。他以為，事實上共和治天下，非但周公、召公所不能，即使今日情況亦難以實施。他考證史事，指出周召共和，天下其實並未大治，故國家為求安定，與天子之有無，實有利害關係。是以曹元忠的結論是：「嗚呼！有天子與無天子利害如此，則夫大臣行政，雖周公、召公猶不能以共和治天下，奈之何轉以共和治天下責望今之大臣也。」見：曹元忠，《箋經室遺集》，卷9〈書共和正解續正解後〉，頁3-4。

在本章中，試以幾個角度釐清忠清遺民希冀重建社會秩序的理念：五代印象、讀經、尊孔、共和等各項話語；這是他們結合政治現實和自我關懷的方法，也是一種「語言政治」(politics of language)的體現[133]。儘管話語實踐的過程，未必全然得到民眾支持，但可看做是民初政治文化中的一環和現象。從分析裡看到，民國儘管打破了以君主做爲統治的原則和綱領，然而帝制告終，舊的政治文化和價值儘管面臨瓦解，新的卻尚未建立。清遺民試圖在如此困局中，尋求一條適切的途徑，重新打造中國的社會秩序。許多資料顯示，在邁向現代的道路上，傾向傳統的人始終無法接受各項突來的政治變革，對忠清遺民而言尤其如是。他們認爲，君主的地位超乎任何制度之上，爲統領一切的指導原則，可是歷經革命洗禮後，這些準繩遭受「去神聖化」(disenchantment)的結果，於是必須積極地力挽狂瀾，努力喚回即將消逝的傳統價值。

清遺民深覺民國如同五代亂局，提出解決之道需要恢復舊有秩序。他們的立論基礎，完全以此爲方向出發。讀經的目的既是要拯救混亂失序，並且也想要恢復三綱倫常。同樣，尊孔的理由亦在安定及維持秩序，甚至還要進一步宗教化，化民入俗。至於提出共和的異辨，最終目標在於回歸君主帝制政體和常態。

爲了重建理想中的社會秩序，遺民將政治和文化結合來談。上述幾個面向，說明他們緊扣政治層面，以爲唯有如此方能安定。這些看法有的還以學術的論點呈現。以王國維爲例，他追慕殷、周兩代歷史軌跡，

133 研究法國革命的史家巴克(Keith M. Baker)便說，要了解思想本身的社會意涵，重視語言背後的政治概念，是相當有意義的取徑。他認為，政治威權即是語言的威權，是政治活動和話語操作下而產生。好比「革命」一詞，則是個人和團體在政治、社會關係下，歷經游移及實踐後轉變出現的。因此，我們必須了解：法國革命產生豐富的語言背後意義，它們每一詞彙都是一個思想的創造。見：Keith M. Baker, *Inventing the French Revolution: Essays on French Political Culture in the Eighteenth Century*, pp. 17-8.

認定名分綱紀才是維繫天下並可遵循的法則。如〈殷周制度論〉謂：

> 古聖人之所以取天下及所以守之者，若無以異於後世之帝王，而自其裡言云，則其制度文物與其立制之本意，乃出於萬世治安之大計。[134]

他精研周制，認爲周代重視尊尊、親親二義，提出納合天子、諸侯、卿大夫、士、庶民，形成所謂「道德之團體」。所以王氏指稱：「古之所謂國家者，非徒政治之樞機，亦道德之樞機也。」[135] 依據這一套政治理論，環繞周天子所形塑的典章制度，係以三綱做爲領導，然後風化天下，只要符合此原則即屬於「治」，否則便謂之「亂」[136]。

王國維對殷周制度的解釋，固然有其所見，影響甚眾[137]， 但我們還須放置在時代背景下進行考察。該文的完成在1917年9月，適值張勳復辟失敗未久。王氏所言道德團體之精神內涵，雖然結合了從天子乃至庶民，成一政治有機體，可是背後似有更高遠的目的。以著名的「周召共和」而論，實乃基於帝制基礎，也就是三綱中君臣關係。王氏曾致信羅振玉，說「此文於考據之中，寓經世之意，可幾亭林先生。」[138] 然而，自歷史事實來說，王的看法容或飽受質疑，像柳詒徵就覺得道德團體之說不見得真確。柳氏指出，周朝制度獨爲興隆，固有其時代因素使

134 王國維，《海寧王靜安先生遺書》，《觀堂集林》，卷10〈殷周制度論〉，總頁441。

135 王國維，《海寧王靜安先生遺書》，《觀堂集林》，〈殷周制度論〉，總頁463。

136 王國維，《海寧王靜安先生遺書》，《觀堂集林》，〈殷周制度論〉，總頁446-8。

137 學術方面的論點尤其如此。據今人探究，王氏之說還直接促成「古史多元觀」的形成。詳參：王汎森，《中國近代思想與學術的系譜》，〈一個新學術觀點的形成——從王國維的〈殷周制度論〉到傅斯年的〈夷夏東西說〉〉，頁305-20。

138 長春市政協文史和學習委員會(編)，《羅振玉王國維往來書信》，頁290。

然；可是後世的政治制度，未必全然依照此「道德團體」之精髓和宗旨而行。他這樣解讀王氏論點：

> 實則所謂「合天下以成一道德之團體」之精髓，周制獨隆，而前此必有所因；雖周亡而其精髓依然為後世之所因，不限於有周一代也。以近今而論，祠祭喪服，遠異於周，然其意何嘗不由周而來，猶存什之一二？[139]

柳的意見是：歷史事實乃積累而成，斷非如同帳簿，僅爲某時某人之功。在他看來，王藉由對殷周制度的討論，其實是有所寄託[140]。換言之，唯有將王國維的說法，從當時環境來思忖考量，才可得到更深一層的認識。

以事後的結果看來，遺民們社會重整的理想顯然中挫，投注於政治與文化上的用力，在新的時代環境裡並未受到重視。有意思的是，忠清遺民以孔教爲國教的作法，雖然沒有開花結果，卻在1930年代得到某種程度的體現及實踐，不能不說是歷史帶來的諷刺。可是，清遺民卻必須面對來自各方的壓力，包括諸多惡名衝擊。他們的種種生活體驗，既與時代趨向漸行漸遠，並且也在人們選擇記憶和遺忘中，成爲被忽視及湮沒的一群人。下一章，進一步環繞在這項主題上。

139　柳詒徵，《國史要義》（台北：台灣中華書局，1976），卷10〈史化〉，總頁218。

140　柳詒徵，《國史要義》，〈史化〉，總頁218。

第五章

「國故」和「遺老」：

學術的挑戰及去神聖化

今之所謂「遺老」，不問其曾「少仕偽朝」與否，一律都是「亡國賤俘，至微至陋」的東西。……至于說他們之中，有人在學問上是有成績的，這是事實，當然不能抹殺，……不獨林紓有介紹外國文學之功，即羅振玉與王國維之整理甲骨古字，康有為之辨為〔偽〕疑古，勞乃宣之提倡拼音新字，朱祖謀之傳刻唐宋金元詞，在學術界都有相當的貢獻。

——錢玄同[1]

前言

傳統的中國社會，「遺民」往往被視爲蜷懷故國故君、深具節操的人物典型。可是歷經政治和文化重大變遷，此一追尋忠義的精神和目標，卻出現轉向，忠於一家一姓的價值於是備受衝擊。民國建立後，忠清遺民並未遭遇政治上的壓迫，反倒是社會輿論怨謗所集，質疑他們的立場和地位。

清遺民面對多方挑戰，至少有兩重層次值得探討。首先，他們承受

1 錢玄同，〈寫在半農給啟明的信底後面〉，《語絲》，20（北京，1925. 3. 30），第5版。

了傳統文化的遺產；然而傳統在逐漸爲人揚棄的時代裡，也使其形象轉而成爲「負面」的意義。民初時梁啓超即點出「新舊暌隔太甚」的情形，使得代表政治「頑固」一方的前清遺老，成爲「社會進步的障害」，兩代之間相互排擠[2]。同樣受到「政治正確」的指引和影響下，清遺民彷彿就是傳統惡質文化的再生及製造者。情況就像1919年「五・四」運動前夕，錢玄同列出了遺民們「保存國粹」的成績：垂辮、纏腳、吸鴉片煙、磕頭、打拱、干支紀年、研究「靈學」、做駢文古文及江西派的詩、臨「館閣體」字、做「卿卿我我」派小說、崇拜充斥「隱寓褒貶」的臉譜戲劇、提倡男人納妾和女人貞節等。錢氏認爲遺民堅持這些「國粹」，皆是「『大清國宣統三年』以前支那社會上所有的東西」。他詰問：既然這些「國粹」竟爾造成清朝覆滅，那又何須加以保存[3]？

第二重挑戰則直接與學術層面有關。毫無疑問，近代中國的學術內容和思想，發生相當劇烈地變化。以性質而言，傳統的四部分類，早已不敷現實經世濟民所需求。在西潮激盪之下，因爲文化競爭而產生的「學戰」，讓中國人開始形成另一種「新的崇拜」[4]。王國維在清末便有類似的觀察，說到全國最高學府京師大學堂中的教習，依然傳授那些深具傳統、卻毫無一貫系統的學問；他甚至預測如此情況勢將受到若干衝擊[5]。因此，爲了迎接和學習新的知識、技術，民初知識階層具有強烈的厚今薄古或尊新排舊傾向，認爲舉凡與過去有關的事物，都是舊的，因

2 梁啟超，《飲冰室合集集外文》，〈在上海商務總會之演說〉，頁661，該文寫於1916年12月。

3 玄同，〈隨感錄(二九)〉，《新青年》，5：3（北京，1918. 9. 15），頁295-6。

4 王爾敏，《中國近代思想史論》（台北：台灣商務印書館，1995），頁244-7；羅志田，《權勢轉移：近代中國的思想、社會與學術》，〈新的崇拜：西潮衝擊下近代中國思想權勢的轉移〉，頁18-81。

5 王國維，《海寧王靜安先生遺書》，《靜安文集續編》，〈教育小言十則〉，總頁1852。

爲不好所以需要革新。陳獨秀有段話最足以體現此一態度：

> 要擁護那德先生(按：德莫克拉西，democracy)，便不得不反對孔教、禮法、貞節、舊倫理、舊政治；要擁護那賽先生(按：賽因斯，science)，便不得不反對舊藝術、舊宗教。要擁護德先生，又要擁護賽先生，便不得不反對國粹和舊文學。[6]

這樣的「五・四」思維，無疑代表近代中國整體反傳統的想法。於是新、舊之間攻守形勢易位，清遺民也是這一波風潮中被視爲落伍的對象。1916年時還是青年學生的聞一多(1899-1946)，也直言要振興國學，可是卻認定效忠清室的遺民早已難以肩負如此重責，而是將希望放在跟自己年齡一樣的新世代上。聞氏的說法指稱，「今之所謂勝朝遺逸，友麋鹿以終歲；骨鯁耆儒，似中風而狂走者，已無能爲矣。」[7]

要體現如此遺民地位和形象的變化，本非易事。史家彼得・柏克(Peter Burke)分析法國皇帝路易十四(Louis XIV, 1638-1715)形象，曾用了「製作」(fabrication)一詞，或許可以成爲我們思考的方向。柏克指稱：「製作」實際上是一種過程，個人／群體形象最終所呈現的樣貌無論距離真實有多麼遙遠，卻是歷經不斷更動、修改的過程。其次，形象的傳播必須有其媒介，而且深具重要性[8]。當吾人釐清遺民的公眾形象時，除了了解自我形成的認同外，更應體會也是社會集體創造和實踐的

---

6 陳獨秀，〈本誌罪案之答辯書〉，《新青年》，6：1（北京，1919. 1. 15），頁10。

7 聞一多(著)，孫黨伯、袁謇正(主編)，《聞一多全集》，冊2（武漢：湖北人民出版社，1993），〈論振興國學〉，頁283。原載：《清華周刊》，期77，1916年5月17日。

8 Peter Burke, *The Fabrication of Louis XIV*（New Haven: Yale University Press, 1992). 中譯本見：許綬南(譯)，《製作路易十四》（台北：麥田出版社，1997）。

結果，來自不同的場合、動機，甚至是說服群眾的管道。

這一章將從與學術有關的題材出發，探討清遺民日漸遭受社會攻訐的聲浪，及其「負面」形象的出現。各節討論內容大體按照時間順序依次說明。第一部分是敘述民初幾處排斥清遺民的經驗，藉以了解各方對他們的挑戰。其中，將以「南社」的分裂、古文－白話文學之爭、康有為的「盜經」事件為例。第二部分，主要論析新文化和新學者，怎樣看待和繼承清遺民的學術事業，並如何加以去神聖化。也就是說，在褪去政治的光環和色彩後，隨著民國時期專業學科逐步建立，「去神聖化」究竟怎樣直接衝擊這批受過舊式學術訓練的文人。此處要以歷史學科為場域來分析。最後，本章則想用1924年清帝被逐出宮，以及旋後成立的故宮博物院，透過當中曲折的爭端和議論，說明遺民處境遭受貶低與「污名化」。

第一節　亡清遺臭在人間

同床異夢下的南社

南社組成於1909年，最初以倡導民族革命而著稱[9]，發起人為高旭(1877-1925)、陳去病(1874-1933)、柳亞子三人。在清季時，該社打著激烈的反滿旗幟，透過詩詞傳達政治主張，曾經吸引許多青年[10]。然而直到清室遜位、民國肇造後，政治現況並未帶給人們實質的利益，依舊

9 倉田貞美，《清末民初を中心とした中國近代詩の研究》（東京：大修館書店，昭和44年〔1969〕），頁483-4；陳敬之，《首創民族主義文藝的「南社」》（台北：成文出版社，1980），頁1-16。

10 顧頡剛(1893-1980)晚年回憶，形容年輕時對南社的印象頗為深刻，說到「他們的態度是嚴肅的，和上海的一般報紙偏重黃色情調和滑稽趣味的迥然不同，使得我們做中學生的仰望之若神仙。」見：顧頡剛，〈我在辛亥革命時期的觀感〉，《中國哲學》，9（北京：三聯書店，1983.2），頁515-6。

惡劣如故。南社社員便是因爲頓時缺乏努力重心和奮鬥目標，顯得進退失據，面臨前所未有的困境。

南社的中心人物柳亞子，即對辛亥後許多政治舉措，深感不滿；他抨擊革命成功只是相互妥協後的結果，又屢對袁世凱的執政表達嫌惡。幾經轉折之下，柳氏遂將對政治局勢的悲憤，表達至文學上。他在不同場合，力斥聲名大噪的同光詩派，後來激越的態度引起其他社員反感，導致分成新、舊兩派而意見決裂。

「同光派」（或稱江西派、西江派）係指近代詩壇一支流派。此派風格大抵以效習黃庭堅（1045-1105）詩作、專宗宋人爲途徑，故被稱爲宋詩的復興運動[11]。根據近人指出，同光詩人主要分佈於閩、浙、贛三省[12]，其中又以陳寶琛、鄭孝胥、陳三立等人最爲著名，儼然是其領袖。同屬此派的陳衍，便謂名稱的淵源，蓋以緣自同治、光緒年間以來詩人，不專宗盛唐之詩爲故[13]。在清末民初的詩壇，同光派聲勢頗鉅，幾乎被看做係舊體詩之權威。

儘管早自清末南社首次雅集時，柳亞子即攻訐同光詩體，說他們過於講求詞藻；但與其說這是對詩詞內容或形式的要求，不如說是一種有關政治理念的投射。特別到了民國肇建後，站在主張革命的立場，他想要反對的，是許多同光詩人政治上仇視民國的態度。前述的三位同光詩

11　陳子展，《中國近代文學之變遷‧最近三十年中國文學史》（上海：上海古籍出版社，2000），頁22-34；倉田貞美，《清末民初を中心とした中國近代詩の研究》，頁67-139。

12　錢仲聯，《當代學者自選文庫：錢仲聯卷》（合肥：安徽教育出版社，1999），〈論「同光體」〉，頁190-215。

13　陳步（編），《陳石遺集》（福州：福建人民出版社，2001），《石遺室文集》，卷9〈沈乙盦詩敘〉，總頁507；錢仲聯（編校），《陳衍詩論合集》，《石遺室詩話》，卷1，總頁6；汪辟疆，《汪辟疆文集》（上海：上海古籍出版社，1988），〈近代詩派與地域〉，頁297-303。

派代表——陳寶琛、鄭孝胥和陳三立，其政治立場便與柳完全不同，俱爲忠於清室的遺民。後來柳回溯這段心路歷程時，清楚地說：

> 對於宋詩本身，本來沒有什麼仇怨，我就是不滿意於滿清的一切，尤其是一般亡國大夫的遺老們。[14]

當然如此的情緒，不單爲柳氏個人的想法而已[15]。但是，如此過於強調「政治正確」的態度，取代了原先鑑賞文學詩詞的用意，部分社員對此也未必深表支持[16]。於是乎，南社的分裂自然不可避免。

1917年，南社產生內部分歧和爭端。除了社員本身對於同光派是否爲「亡國之音」有所爭議外，應還要注意到這年發生在北京的張勳復辟事件。由於政治的態度和立場，遂使柳亞子極力抨擊那些替同光詩體辯護的社員，說：

> 今之鼓吹同光體者，乃欲強共和國民以學亡國士大夫之性情，

14 柳亞子(著)，柳無忌(編)，《南社紀略》（上海：上海人民出版社，1983），〈我和朱鴛雛的公案〉，頁149。

15 同樣支持革命、建立共和的南社成員凌景堅，其說法尤可顯現絕非單獨的聲音和現象。凌氏抨擊說：「今日之號稱詩人者，大都出處不臧，靦顏虜廷。及夫滄桑更迭，失所憑依，往往贊頌旃裘，詆諆民國，實華夏之罪人，亦炎黃之逆子。」見：凌景堅，〈近代閨秀詩話序〉，引自：楊天石、王學庄(編著)，《南社史長編》，頁313。

16 像林紓的弟子姚鍚鈞(1889-1954)，高舉桐城派古文的旗幟，撰文辯解，以為今日學子、穎秀之士可為作文良方，甚至還經常盛讚同光詩人，欽服鄭孝胥、陳三立、樊增祥、易順鼎等人的詩。俱見：朱羲胄，《林琴南先生學行譜記四種》，《林氏弟子表》，頁9；楊紀璋(編)，《姚鵷雛剩墨》（北京：社會科學文獻出版社，1994），頁24；上海《民國日報》（北京：人民出版社影印，1981），1916年12月31日，第12版，鵷雛，〈桐城文〉；姚鍚鈞，〈跋周實丹烈士遺集〉，引自：楊天石、王學庄(編著)，《南社史長編》，頁289。

寧非荒謬絕倫耶！[17]

結果這場「詩訟」論爭，柳決定驅逐社員朱璽(1894-1921)，以致《民國日報》和《中華新報》兩分國民黨人所經營的報紙產生分化，後又因遴選南社主任的問題而擴散[18]。在長沙當地，社員有所謂「南社湘集」，企圖脫離以上海爲中心的領導，而此分支並無得到柳氏認同[19]。廣東的南社分社甚至另外提議推舉高燮(1878-1958)爲主任，並以臨時通訊處的名義發出通告，希冀恢復舊章，分選文、詩、詞主任，避免個人專制獨裁，目的在干擾選情。此事喧騰將近三個月之久，最後由柳亞子連任主任，才終於塵埃落定，了無聲息。不過結果卻被社員比喻爲「一場惡劇」[20]。

南社爭端的始末，充分透露如下意義：參與爭論是一群使用舊式詩詞的文人，不管支持或反對的雙方，政治都成爲他們無可規避且必須回應的課題。因此，政治傾向扮演相當舉足輕重的角色。同時，這場來自文學路線的爭執，基本分野在於文學和人生之間可否劃上等號？文學作品本身是不是應該呈現自我性格？文字創作究竟帶給讀者的是「事實」層面，抑或「價值」層面？

忠清遺民雖然並沒有加入論戰，可是最後卻成爲文學方面公開被排斥的對象。據說後來某書舖有意想要彙整《近代嶺南四家詩》，而向南社社員陸丹林(1896-1972)徵詢意見。當時的規劃中，原本考慮要納入

---

17 上海《民國日報》，1917年7月27日至30日，第12版，柳亞子，〈斥朱鴛雛〉。

18 這方面的經過和詳論，請見：林志宏，〈從南社到新南社：柳亞子的民族和社會革命(1909-1929)〉，收在：彭明輝、唐啟華(主編)，《東亞視角下的近代中國》，頁396-407。

19 鄭逸梅，《鄭逸梅選集》，卷1（哈爾濱：黑龍江人民出版社，1991），《南社叢談》，頁23。

20 上海《民國日報》，1917年12月10日，第12版，周芷畦，《妙員軒詩話》。

遺民梁鼎芬的詩，但陸氏以「梁鼎芬爲復辟餘孽，不應列入」爲由[21]，改由他人頂替。另一例證係1927年11月時，黃侃有封給金毓黻(1887-1962)的信，建議其編《遼東文獻徵略》，最好不要引用鄭孝胥的詩。黃特別在手函中明言：「若鄭孝胥輩惡詩，本不足引爲詬恥。」依照金氏的解讀，鄭氏「詩本爲惡札，世人亦未之重視，一經稱引轉起爭辯之資」[22]，頗有影射南社爭端之意。由此得見，清遺民在文學領域上，確有因政治態度而遭拒斥的現象[23]。

而南社的例子，尙在文學革命和新文化運動發軔前夕。清遺民的地位面臨更大衝擊，則是來自新學家的挑戰。林紓於文言－白話之爭，即是眾所周知的實例。

林紓和文—白爭論的意涵

林紓在晚清民初之際翻譯西洋小說多達百餘種，對近代中國的影響甚鉅，論者視其爲小說的典範轉移者[24]。不過有趣的是，這位曾推動了人們思想前進的舵手，其實在遺民間的評價卻相當兩極化，譬如康有爲和辜鴻銘二人的態度即大不相同。康有爲公開以「譯才」稱頌林氏和嚴復的文學地位；但在辜鴻銘的眼中，兩人反而是「以學說殺天下者」[25]。

---

21 鄭逸梅，《鄭逸梅選集》，卷1，《南社叢談》，頁326。

22 金毓黻，《靜晤室日記》（瀋陽：遼瀋書社，1993），頁1964。

23 天津《國聞周報》在蘆溝橋事變前，亦按期有《采風錄》兩頁。據張伯駒稱：凡作品有涉及復辟帝制及訕謗政府，或褻詞綺語，概不登錄，如鄭孝胥、陳曾壽參與「滿洲國」，即停止發表其作品。見：張伯駒(主編)，《春游社瑣談》（北京：北京出版社，1998），頁206。

24 羅志田，《權勢轉移：近代中國的思想社會與學術》，〈林紓的認同危機與民初的新舊之爭〉，頁264-5。

25 《中央日報》(南京)，1936年6月17日，第3張第1版，高平，〈辜鴻銘欲殺嚴復、林紓，並當眾辱罵馬其昶〉。

此外，我們不該忘記林紓在民國後成爲一位不折不扣的政治保守者時，其實頗有轉折。最初武昌辛亥革命方起、共和政府肇建之際，他還自言：

> 僕生平弗仕，不算滿洲遺民，將來仍自食其力，扶杖為共和國老民足矣。

直到1912年，林仍有冀望之意，非但打算以鬻賣文畫自給自足，還一度想更易「洋裝」[26]。只不過，隨著朝政時局日益與其相違，於是林紓逐漸不滿民國政府。像是他一度拒絕了袁世凱的徵聘，事前特別預先服用了鴉片煙以待斃；另外屢次進謁崇陵，自言「一日不死，一日不忘大清」，並要求在歿後墓碑名以「清處士林紓」，展露其遺民想法[27]。但林氏在民國最爲人熟知的，便係他和昔日前清翰林蔡元培之間的筆戰。

這場文－白論爭，表面上爲了反對白話文學的推行，然而若說林紓的出發點僅止於此，可能誤解了其原意。因爲從長時段的趨勢來看，近代中國文言和白話的地位產生轉變，其實是歷經許許多多思潮與社會互動所導致的結果[28]；林氏本人毋寧也是親身經歷和見證者之一。所以，他在清末民初之際並未全然反對白話文學的發展，甚至偶爾也以白話做爲啓蒙和開通民智的工具。譬如1912年，林先是撰有〈白話諷諭新樂府〉百餘篇於《平報》；「五・四」前夕又在《公言報》寫〈勸世白話新樂

---

26 引文和想法俱見兩封〈寄吳敬宸書〉，在：李家驥（等整理），《林紓詩文選》，頁319-20。

27 李家驥（等整理），《林紓詩文選》，〈拒袁世凱召聘詩〉，頁132；林紓，《畏廬三集》，〈御書記〉，頁68。

28 李孝悌，〈胡適與白話文學運動的再評估——從清末的白話文談起〉，收在：周策縱（等著），《胡適與近代中國》（台北：時報文化出版公司，1991），頁1-42；林志宏，〈情感和社會的互動：清末民初文言與白話地位的轉變〉，《思與言》，41：2，頁1-36。

府〉、〈勸孝白話道情〉等。一直要到1924年林氏過世後，這些「往事」才接連獲得了胡適公開作文，為其平反[29]。

因此從意義看來，林之所以公開詆毀和反對新文化運動，毋寧說是和民國以來新、舊道德與廢經活動等種種衝擊有關。他在〈答大學堂校長蔡鶴卿太史書〉中，便明言指斥那些所謂「提倡新道德，反對舊道德」，目的不過乃為「覆孔孟，剷倫常」；至於強調「廢經」之禍害，如同〈與唐蔚芝侍郎書〉裡所言，將造成「師道不存」。對於學生動輒犯上，造成師不嚴道不尊，林紓將其視為民國以來社會整體沉淪的後果；所以，他才會敵視新文化的相關言論，甚至加以攻訐[30]。

可是林紓在這場論爭中身處劣勢，因為指涉對象係昔日具有功名和社會地位的蔡元培，使得他開口便居於下風。像處於對立面、代表新文化的諸人即「以資格論人」，說林僅有舉人功名，斷不能和蔡相比。質言之，這場有關文言－白話的爭議，若以社會地位來看，林紓的失敗恰是在「地位」上，而非其「主張」[31]。更值得措意的是，意見之爭的背後還有意氣之爭。林給蔡的書信中即說：「今公為民國宣力，弟仍清室

29 林紓的這些白話詩，俱收在：李家驥（等整理），《林紓詩文選》，頁174-240。胡適，〈林琴南先生的白話詩〉，收在：季羨林（主編），《胡適全集》（合肥：安徽教育出版社，2003），卷12「文學・論集」，頁66即說：「高【夢旦】先生的話真不錯：林先生的新樂府不但可以表示他的文學觀念的變遷，並且可以使我們知道五、六年前的反動領袖在三十年前也曾做過社會改革的事業。我們晚一輩的少年人只認得守舊的林琴南，而不知道當日的維新黨林琴南；只聽得林琴南老年反對白話文學，而不知道林琴南壯年時曾做過很通俗的白話詩，——這算不得公平的輿論。」

30 上述文章俱見：林紓，《畏廬三集》，〈與唐蔚芝侍郎書〉，頁26-9、〈答姪壽鴻書〉，頁29-30。

31 羅志田已指出類似的看法，見：羅志田，《權勢轉移：近代中國的思想、社會與學術》，〈林紓的認同危機與民初的新舊之爭〉，頁278-81。

舉人」，大有政治態度壁壘分明之意[32]。所以由此看來，論爭下顯現的認同危機中，不獨有新、舊之別，還有政治傾向之見。

不過大體上，清遺民的史料中極少有直接反映對白話文嫌厭的想法。他們內心拒斥「新學」，往往以隱晦曖昧的方式呈現出來，有的則以此成爲日常生活裡的態度，難於辨明。此處不妨提供幾則。首先是人在廣東的陳步墀，據聞一向非常反對新書和白話文學；例如其私刊的《半讀堂文存》名爲「半讀」，其實深感含意。如謂：「平生不好新書，只尊古訓，謂之『半讀』，亦無不可」，短短的幾個字便道盡個人心聲，足以略窺其心境。民國之後鄭孝胥的羅姓友人，某次作文〈東方文化和現在中國及世界的關係〉，強調以「禮治」爲主，寄贈給鄭。本來一樁美意，但鄭氏在日記中特意標記曰「卻用白話文體」，顯見對他人使用白話文的情況，非常不以爲然。另一位忠清的遺民張爾田，則是在1936年給友朋書信中，也以清季駁斥維新派而撰著的《新學商兌》，重加修正，自言「意在借新會(按：指梁啟超)以正晚近奇袤」，可知亦大有反對新學之意[33]。

清遺民並不支持白話文學的態度，同樣還呈現在人際關係方面。像參與創辦《學衡》雜誌的邵祖平(1898-1969)，嘗持沈曾植的名刺至北京求見鄭孝胥，即獲讚賞，並得到引薦，令其他清遺民陳寶琛、朱益藩等人多所稱許[34]。如眾周知，《學衡》係以反對胡適等推動白話文運動，強調以「昌明國粹，融化新知」爲宗旨。此例或可想見遺民對新文化運

32　林紓，《畏廬三集》，〈答大學堂校長蔡鶴卿太史書〉，頁27。

33　俱見：黃坤堯，《香港詩詞論稿》（香港：當代文藝出版社，2004），〈陳步墀《繡詩樓叢書》與晚清文學在香港的延續和發展〉，頁7；中國歷史博物館(編)，《鄭孝胥日記》，總頁2011；楊逢彬(整理)，《積微居友朋書札》（長沙：湖南教育出版社，1986），頁33。

34　中國歷史博物館(編)，《鄭孝胥日記》，總頁1922。

動的態度，即使在很多場合裡，也未必心中同意白話文的使用和支持胡適反傳統的主張[35]。

然而大環境推展新文學、新教育，最直接鮮明的影響，乃使得許多遺民的學術事業和工作相當不利。他們原來都具有文化和社會的領導地位，大致要到1930年代之後，逐步被強調新文學的學者所取代。除了印刷業市場壓縮文言的生存空間外[36]，香港大學中文系的改革經驗亦爲顯例。1935年，港大爲了促進教育發展，決定推動白話教學，延請胡適、陳受頤(1899-1977)等人前來主持規劃，歷時一年甫告完成[37]。而胡的文學革命主張，顯然也造成該所大學若干衝擊，即有當地的遺民區大典以「洪水猛獸」看待。後來經過許地山(1893-1941)所主導，以及學生普遍對經學課程深感厭惡的情形之下，使得區大典、賴際熙等人配合實施改革方案，「遂成了過渡期間的犧牲者」[38]。

康聖人形象及「盜經」風波

康有爲也是位牽動近代中國政治與學術的人物。以學術層面而言，清末時他爲了政治宣傳，將尊孔和託古改制的理想相結合，提出一套獨特的經典和歷史再詮釋；且這種曾引領風騷、帶來思想解放的發展，甚

35 又如鄭孝胥1931年7月22日條記特意云：「報有沃丘【仲子】者致胡適之書，指其所出北京大學課題『五個上帝』及『儒為國教』之誤。」見：中國歷史博物館(編)，《鄭孝胥日記》，總頁2333。

36 這從1920年代高夢旦寫給林紓的一封信便可知。詳參：林志宏，〈情感和社會的互動：清末民初文言與白話地位的轉變〉，《思與言》，41：2，頁31。

37 胡適(著)，曹伯言(整理)，《胡適日記全集》（台北：聯經出版事業有限公司，2004），冊7，頁260。

38 謝榮滾(主編)，《陳君葆日記全集》（香港：商務印書館〔香港〕有限公司，2004），頁143-6、159、275、301。

至民初仍能隱約從史學方面得到傳承的關係[39]。可是，這位以「素王」自居的熱切改革者，卻因政治生涯屢遭顛簸，未能順遂。自戊戌維新變法的中挫，康被迫漂泊海外，居無定所，直迨民國建立亦復如此。為了圖謀復辟和推行孔教，康氏到處雲遊中國各地，積極拉攏軍閥勢力，儘管備受禮遇，但也引來不少爭議[40]。由於個人處事風格與時人迥異，也讓他的聲名毀譽參半。以下要以發生在康有為晚年的一樁「盜經」事件為例，說明其「聖人」形象遭受污衊的情況。

1923年，經由吳佩孚的轉介，康有為應陝西督軍兼省長劉鎮華(1883-1956)邀請，前往西安遊歷。對於關中的名勝境地，康原本早已神交折服，因此能夠來陝，自然非常高興；更沒想到一入陝境，陸續得到官方禮遇，備受殊榮，可說感動萬分，而有〈游陝西紀盛〉詩詳載其事[41]。除了觀覽外，康氏還親自參與九次的宣講活動，內容包括提倡君主立憲、三世說、大同說，又比較世界各宗教與孔教的差別，目的在於揚孔論儒。總括這趟講學旅行，因為立論色彩過度鮮明，終致一場新、舊思想及觀念上的衝突發生，形成「反對康有為和支持康有為的劉鎮華的政治鬥爭」，使得康飽受他人批評，敗興而歸。

導火線是由於康氏在參觀當地的臥龍寺時，偶見寺內佛經架上有宋版的《磧砂大藏經》，深感其保管不善，表示可惜。基於維護和保存經

39　譬如顧頡剛的古史辨運動，也得自康氏著作的啟迪和破壞經學的動力。見：王汎森，《古史辨運動的興起》（台北：允晨文化實業股分有限公司，1987），頁209-18。

40　譬如1921年，康有為築室杭州西湖「一天園」，該地因處為清代「西湖十八景」之一的「蕉石鳴琴」，遂遭浙江省議員提出批評，質疑有掘毀古蹟之嫌，轟傳一時。見：陳翰珍，《往事拾零》（台北：青城出版社，1986），頁10-1；上海《民國日報》，1921年5月29日，第6版第2張，〈浙江省議會議事紀(五)〉。

41　詩見：單演義(遺著)，單元庄(整理)，《康有為在西安》（西安：陝西人民出版社，1990），頁11-4。

書的心理，康有爲特意向寺方說明，願以自己家中所藏的佛經，包含名人所藏多部，與之交換。後來雙方幾經溝通，最終達成了交換協議，簽訂合同。可是就在搬運經書期間，因爲康的「癖嗜古物」，動作頻頻，遭人非議。據李儀祉(1882-1938)所言，康有爲既擇名肆皮貨，令省署支錢；又訪知明代宦官劉瑾(1447-1510)墓地，雇傭工人挖掘十數日而無所得。李氏曾據之當面質問，康仍以「余精鑑別」而自豪[42]。如此情形，引來地方人士不滿，於是「盜經」的傳說不脛而走。

之所以會傳出「盜經」的說法，乃因反對者出面以維護文物爲理由。李儀祉、楊叔吉等人即藉故保存古物，成立「陝西古物保存會」，立呈警察廳備案，公開呼籲反對康有爲私人進行換經的活動，並向外聲張請求法院予以起訴。李、楊兩人均爲留學生；前者留德，時爲水利局長，後者係留日學生，爲一軍醫，分別在地方上頗具聲望[43]。結果整場風波鬧得沸沸揚揚，惹來許多人質疑，連劉鎮華都不得不設法協調將經書歸還原寺。甚至遠在上海，還有人以漫畫的方式，描繪一人挾帶經卷往前跑，一僧在後追趕，逕送報社發表，標題爲「聖人不死，大盜不止」，造成舉國皆知[44]。

姑且不論康有爲的意圖爲何，換經風波猶如一場羅生門，無疑爲其「聖人」形象蒙上陰影。根據後人調查，「盜經」說法乃康個人鑑於寺方經書珍本的保存不善，起而動手換經的緣故；而所謂的「邪念」，殊難證明，或許言過其實。再者，康氏經過協商而提出建議時，事實上業

42 李儀祉，《李儀祉先生遺著》（李張孟淑印行，1940），冊13「雜著」，〈康有為盜經記〉，頁32-3。

43 商金林(編)，《孫伏園散文選集》（天津：百花文藝出版社，1991），〈長安道上〉，頁60。原文撰於1924年7月。

44 馬凌甫，〈我所知道的劉鎮華〉，《江蘇文史資料選輯》，2（南京，1981重印），頁49-50。李儀祉，《李儀祉先生遺著》，冊13「雜著」，〈康有為盜經記〉，頁33亦言：「茲事當時鬨傳外埠各報」。

已得到彼此的諒解和同意，最後甚至簽有合同，因此謂之爲「盜」，不免過度醜化，恐含人身攻擊[45]。事件整體發生經過唯一可知的是：背後確有雙方的力量相互較勁；最能點出如此意味，可從一路陪同康有爲四處講演的陝西學者張鵬一(1867-1944)，在其日記裡，道出始末緣由：

> 時南海師(按：康有為)久住西安督署，支應頗費巨款，本地人士已有繁言，籍〔藉〕此夜中運經，因造為盜經之說以相傳。又組織古物保存會顯為詰問。……保存會出名者，華縣楊叔吉、富平高介人、武功李翰亭、蒲城李宜之，皆非保存古物之人，而陝中古物，實無保存之事，不過借此以侮南海師，而欺其為救國失敗之人而可欺也。[46]

這段引文提到康氏飽受優待，同時耗費公帑甚多，故令人側目；此外，又有人以組織的名義，攻訐康氏「盜經」；最後形容康係「救國失敗之人而可欺」。我們由此看到：兩造人馬對康有爲訪陝的態度殊異，以致許多紛端而出。

更何況，康有爲本身是位全國性的知名人物，最後卻讓其形象以污名的方式收場。就在半年後，《晨報》記者孫伏園(1894-1966)更在自己的遊記小書裡，特意追述此一事件的來龍去脈，且不經意加深並擴大「康聖人」的惡劣形跡。孫氏戲稱：「說到陝西，人們就會聯想到聖人偷經的故事。如果不是半年前有聖人去偷經，我這回也未必去看經罷。」該段記載甚至提及云：陝人本屬好意，將家藏的古玩請康來品評一番，

45　上述俱見：單演義(遺著)，單元庄(整理)，《康有為在西安》，頁153-62。

46　張鵬一，《在山草堂日記》，1923年11月29日條，未見，引自：羅宏才，〈從張鵬一日記看康有為“盜經”風波〉，《文博》，1995：3（西安），頁56-8、67。

而康全以「謝謝」答之而收下。至於出面阻止的李、楊兩人，性情本來極爲和順，言談舉止沉靜又委婉，若非康氏舉動令人不堪，大家絕不能得知「盜經」情事[47]。在文字的描述中，一位受到人們敬重的長者本來是要接受地方人士招待的，但舉止行爲卻顯得貪婪不堪，難怪進而會導致不滿的聲浪四面湧來。另有一則軼事刻意提到：「有爲故後，有好事者影印陝中宋藏，其所缺者，猶假諸有爲之家，始成完璧」[48]，強化了康氏「盜經」的事實。昔日「聖人」形象，至此瀕臨破產，據聞陝南有位名宿便以康的名字屬聯，稱「國家將亡必有；老而不死是爲」，語氣充滿戲謔，廣爲流傳[49]。

第二節　典範轉移與史學中立

遺民刊刻典籍

新學家對忠清遺民產生各種挑戰，史學領域是一處值得觀察的面向。

遺民在史學備受推崇的，最初多與纂輯佚文遺稿、刊刻典籍有關[50]，對新派知識分子而言亦復如此。譬如冒廣生，他於1921年經人介紹，結

47　商金林(編)，《孫伏園散文選集》，〈長安道上〉，頁58-60。

48　劉體智，《異辭錄》（北京：中華書局，1988），頁255。

49　李儀祉，《李儀祉先生遺著》，冊13「雜著」，〈康有為盜經記〉，頁33；謝興堯後來亦記有此事，惟誤認在張勳復辟之後，見：堪隱，〈康南海軼事〉，《古今半月刊》，24（上海，1943. 6. 1），頁25。

50　關於這方面，可舉陳垣為例。如陳氏研究道教史，即相當重視繆荃孫私藏拓片（陳垣，《南宋初河北新道教考》〔北平：輔仁大學，1941〕，卷1，總頁1）；又延請容庚、汪宗衍詢購陳伯陶《勝朝粵東遺民錄》、王乃徵《宋會要》輯本（陳智超〔編注〕，《陳垣來往書信集》〔上海：上海古籍出版社，1990〕，頁236、463），可見一斑。

識了江蘇淮安地方的學者段朝端(1843-1923)，後來刻印《楚州叢書》，計第一集共13種[51]。尤其叢書中，有吳承恩(1506-1582)《射陽文存》一卷，爲北京故宮發現《射陽先生存稿》以前唯一較爲完整的輯本，胡適嘗有文章對此書進行介紹及評述[52]。另一位劉世珩(1875-1937)，胡的日記裡也說他是「遺老之一，拖有辮子，又吸鴉片煙」，卻對其出版叢書多種，表達「可貴」之意。至於其子劉公魯(1901-1937)，終生篤守父訓，亦垂留髮辮；不過這樣的政治傾向並沒有讓他受到忽略。知名的文學史家鄭振鐸(1898-1958)，即於1940年間多番搶救其散逸藏書[53]。

受到新派學者稱許的遺民，當然非僅冒、劉等人而已，值得提出來的，是以刊印古籍而深獲矚目的劉承幹。劉氏以藏書宏富著稱，自「弱冠即喜治乙部之書」[54]，因爲長於版本學的相關知識，故清季起即廣泛蒐羅典籍。1910年可說是劉承幹個人獻身藏書、刊刻典籍生涯的開始；根據一項近人的統計，劉平生共聚書有57萬餘卷，而刻書則約179種，計約近3,000卷[55]。由於沈曾植的推薦，劉承幹曾刊刻章學誠(1738-1801)

51　冒懷蘇(編著)，《冒鶴亭先生年譜》，頁223-4。

52　胡適，《胡適文存》，集3卷7〈讀吳承恩射陽文存〉，總頁574-6。

53　胡適，《胡適日記全集》，冊4，頁71。鄭搶救劉氏藏書事詳：鄭振鐸(著)，陳福康(整理)，《鄭振鐸日記全編》（太原：山西古籍出版社，2006），頁101。

54　劉承幹(撰)，王大隆(整理)，〈晉書斠注序〉，在：《嘉業堂群書序跋》，卷4，收入：繆荃孫、吳昌綬、董康(合撰)，吳格(整理)，《嘉業堂藏書志》，附錄1，總頁1365。

55　李性忠，《劉承幹與嘉業堂》（北京：文物出版社，1994），頁7-22，38-47。辛亥革命發生，劉氏為了避亂，舉家遷移上海。此後面對離亂之亟，劉深感惟有維繫學統，才是救亡之道，故效習明末清初的毛晉(1598-1659)，憤而發篋陳書；每經刊印，幾乎必作序跋，藉此哀嘆時局淪胥，斯文將喪，流露對民國政治的不滿。此外，劉承幹甚至延聘許多清遺民，如繆荃孫、楊鍾羲、葉昌熾、王舟瑤、陳毅、孫德謙等人，共同校讎編審古籍，「舉世間不經見之書，分別部居，次第墨之於版。」見：劉承幹(撰)，王大隆(整理)，〈嘉的著作，並在1923年以是書贈予甫完成章氏年譜的胡適。胡在研讀劉刻的《章氏遺書》後，除了去信表達衷心感謝外，還提供自己糾正的若干錯別字[56]，顯見重視該書。魯迅也是受惠於劉氏刻書、保存史料的一位學者。他雖然不甚喜歡劉承幹個人的政治立場，卻相當讚賞其所刻的清代禁書，對此不止一次表示感激；在〈病後雜談〉一文裡，還認爲劉最具影響之處，是因爲傳授了許多書面知識[57]。

除了刻印稀藏的典籍外，部分清遺民的學術觀點，也讓新派學者感到不容小覷[58]，史學研究方法的傳承尤其如此。眾所皆知，近代中國史學自清季梁啓超提倡「新史學」以來，歷史題材及觀念不再局限於描述英雄人物，因此帝王將相的書寫，開始遭受質疑。並且，史學地位同時提昇至前所未有的境界，進而取代了人們一向做爲自身道德價值主幹的經學[59]。值得措意的是，史學雖然業已逐步擺脫了附庸的位置，不再爲經學所囿，但變化更多則來自研究方法上的進步。至少努力地竭澤而

（續）

業堂叢書序〉，在：《嘉業堂群書序跋》，卷1，收入：繆荃孫、吳昌綬、董康（合撰），吳格（整理），《嘉業堂藏書志》，附錄1，總頁1243；劉承幹（撰），王大隆（整理），〈嘉業老人八十自序〉，收入：同書，附錄2，總頁1410。

56 〈胡適九封未刊信稿‧胡適致劉承幹〉，《明報月刊》，27：2（香港，1992.2），頁52-3；胡氏最先知道此書是在1921年時，見：胡適，《胡適日記全集》，冊3，頁272。

57 魯迅，《魯迅全集》，卷6《且介亭雜文》，〈病後雜談〉，頁134。當然自研究角度而言，魯迅也曾批評過遺民販售書籍，所重仍是古董化傾向。見：《魯迅全集》，卷1《熱風》，〈所謂國學〉，頁457。

58 譬如胡適在1921年讀孫德謙《諸子通考》，便深覺孫氏「識力自可欽佩」，有著許多獨立的見解和議論。見：胡適，《胡適日記全集》，冊3，頁273-6。

59 羅志田，《權勢轉移：近代中國的思想、社會與學術》，〈清季民初經學的邊緣化與史學的走向中心〉，頁302-41。當然這樣的學風轉變進程，勢必引來複雜而深刻層面的變化。學術傳承的兩代間，經學究竟如何過渡到史學，還是值得用更細緻的個案來討論。廖平和蒙文通即是其例。詳參：王汎森，〈從經學向史學的過渡——廖平與蒙文通的例子〉，《歷史研究》，2005：2（北京），頁59-74。

漁，「發現新材料」成爲此一時期史學的研究風尚。如同1947年顧頡剛形容：「在近百年中，新史料發現很多，一方面可以補充過去史籍的不備，一方面卻又決定了後期史學的途徑。」[60]

羅振玉、王國維與新派史學

在史學的範疇取向中，經常令新派學者激賞的，羅振玉及王國維兩人可堪爲代表。無庸諱言，羅、王二位帶給近代中國史學界的影響甚鉅；以對史料的態度來說，他們發掘各式各樣研究歷史的素材，形成一股新的學術風氣，擺脫原先對文字的迷戀[61]。王國維曾有篇文章，盛讚羅氏個人學術的貢獻，某種程度也可視爲他對史學的理解，以及自我的定位。王氏指出，刊書固爲近世學風盛行之因，但羅非惟有功於此，更重要係刊印了前所未見的殘佚古器古籍，明言《殷墟書契》、《流沙墜簡》、《鳴沙石室古佚書》及《鳴沙石室古籍叢殘》等書，即爲此方面成績。該文還特意點出羅振玉的史料觀點，說明其貢獻：

> 顧其(按：指古物古籍)初出，舉世莫之知，知亦莫之重也。其或重之者，蒐集一二，以供秘玩斯已耳。其欲保存之、流傳之者，鑒於事之艱鉅，輒中道而廢。即有其願與力矣，而非有博識毅力如先生者，其書未必能成，成亦必不能多且速。[62]

所以，當新學者對傳統學問深感種種不滿、企圖提出解決之道時，羅、

60　顧頡剛，《當代中國史學》（香港：龍門書店，1964），引論，頁3。

61　王汎森，《中國近代思想與學術的系譜》，〈什麼可以成為歷史證據——近代中國新舊史料觀點的衝突〉，頁343-76。

62　羅振玉，《羅雪堂先生全集》，初編，《永豐鄉人稿》，乙稿，《雪堂校刊群書敘錄》，卷首，王國維序，頁1。

王的成績卻廣為史學界所留心。

對史料態度上變化，係羅、王深獲時人注意的主要因素[63]。兩人尤其重視「故紙堆外」的直接材料，像敦煌漢簡、明清檔案、殷墟甲骨文字，還企圖從中釐清和解釋歷史的原貌。最飽受人們關注的，是王國維所提出的「二重證據法」。這一嶄新的史學方法極具說服力，使得日後檔案及考古的相關研究風起雲湧。當時傅斯年(1896-1950)檢討歷史學現況，對此讚不絕口，表示是開闢古史研究的新徑，並且如此描繪王的成績：「假如王君不熟習經傳，這些材料是不能用的；假如熟習經傳者不用這些材料，經傳中關涉此事一切語句之意義及是非，是不能取決的。」[64] 更確切地說，歷史不再只是拘泥於書本文字的記載，而是要獲致前人所得不到的史料；藉由「擴張研究的材料」，然後超越前人的學術成績。受到羅、王的啓發，新式學者在反思學問進行方法時，驚覺不該僅限於讀書人「古董式之學術」(王獻唐〔1897-1960〕語)，而要到處去尋訪，甚至竭盡所能，使用各種儀器，乃至鋤頭工具，動手動腳來找得歷史的真相[65]。

63 不只新派如此，連沉浸於舊學的孟森(1869-1937)也很重視羅振玉所刊刻的新史料。例如羅氏印《山中聞見錄》，敘述清之先建州女真事，先刻於《玉簡齋叢書》，後來又出足本，補齊所缺三卷。孟森嘗為文評論，認為羅氏牟利太工，又尚未細辨，而有作偽之嫌(孟森，《明清史論著集刊》〔台北：南天書局，1987〕，〈上虞羅氏所刻山中聞見錄題跋〉，頁327-35)。羅振玉之孫曾在編寫羅氏年譜中對此有所辯解(羅繼祖，《永豐鄉人行年錄》，卷中，總頁75)。這同時顯示羅的「發現」史料，得到相當程度的注意。

64 傅斯年，〈史學方法導論〉，收在：歐陽哲生(主編)，《傅斯年全集》，卷2，頁312。

65 例如1935年，顧頡剛曾有感而發地說：「以前中國的上古史材料只限于書本的記載，……當然不知道史料可從地底下挖出來的。」呂思勉、童書業(編著)，《古史辨》(上海：上海書店，1992，據開明書店版影印，收在：民國叢書第4編第70輯)，冊7上編，顧頡剛，〈戰國秦漢間人的造偽與辨偽〉，頁64。

而這樣不同於以往對史料的看法和見解，進而造成史學革命，自非限於梁啓超所謂「新」的意涵。因爲材料可以是無所不在的，人們進行研究歷史中的現象和問題時，斷不能再拘泥於某一焦點；若用傅斯年的話，即是要以「能得整個的文化意義」爲研究目的[66]。所以，儘管羅振玉和王國維的政治態度，可能與新派學者深具分歧；但兩人學術研究的成績，基本上卻相當令他們所欣賞。1922年魯迅站在新學的立場，公開稱許王國維的《流沙墜簡》，說：

> 要談國學，那才可以算一種研究國學的書。開首有一篇長序，是王國維先生做的；要談國學，他才可以算一個研究國學的人物。[67]

至於1929年，郭沫若(1892-1978)也有類似的口吻，提及「羅振玉的功勞，即是爲我們提供了無數的、真實的史料。他的殷代甲骨的蒐集、保藏、流傳、考釋，實是中國近三十年來文化史上所應大書特書的一項事件。」[68]

可以說，「整理國故」運動和潮流初興，羅、王二氏的動態，廣受整個學界所注目。1919年，蔡元培一度有意延請羅振玉至北京大學講授考古學，結果羅作答書數千言，婉拒了相邀[69]。蔡氏貴爲北京大學校長，

66 傅斯年，〈考古學的新方法〉，收在：歐陽哲生(編)，《傅斯年全集》，卷3，頁90。傅氏的〈歷史語言研究所工作之旨趣〉，特別顯現此方面的成果和意義，見：同書，卷3，頁1-13。

67 魯迅，《魯迅全集》，卷1《熱風》，〈不懂的音譯〉，頁466。

68 郭沫若，《中國古代社會研究》(上海：上海書店，1989，在民國叢書第1編)，頁3。

69 羅振玉，《羅雪堂先生全集》，《永豐鄉人稿》，甲稿，《雲窗漫稿》，〈與友人論古器物學書〉，頁38-43。我們沒有充分的證據，得知羅氏真正辭謝的

還能特別賞識羅的學問，僅是當中比較鮮明的個案[70]。1920年代初，執教該校國文系的沈兼士(1887-1947)，為「文字形義學」課堂編寫講義時，除稱引清人著作外，對近代人物只推崇三位，分別係其師章太炎、羅振玉和王國維[71]。此例未必足以完全說明羅、王在章門弟子心目中的地位，卻同樣顯示兩人學術受到關注。於是北京大學研究所國學門創辦，古物的調查和發掘更成為該部研究重點。為了進一步完成研究工作，國學門特別聘請羅振玉擔任通信導師[72]。1922年羅振玉購得八千餘袋內閣大庫檔案後，引發學界重視，緊跟著國學門朱希祖(1879-1944)、沈兼士、馬衡(1881-1955)等人，便力爭要求教育部，撥款購買，並設

(續)

理由，不過有三項原因，或可推測其中心態。首先，蔡元培雖為前清進士，但卻係革命黨人，政治上認同的差異，極有可能是羅氏無意赴往的因素（羅繼祖，《蜉寄留痕》〔上海：上海古籍出版社，1999〕，頁79，說「祖父不仕新朝堅謝之」，當可從此一脈絡來理解）。其次，北京大學前身雖是京師大學堂，然而做為民國以後國立大學之一，多少將觸動羅振玉難以割捨的忠清情懷，讓他在清室與民國之間擺盪。根據後人描述，1915年嘗有古董客說北京古物無人關注，規勸羅氏入都一行，結果羅則以「不忍重見國門，謝之」（羅繼祖，《永豐鄉人行年錄》，卷中，總頁55）。由此一情形來看，推辭北大教席職位，似不無可能。最後，從時間點來看，1919年正是北大內部新舊教員激爭白熱化之時。以文學而言，蔡元培與林紓展開文言與白話論爭，受到當時矚目。如何避免捲入其中，恐怕也是羅振玉的考量之一。

70 另一位得到蔡氏聘邀任教的遺民是鄭文焯。鄭氏辛亥後行醫賣畫，但晚年多病，處境窘迫。好友羅惇曧為了此事曾向梁啟超研商。梁氏個人非惟厚贈三百金，並轉請蔡元培予以安置。而蔡氏久慕鄭文焯的學問，決定聘以金石學教科主任，兼為校醫，月薪四百。可是最終鄭氏卻報以回絕。見：石繼昌(著)，北京市政協文史資料委員會(編)，《春明舊事》(北京：北京出版社，1996)，頁57；戴正誠(編)，《鄭叔問先生年譜》(北京：北京圖書館出版社，1998)，頁35。

71 沈兼士(著)，啟功、葛信益(等整理)，《沈兼士學術論文集》（北京：中華書局，1986），《文字形義學》，頁381。

72 陳以愛，《中國現代學術研究機構的興起：以北京大學研究所國學門為中心的探討(1922-1927)》（台北：國立政治大學歷史系，1999），頁171。

立明清檔案整理會[73]。至於地質學方面，羅、王和丁文江(1887-1936)的關係亦相當密切。1921年，經由張元濟的引介，丁氏曾向羅振玉商請經費，挖掘河南澠池的史前陶器及屍體；同樣丁也以地質學專家身分，於1923年1月拜訪王國維[74]。

藉著這股「國學」引發的風潮，的確吸引許多新世代的知識青年，有的學子甚至親向羅、王兩人問學。1921年秋天，商衍鎏(1875-1963)之子商承祚(1902-1991)從廣東到天津，親拜羅振玉為師，學習鑽研甲骨文與金文。羅氏顯然相當倚重青年商承祚，還致函介紹給王國維，謂其「將來成就，未可限量」[75]。次年，另一位同樣來自廣東的學子容庚(1894-1983)，也以《金文編》親向羅請業，甚得羅的喜愛。結果羅振玉非但出示自己所藏的金文拓本，以供補遺，還力勸其影印出版，並特別為容氏該書作序。此外，羅氏分別將商、容介紹給馬衡，二人先後入北大國學門。據羅的後人指稱，「每遇假日，商、容二人來津必謁先人」[76]，可知彼此的互動與往來密切。

羅振玉、王國維的治學途徑，儘管得到許多新派史家的欣賞和致意，但那些精彩而創新的論點，治舊學者未必全以同等的態度視之。此處姑以黃侃為例。黃氏似乎對羅、王學問，抱持相當保留的態度，某種

73 單士元，《故宮札記》（北京：紫禁城出版社，1990），〈憶沈兼士先生〉，頁165；傅振倫，《傅振倫文錄類選》（北京：學苑出版社，1994），〈馬衡先生傳〉，頁605。

74 羅繼祖，《永豐鄉人行年錄》，卷中，總頁83；長春市政協文史和學習委員會(編)，《羅振玉王國維往來書信》，頁535；〈張元濟致羅振玉、王國維函札一組〉，《檔案與史學》，1996：1（上海），頁11。

75 長春市政協文史和學習委員會(編)，《羅振玉王國維往來書信》，頁554-5。

76 羅福頤，〈僂翁七十自述〉，收在：北京圖書館《文獻》叢刊編輯部、吉林省圖書館學會會刊編輯部(編)，《中國當代社會科學家》，2（北京：書目文獻出版社，1982），頁226。

程度也反映其師章太炎的意見[77]。他曾私下表示：羅、王二人之學，最根本的局限在於「經史正文忽略不講，而希冀發現新知，以掩前古儒先」。在黃氏認知裡，羅、王學風形同新學家的步伐，用他給吉川幸次郎(1904-1980)的譬喻，正是所謂「發現之學」，而非「發明之學」。「發現之學」旨在多方地挖掘資料，不在對其中的精神底蘊有所發揮和申義，甚至提供人們更多的了解。換言之，兩者差別亦可看成對歷史認知的不同。恰恰黃自己本人的學術立場，卻是主張後者，認爲中國學問進步的動因在於「發明」[78]，是以非常貶抑羅、王做學問的態度，特別係關於亟力尋求新資料方面。所以，黃侃批評王氏「少不好讀注疏，中年乃治經，倉皇立說，挾其辯給以炫耀後生」[79]，即以此點而發。

舊派的批評，固然顯現羅、王學術具有跨時代的意義，但在某些層面上，羅、王兩人也不見得會完全同意新派史家的論斷。1922年5月，王國維便寫信向顧頡剛表示，儘管相當肯定胡適考證《水滸傳》、《紅樓夢》等小說，卻也言明對胡關懷通俗文學，進而想要來推廣提倡白話詩文的作法，未表贊同[80]。對於國學研究方法，王氏也有過類似的意見，

77 早在1900年時，章太炎提出中國歷史應該不僅專賴域中典籍，而且還要「見於洪積石層，足以補舊史所不逮者」；兩年後他給友朋的信，仍強調重視考古學成績的論點。不過到1924年時，章氏即對民國後的史學風氣，提出抨擊，說其弊端有五：「一曰尚文辭而忽事實，二曰因疏陋而疑僞造，三曰詳遠古而略近代，四曰審邊塞而遺內治，五曰重文學而輕政事」，顯然對矯枉過正的新史學有所不滿。以上所論，均見：章太炎(著)、徐復(注)，《訄書詳注》（上海：上海古籍出版社，2000），〈哀清史〉，附錄〈中國通史略例〉，頁867；湯志鈞(編)，《章太炎政論選集》，〈致吳君遂書〉，頁172；章太炎，〈救學弊論〉，《華國月刊》，1：12（上海，1924. 8. 15），頁10-2。

78 吉川幸次郎(著)，錢婉約(譯)，《我的留學記》（北京：光明日報出版社，1999），頁79。

79 黃侃，《黃侃日記》（南京：江蘇教育出版社，2001），頁302、392。

80 王煦華，〈王國維致顧頡剛的三封信〉，《文獻》，18（北京，1983. 12），頁206。

無法認同胡適的態度。譬如王曾與他人說：

> 胡先生想把國學開出一帳來，好像是索引，一索即得。但是細帳開好後，大家便利了，也就不讀書了。[81]

同樣漢、宋學術之別，王國維的想法亦明顯與時代潮流殊異。當1920年代，學界大張旗鼓攻詆宋明爲「黑暗時代」，並推崇清代的考證學風時，王氏反而爲此辯護，對宋代學問則有極高的評價。王個人非惟私心尊崇沈括(1029-1093)的《夢溪筆談》，逕稱該書爲「古今最大著述」之一種[82]，1926年時又有一篇〈宋代之金石學〉，聲言標舉宋人學問，其實不容蔑視。這原是在北京歷史社會學會的一場演講，王便說：「其時哲學、科學、史學、美術，各有相當之進步，士大夫亦各有相當之素養」，而「近世學術多發端於宋人」[83]。

兩個「去神聖化」的例子

值得留心的，新派學者基於追求學術客觀與中立的立場，雖然尊崇這些遺民的學術貢獻，但又像是王國維所說，有「損益前言以申己說」之弊[84]。李濟、胡適兩人的例子，恰好可做爲分析的對象，並看出其中端倪。

---

81 蔣復璁，〈追念逝世五十年的王靜安先生〉，收在：陳平原、王楓(編)，《追憶王國維》（北京：中國廣播電視出版社，1997），頁147。

82 王國維，《王國維學術隨筆》（北京：社會科學文獻出版社，2000），《二牖軒隨錄》，卷1，總頁1280。

83 王國維，《海寧王靜安先生遺書》，《靜安文集續編》，〈宋代之金石學〉，總頁1885、1894。

84 費行簡，〈觀堂先生別傳〉，收在：陳平原、王楓(編)，《追憶王國維》，頁50。

李濟是中國近代的考古學重要奠基人之一。除了曾經肯定過去金石學傳統對考古學的影響外[85]，李氏也認真嚴肅地看待兩者間的區別；譬如，曾在《安陽發掘報告》中提出批駁，對於時人經常會誤解了考古的意義，認爲它不過只是金石學的別名而已。他指出：其實兩者的關係，好比煉丹和化學、採藥和植物學一般；而煉丹與採藥屬於古法，自然有其學術史方面的價值，但絕對沒有人會因此就說這是化學與植物學[86]。由此得知，此處李將考古視爲近代科學事業的一種，至於金石學卻僅爲未經學術嚴謹檢驗和訓練的一門「旁門左道」而已。

最可看出李濟「去神聖化」的態度，係於他對羅振玉殷墟見解上的批評。1915年春天，羅氏本人曾親臨殷墟考察甲骨出土情況，注意到無字甲骨及其他遺物，包括石刀、石斧、象牙、貝、璧等物[87]，後來還編印《殷墟古器物圖錄》一書。羅並且把清人喜稱「金石」二字，改用「古器物」名稱代之，研究視野可說跨越了一大步。但李濟對此並不滿足，仍以現代學術眼光和角度，提出尖銳的批評。李說，即使與殷代一起出土的遺物，可能也未必全然屬於殷代。然而羅卻將它們歸於殷墟古物，方法上不免犯了邏輯推論的毛病。猶有甚者，李濟抨擊羅氏及其門生並不懂考古學研究方法：

> 我們可以很毅然決然的申明，我們所以不敢苟同於羅君，正是因為他的結論也有是的可能，遂使他的那種極稀鬆的大前題，

85 像李氏曾說到考古學可以得到充分發展，某些因素由於舊學中有很深厚的根基。見：衛聚賢(編)，《中國考古小史》（北京：商務印書館，1933），〈(李)序〉，頁1。

86 李濟，〈現代考古學與殷墟發掘〉，收在：李濟(編)，《安陽發掘報告》，2（北平，1930. 12），頁405。

87 羅氏考察的情形，在他的《五十日夢痕錄》有比較詳細地敘述。該書收在：羅振玉，《羅雪堂先生全集》，編3。

> 作了一班懶學生的保障；依著他的權威，他們居然以為不出門就可考古，不用眼睛就可研究材料；災之棗梨，謄〔騰〕笑外國！[88]

李所點名羅氏門生，甚至還包括了後來與歷史語言研究所發生挖掘工作衝突的何日章(1895-1979)[89]。

相當有趣的是，後來1970年代李濟回顧殷墟發掘過程，也不忘考古學受惠於政治的影響。在以英文編寫而成的《安陽》(*Anyang*)一書中，李對辛亥革命的評價甚高。他這麼說：

> 一直到了一九一一年的革命以後，受過教育的中國人才開始醒覺，「田野方法」像它以前在歐洲一樣，這種治學的辦法在中國人的心理上，有了影響力。……革命不僅在東亞政治與社會結構上引起基本的改變，而更重要的，是在受過教育階級的心態上引起基本的改變。這些知識分子逐漸改變了他們對人生的展望。[90]

這段話雖於晚年娓娓道來，卻不啻可視爲李濟個人當初挖掘殷墟所抱持的想法和態度。引文展示非惟涵蓋辛亥革命對思想解放的作用，讀者倘使站在羅振玉的政治立場，定難苟同如此論調。在此，李氏說法指出新

88　李濟，〈俯身葬〉，收在：李濟(編)，《安陽發掘報告》，3（北平，1931.6），總頁455。

89　有關這段衝突，詳參：王汎森，《中國近代思想與學術的系譜》，〈什麼可以成為歷史證據——近代中國新舊史料觀點的衝突〉，頁358-66。

90　李濟(著)，賈士蘅(譯)，《安陽》（台北：國立編譯館，1995），頁39，個別標點偶有更易。

學術得益自政治風氣的影響，呈現有意區隔傳統舊學。

類似李濟，胡適亦有相同的經歷。1920年代「整理國故」運動風起雲湧之際，胡聲稱國學只是「國故學」的縮寫，「國故」二詞毋寧看做中立的名詞，不含任何褒貶的意義；他的目的是要藉此「整理中國一切文化歷史」，掃除一切狹陋的門戶之見[91]。與此同時，胡也深感治國學的舊式學者逐漸凋零，能夠舉出抬面的幾位人物，不是缺乏條理系統，就是思想處於「半僵」的狀態；而新起的學者尚不能承繼此青黃不接的時期。他在環顧學術界的概況後，認定「只有王國維最有希望」[92]。

有意思的是，胡適卻由推尊王國維的學術成績，來做爲支持自己其他言論的論點。1935年，當學界正熱烈爭議是否應該設置讀經課程時，胡立刻就表明反對的立場，舉出了王氏的一篇文章，其中論證《詩》、《書》裡頗多難讀難解之語，用來說明讀經本屬不易[93]。後來章太炎曾讀過胡的文章，便深表不滿，非惟斥責胡「素未從事經學」，連帶對王國維的抨擊也不遑多讓，使得早已不在人世的王氏飽遭批評[94]。

這個例子顯示胡適的心態耐人尋味。他一方面冀望有王國維那樣的「國學大師」，來爲其在讀經問題的爭議上背書；另一方面則又認定類似王氏具有同等功力的研究，成績已瀕臨高峰，無法能夠突破，只好等待新的學問和專家來取代。關於後者，這裡可舉幾處後來胡的言論說明。1943年，胡適寫給王重民(1903-1975)的信中，就特別提到自己預

91 胡適，《胡適文存》，集2卷1〈國學季刊發刊宣言〉，頁1、7。

92 胡適，《胡適日記全集》，冊3，頁734；胡的想法還反映在他寫的〈國學季刊發刊宣言〉，總頁1。

93 胡適，〈我們今日還不配讀經〉，《獨立評論》，146（北京，1935.4.14），頁3-5。

94 章太炎(講演)，〈再釋讀經之爭議〉，《國風半月刊》，6：7-8（南京，1935.4），頁11，說到王的經學程度是：「僅能略具常識而已，其人本無意治經學，其言豈可奉為則？」

備以校勘學的考證方法，來研究小說和戲曲。他在信裡並指稱：王國維的治學固然謹嚴，可惜受限於時代和學風所影響，再加上個人研究的好惡，故其《曲錄》仍未臻理想[95]。幾乎就在同時，胡自己還引發了重審《水經注》案的興致，此後甚至斷續進行了數年。細思胡氏主要的動機，在於糾謬當年王國維撰文指責戴震(1723-1777)剽竊之疑而發。然而，這一舉動的緣由並非在1940年代才開始，實際上早在1924年時，胡便對王氏〈聚珍本戴校水經注跋〉一文有所留意[96]。只是延宕多時，直到1944年，胡適才得到確論，指摘1920年代的王國維、孟森在「打戴」時，幾乎存有成見，同時都陷入「以理殺人」的境界。他顯然非常滿意自己如此的結果，向當時有相同學術興趣的王重民、楊聯陞(1914-1990)，分享了這一「發現」[97]。

從李、胡的例子，充分顯現史學研究領域中，清遺民的學術地位同時面臨「客觀化」和「去神聖化」的雙重對待。當1918年陳獨秀高唱學術不應獨守殘缺，批判國粹論者，希望國人謹守戒律時[98]，許多人正擔心整理國故會發生「遺老化」的現象[99]。而胡適恰恰以另一策略讓傳統

---

95 〈致王重民〉，收在：耿雲志、歐陽哲生(主編)，《胡適書信集》(北京：北京大學出版社，1996)，冊中，總頁920。

96 胡適為《國學季刊》主編，親函向王國維約稿，便已知王有文「頗譏彈【戴】東原」。見：〈致王國維〉，收在：耿雲志、歐陽哲生(主編)，《胡適書信集》，冊上，總頁328-9。有關這段始末，詳論請見：桑兵，〈胡適與《水經注》案探原〉，《近代史研究》，1997：5(北京)，頁131-45；陳以愛，〈學術與時代：整理國故運動的興起、發展與流衍〉(台北：國立政治大學歷史系博士論文，2001，未刊稿)，頁256-7。

97 〈致王重民〉，收在：耿雲志、歐陽哲生(主編)，《胡適書信集》，冊中，總頁1005；胡適紀念館(編)，《論學談詩二十年：胡適楊聯陞往來書札》(台北：聯經出版事業有限公司，1998)，頁37。

98 獨秀，〈隨感錄(一)〉，《新青年》，4：4(北京，1918.4.15)，頁341-2。

99 如當時有人形容這樣的後果，使得「國學的本身，一定要減損不少價值；在政治社會學術思想上，一定要生出不少的惡影響。」陳問濤，〈國學之「遺

學術重新出發。如同他所形容「國故」的意義一樣，目的是要將傳統學問置於中立的地位；在史學逐步邁入客觀的進程裡，儘管它取代了原來經學，由邊緣走向中心，卻同樣也擺脫了道德價值判斷的基準。因此，胡適質疑王國維有「打戴」的嫌疑，豈不正是把「國學大師」神聖面紗加以摘去？

第三節 「掃蕩一切，還我自由」

清遺民的形象承受另一波「污名」，我想將舞台集中到1924年——溥儀被逐出紫禁城——這場充滿戲劇化的事件上。原來遜帝在民國後久居宮禁，有的清室遺民即認定本非善策；而此一事件陡然發生，可說令他們相當錯愕[100]。從政治的意義來說，長期接受優待條件所保護而「隱居」深宮的「皇帝」，有朝一日終於真正降格變成平民。其中過程裡展現的儀式，得到了許多時論和評議[101]；但從君主過渡到民主而言，原來的皇宮遂成「故宮」，本來昔日帝制之下的藝術品，被理解爲國家和文化財產的一部分，一旦成爲普羅百姓可以四處遊覽的公共空間，自有許多心理現象值得深究[102]。以學術的層面而論，當中有象徵新、舊意義上

(續)

老化」〉，《學燈》，5：16（上海，1923. 10. 16），頁1。

100 譬如遺民許寶蘅便在日記中言：「國民軍鹿鍾麟、張璧入清宮，逼宣統帝移居醇邸，此事前有所聞，不謂竟如此之速。帝之久居宮禁，本非善策；昔年曾為世伯軒太保言之而不見采納，以致今日受此迫促，可嘆！」見：許寶蘅(著)，許恪儒(整理)，《巢雲簃日記》，1924年11月5日條，未標頁碼。

101 相關研究見：沙培德，〈溥儀被逐出宮記：一九二〇年代的文化和歷史記憶〉，收在：中華民國史料研究中心(編)，《一九二〇年代的中國》（台北：編者印行，2002），頁1-32。

102 Mingzheng Shi, "From Imperial Gardens to Public Parks: the Transformation of Urban Space in Early Twentieth-Century Beijing," *Modern China*, 24: 3 (Jul., 1998), pp. 219-54.

的更替，然此一轉化亦塑造對民國政府的認同。

溥儀出宮事件

張勳復辟事敗不久，便有要求驅逐溥儀和嚴懲禍首的聲浪出現[103]。在1922年5月時，鑑於民國政府的財政窘乏，國會中還有人公開倡議廢止皇室優待條件，主張應該撤去帝號的爭議。反觀清室在多次動盪中，一方面由於民國政府未曾履行先前的約定，按時每年撥款，另一方面則受到社會輿論的壓力，爲此頗有意主動自己提出廢止優待條件[104]。儘管最終的結果不了了之，可是因清室宮內平日的收支甚感失衡，故溥儀還是決定在5月6日，派員清理及統計各項陳設的皇室財產。

當皇室清查財產的消息陸續被揭露後，清宮內舊藏古物於是成爲許多人所注目和覬覦的焦點。因爲皇家的收藏非惟象徵清室擁有偌大財富，從名分的意義來說，也成爲維繫遜帝的政治定位和圖騰；換言之，亦即統治正當性所在[105]。就在出宮事件前夕，北京執政當局藉著清室財用面臨困窘的處境下，進一步有意想要收回宮中藏物，因此提出了所謂

103 馮玉祥是亟力堅持如此看法的人。他先後提出了四項要求，分別係取消優待條件、貶降溥儀為平民、收歸清室宮殿府園及通緝叛逆。這些要求除了最後的一點得到北京當局允准執行外，其餘並無回應。見：馮玉祥，《我的生活》（哈爾濱：黑龍江人民出版社，1981），頁254。

104 據記載，溥儀與朱益藩兩人對此嘗有過深談。當時溥儀自己主動提出：鑒於民國政府財政困難的形勢下，願意廢止優待年俸。可是朱益藩卻抱持不同意見，認為毋須管民國政府和人民的困難，只需把推翻清室的人視為仇敵。溥儀回答到既是仇敵，就更不該拿他們的錢了。見：王慶祥，〈朱益藩與溥儀交往要事簡記〉，收在：顏富山(主編)，江西省蓮花縣政協文史資料研究委員會(編)，《末代帝師朱益藩》（北京：海洋出版社，1993），頁33。

105 近人的研究即指出：遜國後溥儀屢將珍藏身邊的《觀鵝圖》，藉由君臣共同題跋，除了展現身為帝王的企圖外，還刻意凝造一種皇室名分的氣氛。見：洪再新，〈皇家名分的確認與再確認——清宮至偽滿皇宮收藏錢選《觀鵝圖》始末〉，《故宮博物院院刊》，2004：3，頁123、126-7、133。

「讓歸」的辦法。該辦法係由張國淦(1876-1959)出面接洽，[106] 主要的內容建議：將前陳三殿之故物，折價為500萬元，再由清室將關涉文化之古物，一併讓予民國政府，亦折價為500萬元，總共1千萬元，由英美各國退回的庚子賠款中來撥付。這項辦法表面上頗有為清室抒困的意思，然而實行卻讓清室明顯地處於下風。蓋因尚另有背書，即需由民國政府統籌來經理，清室不得過問；而且每年只可動用息金，不能全額交付。[107] 此舉頗引起部分忠清遺民的反彈。

在清室和民國雙方無法相互信任下，有的遺民則積極獻策，希望替清室財產和古物另謀出路。終生受人質疑「盜賣」國寶的羅振玉，便有疏陳央請溥儀，說民國不履行優待條件，無疑已經失信於人，豈能再信？並且宮中之物，本來就屬於皇室私藏，民國何得干預？而英美庚款，原乃用之於社會，非歸還民國；民國政府又怎可以此款來收買宮中儲藏古物？至於息金，又何能保證[108]？各項衡量之下，羅曾私謀計畫要幫助清宮「移寶藏」。他與當時正擔任德國公使顧問的尉禮賢協商，由德國、荷蘭兩國使館出面捐地，籌築圖書館和博物館，用來囤放宮內故物。旋後，羅氏將此計畫委請他人向溥儀代陳，卻因而產生謠言，指稱羅有意藉此盜竊，結果因阻力過大而未採納[109]。幾乎同時，民國政府也刻正尋求辦法，加緊謀得清宮古物。1924年5月5日，曹錕(1862-1938)曾派人傳令以「保全國內古物」為由，藉口要求進宮查點。此時溥儀深感民國政府無意以友善對待，頗有醞釀出洋的想法；9月下旬，又傳清室拍賣大批古物給外商，北京大學國學門委員會於是函請當局派員徹查，要求

106 長春市政協文史和學習委員會(編)，《羅振玉王國維往來書信》，頁616。信中言「張若乾與明道接洽」，張若乾即張國淦，明道係指陳寶琛。

107 羅繼祖，《永豐鄉人行年錄》，卷中，總頁84。

108 羅繼祖，《永豐鄉人行年錄》，卷中，總頁84。

109 羅振玉，《羅雪堂先生全集》，編5《集蓼編》，頁39-40。

「悉數由民國收回，公開陳列，以供眾覽」[110]。幾番爭執，爲出宮事件埋下伏筆。

到了1924年11月初，北京政局急轉直下，發生陡變，曹氏被迫辭去總統職務。同月4日，以黃郛(1880-1936)爲首、且僅維持存在了約20天的攝政內閣，召開國務會議。會中議決修改清室的優待條件，要求溥儀立即移出宮禁，並令北京警衛總司令鹿鍾麟(1884-1966)、警察總監張璧(1885-1946)，夥同代表李煜瀛(石曾，1881-1973)等人共同執行[111]。一場清帝匆匆被逐離紫禁城的戲碼，於全國眾目睽睽之下展開。爲了避免「移宮」過程中，進而擴大和激化保守勢力的反對聲浪，黃郛在決定要修正和交涉優待條件問題上，可說煞費心思。據當時擔任司法總長的張耀曾(1885-1938)後來強調，修正優待條件草稿中的文字頗經斟酌。如圖5-1所見，最值得注意的地方爲第三條部分，黃氏特別添加「應按照原優待條件第三條」幾個字，目的就是爲了公開表明此次舉動的合法和正當性，係「要勵行原條件，而非特別苛待」。

溥儀被迫離開紫禁城，引起不少騷動。某報便載該日北京的東交民巷使館區中，有無數的滿洲服裝打扮人物，充斥於道[112]。與此同時，還有來自各方勢力的關注。像國際上，駐京的外國使節團，即由荷蘭公使出面召開緊急會議，指稱此舉殊屬違反人道主義，並決定於會後向中國外交部提出警告[113]。至於國內，就連向來同情清室的民國官僚，也深覺有點欠妥。段祺瑞親自兩次致電給馮玉祥，傳達類似的看法；甚至人在

110　溫肅，《溫文節公集》，卷1《檗庵年譜》，總頁15；《晨報》(北京)，1924年9月23日，第2版，〈北大請禁溥儀拍賣文物〉。

111　中國第一歷史檔案館(編)，〈溥儀出宮後圖謀恢復優待條件史料・代大總統黃郛指令〉，《歷史檔案》，2000：1（北京），頁66-7。

112　《晨報》(北京)，1924年11月7日，第2版，〈東交民巷中之覺羅族人〉。

113　《晨報》(北京)，1924年11月7日，第2版，〈外交團昨致警告〉。

圖5-1 修正清室優待條件原稿

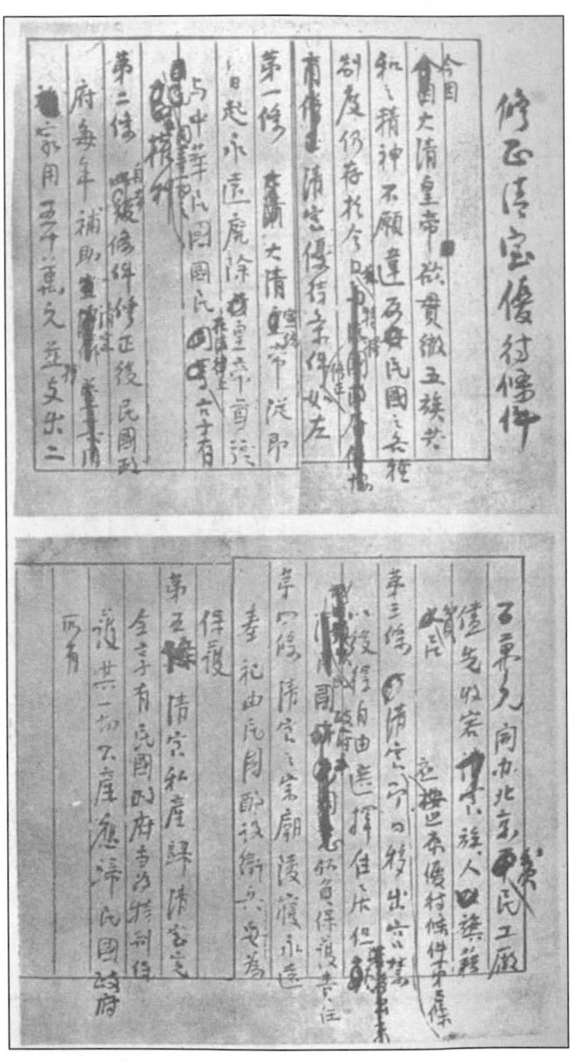

修正清室優待條件

資料來源：張耀曾，〈一個強健而中和的政治家〉，收入：金問泗(等著)，《黃膺白先生故舊感憶錄》（台北：文星書店，1962），總頁30。

天津的吳佩孚，猶冀不惜以一戰而反正[114]。那些始終表明要擁護清朝的遺民，更直接把矛頭指向馮玉祥、李煜瀛等人，認為這種廢逐故君的舉措，實屬非法舉動，簡直乃「叛亂之子」所為。當身在湖南的遺民趙啓霖聽聞消息時，感嘆此「奇變古未有」，甚至批評種族陋見，使得四維掃地，禍害比秦朝焚書坑儒還要劇烈；康有為則是大罵馮玉祥，並詰問優待條件豈容隨意廢除？康甚至謂馮個性反覆詐偽，「合董卓、侯景、洪秀全為一人」[115]。

但如何因應此突發狀況，也旋為清遺民思忖的焦點。溥儀離開皇宮後的次日，邵章等人便共同商議，應將事件原委放大視聽，積極爭取國內輿論的同情及列強的支持。邵氏提出的辦法有二：一由蒙、藏等民族相關團體出面力爭，另一則是透過外交團的方式逕行抗議[116]。我們細究邵的作法，蓋以訴諸種族和外交二項論點，希冀博得支援。以第一項來說，如滿蒙協進會、滿族同進會等組織，亦按此辦法，向其他北京有力軍人爭取支持[117]。結果以金梁為首，共同草擬了一分所謂〈滿蒙回藏人宣言書〉[118]。由於宣言書的內容篇幅相當長，以下僅略舉文中要點。

---

114 俱見：中國第一歷史檔案館(編)，〈溥儀出宮後圖謀恢復優待條件史料・段祺瑞致馮玉祥等電〉，頁66-7；馮玉祥，《馮玉祥選集》（北京：人民出版社，1985），冊中，〈覆段祺瑞之通電〉，頁212；楊圻，《江山萬里樓詩詞鈔》，〈榆關紀痛詩〉，頁405。

115 俱見：王樹枏，《陶廬老人隨年錄》，頁407；趙啟霖，《趙瀞園集》，卷5〈書感〉，總頁204-6；湖南《大公報》(長沙)，1924年12月5-6日，號3041-2，〈康聖人因溥儀事大罵馮玉祥〉。

116 金梁，〈遇變日記〉，收在：中國人民政治協商會議全國委員會文史資料研究委員會(編)，《文史資料選輯》，13（北京：編者印行，1961），頁95。

117 中國第一歷史檔案館(編)，〈溥儀出宮後圖謀恢復優待條件史料・滿蒙協進會等致張作霖呈文〉，頁69-70。萬繩栻也是親訪張作霖，希冀謀託出面維持（《大公報》〔天津〕，1924年11月16日，第6版，〈萬繩栻為宣統謀善後〉）。

118 金梁，〈遇變日記〉，收在：中國人民政治協商會議全國委員會文史資料研究委員會(編)，《文史資料選輯》，13，頁96。

金梁爲溥儀代擬一分宣言書，喊出「敝屣一切，還我自由」的口號。這分宣言並且強調：將民國政府給予的優待歲費，連同皇室私產，俱爲捐充教育、慈善等事業之用。金梁的用意，原要溥儀藉此來謀取自由之身，不受北京政府管轄，然後出國遊學，等待國內的時機成熟，然後再另作復辟的打算。此一意見似乎得到溥儀個人的認可，但卻遭陳寶琛、朱益藩等人所反對。據金梁日記的內容，朱氏只以「再看」做爲回應，而金對朱、陳等依恃段祺瑞、張作霖(1875-1928)的想法，表示質疑[119]。

由宣言書內容可察覺，金梁的辦法主張「歲費財產，盡推與平民共之，尤足以挽人心，而塞眾口」，目的想要藉由塑造愛民爲民、以德服人的形象，爲清室爭取利益。與金梁一樣，其他清遺民認爲恢復優待條件，必須集眾之力，藉由輿論挽回局勢。例如，1926年5月26日，朱益藩致信給陳寶琛，並向溥儀提出建議，指稱要跟段祺瑞、張作霖洽談恢復事宜，需聯合列名其他遺民，像在天津的呂海寰、升允、袁勵準、王乃徵、張人駿、鐵良、丁仁長、陳毅等，甚至還加入上海地區諸人，全力以赴，企圖影響視聽。朱的想法即是怕段、張縱有優待清室的美意，「亦恐惑於眾咻不能自堅」[120]。

「遺老」的「污名化」

---

119 金梁，〈遇變日記〉，收在：中國人民政治協商會議全國委員會文史資料研究委員會(編)，《文史資料選輯》，13，頁101。

120 原信引自：王慶祥，〈朱益藩與溥儀交往要事簡記〉，收在：顏富山(主編)，江西省蓮花縣政協文史資料研究委員會(編)，《末代帝師朱益藩》，頁48。據吳瀛(1891-1959)所記，有所謂「正誼書社」，集合各省忠清遺民，一致要求保障清帝權益。包括有：東三省的世榮、山東的張英麟、江蘇的陳名侃、河南的裴維侒、廣東的曾習經、江西的閔荷生、湖北的樊增祥、湖南的陳嘉言、甘肅的蘇源泉、雲南的朱崇陰、貴州的姚大榮、北京的馬其昶、上海的陳夔龍、天津的張人駿、香港的陳伯陶，共約千人以上（吳瀛，《故宮博物院前後五年經過記》〔台北：世界書局，1971〕，卷1，頁40）。

爲了協調溥儀所受不平的待遇，同時又爲了維護清室利益，忠清遺民殫盡慮思，竭力反對民國，使得他們成爲眾矢之的。譬如，清室善後委員會(以下簡稱「善委會」)的成立，意欲接管清室公產私產[121]，點查清宮物件，部分遺民趁機透過國務院來阻撓，還寫信公開請求甫到北京的孫中山，出面主持公道。基於「漢賊不兩立」的原則，遺民們幾乎拒絕與北京政府合作，非惟發動謠言，破壞敵手的名譽，還集體侮蔑說馮玉祥策動出宮事件，其實意在圖謀盜寶[122]。遺民於是在這場出宮的戲碼中，變成爭議的焦點之一。接著我想嘗試以周作人(1885-1967)、錢玄同與吳敬恆(1865-1953)的言論來說明。

周作人雖然同情溥儀的遭遇，卻對遺民極度反感。當他得知胡適頗反對國民軍處置清室時，即去信傳達立場，說自己因爲深怕復辟的結果再次出現，所以覺得此次出宮係「極自然、極正當的事」。周信中便深歎：「在民國放著一個復過辟而保存著皇帝尊號的人，在中國的外國報紙又時常明說暗說的鼓吹復辟，這是怎〔多〕麼危險的事？」[123] 爲了爭取發言權，不久後，周便和錢玄同等朋友一起在北京創辦《語絲》週刊，成爲堅決抨擊清遺民的陣營。周一方面寄望遜帝能藉這難得的機會，出國留學進修，另一方面撰文表示憎恨「遺老」。譬如周氏的〈林

121 《大公報》(天津)，1924年11月16日，第4版，〈清室善後會條例〉。

122 這段曲折的過程，詳參：吳瀛，《故宮博物院前後五年經過記》，卷1，頁1-32。即使遺民之間，也處於「非我族類，其心必異」的猜疑和對立。吳瀛嘗向某位忠清遺民稱不應多方阻擋善後措施，否則後果形同「清室自殺之道」。該名遺民竟回答說：「此情豈不知之？但目下清室方面之人，有言與委員會合作者，即群以『漢奸』目之。所謂『漢奸』者，正與革命時期漢人所用漢奸名稱解說為反比例，且欲求發財之機會，其間含有嫉妒之意甚盛。即有主張，亦無效耳。」同書，卷1，頁30。

123 引文均見：中國社會科學院近代史研究所中華民國史研究室(編)，《胡適來往書信選》(北京：中華書局，1979)，冊上，1924年11月9日，〈周作人致胡適〉，頁270。

琴南與羅振玉〉，拿剛過世的林紓來大做文章，順便詆毀羅振玉的「惡行」；說羅固然印了不少好書，可是書費卻貴得出奇，甚至還譏諷活著的羅氏人格惡劣，價值其實遠不及林氏。周作人最後還認為：羅振玉最令他厭惡之處，就是那種「惡性的遺老」心態[124]。

周氏熱切盼望善後委員之列，應該要排除那些還有絲毫忠清意圖的人。他猛烈批評「遺老」，其實沒有資格來過問這次的事件。如云：

> 至於遺老，則不但非是中國人，而且與民國還立在敵對的地位，苟非他們悔過自新，決無可使參與民國事務之理。[125]

所以周質疑段祺瑞執政當局處理清室問題，何以明文要規定「有特殊之資望學術經驗者」，會包括前清遺民，直言：「政府卻要硬請遺老與聞，不知是何意思？」[126]

類似周作人的作法，錢玄同也寫下一篇〈告遺老〉，建議忠於清室的遺民今後應該秉持何種態度。這篇短文目的警告遺民不要妄圖復辟，結論之處還預示他們此後將無路可走，不如棄暗投明，改歸順服民國。錢氏是用幾近諷刺的語氣，說在歷經出宮事件後，遺民只剩四條路可走了。第一是重新做個堂堂正正的「人」，休想再有任何效忠於一家一姓的念頭，因為那是沒有人格的，相當丟臉。其次，若無意歸服成為民國國民，那就乾脆明目張膽地搞復辟，切勿再曖昧不明，只想從中獲得利

---

124 開明(周作人)，〈林琴南與羅振玉〉，《語絲》，3（北京，1924.12.1），第5版。

125 原載：《京報副刊》，1924年12月29日，署名「開明」，收在：陳子善、張鐵榮(編)，《周作人集外文》（海口：海南國際新聞出版中心，1995），〈善後會議裡的遺老〉，頁646。

126 陳子善、張鐵榮(編)，《周作人集外文》，〈善後會議裡的遺老〉，頁646。

益。錢提供的第三項方法，是遺民無妨也可以學習歷代的忠臣，直接用殉國的行爲，來表達自我強烈的意志。最後的部分，他認爲遺民會走的路，則爲繼續吹捧戲子、逛窯子，昏天黑地以終餘年[127]。

錢氏這篇文章，其實藉由各種「選擇」，來凸顯和揶揄遺民忠清的作爲。他相當斬釘截鐵地肯定：清遺民終將不會選擇上述的任何一項辦法，反而是既保住「小朝廷」的存在，又繼續搖尾乞憐地向民國官吏取利；並且，還會不時批評道德風氣敗壞，以三綱五倫、忠孝節義之說來壓迫民國。錢玄同說，這群對清室愚忠的遺民，他們的言論顯然業已不敷時代需求，都是宗法社會的遺物，不該繼續存在於今。他因此要反問遺民：

> 公等立身行己，果與此等灰堆中之舊道德底教條符合否耶？……但因此而遂欲以舊道德繩民國底國民，則真是荒謬絕倫！[128]

文章的最後還重申，民國政府對待及處理清室的態度，已是「以德報怨」的最佳典型。既然要身爲忠清遺民，便不該再具有國民身分，也無權繼續享受民國國民各項權利。基於同等心態，錢看待故宮的古物，並非隸屬清室一家所有，而是中國的財產，因此民國政府直接處理，實爲正當。至於遺民既然選擇忠於「異族」，自然沒有權利過問，故言：「無須你們『越俎代謀』」。他抨擊清遺民，全以種族的立場而論：

> 今之「遺老」，則因為自家人趕走了洋鬼子，恢復了故業，而

127 錢玄同，〈告遺老〉，《語絲》，4（北京，1924. 12. 8），第3版。

128 錢玄同，〈告遺老〉，《語絲》，4，第3版。

> 幫同洋鬼子來反對自家人；其人格之卑猥無恥，正與張弘範、吳三桂一樣。

並且遺民雖然堅持孔孟程朱之「道」，其實卻反其道而行，無疑係拿來「尊夷狄而攘中國」[129]。

吳敬恆則藉《晨報》連載〈溥儀先生〉一文，諷刺遺民行徑，委實害了他們忠貞的故主。吳說如果不剷除這些人，不僅宮內寶物將被盜盡，還進一步危及溥儀個人。他對那群始終圍繞在遜帝身旁的遺民，尤感不屑，形容爲「鼠竊」，且有如下的說明：

> 什麼遺老不遺老！真正遺老，已入山必深，入林必密，隱其姓名，飽薇蕨以沒世。今日在通都大邑出鋒頭的遺老，好比康有為哩，陳寶琛哩，鄭孝胥哩，羅振玉哩，諸如此類的東西，都是挾有另一種論法的痞棍。晝伏夜動，名之曰鼠竊亦可。[130]

同時吳還貶抑「遺老」一詞，認定處於民國時代，無須再有此等人物；如此「老書本上有這個廢物名詞」，就讓它供給遊戲文章來嘲弄一番，亦無不可[131]。

細觀三人言論，代表兩種趨勢和想法。他們對待溥儀出宮的態度，不僅深表贊成，而且還把民國以來種種復辟活動與現象，過錯直接推諉給清遺民。在他們看來，如果不是遺民藉著復興爲由，刻意蒙蔽遜帝，又從中向民國獲利，那麼不至於迄今還尚存有帝制和復辟的夢魘。錢、

129 錢玄同，〈寫在半農給啟明的信的後面〉，《語絲》，20，第5版。

130 羅家倫、黃季陸(主編)，《吳稚暉先生全集》，〈溥儀先生〉，總頁511。

131 羅家倫、黃季陸(主編)，《吳稚暉先生全集》，〈溥儀先生〉，總頁516。

周兩人極力說服當局要撇清和遺民的關係，認爲他們既不認同民國體制，便不可享盡做爲民國國民的權利；吳敬恆的話更加處處貶抑，直將「遺老」看成無法適於今日民國的「廢物」。經由他們反覆的詮釋，「遺老」不再成爲一項令人敬重且高尚的名詞，而具有「負面」的意涵。即如老輩，亦復如此。陳衍曾謂：「余甚不主張『遺老』二字，謂一人有一人自立之地位，老則老耳，何遺之有？」即連葉德輝晚年也摒棄「遺老」名詞，甚至連友朋贈與祝壽賀聯時有此二字，也表示不當。葉氏對羅振玉蒐羅古籍器物的情況表示不滿。他曾痛罵過羅振玉，說自命爲遺老，又盜賣清宮寶物，正說明如此現象[132]。

另一項意義，三人的看法不啻呈現了北京學界和官界相互合作，還完成再造民國共和的事實。周、錢原爲北京大學的教授，而吳則是善委會的代表之一。即以參加善委會的人員來說，多數也分屬於學校和政府機關工作的人，代表中立的立場[133]。就在周等三人攻訐遺民的作爲後，1925年7月31日，善委會在點查養心殿時，還發現了清室密謀復辟的文件[134]，將之公布，引起社會一時喧騰，眾議紛紛。復辟文件的發現，確實替善委會減輕不少的輿論壓力。因爲本來在進行清點時，接連發生失物情事，引來報刊沸沸揚揚的斥聲不斷，頗使善委會遭受質疑；如今卻得以此用來宣傳，取代並消弭善委會「盜寶」之嫌，而且也證實驅除溥

132 錢仲聯(編校)，《陳衍詩論合集》，《石遺室詩話》，卷29，總頁396；楊鈞，《草堂之靈》，卷10〈記古書〉，總頁195。

133 吳瀛，《故宮塵夢錄》（北京：紫禁城出版社，2005），頁62-3。吳氏尤其指出這一點。

134 這些文件影像後來部分公布在《故宮周刊》。主要內容有三：1.金梁條陳奏摺；2.康有為請莊士敦代奏行蹤函；3.金梁為江亢虎請覲見摺，及江氏致金梁原信。見：《故宮周刊》，40（北京，1930. 7. 12），第4版；41（北京，1930. 7. 19），第4版。

儀出宮，毋寧爲非常緊要的舉措[135]。我們看吳承仕(1884-1939)給陳垣的信函中即說：

> 昨檢閱養心殿，發現康有為、升允、金梁、江亢虎等陰謀復辟函件數事。……意謂上述文件，應在報端公布，使民眾周知。既足以閑執讒人之口，即將來處分故宮舊物，亦足使清室遺孽，不得妄有主張。務請極力主持，隨時發表，於事至為有益。[136]

儘管此事後來向京師高等檢查廳起訴，結果清室並無獲致處分，但至少更增添了善委會的正當性。

故宮博物院的成立

緊接著1925年9月，善委會排除眾議萬難，突然決定成立故宮博物院。吳瀛曾表示這項規劃其實非常匆促，原因是善委會深感北京政治情勢孤危，爲了尋求公開輿論支持和透明化，且杜絕清室或有心人士覬覦之心，所以才在開幕前5日，遽下設立的決定。當時由李煜瀛領軍，毅然通過成立故宮博物院的章程，並於10月10日午後二時在乾清宮舉行開幕典禮[137]。

---

135 那志良，《故宮博物院三十年之經過》（台北：中華叢書委員會，1957），頁29-30。如擔任特聘顧問的俞箴墀(1875-1926)，1925年5月4日的日記裡寫道：「今日《社會日報》對於清宮失物事，痛斥善後委員會，辭氣咄咄逼人，讀之頗凜凜。不知委員會對於此事做何抵制？俟明晨往視，若不自整飭，則擬辭去顧問，以省是非。」引自：孫玉蓉(輯注)，〈俞丹石入清宮清點文物日記摘抄〉，《文獻》，2006：4（北京），頁102。

136 陳智超(編注)，《陳垣來往書信集》，頁155。

137 吳瀛，《故宮博物院前後五年經過記》，卷1，頁53；楊愷齡，《民國李石曾先生煜瀛年譜》（台北：台灣商務印書館，1980），頁49-50。

設立故宮博物院，非惟象徵以往宮廷古物，不再僅爲一家一姓所擁有，同時原來那些屬於森嚴之地，如今卻變成民國國民的公共空間。根據各報所聲稱，博物院在開幕的最初兩日，吸引了到紫禁城來參觀的遊客極多，估計約逾5萬人。值得措意之處，以往宮內雖也曾提供場地給普羅百姓參觀，但這次的意義顯然不同。原因是參觀的景點裡，還包括了皇室平日生活層面種種，揭開以往不爲人知的神秘面貌。報紙就特別形容了當時境況，尤其以陳列溥儀私人文件的樂壽堂，觀眾較他處爲多，但是並無詳述理由爲何？比較可能的因素是：該處並且展示了張勳復辟時引見之簽文，還有上述發現的甲子復辟密謀文證。另外，引人注意的是尚有溥儀夫婦照片多幅[138]。

如今我們回顧成立故宮博物院的過程，或許已無法想像那時政治波濤洶湧的惡況。可是皇宮變成「故宮」，並以博物院的形式，呈現在廣大的國內外民眾之前，當中卻深具豐富的意涵。首先，隸屬於原來皇家宮禁的知識體系，如今被解構爲另一國民文化的再現(cultural representation)[139]；難怪直到60年後，一位親身參與者仍印象深刻[140]。其次，它選擇在民國的國慶日開幕，固然有現代國家建立的意味，而儀式本身亦說明有意終結清室。後來郭曾炘有詩以故宮博物院爲題，前半

138 此處主要引自：《晨報》（北京），1925年10月12日，第6版，〈前昨故宮博物院之形形色色〉。其他如《益世報》、《大公報》，均有類似的記載，但內容和篇幅較少。

139 Jane C. Ju, “The Palace Museum as Representation of Culture: Exhibitions and Canon of Chinese Art History,” 收在：黃克武（主編），《畫中有話：近代中國的視覺表述與文化構圖》（台北：中央研究院近代史研究所，2003），頁477-501。

140 朱家溍(1914-2003)回憶「當時，我剛十二歲，小孩子不懂什麼，但也知道這裡原是皇宮，過去百姓是不能進來的，今天不但能進來，而且每個院落都走遍了，實在是件了不起的事！」見：朱家溍，《故宮退食錄》，〈一個參觀者對故宮博物院的印象〉，頁754。

首唱云：

> 麥秀何人念舊都，但論文物亦區區；
> 誰合大力負舟去，只當群盲評古圖。
> 公等豈忘盟府在？他年政恐故釘無；
> 傷心神武門前過，猶有殘荷未盡枯。[141]

視遊觀客只是「群盲」，因爲不知原來皇城所在，語調充滿悲懷故國之情，代表遺民對此的意態。

再者，代表政府機關的故宮博物院，效習民國以來的社會風氣，在門口高懸匾額，以示鄭重。根據共同歷經成立博物院的人士指稱，原來按傳統舊習，匾額需請善書者揮寫，恰巧李煜瀛本人即爲合適人選。結果李當仁不讓，以端莊凝重的顏體楷書寫出(如圖5-2)。這「故宮博物院」五字的匾額，於是特意高掛於原來清室神武門，而且改爲博物院的大門，頗有象徵千辛萬苦成立及宣示主權的意味[142]。此外，報紙還記載開幕當天與會人士發言的內容，亦有以此來展現政治的權力之意，如黃郛即宣稱：

> 今日開院為雙十節，此後是日為國慶與博物院之兩層紀念。如有破壞博物院者，即為破壞民國之佳節，吾人宜共保衛之。

鹿鍾麟則是直接參與溥儀出宮事件的人。他的話更充滿政治性：

---

141 郭曾炘，《邴廬日記》，編頁733上。

142 莊嚴，《山堂清話》，頁176。

圖5-2 李煜瀛題「故宮博物院」之匾額

資料來源：莊嚴，《山堂清話》，頁389。

> 大家聽過「逼宮」這齣戲，人也指我去年所做之事為「逼宮」。但彼之「逼宮」為升官發財，或做皇帝而為，我乃為民國而「逼宮」，為公而「逼宮」。[143]

這場清室和博物院之爭，後來還燃燒到1929年7月關於帝后圖像的插曲上。原因的引爆點來自院方以「國有」名義，將景山壽皇殿內清代帝后圖像移藏院裡，以便保管，結果溥儀認為此乃清室私有，故致涉訟。先是北平地方法院最初的判決，係由清室領回，但此舉讓博物院當局深

143 黃與鹿兩人的言論，俱見：吳瀛，《故宮博物院前後五年經過記》，卷1，頁54。

表不滿，遂以「地方法院之權力，決不能超越於國民政府之上」爲由，要求撤銷原判[144]。

除了政治意涵外，由於故宮博物院的建立，還使學術得有嶄新的發展，特別關於近代檔案的蒐羅。例如清代軍機處檔案，在民國肇建後移交給國務院，結果全數堆在「集靈囿」，無人統籌規劃和管理。博物院基於研究與保存史料的價値，因此特別致函國務院，申請要求運回紫禁城外的大高殿。負責參與這批檔案移交工作的那志良(1906-1998)即說，當中還附帶了楊守敬(1839-1914)的「觀海堂藏書」，不少係佚絕典籍[145]。此後，在鑽研近代史的蔣廷黻(1896-1965)建議下，故宮博物院也陸續編輯出版近代史料，像《籌辦夷務始末》、《掌故叢編》、《史料旬刊》、《文獻叢編》、《清代文字獄檔》及中外關係檔案等五十餘種[146]，並且努力蒐購近代人物相關珍貴史料[147]，成爲中央研究院歷史語言研究所藏「明清檔案」資料外一大重鎭。

總結出宮事件到博物院的誕生，忠清遺民的聲名既直接受到衝擊，而且也是一批反對帝制、且具新式學問的知識分子，所領導的「民國定位」保衛戰。

小結

這一章藉由幾處與學術相關的題材，嘗試描繪清遺民形象的變化。

---

144 《中央日報》(南京)，1930年12月8日，第3張第3版，〈清代帝后圖像故宮博物院力爭應歸國有，致河北高等法院第一分院函〉。

145 那志良，《典守故宮國寶七十年》（台北：作者印行，1994），42-5。

146 中國第一歷史檔案館(編)，《中國第一歷史檔案館館藏檔案概述》（北京：檔案出版社，1985），頁11-3。

147 像是跟倫明及劉厚滋購得清末兩江總督端方的遺物檔案，見：單士元，《故宮札記》，〈回憶陳援庵師〉，頁161-2。

主要想呈現的焦點，在釐清政治認同本身擴張所產生的效應。我們看到，認同背後其實具有極爲複雜的政治性，當衝突表象以學術論爭的面貌出現時，可能無法化約成單一因素來解釋；並且認同所產生的契機，有時也因時間點或局勢不同，而動機跟著殊異。

學術事業和知識領域經由政治化，逐漸納入現代國家建構中的一環。清遺民在此褪去既有的光環，便係當中值得觀察的一群。南社內部社員由於文學立場不同，後來造成意見分裂，遺民在當中首次成爲遭到攻訐的對象。柳亞子心態上的變化顯得相當有意思：他由批評的情緒到嫌惡，再由嫌惡轉向憎恨，若非政治局勢同時醞釀反對復辟的聲浪，我們無法參透他何以採取如此堅定的態度？同樣地，這場論辯將遺民比附爲「亡清遺孽」，情緒性的口氣充斥其間，加深遺民的「污名化」。

語文和古物保存也隨著建立現代國家的需要，展現其深具政治意義的一面。文言或白話的使用本與人們日常生活息息相關，但爲了凝聚國族意識，達成溝通工具的目的，讓更多的普羅百姓達成教育普遍和知識上的功能，文言逐漸失去其現有的優勢地位。林紓和蔡元培針對語文的爭論，實際上是文學革命的一段小插曲，可是當印刷術發達和普及後，反而更能凸顯其重要性。至於古物，則代表國家／民族的象徵，是隸屬一國之民所賴以憑藉的歷史記憶和遺產。爲了維繫民眾對國族此一「想像的共同體」(imagined communities)[148]，保存古蹟和文物的呼聲在民國後此起彼落，尤其在公領域之中得到注目。「盜經」事件原係涉及私人的恩怨爭執，結果以卻公共議題——古物的維護和保存造成糾紛，使得康有爲成爲眾所矚目的焦點，背負侵奪竊盜之惡名。

148　「想像的共同體」語自安德森(Benedict Anderson)的說法，見：Benedict Anderson, *Imagined Communities: Reflections on the Origin and Spread of Nationalism* (New York: Verso, 1991).

而確認彼此政治認同的區隔同時，學術本身也具有價值和事實的雙重悖論。羅振玉、王國維治學方法固然「趨新」，獲致許多史學工作者的讚賞，但他們身處學術這張意義之網下，既被加以客觀中立而「去神聖化」，還遭受政治生活和社會生活的批評。徐悲鴻(1895-1953)對晚年康有為的態度，我們也可從此一角度理解。兩人初識在1916年上海哈同花園。經由該園總管姬覺彌的引介，徐有機會向康「執弟子禮，居門下，得縱觀其所藏」。徐悲鴻非惟從康學到傳統書法的學問，還得到許多國學方面的知識。康氏對徐的重視和愛護，我們可從「命寫亡姬何旃理像，及其全家」獲知；非惟如是，還動用私人關係，特意介紹徐給自己過從甚密的友朋，如瞿鴻禨、沈曾植等人[149]。不過值得留意，在公－私領域中，徐對康個人地位，其實有著截然迥異的評價。1930年當徐公開撰寫憶述文章時，描寫康有為性格是這樣的：

> 南海先生，雍容闊答，率直敏銳，老杜所謂「真氣驚户牖」者。乍見之，覺其不凡。談鋒既啟，如倒傾三峽之水，而其獎掖後進，實具熱腸。[150]

此時康氏普遍被視為復辟保皇派，在社會的輿論並不高。徐悲鴻公開讚許康有為，純以其提攜後進的角度出發。然而，就在幾乎同一時期之前，徐私下給朋友的信中，也表達了「我深憾康南海向溥儀稱臣」之嘆[151]。

---

149 徐悲鴻(著)，徐伯陽、金山(合編)，《徐悲鴻藝術論文集》（台北：藝術家出版社，1987），〈悲鴻自述〉，頁8-10，此文原載：《良友》，46（上海，1930）；黃警頑，〈記徐悲鴻在上海的一段經歷〉，中國人民政治協商會議全國委員會文史資料研究委員會(編)，《徐悲鴻：回憶徐悲鴻專輯》（北京：文史資料出版社，1983），頁113-6。

150 徐悲鴻，《徐悲鴻藝術論文集》，〈悲鴻自述〉，頁9。

151 徐悲鴻，《徐悲鴻藝術論文集》，〈惑之不解(二)〉，頁8-10。該文原載：《美政治認同在此隱沒起來，成爲眾人避而不談的部分，取而代之地是學術的包裝。故宮博物院創建過程，最後仍係政治力量所主導的結果，可是卻也經由情感和學術交互構築而成。質言之，博物院這項新的機制（new institution），變成人們用來記憶前朝的載體，「故宮」說明了共和民國對帝制皇室的另一種追思，正以學術爲由而得到正當性。通過學術的追認，如此來自政治情感和趨向，因而產生了動力，促發博物院的誕生。回顧近代歐洲的新興民族國家，如何把皇室藏品和皇宮建築轉化爲國家財產[152]，故宮博物院的歷程也形同塑造政治認同之方式。儘管後來經亨頤(1877-1938)加以杯葛，要求廢除故宮博物院，亦以學術和政治的理由，堅持「故宮博物院」五個字不符時代需求。他說：實則「故宮」兩字，頗有追念之意，不免懷抱禾黍愁離之感，並非妥當，與其稱此，不如改叫「廢宮」。至於「博物院」，本有研究的性質和意義，可是對紫禁城的情況顯然不適用。經氏質疑：難道設立此院的目標，竟是想藉由研究宮內擺設皇帝平日生活的物事，教導民眾應當如何使用？這豈非有預謀將來恢復帝制之嫌[153]？

學術－政治互涉關係，帶來清遺民地位的貶低，並進而體認學術的挑戰及去神聖化，最後還要以大宮山古蹟考察的例子說明。這件事發生

（續）

展》，增刊（上海，1929. 5）。

152 譬如法國的羅浮宮，本來是做為表達君權政治的講台和優越藝術品的展覽所，卻在大革命時期改頭換面，如同革命慶典一樣，轉化成博物館，且進而塑造共和國的認同。見：Andrew McClellan, *Inventing the Lourve: Art, Politics, and the Origins of the Modern Museum in Eighteenth-Century Paris* (California: University of California Press, 1999), p. 7.

153 經亨頤所提的原文議案，詳參：吳瀛，《故宮塵夢錄》，頁149-51。這件事也引來河北省政府北平市政府的反彈。見：北平政治分會秘書處，《北平政治分會會報》，1（北平，1929. 1），「公牘」，〈代電國民政府、中央政治會議、內政部，經委員亨頤提議廢置故宮博物院，並拍賣物品，關係至鉅，乞仍維原案由〉，頁91。

於1924年2月，北京大學考古學會調查西郊大覺寺的大宮山古蹟，嗣後發表一通〈保存大宮山古蹟宣言〉。由於宣言中的文字，指斥「亡清遺孽擅將歷代相傳之古器物據爲已有」，特別引起一向忠清的王國維所憤慨，爲此撰寫一封長信。王氏從清軍入京的時間在明亡六個月之後談起，認爲原來明宮的儲藏，早已被掠盡無餘。這封信札主要用意是寫給馬衡和沈兼士兩人，因馬、沈實主考古學會事，不該任意污衊。王在此信中並引吳偉業之詩佐證，強調清宮內所藏寶物，皆爲歷朝所蒐集或臣工的進奉，就此點來說，無異於私家珍藏，故應屬私產。基於這點原因，王國維厲斥草擬宣言之人爲不智、不仁、無勇[154]。此信後來是否有所回應，我們不得而知；倒是羅繼祖(1913-2002)給予一絲線索和提示。羅敏銳地觀察到：羅振玉首次編印《海寧王忠愨公遺書》時，曾將該信編入《觀堂集林》中，但後來趙萬里(1905-1980)重印王氏遺書時，卻臨時抽去[155]。趙氏之舉相當値得措意，充分說明新一代學者對清室遺物的看法，實與王國維等人不同。

明瞭這樣的轉向，不難得知攻訐遺民的聲音，何以形成今日我們對「遺老」的理解。王國維自沉所引發的議論，或許可以進一步提供分析這種內心情境的變化，應該是另一處値得探討的地方。

---

154 王國維，《王國維全集・書信》（台北：華世出版社，1985），頁405-7。另可參見：Joey Bonner, *Wang Kuo-wei: An Intellectual Biography*, pp. 202-4.

155 羅繼祖，《魯詩堂談往錄》，頁230。

第六章

身體終結與記憶的開始：

王國維之死為例

王先生，頭腦是近代式的，感情是封建式的。兩個時代在他身上激起了一個劇烈的階級鬥爭，結果是封建社會把他的身體奪去了。

——郭沫若(1892-1978)[1]

前言

1927年6月2日，王國維在北京的頤和園魚藻軒昆明湖自沉。這件轟動一時的社會新聞，引起廣泛揣測和議論。80年來，有關的討論汗牛充棟，如羅振玉之孫羅繼祖做過歸納整理，書名爲「王國維之死」[2]，厥爲最重要的著作。直到今天史家們津津樂道的，不只是王國維的死因而已，關於他個人的生平定論、學術成績、思想研究，乃至身後遺文佚稿的發現，仍不斷地備受矚目[3]。儘管如此，他的死因依舊還是一項不可

1 郭沫若，《中國古代社會研究》，頁3。

2 羅繼祖(主編)，《王國維之死》（廣州：廣東教育出版社，1999）。該書先前另有繁體字版，為臺北的祺齡出版社1995年所出。

3 像是前幾年趙利棟才輯錄整理的《王國維學術隨筆》，就是根據王氏辛亥後在日本期間發表的《東山雜記》、《二牖軒隨錄》及《閱古漫錄》而成。承蒙許紀霖教授告知，目前華東師範大學胡逢祥先生刻正著手校點整理《王國維全集》，將交由浙江教育出版社出版。

圖6-1 王國維遺囑

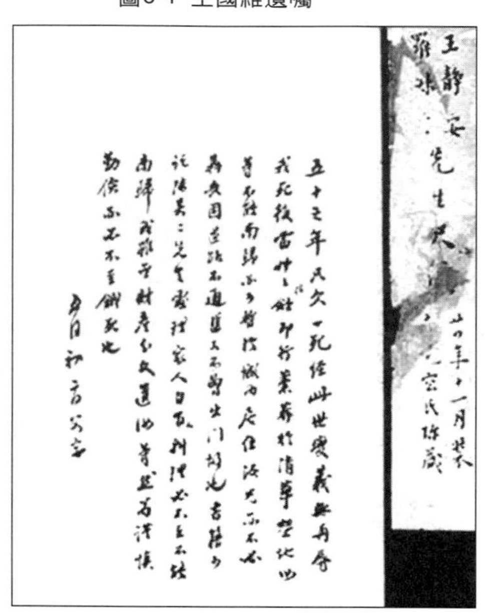

五十之年只欠一死經此世變義無再辱
我死後當草草棺殮即行藁葬於清華塋地
汝等不能南歸亦可暫於城內居住汝兄亦不必
奔喪因道路不通渠又不曾出門故也書籍可
託陳吳二先生處理家人自有人料理必不至不能
南歸我雖無財產分文遺汝等然苟謹慎
勤儉亦必不至餓死也
五月初二日父字

資料來源：《廣州日報》，2004年11月11日，卜松竹、黃慶昌，〈“王國維遺囑”現身廣州博物館〉。此係劉繼明攝，原件是高24.8釐米、寬15.5釐米的信箋，豎寫，共8行122字，為容庚所藏。

知的謎團，飽受眾人爭議。

不過包括我自己在內，以往探討王國維的死因時，不免會陷入一項迷思：即從王氏遺留下「五十之年，只欠一死」的文字著手[4]，將這短短百餘字的遺囑內容（如圖6-1），加以分析解讀，想要了解其中自沉的

4 宋元之際人每多有「只欠一死」的說法，據近人考察，應當受宋太祖趙匡胤論范質「【周】世宗一死」所影響。見：姚大力，〈中國歷史上的民族關係與國家認同〉，《中國學術》，總12，頁187。

緣故。誠然，王國維自沉之舉固然應該思考，但若從當時社會上的反應來看，也是值得觀察的思想和文化面向。因爲王氏自沉，無論自他的身分或時機，都顯得相當敏感，受到普遍的關注。不獨報刊爭相報導死訊而已，許多王氏個人的至親朋弟，乃至於平日素無交情的人，都在他死後紛紛表示看法。頓時之間，「王靜安現象」的言論充斥四處。後來吳宓比較王國維和梁啓超逝世後造成的社會輿論，說到梁的情形「反若寂然無聞，未能比於王靜安先生之受人哀悼」[5]，足以得知王氏自沉所得到的注目與震撼。有人形容那時情景是「一自童時哭王父，十年忍淚爲公流」[6]，確如逼真的寫照。

可是，與王國維私交甚篤的張爾田，卻對這種盛況頗不爲然。張氏非但向他人辯解王氏自沉之緣由，還公開的說：「比閱雜報，多有載靜庵學行者，全失其真，令人欲嘔」，並發出「亡友死不瞑目矣」之嘆[7]。何以王國維自沉引發社會各界熱烈的討論？又爲什麼結果產生像張爾田所言「全失其真，令人欲嘔」，而有各人表述的情況？這其中所反映出來的「意見氣候」(climate of opinion)和社會心態又是如何？

要了解這些形形色色來自社會反映的聲音，須先釐清對王國維之死的「敘事」(narrative)。更進一步說，明白敘事之間的關係，將有助於我們探析社會心態與想法。非特如此，當敘事以排他性的單一形式出現時，需要知道是流傳的過程；反之，敘事呈現爲多元樣貌時，重點則是

5 吳宓，《吳宓詩集》（上海：中華書局，1935），卷末《空軒詩話》，總頁441。
6 王力，〈挽王靜安師詩〉，《國學月刊》，8-10（北京，1927. 10），總頁522。
7 張爾田，〈與黃晦聞書〉，《學衡》，60（南京，1926. 12），「文苑・詩錄」，頁4；張氏向他人說王國維之事例見：夏承燾，《夏承燾集》，冊5，《天風閣學詞日記》，頁416；楊樹達，《積微翁回憶錄》（上海：上海古籍出版社，1986），頁117。張向夏氏函中表達王氏門弟「濫肆表揚，招人反感，流言固有自來耳」，並以「殉君」為正因；可惜的是，我們無法從楊的回憶錄中進一步得知張氏還談了什麼。

分析其中的內容。夏瑪(Simon Schama, 1945-)曾經提到魁北克戰爭時死亡的渥爾夫(James Wolfe, 1727-1759)將軍種種敘事及研究，指出史家帕克曼(Francis Parkman)根據家書片段、英國士兵的目擊報告、畫家相關作品，以「歷史短篇小說」(historical novellas)方式重構事件原委。但夏瑪也不得不承認運用歷史文獻的作品，依然有「過去與現在區別就消解」的疑慮，敘述中加入對事件的想像，不免存有自我的臆斷[8]。反觀本章一開始所引郭沫若的話，提供從身體自主權思考王國維自沉的意義。郭氏認爲，1920年代的中國呈現兩種迥然不同的社會面貌：一是封建的，另一屬於近代式的。兩種社會思維剛好在王氏身上產生衝突，最後前者取得勝利，王國維將身體獻給了他最後選擇的封建精神。如果以此觀察王氏個案，可知透過自沉終結身體、表達自我，雖爲歷史時常出現的情況，然而值得注意，「自殺」的後果卻引來諸多不同的聲音。這些聲音都各自彷彿宣稱是代表了王國維的身體來發言。那麼，究竟係誰的身體在說話？

這一章嘗試勾勒王國維死後的社會反應，並討論道德與政治的問題。眾所周知，「士」的階層自先秦時期崛起後，以「道」自任即爲他們重要的自我意識。尤其儒家傳統裡有謂：「儒者在本朝則美政，在下位則美俗」(《荀子・儒效》)，如此理念直到宋代，更發展出「以天下爲己任」的責任感。范仲淹(989-1052)最著名的一段話：「先天下之憂而憂，後天下之樂而樂」，一語透露士人將「道統」提升至最高的理想秩序，特別針對政治範疇而言[9]。是以，道德成爲建立道統最基本的元

8 Simon Schama, *Dead Certainties: Unwarranted Speculations* (New York: Vintage Books, 1992), pp. 64, 320-2.

9 余英時先生在他最近的一本新著討論到相關課題，見：余英時，《朱熹的歷史世界：宋代士大夫政治文化的研究》（臺北：允晨文化實業股分有限公司，2003），上篇，頁288、299-330。

素，不僅成爲知識階層努力的目標，還代表了另一種領導政治的普世價值。士大夫與天子「同治天下」的觀念從宋代發展出來後，雖屢經專制王權統治所扭曲，但大體而言，把道德視爲美化政治的根本前提，甚至具有制衡政治(政統)關係，「道德政治化」仍不失爲士大夫階層所追求的精神和理念。

隨著近代四民社會逐步解體，「道德政治化」也開始有了前所未有的挑戰。王國維之死的各項議論及發展，實際上正是道德和政治兩分的顯例。王氏自沉的最初之際，各方對其原因解讀不一，但均被賦予政治的意涵。之所以「王國維之死」會呈現政治的象徵意義，當然跟道德的關係不無關係。易言之，王所表現的道德精神，如同以往易代遜國的忠臣一般，被理解是爲了清室殉節。不過如此將道德的泛政治化，旋即便出現不同的聲音。後來社會一般對王國維之死的言論，逐漸擺脫道德層次，發展成爲學術和文化的課題。如此敘事的變化，剛開始來自於王氏朋弟的想法，但提出論斷的卻是親自參與整理王氏遺稿的羅振玉、陳寅恪二人。因此，「道德政治化」在王國維之死討論裡，終以沉寂的景況收場。這些言論的呈現，毋寧如詮釋學家所言，是具有深刻意義的行動，可做爲「文本」加以分析[10]。所以下面將以三方面的言論，放在同一光譜上：第一、清遺民對王國維自沉的看法；第二、關於公共輿論的意涵；第三、羅振玉與陳寅恪看法與態度上的轉變。

第一節　「殉清」

王氏自沉帶來道德和政治的聯想

10 Paul Ricoeur, "The Model of the Text: Meaningful Action Considered as a Text," *Social Research* 38: 3 (Autumn 1971), pp. 529-62.

王國維自沉對許多的清遺民而言，確實是件相當令人震撼之事。因爲衡諸歷史，和宋、明兩代遺民相比，爲清殉節的人明顯地減少。曾有遜清遺民追索過箇中原因，推斷清代獎勵漢學而詆斥宋學，於是造成士人不講氣節，結果流弊以迄於今[11]。于式枚參與修纂清史時，也指出辛亥革命情勢，「略同於漢唐，迥異於宋明，時局既殊，學說又變」，所以遺臣們「既無必死之路，本無求死之方」，認爲亟難以死節做爲忠義的標準[12]。同樣1915年何藻翔編修廣東方志時，也有所感觸，嘆言：「今日續編難著筆，廣州忠義宋明多」[13]，言下之意認爲辛亥時死義寥寥，紀述遠不及宋明兩代，可謂接近真實的情況。如果我們看到吳慶坻的《辛亥殉難記》、羅正鈞《辛亥殉節錄》，甚至後來所編纂的《清史稿》也可知，其中記載的人物多爲戰亂間軍事緊急，因故自盡或遇害而歿亡的人，真正在平和的情況下爲清室殉節之士，則鮮有聽聞。

除了「殉清」駭人聽聞外，另一項造成驚動清室遺民的因素，是王國維在自沉之際個人的身分和時機。眾所周知，王氏生前並無任何的科舉功名，據說年輕時主要的興趣是在追求新學，非但不屑於時文繩墨，更無意功名[14]。所以當溥儀後來決定封諡王國維爲「忠慤公」，以公爵做爲無任何科名者的封號，大概在清代是史無前例的；以致溥儀晚年時回憶此事，仍自忖該項行爲算得上是「恩遇之隆，爲振古所未有」[15]。非特如此，更讓人不解的是：王國維選擇自沉的時間，既不在辛亥革命之後，也非在1924年溥儀被逼迫出宮的「甲子之變」時，而是在國民革

11 李于鍇，《李于鍇遺稿輯存》，附錄，王樹枏，〈味檗齋遺稿序〉，頁113。

12 于式枚，〈修史商例按語〉，收在：許師慎(輯)，《有關清史稿編印經過及各方意見彙編》，冊上，頁54。

13 何藻翔，《鄒崖詩集：附年譜》，〈過南園示脩志局〉，頁80。

14 袁英光、劉寅生，《王國維年譜長編(1877-1927)》，頁7。

15 愛新覺羅・溥儀，《我的前半生》，頁202。

命軍「北伐」之際。從「君辱臣死」的角度思量，自非適當，無怪乎「殉清」之說引起種種揣測及質疑。

其實早在王氏自沉之前，即有類似的行徑在晚清民初社會引起討論：分別爲吳可讀(1812-1879)、乃木希典(1849-1912)和梁濟，三人自殺均造成輿論轟傳。吳可讀的事蹟發生在清光緒初年，自殺的原因主要是來自帝位繼承的問題。由於吳對慈禧決定以光緒繼統大位抱持反對，所以最後用激烈的尸諫手段表明態度[16]。乃木希典的自裁係有感於明治天皇(1852-1912)崩殂，故而在靈柩啓駕時追隨殉死。該事件是發生在1912年9月13日，時間恰巧於清室遜國未久，最爲遺民所歌頌[17]。而梁濟的個案，原因更直接，則以殉清的理由而來[18]。大抵說來，這三次自殺事件的本質，都和政治因素有關，同時也涉及道德的問題。吳可讀一例正是說明「政治道德化」的體現：因爲帝位的繼承出於慈禧一己私心，無視帝位傳承的合法性，所以吳氏尸諫便具有強烈的道德意味存在，企圖想要以道德感化人君，解決政治糾紛的問題。至於乃木希典和梁濟的事件，不妨可解讀以「道德政治化」做爲目的。以梁氏而言，他的殉清乃殉於世變之故；他看到共和民國的建立，實際上要比帝制時期更爲糟糕，人心不古，逆倫橫行，因此希望通過政治的回歸以返人們純真的道德秩序。

吳、梁二人實例代表政治和道德的問題，在王國維自沉後不久，很

16　吳可讀尸諫始末，有人蒐集過當時朝臣的奏疏言論，詳參：羅惇曧，《羅癭公筆記選》（太原：山西古籍出版社，1997），〈德宗繼統私記〉，頁97-116。

17　松下芳男，《乃木希典》（東京：吉川弘文館，昭和60年〔1985〕）。清遺民歌頌乃木的事蹟，如鄭孝胥做〈吊乃木希典〉詩，分寄日本友人和東京《朝日新聞》；而陳曾壽的詩集中也錄有一首，標榜其不忘君臣之義。俱見：中國歷史博物館(編)，《鄭孝胥日記》，頁1432；陳曾壽，《蒼虬閣詩》，卷2〈聞日本乃木大將殉日皇事感賦〉，頁5。

18　梁濟，《桂林梁先生(濟)遺書》，《遺筆彙存》，頁1。

快地即被他人所聯想和感受到。儘管1925年時梁漱溟(1893-1988)借居清華園，一度爲了編訂父親梁濟年譜，曾向王國維請教過著書體例[19]，可是我們依然難以判斷王氏自沉是否直接來自梁濟的影響。倒是孫雄後來憑弔王氏時，就很敏銳地例舉吳、梁兩位所帶來的歷史記憶，並說三人「是皆能不求生以害仁，而知所惡有甚於死之義者。」[20] 孫氏認定三人「不求生以害仁」，因爲把道德價值淩駕於個人生命之上來看待。然而與此不同是，許多清遺民卻把道德放置在政治的天平來加以測量，他們相信：與其要推崇王國維個人品節高尚，不如將他和忠清立場結合在一起。

定位爲政治的「殉清」之舉

把王國維自沉之舉定位爲「殉清」，無疑當然是以羅振玉爲首的清遺民們。他們表彰殉清的作法，顯然與梁濟自殺的精神異曲同工，是以道德做爲政治化的工具。此下將舉羅振玉、金梁、楊鍾羲和奭良(1851-1930)爲例，說明他們對王氏自沉之事的看法。

眾所皆知，羅振玉對王國維的一生影響很大，兩人關係非但爲姻親，在學問上也亦師亦友。可是，由於羅、王晚年撲朔迷離的關係，甚至有過逼債的謠言傳開，是以羅氏在撰寫王氏生平，當中的文字意涵就非常值得玩味。在王國維自沉後不久，羅振玉即有悼文和相關活動的參與；其中，又以羅所寫的〈海寧王忠慤公傳〉，最受矚目，因爲無疑他是最具資格撰寫王氏傳記之人。在這篇傳記裡，內容主要側重於王國維個人生平，尤其對1922年王氏入宮擔任南書房行走的經過，記載特別明

19 梁漱溟，〈王國維自沉昆明湖實情〉，收在：陳平原、王楓(編)，《追憶王國維》，頁143。

20 孫雄，〈昆明湖曲弔王君靜安序〉，收在：陳平原、王楓(編)，《追憶王國維》，頁84。

白。根據羅氏描述，王所以能夠入宮，實乃他親向升允推介之故。此外，在發生宮門之變、溥儀被逐出紫禁城時，王國維便已有自沉神武門御河的打算。直到後來不幸發生頤和園王氏自沉之事，經過羅振玉努力奔走，代呈封章，溥儀最終決定頒予「忠愨」之謚號，「其哀榮爲二百餘年所未有」。這篇小傳的末段更借升允之口，道盡對王國維一生的評價：

> ……及相國聞公死耗，泣然曰：「士夫不可不讀書，然要在守先聖經訓耳，非詞章記誦之謂也。嘗見世之號博雅者，每貴文賤行，臨難巧辭以自免。今靜安學博而守約，執德不回，此予所以重之也。」嗚呼！相國真知人哉！[21]

觀整段文意，羅振玉意欲強調的是王氏「執德不回」的精神。也就是說，王個人的歷史經驗中，值得重視的是他秉守先聖經訓，尤其對溥儀堅守君臣大義之道。不過，羅氏對王的這段敘事和所賦予的定位，很快地即被人質疑，「逼債說」不脛而走。日後周君適(1903-1988)嘗披露，逼債的說法很可能由鄭孝胥提出，蓋因當時羅、鄭兩人在宮廷的內爭已相當激烈[22]。如果查核業已出版的鄭氏日記，將發現關於王國維自沉之事的記載，只有寥寥數語[23]，似乎並不關心，不免猜測其中是否真如周氏所言。

羅振玉、鄭孝胥政爭造成溥儀「小朝廷」的震盪，其實不小。近人

21　以上均見：羅振玉，《羅雪堂先生全集》，續編，《松翁近稿．丁戊稿》，〈海寧王忠愨公傳〉，頁43-6。

22　周君適，《偽滿宮廷雜憶》（成都：四川人民出版社，1980），頁51。

23　日記中只記載羅振玉前來遞遺摺，溥儀謚封「忠愨」，又說：「北京各報並記其自沉之狀，眾論頗為感動。梁啟超亦為清華教授，哭王靜安甚痛。」見：中國歷史博物館(編)，《鄭孝胥日記》，頁2146-7。鄭氏另有〈輓忠愨公〉，收在：《文字同盟》，4（北京，1927. 7），頁37-8。

研究顯示，羅、鄭兩氏主要衝突點，在於溥儀應否投靠日本的意見上有所分歧之故[24]。王國維儘管未參與其中，但顯然無法置身事外。楊鍾羲、金梁和爽良都不約而同地有類似的回顧，將焦點集中在王氏對溥儀身邊政爭的憂慮上。按照楊鍾羲所言，溥儀決定出走天津之際，王國維原本有意要彈劾某人，就連疏文也都已經草擬，還曾給楊氏過目；結果楊卻表示與人爲善，以「人物凋盡，彼此當互相成就」的理由相勸，王氏於是停止上書[25]。透過楊氏的回憶經驗可知，那時宮廷內確有幾位遺民彼此意見不一、相互傾軋的情形。由於楊與王兩人係同時奉召入南齋行走，所見所聞自然親切可信。另一位奉召入南齋的廣東遺民溫肅，對溥儀該如何出處，立場上也和鄭孝胥迥異[26]，同樣顯示其中的政爭激烈。那麼王國維究竟是想彈劾誰？從他給蔣汝藻(1877-1954)的信中說到「海藏辦事鹵莽滅裂」來推斷，極有可能是鄭孝胥[27]。

直到王國維赴往清華國學院任教，對天津方面溥儀的境況，仍時時感到憂慮，曾有言規勸遷移。日後爽良所寫的墓表即說，王氏先向陳寶琛建言，委請陳氏試圖勸說溥儀，後來陳以「力未能也」告之。之後王相當憤甚，奔告柯劭忞。柯氏除了罪咎王國維詣陳之事外，並無他語[28]。

---

24 胡平生，《民國初期的復辟派》，頁467-8。

25 楊鍾羲，〈誥授奉政大夫賞食五品俸南書房行走特謚忠愨王公墓誌銘〉，收在：陳平原、王楓(編)，《追憶王國維》，頁16。另見：楊鍾羲，〈哀靜安〉，《文字同盟》，4（北京，1927. 7），頁41。

26 葉恭綽(1881-1968)在甲子之變時，曾要溫肅勸說溥儀出國留學，而溫不置可否，後來葉氏始知其實宮內均由鄭孝胥主持一切，溫肅尚在被擯斥之列。見：葉恭綽，〈書溫毅夫集後〉，收在：姜緯堂(選編)，《遐庵小品》（北京：北京出版社，1998），頁329。

27 〈致蔣汝藻〉，收在：吳澤(編)，《王國維全集・書信》，頁399。按：「海藏」為鄭孝胥的號。

28 爽良，《野棠軒全集》，《野棠軒文集》，卷2〈海寧王忠愨公墓表〉，頁6。按：陳寶琛最初的立場與鄭孝胥同，故對王國維所建議無置一詞。見：胡平對於眾人的冷漠以待，王國維幾乎深感痛絕，情況有如金梁所言：

> 公殉節前三日，余訪之校舍。公平居靜默，是日憂憤異常時。既以世變日亟，事不可為，又念津園可慮，切陳左右，請遷移，竟不為代達，憤激幾泣下。[29]

金梁當時在北京參與《清史稿》校刻發刊事宜。由楊鍾羲、奭良與金梁對王國維自沉的敘事得知，三人明顯地把王氏之死放在對忠君的脈絡裡來理解。特別是憂心溥儀身旁權力的爭鬥，以及即將不保的清室。

對「殉清」的認知不一

羅振玉等人以忠君的角度看待王國維自沉舉動，但也不能就此便完全簡化清遺民們的態度。儘管楊鍾羲在公開場合撰寫王的墓誌銘時，表彰王氏個人忠貞氣節，可是事後卻也頗感自沉之舉，其實「愚不可及」。楊氏私下表示的態度很耐人尋味；後來他像王國維一樣，曾致信陳寶琛，希能達到遇事進規的目的，可是情況依舊[30]。由於楊氏的言語過於簡短且隱諱，我們實在無從得知他真正想要表達的意圖。不過，相信楊鍾羲的態度，絕非單獨的個案，因爲遺民劉鳳池即以甫歿的康有爲之例，對此表達不滿之意。劉言：「當臣爲學生時代，直至今日，凡在輿論上所聞者，皆謂康有爲始終不渝，爲清朝第一節臣。如王國維者，向

(續)

生，《民國初期的復辟派》，頁467。

29 金梁，〈王忠慤公殉節記〉，收在：陳平原、王楓(編)，《追憶王國維》，頁80。

30 楊鍾義，《雪橋詩話》，《來室家乘》，頁44。按：楊氏又言：「鄙人揮涕昆明，賸書聽水，成人之美，遇事進規，意本至誠，乃多不悅。」當中「聽水」乃陳寶琛的齋名。

未之聞也。」[31] 他質疑前不久康氏之死而未加諡法，如果有反對力量，基於謀求平和之考量的話，那麼對王氏擅自給予封諡，不免名實不符。

當時也在北京隱居的清遺民郭曾炘，亦有類似的態度及論斷。郭氏日記中有則透露對羅振玉向溥儀要求諡號之舉，頗不諒解，娓娓道出意見：

> 聞王靜安前日自沉於昆明湖。……此次沉淵，乃因赤氛緊迫，恐以後乘輿益無安處之地，憂無計憤而出此。其死與梁巨川相類。然巨川憤共和之失政，在以死諷世，於故國之痛，尚在其次；靜安則純乎忠赤，而大節炯然，又在其上。

幾天後，郭又繼續寫道：

> 歸閱晚報載皇室有王國維卹典諭旨一道，并予諡忠愨，不勝駭愕，不知是真是贋？年來舊臣如呂海寰、張人駿皆無卹典，但獨為此破格之舉，即使出上之意，左右諸臣亦應諫止，況王公自有千古，並不因諡法為重輕。愚見如令詞臣作一篇沉痛之誄文或祭文，轉可感動人心，此等浮榮，徒滋謗議，期期以為不可也。[32]

日記中提到王國維憂心溥儀「無安處之地」，苦思無謀；又言及梁濟自盡之事，說王國維自沉事與之相類，「而大節炯然，又在其上」。仔細

31 中國第一歷史檔案館(輯)，〈劉鳳池致溥儀信函選(上)〉，《歷史檔案》，1997：1（北京），頁68-9。

32 郭曾炘，《邴廬日記》，編頁754-5、756上。

端詳郭氏非議的理由，主要是因王國維在生前並無功名，而死後卻賜予「公」的稱號，顯然爲破格之舉。郭曾炘所舉的相應例子，是不久以前逝世的遺民呂海寰、張人駿二人；反而認爲王氏獲得如此的浮榮，可能將招致他人謗議。此條材料呈現了豐富意涵：其一，對部分強調忠貞精神的清遺民來說，王國維死後的稱號和原來的身分、功名，其實是「名不正而言不順」，所以要求「正名」和「道德政治化」的目的自相矛盾，通過王國維之死事件，出現兩造拉鋸的力量。其次，可知清遺民內部意見紛歧，無論公－私場合，並無想像的那麼一致。

不過大體來說，將王國維自沉賦予「道德政治化」的目標，幾乎爲清遺民們事後共同的想法。金梁再次提供了另一證據，在其撰寫的筆記雜文裡，透露其中意涵。他說纂修《清史稿》時，本來有意想將王國維補入〈文苑傳〉的，但到了準備刊刻史稿時，「乃改歸忠義，蓋出史館公意云。」[33] 由此可知，王氏自沉事件被視如「忠節」之舉，所以負責編纂《清史稿》的遺民們，毫無疑義並且意見一致地把王氏列入忠義傳，蓋有政治的象徵在其中。這也是《清史稿》在體例上後來廣遭批評的地方之一[34]。

第二節　公共輿論

不同於清遺民的看法，社會上解讀王國維於頤和園自沉的舉動，頗有意擺脫「道德政治化」的思考模式。這些「公共輿論」(public opinion)

33　金梁，《瓜圃叢刊敘錄》，《瓜圃述異》，卷上，頁19。

34　特別以王國維做為例子討論的有：陳登原，〈讀清史稿偶記〉，《國聞周報》，14：16（天津，1937. 4），現收在：許師慎(輯)，《有關清史稿編印經過及各方意見彙編》，頁656-8；吳天任，《牧課山房隨筆》（臺北：藝文印書館，1973），卷下〈王國維之死〉，總頁235。

主要來自報紙、書刊或其他私人談話的形式。它們的性質有別於利用「傳狀誌銘」等紀錄資料，歌頌和記載人物事蹟。同時透過知識理性化的過程，公共輿論有時成爲近人所說一種政治性的工具和發明[35]；至於發表這類「文本」的人，無論他們最終認同還是反對王國維自沉的作法，此處也將不加以局限，是放在更廣泛的場域上來看待。

學術生機的斷絕

首先是紀念、追悼文章或刊物。如鄭振鐸人在法國，得知王氏自殺，特意請家人寄來《宋元戲曲史》和《人間詞話》，並欲作紀念文[36]。至於以「王靜安先生專號」爲形式的紀念書刊，後來也陸續相繼出現[37]，無論中、日文出版品皆有。中文方面，例如以清華國學院爲主體的《國學月報》，即是一例。至於日人創辦的刊物，像在北京地區出版的，則有橋川時雄(1894-1982)的《文字同盟》。這些刊物的撰稿人基本上都屬於學術圈內人物，大致可分爲兩類：一爲師友，一爲門生。王氏門生對於自沉之舉，「殊深哀悼」，除相互傳訊外，還徵求輓聯哀詞(如圖6-2)；但有的人態度上則是將王氏「矢忠清室」轉化爲對個人節操的堅持[38]。而向來跟王國維學術活動頗爲密切的日本學者，他們不免強調王

---

35 這部分的討論是參考：Keith M. Baker, *Inventing the French Revolution: Essays on French Political Culture in the Eighteenth Century*, pp. 167-99.

36 鄭振鐸，《鄭振鐸日記全編》，頁61。

37 據初步統計，當時國內出版界有以專號做為追悼，如北平的《世界日報》、《文學月報》、《國學論叢》，及日人橋川時雄辦的《文字同盟》，天津《大公報》，上海《文學週報》、《東方雜誌》、《教育雜誌》等，多不勝舉。見：戴家祥，〈海寧王國維先生〉，收在：陳平原、王楓(編)，《追憶王國維》，頁249。

38 像是戴家祥(1906-1998)便對陸懋德(1888-1961)在《晨報》稱王氏之死說「昧於察今」、「不能忘情於前清」，曾表示不同意的看法。見：戴家祥，〈讀陸懋德個人對王靜安先生之感想〉，《文字同盟》，4（北京，1927.7），頁

圖6-2 清華國學院的同學徵求輓聯哀詞信函

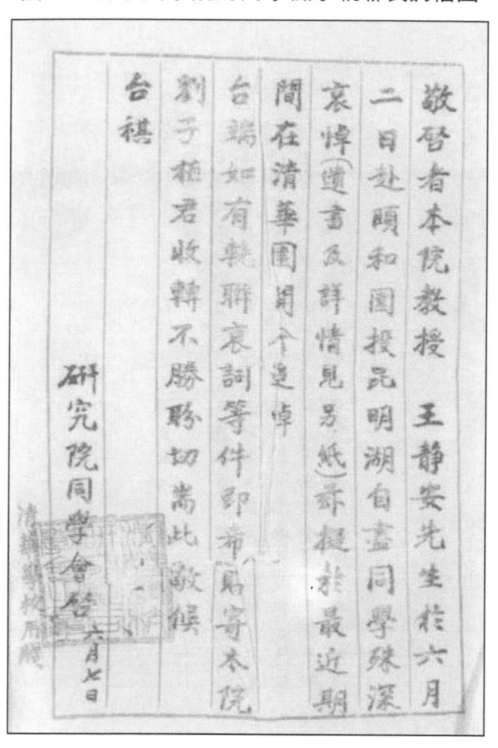

敬啓者本院教授　王靜安先生於六月
二日赴頤和園投昆明湖自盡同學殊深
哀悼（遺書及詳情見另紙）茲擬於最近期
間在清華園開會追悼
台端如有輓聯哀詞等件即希賜寄本院
劉子植君收轉不勝盼切耑此敬候
台祺
研究院同學會啓　六月七日

資料來源：馮永軒(藏)，馮天琪、馮天瑜(編)，《近代名人墨迹》（武漢：湖北教育出版社，2001），頁112。

氏之死與對清廷忠節有關，說王是完人的典型。但需要注意是，令他們更加傷悼的，毋寧爲一位學術名宿的殂逝[39]。

(續)

34。

39 如松浦嘉三郎說王氏之死「以為維綱常於既倒，不僅為一氏一族愛之，非不深悲斯文之厄運也。」（〈斯文之厄運〉，《文字同盟》，4〔北京，1927.7〕，頁25）至於王國維與日本學界的往來，可詳參：何培齊，〈王國維對「京都其次，相較於南、北不同場域的學術圈，當時的人對王國維之死，幾乎深感中國學術生機就此戕絕。蓋因早自1920年代整理國故運動勃興之際，王的學術成績廣受注目；而王氏自沉，似乎也讓人聯想到今後學術究該如何發展的問題。目錄學家倫明(1875-1942/44)曾有這樣的觀察，說那時北京學術界正流傳一句話：「言國學者靡不曰王靜安，幾如言漢學者之尊鄭康成，言宋學者之稱朱子」[40]。如此的說法係以鄭玄(127-200)和朱熹(1130-1200)來形容王氏成就，足以反映國學研究的發展上，王的成就確實受人矚目，儼然執學界之牛耳。這不獨爲傳統舊學家之看法如此，就連強調科學治學的新派學者，也有類似的說法出現。必須指出，新派學者所以推崇王國維的學問，不是從道德的層面而論；相反地，王氏研究的眼光頗得他們欣賞，可能爲主要因素。譬如像王的《宋元戲曲史》這樣一部早期的研究，很大程度上也投合了「五・四」青年探索下層社會百姓歷史的路數。傅斯年就是其一顯例。傅氏在1926年自歐洲返抵國門時，重新購買《宋元戲曲史》並閱讀，「仍覺是一本最好之書，興會爲之飛也」[41]。至於以領導「古史辨」運動而聲譽鵲起的顧頡剛，幾乎同時期亦有此認知。在目前業已公布的顧頡剛日記中，曾表示「靜安先生則爲我學問上最佩服之人」，甚至不只一次致信向王氏問學[42]。經由倫明、傅斯年和顧頡剛之例可以想見，王國維在當時新、

(續)

學派」的影響〉，特別是王氏自沉的反應，見：頁18-31。

40 倫明(著)，楊琥(點校)，《辛亥以來藏書紀事詩》，頁80。

41 這是傅斯年個人藏書的眉批語，引自：王汎森，〈王國維與傅斯年：以《殷周制度論》與〈夷夏東西說〉為主的討論〉，收在：孫敦恆(等編)，《紀念王國維先生誕辰120週年學術論文集》（廣州：廣東教育出版社，1999），頁14。

42 顧頡剛，《顧頡剛日記》（臺北：聯經出版事業股分有限公司，2007），冊1，頁471。顧與王問學來往的書信，見：《文獻》，15（北京，1983. 3），頁11-3；18（北京，1983. 12），頁205-6。

舊學者間，確實具有舉足輕重的地位。無怪乎王國維自沉的死訊傳出，立刻引來議論紛紛。由此也能斷定陳乃乾所說：「這次因王先生死而發生的變化，當不僅限於我個人，或將使全國治國學者的革命生機宣告死刑」[43]，是就實際情況而言的。

惡社會、精神衝突與禮教文化等說法

從知識階層的立場感受王國維自沉，莫過於一起曾在清華國學院共事的梁啓超。梁氏自晚清以來即以政治的言論和主張而富盛名。雖然在「五・四」後，梁已在學術界逐漸失去影響力[44]，又有種種的傳言不利於他，說王的死因與梁有關，是由於他排擠王國維[45]；可是梁氏對王氏選擇自沉不但傷痛亟深，而且另有一番解釋。不少的資料一再顯示：王國維在決定自沉前，可能曾和梁啓超相談北京時局，共同懷有悲觀的想法。非惟如此，王氏甚至可能頗受來自南方如火如荼的革命氛圍所影響。在王氏投湖後不久，時人描述王國維之死，革命風潮北趨即爲主要內容[46]。同樣這段期間，梁也不只一次地和自己的兒女談到：國民革命「北伐」軍一路造成各地的混亂，深恐北方終將重蹈兩湖暴動的覆轍。梁氏對政治抱持消極的態度，其實只是當時北方輿論界的縮影而已[47]，

43　陳乃乾，〈關於王靜庵先生逝世的史料〉，收在：陳平原、王楓(編)，《追憶王國維》，頁67。

44　有過親身體驗及經歷的陶希聖(1899-1988)，便說「五・四」前學術文化界以梁啟超居領導之流，但其後則歸趨胡適，應非虛言。見：陶希聖，〈關於敦請胡先生出任行政院長及其他〉，《傳記文學》，29：5（臺北，1976. 5），頁19。

45　這項謠言首見於日本的川田瑞穗，見：川田瑞穗，〈悼王忠慤公〉，收在：陳平原、王楓(編)，《追憶王國維》，頁399。

46　如周大烈的〈頤和園詩〉，收在：黃濬，《花隨人聖盦摭憶全編》，頁526。

47　相關討論可見：高郁雅，《北方報紙輿論對北伐之反應——以天津大公報、北京晨報為代表的探討》（臺北：臺灣學生書局，1998），頁182-91。

但值得重視。他一度非常擔憂共產勢力的擴張，會造成社會階級間的對立[48]。後來在〈王靜安先生墓前悼辭〉裡，梁啓超還將如此的看法試圖轉化，成爲詮釋王氏之死的原因。

由這篇悼辭的內容看來，梁氏認爲自殺純屬個人道德層面的行爲，然而王國維選擇以自沉來了結自我，其實符合中國人所謂「不降其志，不辱其身」的原則。換句話說，在梁啓超的心目中，王氏自殺師出無名，本來可以選擇不死的；只不過最後的結果乃一己抉擇，因爲既不能將社會屈服，又無法屈服於社會，故決定自殺，不容繼續生存於世。從此一角度觀之，王國維的自沉對梁啓超而言，似乎純爲內在個人衝突的問題，是社會學家涂爾幹(Émile Durkheim, 1858-1917)所稱的「利己主義的自殺」(egoistic suicide)[49]。但是梁接著又說：

> 我們若以中國古代道德觀念去觀察，王先生的自殺是有意義的，和一般無聊的行為不同。[50]

其中判別有無「意義」與否，係把王國維的自殺事件視爲社會問題，特別關聯到整個中國社會知識分子和普羅百姓之間的關係上。這一點形成梁氏解釋對王國維自沉意義上的論調。在後來給子女的信上，梁啓超更直接肯定王葆心(1851-1944)在鄉里被暴民圍毆致死、葉德輝遭槍斃，這些內在的刺激因素都進而促使王決定仿效屈原(340-278B.C.)沉淵之

48 梁啟超，《梁啟超全集》，卷21《家書》，總頁6244、6246-7、6249、6255、6257、6263-5。

49 Émile Durkheim, *Suicide: A Study in Sociology*, trans. by John A. Spaulding and George Simpson (London: Routledge & Kegan Paul, 1987), pp. 214-5.

50 梁啟超，〈王靜安先生墓前悼辭〉，《國學月刊》，8-10（北京，1927. 10），總頁543-4。

例，所以結論是王氏「今竟爲惡社會所殺」[51]。梁氏對王國維死因的解釋，其實也正反映出他晚年自己身爲知識階層的複雜心態，將傳統士人道德和社會的問題糾結在一起。梁啓超對知識階層(用梁氏常用的話，即「中產階級」)的未來，事實上深懷憂心；他所謂的「惡社會」，指的是自詡革命的「黨人」，是打著「打倒土豪劣紳」旗號的真正土豪劣紳，並非指遺民忠於清室之立場，反倒是普羅大眾與知識分子兩者相互對立的結果。如此一來，知識階層素所堅持的道德精神，好像將在政治環境的壓迫下消失殆盡，所以是惡社會殺了王國維。

相較於梁啓超提及自我情感和社會間緊張關係，周作人則以「衝突／苦悶」說來解釋。周氏向來對忠清遺民的批判甚烈。他以批評羅振玉、林紓等人的態度，認定王氏之死乃爲不得不然。周說，王國維雖然是位頭腦清晰的學者，可是卻學做遺民去研究經學，結果致使自己的思想產生衝突，於是精神苦悶。但嚴格來說，周氏還對王國維的學術成就頗感認同，只是他對日人所辦的《順天時報》「稱王君爲保皇黨」，態度是「讀之始而肉麻，繼而『發豎』」，深覺荒謬絕倫[52]。關於周作人的態度，吳宓也有相同的理解。事實的經過證明，吳氏閱讀了《順天時報》後，也對該報報導王國維忠清立場抱持保留的態度。緊接著隔日，吳氏即特別撰寫了〈王國維在頤和園投河自盡之詳情〉一文投至該報，試圖改變王的形象。今從吳宓的日記得知，他寫這一篇文字主要目的係「詳

51　引自：袁英光、劉寅生，《王國維年譜長編(1877-1927)》，頁528。按：梁啟超在給長女信中提到王葆心之死傳聞有誤。有關王葆心生平，可見：中國社會科學院「近代史資料」編輯部(主編)，《民國人物碑傳集》，佚名，〈王葆心(稿本)〉，頁75-7。

52　周作人，《談虎集》（石家莊：河北教育出版社，2002），〈偶感二〉，頁180-1。按：周氏此文乃針對〈繼屈平投江之王國維投昆明湖自殺〉（《順天時報》，1927年6月4日，未見，收在：陳平原、王楓(編)，《追憶王國維》，頁127）而發。

述王先生死節情形，意在改正其新聞之錯誤」[53]。在當時爭相報導、解讀王國維自殉消息的情形下，「改正其新聞之錯誤」絕非僅是意在描述其中經過而已，若是仔細對照《順天時報》先後的兩篇報導(如表6-1)，便可發現：吳宓後來所補充說明的部分，主要是在強調「王【國維】之死志，蓄之已久」，顯然刻意要低調來處理王氏對清室忠君態度，避開清遺民「道德政治化」的問題[54]。

表6-1 《順天時報》兩篇王國維報導的比較

日期 / 內容	1927年6月4日	1927年6月7日(吳宓版)
報導標題	繼屈平投江之王國維投昆明湖自殺：為勝國遜帝抱悲觀無愧於忠，附頤和園以死自了傷心千古。	王國維在頤和園投河自盡之詳情：二日上午自清華研究院赴園，三日下午驗尸收殮停剛果寺。
死因說明	(上略)平常對時局，多抱悲觀，近南軍勢張，王顧慮將來溥儀有何不利，故憤而自戕云。	名儒王國維憤世嫉俗，流〔投〕河自盡等節，已志本報。(中略)王之死志，蓄之已久。(下略)
內容比較	傾向於描述王國維對政治的悲觀，尤其憂慮溥儀處境。	隻字不提溥儀及政治情勢，僅詳於投河與發現經過。

問題是：王國維「蓄之已久」的死志，如果不是爲了清室，那又是爲了什麼原因？吳宓和王國維在清華國學院共事逾兩年，又曾身兼院內主任，不可能無從知曉王的政治態度。除了摒除吳氏自我矛盾的可能性

53 吳宓，《吳宓日記》，冊3，頁347-8。

54 此文亦收在：陳平原、王楓(編)，《追憶王國維》，頁125。

外，還須從他個人對傳統文化的態度來理解。誠如所知，吳宓和他一手經營的《學衡》雜誌，向來主張堅持中國文化本位，反對新文化運動抨擊傳統的立場[55]。因此對王國維的自沉而言，吳氏理解是放在對禮教文化精神的脈絡上。巧得是王氏死後次日，黃節(1873-1935)與吳有段談話，頗可看出其中的端倪。這段引文稍長，但極爲重要，不妨全部引出：

> 下午四時，黃晦聞先生(節)來。宓迎入述王先生死事。黃先生大悲泣，淚涔涔下。謂以彼意度之，則王先生之死，必為不忍見中國從古傳來之文化禮教道德精神，今將全行澌滅，故而自戕其生。宓又詳述遺囑種種。黃先生謂，如是則王先生志在殉清，與彼之志稍異。然宓謂二先生所主張雖不同，而禮教道德之精神，固與忠節之行事，表裡相維，結為一體，不可區分者也。特因各人之身世境遇及性情見解不同，故有輕此重彼者耳。[56]

黃節本爲南社中人，清季時和章太炎等人共同創辦《國粹學報》，鼓吹種族革命，因此對政治的態度是偏向反對清政府的。入民國後，黃並不以參加革命以致通顯，轉而從事教育工作，以宣揚禮教道德爲宗旨[57]。從這段兩人的對話中可以看出：黃節最初在聽聞王國維遺囑的內容時，尚還認爲王的志趣在「殉清」，與己稍異，而後來吳宓則強調所謂「禮教道德精神」與「忠節行事」，看似不容，其實表裡合一，不可區分。

55 這方面研究極多，如：沈松僑，《學衡派與五四時期的反新文化運動》（臺北：國立臺灣大學出版委員會，1984），茲不贅列。

56 吳宓，《吳宓日記》，冊3，頁347。

57 吳宓，〈順德黃先生晦聞事略〉，收在：黃節，《蒹葭樓自定詩稿原本》（佛山：廣東人民出版社，1998），附錄，頁261。

由此得知，吳宓顯然關注的焦點，放在道德精神本身，反將政治傾向給忽略了。因此，「忠節」不與「忠清」劃上等號，至於王國維是否「殉清」，吳氏並不刻意去深化探討，甚至將其傾向於「道德政治化」的看法，只是歸咎於各人身世境遇及性情見解的不同，以輕重比例爲由，一筆帶過。

追求「學」、「仕」分立

最後我認爲最有意思、足以代表社會上共同輿論和想法的人，是先前提到對王國維學問既佩服且尊敬的顧頡剛。顧氏於王氏自沉數月後，也有篇〈悼王靜安先生〉的長文，內容相當豐富。曾有學者談到：這篇文章是顧氏對當時知識分子身分和責任的反思，後來羅繼祖在書中亦形容該文「考慮得很周密，態度也很誠懇」[58]。在該篇悼文的開頭，顧頡剛檢討中國素來的士大夫習性，狠狠地批判了那些兼具學問及政治性的傳統舊式學者。譬如，談到康有爲提倡孔教時，顧氏深表反對，激動地說「我們巴不得他早死」；而在提及浙江省政府沒收章太炎的家產時，也直言：「在我們看來，是罪有應得」[59]。似乎對顧而言，他認爲這些一心只想把學術和政治擺在一起的士大夫文化，實際上卻是讓學問知識無法充分獲得進展，真正妨礙了中國學術。如此的論點反觀到王的一生，始終不曾參與任何復辟運動，也沒有發表過和復辟相關的言論，顧頡剛以爲「他究竟還是一個超然的學者」。在顧氏看來，王國維做爲一位出色的學者，其地位要遠比擔任清室南書房行走的官職來得重要許多。所以從學術的貢獻而言，顧覺得王氏生命與意義，其實已非他個人

---

58 Laurence A. Schneider, *Ku Chieh-kang and China's New History: Nationalism and the Quest for Alternative Traditions* (Berkeley: University of California Press, 1971), pp. 115-20; 羅繼祖(主編)，《王國維之死》，頁104。

59 顧頡剛，〈悼王靜安先生〉，《中國文化》，11（北京，1995. 7），頁283。

所有，而是學術界的公器。

顧頡剛甚至還解釋，王國維之所以會成為忠清遺民，最終原因由於受到環境的逼迫使然。因為中國向來缺乏能讓讀書人安居的環境，王氏為了尋求一處不問世事、專心做學問之地，所以只好一直依靠羅振玉的資助生活[60]。顧氏合理化王氏處境的想法，相信應非特例。當時有公開言論指稱「如王靜安這類人才，無論中國或世界，都應該設一個最最好的辦法待遇他」[61]，以為王的自殺，充分凸顯學界存在此一弊端；後來同樣也有說法認為王國維入宮任職，目的就是為了要一窺內府的珍藏秘笈[62]。但是顧頡剛的說法還不僅如此；他進一步引伸王國維走上自殺之途，其實政府和社會都必須共同擔負起責任。如同以後在別處提出「建立一個學術社會」的呼聲一樣[63]，顧以為王氏自沉之舉，至少有兩點需要省思的：第一、從事學術研究的人應該要追求真正學術的獨立。顧的理想是學者「不擔任學校裡的任何責任，更不強迫他們加入某某黨派」。第二、顧頡剛重新評估學者做為現代知識分子的角色，要求學者應該脫離士大夫的階級，而改加入到工人階級[64]。他說學者進行學術研究，只是如同工人一般，將學問的工作做好即可：

> 我們應該鼓吹一種思想：做文章只是做文章，研究學問只是研

60 顧頡剛，〈悼王靜安先生〉，《中國文化》，11，頁284。

61 袁嘉穀，《袁嘉穀文集》（昆明：雲南人民出版社，2001），冊3，〈我在學部圖書局所遇之王靜安〉，頁569。

62 蔣復璁，〈追念逝世五十年的王靜安先生〉，收在：陳平原、王楓（編），《追憶王國維》，頁153。

63 語見：顧頡剛，〈中山大學語言歷史研究所年報序〉，收在：顧潮（編著），《顧頡剛年譜》（北京：中國社會科學出版社，1993），頁169-70。

64 顧頡剛，〈悼王靜安先生〉，《中國文化》，11，頁285。

究學問，同政治毫沒有關係，同道德也毫沒有關係。[65]

這篇顧頡剛悼念王國維的長文，極具時代的象徵意義。一方面，顧氏呼籲學術獨立的聲浪，恰好將學術社會的需求反映在時代議題上。周作人亦有類似的感觸，說：「治學術文藝者須一依自己的本性，堅持勇往，勿涉及政治的意見而改其趨向」，造成身心分裂[66]。另一方面，知識分子也企圖要改變自我的定位[67]，擺脫傳統「學」與「仕」之間的關連。不過更值得注意，前引的文字內容，強調文章和學術既非具有道德性的意義，也非政治勢力的工具，顧氏毋寧是將王國維的地位置於學術的光譜中來看。他的討論其實忽略了王氏個人在道德與政治的公眾形象。

從顧頡剛有關王國維敘事，如果再回頭看看前述梁啓超、吳宓等人的言論，同樣也可知社會輿論的立場上，他們都把王國維之自沉另作解讀，顯然並非趨以「道德政治化」的取徑而論。不同的立場帶來不同的詮釋，且與傳統看法迥異，道德精神在此擺脫了政治的系譜而出現變化。

第三節　「文化精神所凝聚之人」

擺脫道德放在政治系譜做爲王國維的定論，不得不提到羅振玉和陳寅恪兩人態度上的轉變。前面已談到王國維剛自沉時清遺民們的種種議論，此處需要再進一步將羅振玉的另外兩篇文本加以分析，以辨明其心態上的變化。

65　顧頡剛，〈悼王靜安先生〉，《中國文化》，11，頁285。

66　周作人，《談虎集》，〈偶感二〉，頁180。

67　有關的初步研究，詳參：王汎森，《中國近代思想與學術的系譜》，〈近代知識分子自我形象的轉變〉，頁275-302。

羅振玉態度的轉變

羅振玉的看法產生變化，須自編纂王氏文稿的緣由說起。根據羅振玉年譜記載，王國維自沉之年的7月7日，羅氏開始著手整理王氏遺著。在此以前，王除了曾自編《觀堂集林》20卷交由蔣汝藻刊刻外，其餘已經發表的文章泰半仍未蒐羅，所以羅編得到許多人的矚目和期待。特別關於王國維研究遼、金、元史的討論，也係羅氏增補的重點。後來，由劉大紳(1886-1955)、樊炳清(1876-1931?)等人發起，羅振玉連同王氏的門生趙萬里創立「觀堂遺書刊行會」，「復就其家搜討而整比之，訂為四集」，終於在該年冬天完成《海寧王忠慤公遺書》[68]。有充分的理由相信：羅振玉在纂輯王氏遺著的過程當中，重新檢讀其遺文，再次「發現」了王個人的意義和價值。據年譜的說法，羅氏完成編書時，先後「作遺書序，述靜安遺事數則；又作別傳，錄靜安〈論中西政學異同疏〉全文，以見其政論一斑。」[69] 其中遺書序言和別傳，內容深值討論。

從次序來看，羅振玉先是完成了〈王忠慤公別傳〉。這篇別傳文字撰寫之緣由，與羅氏發現王國維的遺文疏稿有密切關連。羅即在別傳的開頭就說：

> 公既安窀穸，予乃董理公之遺著，求公疏稿於其家。則公已手自焚燬，幸予篋中藏公論政學疏，蓋削稿後就予商榷者，今錄

68　羅繼祖，《永豐鄉人行年錄》卷中，總頁99；羅振玉，《羅雪堂先生全集》，續編，《松翁近稿．丁戊稿》，〈王忠慤公遺書序〉，頁10；洪國樑，《王國維著述編年提要》（臺北：大安出版社，1989），頁152-3。按：「觀堂遺書刊行會」以羅振玉天津寓所為會址，可知參與校刊工作尤多。見：津隱，〈觀堂遺書刊行會之成立〉，《文字同盟》，5（北京，1927. 8），頁18。

69　羅繼祖，《永豐鄉人行年錄》，卷中，總頁99。

其大要。[70]

別傳特別收錄王國維的〈謹陳論中西政學異同疏〉一文，而且幾乎占了絕大部分的篇幅。羅振玉對這一新發現的王氏遺稿相當珍視，非但在別傳中大幅引用，還曾另外附在他處[71]。就書寫形式來說，別傳內容本與一般墓誌碑銘絕然迥異，如同伊格頓(Terry Eagleton)對「情節」(plot)和「故事」(story)的區分一樣[72]，另有寓意。細繹王氏疏文要旨，內容主要爲規勸溥儀，反對學習西方式民主與科學的想法。必須留意的是，羅在別傳的最末處強調：「爰記其說，爲公別傳，俾當世君子知公學術之本原，固不僅在訓詁考證已也。」[73] 由此得見，羅氏藉由王國維的疏文內容，說明王氏學術思想自有所本，與那些素來對王推崇備至的新學家有別。尤其對於新學家整理國故，強調言必考據，但態度上卻尊崇西方式的民主與科學，羅氏表示：王國維的學術不當僅止於此；這同時也是別傳中特別想要著墨的部分。很顯然地，羅振玉這次刻意撰寫的文章，其旨趣頗與〈海寧王忠愨公傳〉不同。而羅氏在短短不到一年之間，

70 羅振玉，《羅雪堂先生全集》，續編，《松翁近稿．丁戊稿》，〈王忠愨公別傳〉，頁46-7。

71 如在羅振玉編的《國朝文範》（在：羅振玉，《羅雪堂先生全集》，編5，總頁6947-6952），以及升允《津門疏稿》（引見於：羅振玉，《羅雪堂先生全集》，續編，《貞松老人遺稿甲集．後丁戊稿》，〈升文忠公津門疏稿序〉，頁18）中。

72 伊格頓認為「情節」和「故事」就敘事形式來說並不相同。他以偵探小說為例，釐清其中的差異，譬如：偵探小說往往是以發現尸體做為全書開始，最後再倒回來揭發謀殺是如何發生，這種事件描寫是把「故事」或行動順序顛倒來運作。見：Terry Eagleton, *Literary Theory: An Introduction* (Oxford: Basil Blackwell, 1985), p. 105. 如果我們仔細推敲羅振玉的這篇別傳，其中文字的敘述頗有如此味道。

73 羅振玉，《羅雪堂先生全集》，續編，《松翁近稿．丁戊稿》，〈王忠愨公別傳〉，頁49。

會對王國維思想敘事的重點有如此迥別，大概脫離不了整理王氏遺書這項無法令人忽視的關鍵因素。

《海寧王忠慤公遺書》出版確實深獲時人廣泛的注目。郭沫若即稱：此書外觀「穿的是舊式的花衣補褂，可是卻包含許多近代的科學內容。」[74] 但有必要留心在這部書的序言，當羅振玉再次描述王國維思想時，重點卻非那些屬於「新」的內容。值得注意係關於政治的部分，羅氏不再集中說明王氏和清室的關係，反而描寫的是針對中國將來走向問題。簡而言之，羅振玉敘事的轉變與現實環境密切相關；如同梁啓超一樣，政局的陡變令羅氏重新思考中國的未來。而序文中最有趣的地方，爲憶述羅、王兩人與沈曾植對歐洲戰事的預測。羅振玉身邊留有王國維歐戰結束後的來信[75]，其中種種意見便成爲遺書序言發揮的題材。當巴爾幹半島戰火初始，羅告訴王有關英、法學者斯坦因(Aurel Stein, 1862-1943)等人來邀講學，將暫待以後。王國維覆信提到對西方的觀感，說歐洲科學已經登峰造極，人人皆意欲競進，實爲西方政治隳壞之主要原因，消極認定戰事將持續久長。後來羅振玉返經上海，在某次聚會的場合，三人再度共同論及歐戰。羅氏重申王國維的看法，沈氏深表同意，但對未來局勢則有不同意見：

> 尚書曰：「然，此戰後歐洲必且有劇變，戰勝之國或將益張其國家主意〔義〕」，意謂德且勝也。予曰：「否，此戰將為國家主意〔義〕及社會主義激爭之結果，戰後恐無戰勝國，或暴民專制將覆國家主義而代之，或且波及中國。」尚書意不謂然，

74　郭沫若，《中國古代社會研究》，頁3。

75　直到戰爭結束後，王國維對西方文化抱持悲觀想法，這可由他給羅振玉的書信得知。見：長春市政協文史和學習委員會(編)，《羅振玉王國維往來書信》，頁437-47各信。

公獨韙之。已而俄國果覆亡，公以禍將及我【國】，與北方某耆宿書言：「觀中國近狀，恐以共和始，而以共產終。」[76]

姑不論羅振玉的敘事是否屬實，藉由這段文字，羅氏說王國維內心恐懼「中國近狀，恐以共和始，而以共產終」。看來日後梁啓超憂慮的問題，似乎早先已在王氏意料之中。而羅氏在此則敘事上，減低王國維對溥儀遜帝的憂慮部分，強化了王在關心中國社會文化走向的問題。

陳寅恪定調爲「文化託命」

如果說羅振玉的態度轉變可能只是一種推論，那麼陳寅恪的例子勢將明白了解：「去道德政治化」是最後對王國維歷史定位的結果。陳氏先後回憶王國維的材料，共有一首七律詩並輓詞、一副輓聯，以及各一篇碑銘與書序。以陳素來提筆謹慎、字字必較的個性而言，他對王國維死後的敘事能夠一再地不吝文墨，可見重視一斑。陳寅恪的七律詩並輓詞和輓聯，分別寫在王氏自沉後不久；輓聯中「贏得大清乾淨水」和七律詩「他年清史求忠蹟，一弔前朝萬壽山」，字句上均明顯語及王國維忠清之意。輓詞則針對許多人討論王氏死因，提出自己的見解。據陳寅恪的想法，他把王國維視爲「文化精神所凝聚之人」，因爲近代中國的社會變遷，造成綱紀無所憑依，「此觀堂先生所以不得不死，遂爲天下後世所極而深惜者也。」[77]

在陳氏看來，王國維的死因和世俗「逼債榮辱」等說法其實無關，不如說是自我對文化託付使命感，而文化遭到衝擊後帶來的結果。當然

76 羅振玉，《羅雪堂先生全集》，續編，《松翁近稿・丁戊稿》，〈王忠愨公遺書序〉，頁11。

77 陳寅恪，〈輓王靜安先生〉、〈王觀堂先生輓詞並序〉等，均收入：陳寅恪，《詩集附唐篔詩存》（北京：三聯書店，2001），頁11-7。

陳寅恪的說法未嘗沒有受到他父親陳三立等清遺民的影響。不過必須留意係兩年後，陳在清華學生的推動下，繼續又完成了紀念碑銘，更明確地表達所謂「文化託命」的說法。這一次碑銘長達約250字當中，銘文有謂「士之讀書治學，蓋將脫心志於俗諦之桎梏，真理因而發揚」，更以知識分子追求「獨立之精神、自由之思想」做爲全文宗旨。有人認爲這段話的目的乃是針對國民黨[78]，不如說實受時代環境的背景刺激而發。可是陳氏又說「先生以一死見其獨立自由之意志，非所論於一人之恩怨，一姓之興亡」[79]，頗値注意，因爲顯然不再以殉清做爲王國維之死的理由了。

對今日讀者來說，紀念碑銘的說辭幾乎被視爲是王國維個人歷史定位的論斷。然而當陳寅恪在行文之時，很可能是頗經幾番深思熟慮後而下筆的。橋川時雄有過相關的回憶，說陳氏私下頗爲相信羅振玉向王國維逼債之說，曾經在碑文原稿裡提到這件事，並以此詢問橋川的意見。後來橋川以爲事涉敏感，不太合適，建議「還是刪除爲好」[80]。橋川個人的憶述誠然有諸多疑點，不能盡信（如文中還提到震鈞〔按：即唐晏〕投河自盡，按：應為梁濟之誤）；只是這段經驗同樣說明陳寅恪對此曾斟酌再三，應毫無疑問。

而陳寅恪對王國維的評價出現變化，或許也與他開始通讀王氏文稿有關。1930年代前後期間除了有羅振玉出資刊印的《海寧王忠愨公遺書》外，趙萬里新編的《王靜安先生遺書》也還在進行之中。陳寅恪此時學

78 陳寅恪，〈對科學院的答覆〉，在：陸鍵東，《陳寅恪的最後二十年》（臺北：聯經出版事業公司，1997），頁109-11。

79 引文均見：陳寅恪，《金明館叢稿二編》（北京：三聯書店，2001），〈清華大學王觀堂先生紀念碑銘〉，頁246。

80 神田喜一郎等，〈追想王靜安先生〉，收在：陳平原、王楓（編），《追憶王國維》，頁395。

術的興趣尚在「殊族之文，塞外之史」，還未完全開闢中國中古史研究的領域[81]，自然不可能沒有讀過有關清中葉以來邊疆民族的史地研究，也絕不會忽略王國維在這方面長年所下的功夫。正因爲如此，由於參與編纂《王靜安先生遺書》工作，得以讓陳寅恪有機會讀到王國維早年對教育的主張。王氏這些相關的文章都是在清末學部圖書局任職時所寫，後來收在《靜安文集續編》裡。如〈教育小言〉謂：「必使道德、學問、實業等有獨立之價值，然後足以旋轉社會之趨勢」，又反對張之洞以「懼邪說之橫流，國粹之喪失」爲由，廢設哲學一科[82]。「獨立之精神、自由之思想」說法事實上呼應了早年王國維清季時對教育與學術獨立的見解，這有著內在的因緣，絕非僅是外在客觀環境所主導而已。

等到1934年《王靜安先生遺書》付梓時，陳寅恪又撰寫了一篇書序。在序言內容中，陳氏再次語及王國維之死。他將王氏死因提升至「超越時間地域之理性」：

> 古今中外志士仁人，往往憔悴憂傷，繼之以死。其所傷之事，所死之故，不止局於一時間一地域而已，蓋別有超越時間地域之理性存焉。而此超越時間地域之理性，必非其同時間地域之眾人所能共喻。[83]

陳將王氏道德精神看做超越時空價值，甚至無視政治的工具性，無論如何，這是擺脫「道德政治化」的範疇，殆無可疑。我們還必須留意到蔣

81 余英時，《陳寅恪晚年詩文釋證(增訂本)》（臺北：東大圖書公司，1998），〈試述陳寅恪的史學三變〉，頁336-9。

82 王國維，《海寧王靜安先生遺書》，《靜安文集續編》，〈教育小言〉，總頁1857-8；〈奏定經學科大學文學科章程書後〉，總頁1817-37。

83 陳寅恪，《金明館叢稿二編》，〈王靜安先生遺書序〉，頁248。

天樞後來的說法。根據蔣氏日後透露，陳寅恪曾親口告訴他：這篇序文最末之處所標誌時間的經過頗有曲折。本來陳氏不欲違反王先生本意，打算不用民國來紀元，但是又因爲出版者商務印書館再版時，決定更換書名，故有所考量之下，不用甲子紀年，遂用西曆[84]。蔣的這段記載蓋別有深意。首先，有關改換書名一事，頗能看出新編的王氏遺書其實有意擺脫政治的傾向。由於先前羅振玉所編的遺書名爲「海寧王忠慤公遺書」，其中「忠慤公」係由溥儀所賜，代表王氏與清室間的關係，可是在後來所編纂的遺書卻不再使用此一名稱，改以王個人的字號取代，以示中立之意。其次，至於西曆的選擇，可能也是陳寅恪歷經深思以後的決定，因爲從書序全篇的文字看來，根本嗅不到任何一絲「道德政治化」的氣息。相反地，陳氏該文完全談的是學術著作可以轉移一時風氣，以及王國維遺書本身的特點。

綜觀陳寅恪對王國維的評價，有一明顯地發展趨勢，即強調學術的氣氛愈加濃厚，對於描述他的政治態度則逐漸程度減低。換言之，有關「道德政治化」的部分已不再是強調的重點。經由上述可知，羅振玉和陳寅恪對王國維自沉的看法和態度有了始料未及的變化。這個變化就是他們都避談道德的政治性，王國維忠貞的道德將不再成爲政治表達和傾向的工具。過去我們在探求這些史料的真相時，往往忽略掉資料本身之間的差異性；若是無視於這些文本彼此間些微的不同，或許將難以得到其中的弦外之音。

小結

84 蔣天樞，《陳寅恪先生編年事輯(增訂本)》（上海：上海古籍出版社，1997），卷中，總頁83。

當王國維投入昆明湖那一刻起，他的歷史定位似乎已決。只是王的自沉行為和時機實在來得太過突兀，以致讓許多認識他的人，都不得不引發這樣或那樣的聯想，於是有關他的死因說法，迄今仍眾說紛紜。後人如果想要找到任何關於王國維決定自沉的理由，都不得不從他那生前的隻字片語，尋覓各種可能性；或從別人有關回憶他生活的蛛絲馬跡資料中，逐步建立完整的構圖。然而，記得巴勒克洛夫(Geoffrey Barraclough, 1908-1984)一再提醒：「我們所讀的歷史，雖說是根據事實，但更嚴格地來說並非事實，而是一連串大家所共同接受的議決。」[85] 當然我們無須像後現代主義學者主張的那樣，苛論任何歷史事實所具備的真實性。可是王國維自沉一事，的確也令人得到如此的印象：每個人似乎都根據自己對王國維的了解及想法，將王氏自殺的原因做出符合自己想法的判讀。令人驚訝的結果竟是言人人殊，各自表述，並且許多臆測和評斷也在此出現。

清遺民對王國維辭世之舉，無疑傾向將道德和政治問題放在同一脈絡中理解。對他們而言，王氏自沉猶如達成忠節完人的目標，是把道德加以政治化的象徵。儘管有部分的遺民不見得同意王氏作法，甚至以為當中封諡的過程粗糙，未符「正名」之意義；可是就政治道德的層面來說，王國維之死的確成為一項政治符號，讓他們可以藉此來鼓吹忠節，甚至成為標榜高尚道德的闡釋架構。相較於遺民的作法，社會上其他的一般輿論，反而企圖擺脫「道德政治化」的手法，以做為一位知識分子或學者的風範強調王國維的人格形象。梁啓超、吳宓及顧頡剛的悼念文章和言論，都充分說明道德和政治無法全然置於同一水平上，加以衡量。反而，他們希望將道德提升到其他層面，而非只是屬於政治的面向。

85 Geoffrey Barraclough, *History in a Changing World* (Norman: University of Oklahoma Press, 1955), p. 14.

雖然每人所談的主題與焦點各異，不過顯然跟「道德政治化」毫無關連。

羅振玉和陳寅恪兩人從編纂王國維遺書的經驗裡，重新給予王氏另一定位。本章試從他們的幾篇文本探討其意見轉變的歷程。簡言之，忠於清室的看法不再和個人道德劃上等號，這在羅、陳兩人後來的文章中都隱約地透露出來。我們必須從他們兩位文字背後的意義，才得以知曉其中奧妙。

經由王國維之死的敘事，可知道德缺乏了政治性場域的發展。「修、齊、治、平」向來是傳統中國士人的理想；講求個人道德的修養，最終目標將與治天下相呼應。所以重視「內聖外王」崇高的道德，不單是士人治學的目的，其背後毋寧也是具有追求完美政治的終極理念。因此，道德成爲士人學術精神之一環，引導中國傳統政治制度的「理性精神」，用錢穆的話來說，即所謂的「學治」[86]。可是如此的關係，隨著中國邁入20世紀後社會許多變革下漸漸分離：道德精神無法經由學術包裝起來，和政治不再存有依附關係，而政治的理念也無須披上道德的外衣。從王國維自沉後眾人討論之例來看，時代環境和氛圍影響人們的處境和活動，甚至包括如何來評價人物行爲，而人們也藉由各種評價所衍生的概念，進而改變或充實原先的內涵。「道德政治化」在民國以後的沒落，至少說明在政治取向裡，道德已經失去了它本來的光芒。新的知識分子不再將追求崇高的道德價值和政治串聯一起，「士」的理想似乎也將終告結束。

86　錢穆，《政學私言》（臺北：臺灣商務印書館，1996，臺二版），〈道統與治統〉，頁79。近人分析錢氏研究中國歷史時，特別注意到學術和政治間的關係，見：黃克武，〈錢穆的學術思想與政治見解〉，《國立臺灣師範大學歷史學報》，15（臺北，1987.6），頁398；林志宏，〈戰時中國學界的「文化保守」思潮(1941-1948)：以《思想與時代》為中心〉（中壢：國立中央大學歷史研究所碩士論文，1997，未刊稿），頁205-14。

清遺民失去道德做爲自身合理和正當性基礎，使得「臣民」觀念無所依據。本書最後將探討他們如何在「王朝」中興和違背「民族大義」的兩難下，以情感抵制的態度參與另一國度：「滿洲國」。

第七章

王道樂土：

情感的抵制和參與「滿洲國」*

文化班頭博士銜，人權拋卻說王權。
朝廷自古多屠戮，此理今憑實驗傳。
人權王道兩翻新，為感君恩奏聖明。
虐政何妨援律例，殺人如草不聞聲。

——魯迅[1]

前言

對邁入1930年代的中國而言，滿洲國的出現無疑令人震撼。除了象徵國土遭受外患入侵外，成立滿洲國同時也正式暴露了中國內部政治認同，出現分歧的情況。尤其不能讓人忍受的是，支持這項國家領土和主權分裂的舉動，竟是1912年業已遜位、而且1924年被逐出紫禁城的清帝溥儀。

---

* 滿洲國為日本扶持卵翼下政權，此世所共知，因此本章敘述時不再另加「」。

1 這只是原詩的一半，引文見：魯迅，《魯迅全集》，卷5《偽自由書》，〈王道詩話〉，總頁40。按：根據許廣平(1898-1968)的說法，〈王道詩話〉乃瞿秋白(1899-1935)用魯迅的名義發表。見：許廣平，《魯迅回憶錄》（北京：作家出版社，1961），頁126-8。

先後維持了14年的滿洲國政權，一直備受學界矚目，有關論著已不少，無法全部陳述[2]。其中有的研究立論，把問題焦點投向殖民現代性(colonial modernity)上，認爲日本將大亞細亞主義這樣的「文明話語」(civilizational discourse)，加以實踐和行動化；而滿洲正是日人做爲開拓其帝國疆土的新天地，甚至包括了市政的建設及規劃，亦無不受到影響，呈現類似日本風格的一種融合現代性質建築色彩[3]。但最令我們深感不解的是：相較於日本，中國內部到底具有怎樣的動機和力量，可以促使參與這個政權的人，願意甘冒「分裂國土」的罪名，逕而支持此一活動？

人類危機及災難的發生，往往不見得是爲了生存而引來仇恨，有時關鍵反而在彼此相互的不了解。若從如此的角度釐清上述問題，將會發現：顯然滿洲國當中所涉及的文化和政治等敏感問題，無法純然用近代民族國家(nation-state)的形成來理解。杜贊奇在最近出版的新書裡，嘗

2 可見下列有關的研究回顧：張錦堂，〈日本戰後研究「九・一八」事變和僞滿洲國的主要書目和論文索引〉，《中國現代史(複印報刊資料)》，20（北京，1981），頁69-72；山根幸夫(等編)，《增補近代日中關係史研究入門》（東京：研文出版，1996），頁229-75；塚瀬進，〈中国における滿州国史研究の狀況：1990年代を中心に〉，《近代中国研究彙報》，21(東京，1999)，頁85-95；山根幸夫(主編)，田人隆、黃正建(等譯)，《中國史研究入門》（北京：社會科學文獻出版社，2000），頁1188-98。至於研究資料方面，參考：井村哲郎，〈滿洲国関係資料解題〉，在：山本有造(編)，《「滿洲国」の研究》（東京：綠蔭書房，1995），頁535-605；岡村敬二，《「滿洲国」資料集積機關概觀》（東京：不二出版，2004）。

3 這方面研究的代表，如：駒込武，《植民地帝国日本の文化統合》（東京：岩波書店，1996）；Louise Young, *Japan's Total Empire: Manchuria and the Culture of Wartime Imperialism* (Berkeley and Los Angeles, California: University of California Press, 1998); David Vance Tucker, "Building 'Our Manchukuo': Japanese City Planning, Architecture, and Nation-Building in Occupied Northeast China, 1931-1945" (Ph.D dissertation, the University of Iowa, 1999).

試以滿洲國爲例，回答「國家建構與認同」雙重進程的問題。他指出，滿洲國的個案，不僅凸顯出日本假借傳統，掩蓋其帝國主義和殖民主義的本質，並且說明，所謂的「東亞現代」（East Asia modern），其實經由包容過去來展現進步的一面，也創造了滿洲國人的政治認同。這本深具啓發性的論著，重新將20世紀東亞地區國家主權、文化認同與帝國主義間複雜關聯，乃至知識生產和國族政治的互動，做出深刻的分析；但遺憾的是，他的研究中看不出來自中國東北內部民眾的聲音和想法[4]。

當然，要考察如此極爲繁複的問題，確實存在特殊的困難。探討處於政治邊緣的清遺民，非但有助了解滿洲國成立這段歷史中他們扮演何種關鍵性角色，更可認識當時中國政治文化複雜的風貌。通過遺民的政治認同和情感，本章嘗試處理幾項疑問：首先，要了解1930年代清遺民面臨的時代問題爲何？在這些難題的背後，他們又歷經哪些心態上的變化，爲什麼會選擇參加滿洲國之列？最後，基於民族大義的立場，加入滿洲國的遺民，到底怎樣環顧他們的理念和維護總體利益？藉由上述幾點，我們或可增加中國內部民眾對建設滿洲國的意見[5]，尤其那些過去所忽略的潛在政治傾向和動因，提供進一步的解釋。

第一節　來自赤化之憂患

1920年代的國際赤潮與中國

4 Prasenjit Duara, *Sovereignty and Authenticity: Manchukuo and the East Asian Modern*, pp. 2-6; 評論見：陳永發、沙培德，〈關於滿洲國之建構〉，《中央研究院近代史研究所集刊》，44（台北，2004. 6），頁180。

5 相關研究亦可參見：Rana Mitter, *The Manchurian Myth: Nationalism, Resistance, and Collaboration in Modern China* (Berkeley and Los Angeles, CA.: University of California Press, 2000).

滿洲國的出現，不獨顯示中國政治產生危機，還應納入到國際社會的環境背景中。1920年代全球最受矚目的現象，實與共產勢力的崛起有關。眾所周知，第一次世界大戰結束之前，革命的馬克思主義者成功地推翻了俄國沙皇政權。這場發生在1917年的社會革命，非但改寫了俄國命運，還造就出人類歷史上一黨專政的特殊政治體制。隨著戰後民主呼聲的高漲，革命訴求也開始急遽地激進化，透過以制度性的組織和理論，結合並擴大民眾的政治參與，成爲各國新的趨勢和潮流。換言之，俄國是將無產階級革命的理念向外輸出，使得共產主義成爲全球性的意識型態及思潮[6]。後來中國政治局勢發展，便爲顯例。

受到俄國革命影響，整個1920年代裡，中國知識階層和民眾無不被這股赤色風暴所感染。一項最近的研究業已指出，左傾的言論逐步瀰漫在「五・四」以後知識界的思想氛圍裡，使得知識分子對自我的責任和地位，產生了一連串地懷疑與貶低[7]。這種情況非獨發生在同一世代之間，而且還以垂直的方式向下影響。根據當時人們記載，即連思想向來被視如「保守」的馬一浮(1882-1967)，也相當熱中所謂「新經濟」，閱讀甚多有關書籍，並且還能與中學生高談闊論俄國新主義[8]。我們也可以看到，從菁英分子如北大教授陳獨秀、李大釗(1889-1927)等人成立中國共產黨，強調勞工神聖的想法，乃至民間接連發生罷工事件，在「革命」的口號和呼聲此起彼落之中，1920年代的中國社會開始形塑全

6 Theda Skocpol, *States and Social Revolutions: A Comparative Analysis of France, Russia, and China* (Cambridge, New York: Cambridge University Press, 1979), pp. 206-35; Frederick M. Watkins and Isaac Kramnick, *The Age of Ideology: Political Thought, 1750 to the Present* (Englewood Cliffs, NJ.: Prentice-Hall, 1964), pp. 82-91.

7 王汎森，《中國近代思想與學術的系譜》，〈近代知識分子自我形象的轉變〉，頁289-94。

8 夏承燾，《夏承燾集》，冊5，《天風閣學詞日記》，頁193。

新的政治文化。

但是須知：這樣的政治情勢，使得中國處理國際關係時，也產生諸多考量，譬如和有著一衣帶水之隔的鄰近國家日本，便有路線之爭。日本自從辛亥革命後，爲了解決國內日趨嚴重的經濟危機，至少對滿蒙地區有過三次圖謀的行動[9]。而當中國內地市場的地位又逐漸重要時[10]，也使日本政府不得不想要加緊鞏固雙方關係：一方面，實行所謂大陸政策，要求中國執政當局配合其殖民理想；另一方面則以「中日合作」爲名，共同防止赤化運動。因此兩國的外交關係，面臨一刀兩面的抉擇，不是合作就是敵對。如同入江昭指出，中國執政當局在當時全球思潮的激盪裡，後來選擇了一條與日本發展完全迴異的道路[11]。反觀部分清遺民也是在1920年代中國政治激化之下，逐漸形成恐懼的淵源，邁向抑制赤化思想和「防共」，最後決定參加滿洲國。

赤化衝擊下的清遺民

早自1919年，羅振玉就警覺赤化將帶來若干衝擊。當時羅氏甫從避居八年之久的日本準備歸國。在一次偶然的離別談話中，好友犬養毅(1855-1932)向羅詢及相關事宜。根據羅事後所憶，他跟犬養氏的對話中，彼此對赤潮未來發展有著截然不同的認知。當羅振玉提及歐戰告終，赤化遽興，恐將禍延東方，並表達了希冀日本政府應提前注意時，犬養毅則對整個環境情勢覺得樂觀。犬養氏的看法以爲，東方素無所謂

9　梁敬錞，《九一八事變史述》（台北：世界書局，1995），頁2-3。

10　據研究，1930年代的中國已是日本僅次於美國和朝鮮的第三大出口國，並且也是日本海外最大的出口市場。見：Chalmers Johnson, “The Patterns of Japanese Relations with China, 1952-1982,” *Pacific Affairs*, 59: 3 (1986), p. 404.

11　Akira Iriye, *China and Japan in the Global Setting* (Cambridge: Harvard University Press, 1992), pp. 81, 88.

共產或赤化的看法，不致因此遭受波及。可是羅氏的回答卻讓犬養頗感震驚。羅謹慎地表示，其實今日所謂「嶄新」思想，尤其像是蘇俄的提倡「產業國有」與「無產階級政治」，在中國歷史未必沒有先例，並舉井田制度和《孟子》思想等爲證[12]。這段日後出現在羅振玉《集蓼編》的文字，儘管沒有向犬養毅明確地預言赤化潮流能否在遠東大興，可是卻顯示了羅的心理狀態，說明他對此深感憂心。

返抵國門後的羅振玉，由於某些因緣和機遇，開啓了帝制和「防共」的鎖匙，而且把兩者的關係連結起來。就在1919至1920年間，羅經由升允私下介紹，兩度前往青島、旅順，會見沙俄故將謝米諾夫（Nicholas Semënov, 1890-1946），還拍照留存紀念[13]。謝米諾夫是當時流亡的白俄軍事首領，向來主張君主立憲制，經常活動出沒於東亞地區，圖謀恢復沙皇帝制[14]。羅氏所以風塵僕僕趕來面晤謝米諾夫，用意頗値玩味。除了以恢復中、俄兩國帝制做爲共同信念來尋求政治盟友外，防止赤化恐怕亦是無法忽略的理由之一。

幾乎同時，劉廷琛、陳曾矩也深慮赤潮的影響。1921年，劉廷琛致函吳佩孚表示，民國紛亂係「今人大抵假新說以徇私，雖亡國不恤」。那些紛擾且形形色色的學說、主張，對劉來說，非但造成人心浮動，更令國家難以長治久安。劉氏信裡同時對時興的思想潮流，深表不屑；尤其過激的共產主張，乃至大同之說，最感憂憤，明白指稱「侈言大同，直夢囈耳」，顯見反對之意。爲了解決治安之道，劉認爲唯獨整肅綱紀一途；而維繫綱常，則又非篤信孔孟之說不可，故乃言：「吾黨，孔孟

12 羅振玉，《羅雪堂先生全集》，編5《集蓼編》，頁37。

13 羅繼祖，《蜉寄留痕》，頁76。

14 Brian Crozier, *The Rise and Fall of the Soviet Empire* (Rocklin, CA.: Forum, 1999), p. 26; 有關白俄的研究，參考：Paul Robinson, *The White Russian Army in Exile, 1920-1941* (Oxford: Clarendon Press, 2002).

耳」[15]，堅持以孔教對抗赤化問題。陳曾矩則在〈論世運之轉變〉中表達同樣意見，檢視當時人們崇尚民主政體、又對赤焰感到徬徨的心態，不以爲然，視此「迷惘危殆不安之象，至斯而極」。陳氏看法只有訴諸孔子之道，「爲能得其當由之路耳」，還預測此刻是大行的時機，說其目的「非徒以爲中國，亦將以拯全球于倒懸也」[16]。

羅氏等三人經歷，爲我們串成一幅構圖：逐漸壯大的赤化潮流，開始席捲中國各界，即連清遺民亦無法置身事外。爲了因應這套外來的思想學說，他們從傳統的思想資源中找尋武器，表示惟有孔孟學說才足以克服。滿洲國宣稱結合傳統的精神內涵，某種意義正可由此探知（詳後）。而羅振玉的個案還說明：在共同的心理基礎之上，只要立場符合，「防共」便成爲基準點。因此羅希望向日本尋求外援，似乎宣告後來日、滿兩國合作抵禦赤潮，形成必然的趨勢。

赤流步步侵逼，深化了中國社會內部的分歧；到1920年代中葉，赤化活動和發展竟爾邁向了另一高峰。與清遺民密切相關的事情，厥爲1924年溥儀被逐出紫禁城。這場充滿戲劇性的政治事件，其實也跟共產勢力的發展有關。當中的關鍵人物馮玉祥，因爲單方面破壞「清室優待條件」，結果成爲遺民所指的元兇[17]。然而，南方的國民黨曾公開讚揚此次馮氏舉動；不難想像，當時國民黨黨魁孫中山決定採行「聯俄容共」

15　劉廷琛，《劉廷琛文稿》，〈致吳子玉書〉，未標頁碼。

16　陳曾矩，〈論世運之轉變〉，收在：湖北文徵出版工作委員會（主編），《湖北文徵》，卷13，頁55-6。

17　沙培德，〈溥儀被逐出宮記：一九二〇年代的文化和歷史記憶〉，收在：中華民國史料研究中心（編），《一九二〇年代的中國》，頁20-1。王國維給友人信中，也傳達赤化之禍與出宮事件的關連。見：狩野直喜，〈王靜安君を憶ふ〉，《藝文》，18：8，頁43。康有為甚至以「南孫北馮，厲行俄化」，形容溥儀遭到共產勢力的壓迫。見：湖南《大公報》（長沙），1924年12月6日，第3042號，〈康聖人因溥儀事大罵馮玉祥〉。

政策，故輿論看待馮玉祥的政治立場，認定其已接受赤化。日本方面抱持這樣看法的人頗多，甚至直到1928年，馮氏已響應蔣介石清共，仍有如此說法，令他不得不辯解[18]。清帝被迫出宮，顯然帶給忠清遺民偌大的打擊；而防制赤化之患，也成為清帝和遺民們共同的訴求和言論。

面對赤潮襲來，清遺民苦思因應之道。1925年春，伍莊(1881-1959)受康有為委託，前往雲南昆明與唐繼堯(1883-1927)聯繫，原因不願見到共黨思想荼毒中國東南半壁[19]。另外，柯劭忞及王樹枏的反共策略，亦是顯例。同年12月，徐樹錚(1880-1925)遇刺身亡，此事轟傳一時，且議論指向係馮玉祥所為。據說馮氏所以加害，動機實與徐氏個人的反共態度有關。有趣的是，柯、王兩位先後撰寫徐氏傳記，都不約而同地提及相關情節。王在〈遠威將軍徐府君家傳〉中，描寫徐樹錚與蘇俄外長討論俄共政體，斷定「誤己誤人，萬難持久之故」[20]。至於柯氏的說詞比較詳盡，文中寫著：

> 與俄外長翟趣林論政，翟侈言蘇俄粄新法昔所未有。公曰：「中國數千年以前之制也。時有變遷，豈能沿襲？」翟憮然謝曰：「命之矣。」自海外歸，忌者益欲致公於死，而公不知也。[21]

柯、王描述這段經歷，無非想凸顯徐反對赤化的立場。然而，柯劭忞的字裡行間卻耐人尋味，特別陳述徐氏所謂俄共「新法」，實乃中國數千

18 馮玉祥(著)，中國第二歷史檔案館(編)，《馮玉祥日記》（南京：江蘇古籍出版社，1992），冊2，頁476。

19 胡應漢，《伍憲子傳記》（香港：作者印行，1953），頁15。

20 王樹枏，《陶廬文集》，卷15〈遠威將軍徐府君家傳〉，頁23。

21 柯劭忞，〈遠威將軍陸軍上將蕭縣徐公墓誌銘〉，收在：徐道鄰(編述)，徐櫻(增補)，《徐樹錚先生文集年譜合刊》（台北：台灣商務印書館，1989），總頁157-8。

年前舊制，斷無承襲的必要。如果對照後人編寫年譜中的日記資料所載，發現並無類似強調說詞[22]，足見有可能爲柯氏自己杜撰，甚至是他欲藉「西學中源」，極力應付「防共」的對策[23]。

赤化風氣讓許多遺民原來士紳的身分，此刻遭逢前所未有的挑戰。有幾處例子，頗可顯示他們的內心厭惡共產學說。先以廣東的遺民陳伯陶爲例。當1925年6月香港發生大罷工時，港督爲了防制赤黨分子趁機煽動，特別實施個人書信的管制和檢查。據聞某次有封來自陝西的信，署名收信人陳伯陶，安檢人員以爲陳氏乃前清遺民，斷不可能與「赤化」分子有所交往，亦與罷工無關，故商議後決定轉致[24]。這個例子雖無法證實陳是否反共，但可以想見，港府的杯弓蛇影之舉，背後顯示當時人們普遍的印象。另一處證例來自湖南的趙啓霖。同一年趙氏有詩，傳達與共產涇渭分明的心態。趙給友人的和答詩中言：「又值大儺時候到，莫將朝服對鄉人」，附註還順便提到「時農民會勢張甚」[25]。這寥寥幾字，恰巧反映赤潮的影響，尤其後句「莫將朝服對鄉人」，更須措意。「朝服」意味身著清裝，自然要引人側目。

22　徐道鄰，《徐樹錚先生年譜》，收在：徐道鄰(編述)，徐櫻(增補)，《徐樹錚先生文集年譜合刊》，總頁366。

23　不過，柯所謂的「防共」策略，未必深獲其他遺民贊同。譬如，爽良便提出質疑和反駁，說：「所謂用蘇俄者，周耶？秦耶？更上誣夏商耶？古之聖帝明王大經大法，昭垂與日月同光，百世不易；雖以詐力之秦，而會稽刻石，切切然於婦貞夫義，反復誥誡，倫紀之常，未敢少斁。往籍具在，可覆按也。異哉！彼蘇所為，為萬國所不屑道，乃薄中國比而同之，以誣我古先哲王，奚可哉？徐不足責，【柯】學士讀書人也，著書人也，其文足以為口實，其言易以誘惑後學，非小失也。余故明著其年，以為天下正告焉。」見：爽良，《野棠軒全集》，《野棠軒文集》，卷5〈答或問〉，頁7。

24　陳謙，《香港舊事見聞錄》，頁40。

25　趙啟霖，《趙瀞園集》，卷6〈敏齋示乙丑正月見懷之作，次韵和答〉，總頁290。

赤潮帶來士紳和下層民眾的對立，也使得清遺民承受另一波衝擊。1927年春天，忠於清室的楊圻做了首詩，一針見血地描述當時境況，有句云：「烽火滿江國，共產說紛糾。小邑頗饒富，驚避已八九」[26]，形容赤化造成社會貧富的對立和動盪，富裕小康之家於是驚慌走避，成爲普遍情形。而許多遺民的家中，也傳出遭到無辜的事端波及。譬如1927年1月鄭孝胥日記裡記載：溫肅家鄉中的父、兄、子三代，無一倖免，均爲共黨捕去。爲了處理此事，溫氏連忙找人營救，情況甚急[27]。

清遺民在這場時代鉅變裡，紛紛被迫改造換裝，成爲妨礙社會進步、阻撓人民的「反動者」，飽受身家性命之危。湖南長沙的葉德輝遇難被害，據稱所犯的刑律爲「帝制嫌疑」，家中洗劫充公[28]，即是眾所周知的實例。這件事帶給傳統士紳若干影響，毋寧相當惶恐。金天翮(1874-1947)綜合了幾位親眼目擊者的資料，描繪當時場景：

> 國民革命軍之逾嶺也，挾共產黨與偕，黨徒無訓練，椎埋惡少，所至糾農人及諸市井傖荒，讙噪以入縉紳之家。既陷長沙，執先生幽之別室，亦無意殺之也，欲折其氣。其魁曰郭某，樹黨旗於廣場，召先生使屈膝下。先生奮然曰：「吾頭可斷，膝不可得而屈也。」魁怒，乃號於眾曰：「有贊成殺葉某者，舉其手。」眾手畢舉。乃戲先生曰：「汝尚能作書以鳴不平耶？」曰：「能。」即操楮筆，以俳句成聯，詬諸黨徒。執筆起，慷慨就死，顏色不變。[29]

26 楊圻，《江山萬里樓詩詞鈔》，〈丁卯早春南歸述懷詩四十韻〉，頁505。

27 中國歷史博物館(編)，《鄭孝胥日記》，頁2129。

28 田岡正樹，〈葉郎園歿後之消息〉，引自：王雨霖，〈《遼東詩壇》所載葉德輝死事〉，《書屋》，2006：1（長沙），頁51。

29 錢仲聯(主編)，《廣清碑傳集》，卷18，金天翮，〈葉奐彬先生傳〉，總頁引文相當戲劇化，雖僅兩百餘字，卻具體而微地凸顯出：清遺民面對這樣「恐怖」政治的時局，處境只有愈形困難。郭曾炘日記即言「歷朝鼎革後之禍，無此慘也」，甚至希冀像辛亥政權轉移時，避地滬瀆以求安居都不可得[30]。就連當時的周作人也承認：帝制時代享受平等自由的空氣，「與此刻現在的中國相較，的確要好一點，至少那時總不是恐怖時代。」[31] 質言之，這已不僅爲政權轉換的問題，還是社會體制和性質業已改變的現實。

儘管在政治上，南京國民政府接連發動清共和分共，甚至開始全面進行剿共，然而，赤化的活動和情況此起彼落，形成無法抹滅的陰影。1928年「東陵事件」發生，更激化了清室和國民政府間的緊張及矛盾。忠於清室的遺民紛表憤慨，非惟視如「群盜世界」，還臆測國府「決難成事，恐共產黨又作蠢動」[32]。爲了因應這「古今未有之奇變」，遺民無法再相信民國政府，反而寄望重新打造一個新的理想國度。

清遺民在1930年代的「防共」策略

所以1930年代起，清遺民自然敵視共產學說，設法抵禦和抨擊。王季烈，這位在張勳復辟時受邀共襄盛舉，卻以「待今上成年」爲由拒絕

(續)

1266。

30　郭曾炘，《邴廬日記》，編頁749-50、786。

31　周氏係針對北方某巨公談話所提出的感想，見：王不遐(周作人)，〈閒話三十一：請教歷史家〉，《語絲》，112（北京，1927. 1. 1），頁17。至少1926年3月18日發生段祺瑞政府對學生開槍射擊，恐怖時局便引起周作人各種揣測和不安，而有類似的言論。可見：張菊香、張鐵榮(編著)，《周作人年譜》（天津：天津人民出版社，2000），頁314-5。

32　語出自：郭曾炘，《邴廬日記》，編頁836上。關於東陵事件帶來清室對民國態度的不滿，詳參：愛新覺羅・溥儀，《我的前半生》，頁228-33；喻大華，〈論民國政府處理遜清皇室的失誤〉，《史學月刊》，2000：3（鄭州），頁51-6。

的遺民，滿洲國成立後遂舉家遷移大連，擔任內務官一職[33]。他後來不久在奉天金州講演《孟子》，特別針對赤化現象，提出糾謬要「撥亂反正」。王氏謂時興「並耕」的說法，假託神農、許行之言，欲使君臣並耕，廢上下之秩序，宣稱此乃「今日爲中國之大害者」。王以爲這些言論，無疑激化社會內部的衝突；蓋人類本來就存在勞心－勞力之別，故要求平均貧富的構想，講究個人平等自由，希圖去尊卑、廢長幼，不啻形同洪水猛獸。更可怕是，少年子弟受此異說影響，紛紛靡從。王季烈對此現象表示憂慮，指稱要解決這「世界之亂源」，非昌明聖賢之教不可[34]。另一次講述類似觀點係於滿洲國成立後，當時的王季烈爲孔學會闡揚孔子之道，也針對文明進步及崇奢風氣提出批判。王並不滿足於追溯孔子學說精義，相反地，當他講解「孔學」時，對話對象卻是現實環境和社會。王氏尤其反對鉅商進行壟斷兼併，指出唯有如此，才能真正徹底遏止赤化禍患，共產學說不攻自破[35]。

王季烈的兩次講演，實際上處於滿洲國建立的前後，證實赤潮帶給清遺民心中的恐懼感，並非空穴來風。據此可以進而推定滿洲國的出現，無疑與「防共」心理有關。我們還可自羅振玉的經驗得知。約莫當1932年期間，羅氏爲溥儀親擬電文中云：

> 自辛亥革命，改君主為共和，宜若可得國利民福矣。乃二十年來，內戰不已，死亡枕藉，復刮民脂膏以充軍費。……今推求禍始，自改政體為民主，人人皆有總統之望，於是人欲日肆，

33 王季烈，《螾廬未定稿》，卷首〈(寶熙)序〉，頁3；內尾直昌(編)，《康德元年版滿洲國名士錄》（東京：株式會社人事興信所，昭和9年〔1934〕），頁29-30。

34 王季烈，《螾廬未定稿》，卷2〈孟子講義‧有為神農之言者全章〉，頁17-9。

35 王季烈，《螾廬未定稿》，卷2〈孔子之道為千古政教之準則〉，頁29。

不奪不厭。總統復變為委員制，委員制將復變為共產制。暴民專制之害，遠過於君主獨裁。今欲挽此狂瀾，亟須恢復帝政。[36]

這段話替溥儀找到合法性基礎，也點出了滿洲建國最初的緣由所在，應該注意的是強調對「暴民專制」和共產的恐懼。同樣情況發生在其他參與滿洲政權的遺民身上。根據羅繼祖個人回憶，業師宣鐸要他嘗試撰寫一篇「日本變法而強，吾國變法而弱，其故安在？」題目的論說文。宣是清遺民葉爾愷的表弟，當時亦加入滿洲國的行列。受到來自家庭與教育的影響，羅繼祖自然在文字陳述上，涉及復辟中興之途，並論民國的革命造成民不聊生云云。但令羅印象特別深刻的是，宣鐸還在改筆中提及馬克思(Karl Marx, 1818-1883)和列寧(Vladimir Ilich Lenin, 1870-1924)兩人名字[37]。由此不難想像，赤化衝擊散播於遺民的想法中，可能也係他們決定投效滿洲國的動力之一。

總結起來，當1933年報紙披露滿洲國與日本將簽訂「中華聯邦帝國密約」，其中方案的第一條，明白提到滿洲國的政治走向：「現在世界只有兩種國家，一種係資本主義，英美日意法，一種係共產主義，蘇俄。現在要抵制蘇俄，非中日聯合起來……不能成功。」[38] 條約簽訂固然基於雙方共同認知，卻亦適切說明籌組滿洲國反共、防共的基調。甚至時人認知裡，同樣頗能加以印證；例如一向堅持反共的何鍵(1887-1956)，也從正面的角度看待滿洲建國，認定終將對國民政府剷除共產勢力有所

36 王季烈，〈羅恭敏公家傳〉，收在：中國社會科學院「近代史資料」編輯部(主編)，《民國人物碑傳集》，頁558。

37 羅繼祖，《魯詩堂談往錄》，頁173-4。

38 這是轉載自中央社消息，見：《申報》(上海)，1933年3月19日，第3版，〈荒謬絕倫之暴日陰謀方案〉。

助益[39]。我們從清遺民的政治傾向看來，參與滿洲國是他們面對現實環境下，不得不然的抉擇或取向：既爲了防止「共產赤禍」，也是爲了完成復興清室的夢想。但這裡還須進一步說明，在宣洩積壓已久的反民國情緒中，遺民又得如何擺脫民族的情感和束縛？

第二節　國家和朝廷的兩難

無論支持與否，滿洲建國讓清遺民產生效忠國家和朝廷的兩難。以效忠朝廷的觀點而論，完成中興恢復清室大業，固爲許多遺民長期來夢寐以求的理想；可是要支持並建立如此國度，必須付出代價，倚賴且聽從日本武力的支配。站在民族大義的立場，他們究竟怎樣平復箇中的矛盾和衝突？

「九・一八」事變前後的復辟契機

根據莊士敦供稱，溥儀離開紫禁城之前數年，曾透過多方管道接觸外國人士[40]。這些平日的拜謁來往，與其說爲了達成某種政治目的，不如說是替清室製造輿論，尋求外援而發。也正因爲如此，遜國後的清室得以開啓與日本的外交。就在1923年的秋天，東京發生大地震，傷亡慘重，舉世震驚。當時擔任清帝師傅的陳寶琛，經由早年在東文學社結識的日人池部政次得訊，從旁鼓動溥儀，公開任命赴日使節，並致電天皇，表達慰問、助賑之意。此舉讓原來雙方早已斷絕的交誼重新恢復[41]，據

39　高原（等編），《何鍵・王東原日記》（出版地不詳：中國文史出版社，1993），頁152。

40　Reginald F. Johnston, *Twilight in the Forbidden City*, p. 348.

41　溫肅，《溫文節公集》，卷3《檗庵文集》，〈陳文忠公小傳〉，總頁172；葛生能久，《東亞先覺志士記傳》（東京：株式会社原書房，昭和41年〔1966〕），

溥儀後來自承，目的其實想運用社會輿論，展現「皇恩浩蕩」，藉以博取國人注意和同情[42]。儘管不久後清室遭到驅出皇宮，卻因此埋下日後滿洲國成立的命運。

歷史發展經常出乎人們意料之外。當中國境內處心積慮想剷除像溥儀這類的眼中釘時，沒料到反而推波助瀾，幫助他人實現了政治野心。清帝被迫離開紫禁城，找上駐華公使芳澤謙吉(1874-1965)協助逃亡天津[43]，結果愈發使得與他關係日漸密切的日本，意欲利用這顆棋子，達成建立「滿蒙王國」的構想。至少從1926年初，有關言論已相繼展開。譬如，結合了日本官員、學者及政黨要人的「東亞同志會」，便力促迎接溥儀至滿洲。在建設滿蒙國度的想法中，該會還聲明「中國既不能行立憲政治，則惟有賢人政治之一法」[44]。嗣後國民革命軍「北伐」節節勝利，日本田中義一(1864-1929)內閣有意迎接溥儀東渡，因部分遺民勸阻而未成行。1931年，因爲日方對張學良在東北的統治不滿，頗有「迎駕還鄉」的傳言[45]，隱然爲清室的復辟鋪起道路。

(續)

冊3，頁20，引芳澤謙吉的追憶。根據曾在宮內擔任隨侍的人指稱，溥儀在這次對日賑災中，捐出許多珍品，包括慈禧生前配戴過的珍珠。該批珠寶先運至東京，給日本天皇過目，然後才公開提供展覽，用意在增進日方對捐贈者的好感，而這也是溥儀最後的一筆慈善活動。見：楊令茀，《翠薇嶂》（台北：黎明文化事業股份有限公司，1978），頁406；王簡齋，〈我跟隨了溥儀二十八年〉，《大成》，175（香港，1988. 6），頁29。

42 Reginald F. Johnston, *Twilight in the Forbidden City*, pp. 348-9; 愛新覺羅・溥儀，《我的前半生》，頁163-4。

43 芳澤謙吉，《外交六十年》（東京：自由アジア社，昭和33年〔1958〕），頁80。

44 中國歷史博物館(編)，《鄭孝胥日記》，頁2087。溥儀這段期間與日人的接觸，另可見：葛生能久，《東亞先覺志士記傳》，冊3，頁13-20。

45 王慶祥，〈陳寶琛與僞滿洲國——兼論陳寶琛的民族立場問題〉，《社會科學戰線》，1996：2（長春），頁183-4；胡嗣瑗，《直廬日記》（北京：中華全國圖書館文獻縮微複製中心，1994），編頁317-8、397-8。

「九・一八」事變發生，是滿洲國成立最關鍵的因素。許多人關切東北問題和前途，就連溥儀與清遺民亦無例外；事變發生未久，也引發了天津的「小朝廷」幾許不安。胡嗣瑗在日記接連幾天記載此事的發展，特別是溥儀傳諭諸位遺民商議因應辦法的情形。從這份已經出版的《直廬日記》手稿可知，參與討論的陳寶琛、朱益藩、鄭孝胥、陳曾壽等人，除了提出審度情勢、伺機而動外，並無具體的肆應方案。更應留心是朱益藩和胡嗣瑗嘗表達相異的意見。根據日記所載，朱氏主張對日本應秉持「主拒不主迎」的態度，但胡氏認爲此一態度「太固執」了。胡的看法認爲，要先看日軍和赤俄在東北勢力的變化，然後再決定溥儀的行止；至於在此之前，應儘量少露痕跡，避免外界的輿論及浮言，造成胥動[46]。

《直廬日記》紀錄遺民互動的情形，說明清室內部對「九・一八」事變有幾種不同意見：第一、事件陡然發生，剛開始時清室並未立即決定投靠日本；相反地，遺民感到意外，態度徬徨猶疑，顯得不知所措。第二、主張拒絕接受日本扶持的朱益藩，儘管無從得知其想法到底如何，但充分代表部分遺民反日的情緒與立場。第三、胡嗣瑗的說法必須給予重視，代表另外一股遺民們的意見。以事後發展的結果而言，走上建立滿洲國之途，其實與胡嗣瑗的選擇頗有密切關連。

遺民對建立滿洲政權的態度

溥儀後來醞釀復辟、建立滿洲國，許多清遺民固然稱喜[47]，但也有

46 胡嗣瑗，《直廬日記》，編頁418-24。

47 譬如廣東遺民溫肅、黃誥等廿餘人聯名上書，勸乘機圖謀復辟（中國歷史博物館〔編〕，《鄭孝胥日記》，頁2354）。甚至直到1934年3月，溥儀稱滿洲國皇帝，還有來自上海陳夔龍等人的賀表，見：秦翰才，《滿宮殘照記》（上海：上海書店，1998，據1946年中國科學圖書儀器公司出版整理），頁131。

人表示不同意。細究其因，認定此一計畫將受日本左右，無法自立自主。以接近「小朝廷」的遺民來說，陳寶琛便以為不應貿然行事。他給家信中提到：「舊臣遺耇，或以天下嗷嗷為機會，我則慮其一片爛泥之無從著手，且環顧亦未得其人，則仍是為人所利用，徒自蹈危機也。」[48] 陳的態度，引來其他遺臣非議，有人甚至以怯懦見疑。後來事果成行，陳氏端居深歎，直到臨終之前，仍感負疚君主[49]。另一位身處北京的章鈺，給胡嗣瑗唱和的詩中，傳達相當悲觀的語氣，如謂：

東風消息問天涯，一朵紅雲豔莫加。
安穩仍棲同命鳥，高華自壓隔牆花。
忍言冰雪前番劫，信是神仙到處家。
照海倚雲知有待，漫愁國色涸塵沙。[50]

章氏詩集出版之時是1937年，而該詩撰於旅居天津期間，地點係溥儀住過的「張園」（即張彪舊宅）。若非睹物思人，相信絕無詩中內容。「東風消息」意指溥儀前往東北一事；至於「高華自壓隔牆花」，顯示深信滿洲政權終將為日方欺壓，難以自主，故章鈺感到不安而「漫愁國色」。

有的忠清遺民還堅信，原本中興清室的大業，可能因滿洲國成立，將使「忠君」的態度加速「污名化」，不見得符合民心期望。鐵良和袁大化(1851-1935)即共同反對溥儀赴往東北立國，指稱此舉「恐失人

48 該信未刊，轉引自：陳絳，〈落花詩所見陳寶琛的晚年心迹〉，《近代中國》，12（上海，2002），頁257-8。

49 陳三立，《散原精舍詩文集》，《散原精舍文集》，卷17〈清故太傅贈太師陳文忠公墓誌銘〉，總頁1108；王慶祥，〈陳寶琛與偽滿洲國——兼論陳寶琛的民族立場問題〉，《社會科學戰線》，1996：2，頁184-90。

50 章鈺，《四當齋集》，卷12〈天津張園海棠和胡愔仲同年〉，頁5。

心」，又言：「人心所向，即天意所歸，可不謂知所本歟？」[51] 在部分遺民的心目中，恢復清室與建立滿洲國，兩者意義也有距離，不必然等同視之。因爲前者乃世受「國恩」，攸關個人的聲名氣節，屬於「不賣主」；但後者涉及國家立場，視如「賣國」行爲，會引來強烈反感。最具體實例乃1932年6月27日，當時滿洲國已成立三月之久，《申報》上有金梁鬻賣筆墨的啓事，頗能解釋當中區別：

> 金息侯先生梁，自去秋瀋變即攜眷避津，鬻文為活，不問人事，既未賣國，亦不賣主，主身自有本末，不辨自明。[52]

儘管後來金氏仍然遠赴東北，任職奉天博物館館長，欣喜溥儀就任滿洲國皇帝[53]，但此則啓事至少顯現他最初時猶疑的心情。據稱吳郁生「臨終遺命，斂以常服，留冠去頂戴，以示已爲清朝負罪之臣；且屬〔囑〕如民國或滿洲【國】有所贈卹，皆不許受，蓋非出於清朝也。歿後汪兆銘派青島市長往祭，溥儀亦遣人往祭，並予謚文恭。其孤謹遵先志，咸堅拒卻。」[54] 從吳的「遺命」來看，係以遺民自期；然而對自己死後安排，卻無意接受民國和滿洲國，認定兩者均不能代表一己心志，由此推斷反對滿洲政權的立場。

然而遺民對滿洲國充滿掙扎，可謂既矛盾且複雜。當鄭孝胥、羅振

51 金梁，〈記鐵良〉，《古今半月刊》，13（上海，1942. 12. 16），頁21。

52 收在：王中秀（等編著），《近現代金石書畫家潤例》，頁277。近人認為評價陳寶琛，也應該要以兩把尺衡量：一是進步與反動，另一是愛國與賣國，用來區別對清室和滿洲國的態度。見：王慶祥，〈陳寶琛與僞滿洲國——兼論陳寶琛的民族立場問題〉，《社會科學戰線》，1996：2，頁190。

53 楊令茀，《翠薇嶂》，頁460。但楊書稱金氏任職瀋陽故宮博物院，係翻譯有誤，今改正，見：內尾直昌（編），《康德元年版滿洲國名士錄》，頁66。

54 顧廷龍，《顧廷龍文集》，〈吳蔚若先生赴告跋〉，頁64。

玉積極與日本圖謀合作，共商建國事宜時，朱祖謀深深以爲不可。有人形容朱每次「語及東北事，相對歔欷者久之」；而聽聞鄭孝胥打算賣去上海自宅，舉家遷移遼東，更私下表示「極不以爲然，亦無法相沮〔阻？〕」。我們同時發現：朱氏對自己是否應該前往、報效清帝之恩等細節，一度頗感踟躕。日後龍榆生記載了此事的來龍去脈，說朱氏自承：「吾今以速死爲幸。萬一遜帝見召，峻拒爲難。應命則不但使吾民族淪胥，即故君亦將死無葬身之地。」[55] 冀望自己「速死」，以逃避應命所召，顯然朱處於兩難之間，格外痛苦，除了以「情知薄倖」表示日本不可倚賴外[56]，還有首〈小重山〉，自題「愧不能和」，可知其意向：

> 無力護瓊枝。東風休再種、有情癡。年來心事在江離。渾不稱，頭白賦相思。

據近人箋證，此詞寫於溥儀遁居天津之際；當中「無力護」、「渾不稱」，表明不願伴駕隨侍，與諸人同流合污[57]。至於提到「東風」，如果參照前述章鈺與胡嗣瑗的詩唱，應暗指日本無疑；而「休再種」當謂不希望清季「新政」的歷史教訓重演[58]。1939年，汪兆鏞和張學華藉著「萬壽

55　引文均見：夏承燾，《夏承燾集》，冊5，《天風閣學詞日記》，頁254；龍榆生，《龍榆生詞學論文集》（上海：上海古籍出版社，1997），〈詞籍題跋・彊邨晚歲詞稿〉，頁519。

56　朱孝臧，《彊村語業箋注》，卷3〈鷓鴣天〉，總頁320-1。

57　朱孝臧，《彊村語業箋注》，卷3〈小重山〉，總頁313。

58　日本和清季「新政」的關係至深，學者已有討論，請參：Douglas R. Reynolds, *China, 1898-1912: the Xinzheng Revolution and Japan*（Cambridge, Mass.: Council on East Asian Studies, Harvard University: Distributed by Harvard University Press, 1993).中譯本見：李仲賢(譯)，《新政革命與日本：中國，1898-1912》（南京：江蘇人民出版社，1998）。

節」（按：即溥儀生日）時登訪寺廟禮佛，和詩表達對清帝忠誠，有曰：

臣甫再拜詩，此中意苦辛。
松花想滉漾，蓮莖望嶙峋。
我佛功德水，當為開迷津。
願燃無盡鐙，永銷浩劫塵。[59]

詩中提到「意苦辛」，不妨解釋身爲遺民的難言之隱。「松花」意即松花江，這裡暗喻成立在東北的滿洲政權；至於「蓮莖」，則描寫汪氏自己的所在地蓮峰廟。從整首詩描寫的意境看來，此時汪兆鏞引頸企盼誤入迷津的溥儀，能夠知返，避免國家民族浩劫。他的心情可說備嚐悲辛。

上述遺民焦慮且徘徊的態度，主要與背負「民族罪人」惡名有關；也就是說，他們考慮的是能否背棄國家民族的立場，選擇接受日人擺佈，造成「以華制華」的事實。許多遺民知曉：日本所以扶持溥儀立國，目的係借用遜帝個人名義，招攬其他更多忠於清室的人前往，造成中國內部分裂。不過，卻有清遺民無意甘受利用。早已息影津沽的章梫，深知日人用心不軌，當有人挾著溥儀之名要求他前往東北時，結果是以「誓死不離」來回應。相信章氏經驗應非特例[60]。後來1935年末，日軍侵逼

59 汪兆鏞，《微尚齋詩續稿》（庚辰年〔1940〕刊本），《辟地集》，〈己卯正月十三日偕張闇公蓮峰廟禮佛作〉，頁16。另一位遺民吳道鎔也有類似的語氣，見：吳道鎔，《澹盦詩存》（丁丑年〔1937〕刊本），〈毅夫自長春假歸賦寄〉，頁37。

60 卞孝萱、唐文權（編），《辛亥人物碑傳集》，卷12，章乃羹，〈清翰林院檢討學部左丞寧海章先生行狀〉，總頁637。另一位並非忠於清室的王彭（1874-1940），因與遺臣多為舊稔，故有人也藉機勸效拉攏，即為顯例。見：王開節（編），《觀休室詩》（台北：文海出版社，1976，收在：近代中國史料叢刊續編第34輯），王開節，《海倫府君年譜》，編頁202。

華北益急，夏承燾(1900-1986)致信張爾田，藉批鄭孝胥爲「屈節異族」之人，希望張氏儘早離開。夏氏日記清楚明白說到自己的用意是：「孟劬以遺老自居處，近日東人謀占華北甚亟，他日如送清帝來北平，孟劬或以此受累，故先以微言規之。」[61] 夏的考量或許不無道理，適足洞見日本將溥儀當做傀儡的企圖，達成「以華制華」目的和意涵。

參與滿洲國和維護主權

爲了免遭日本利用，參加滿洲國之列的清遺民，竭盡所能想要維護自主權。追隨溥儀的陳曾壽，便親謄疏陳，強調接受日方協助，必須注意三點：第　、審慎分辨日本扶植溥儀復位一事，究竟係屬政府或軍方意見？若只是少數軍人的想法，恐將產生歧異，而變象難測。第二、陳氏認爲，將來清室恢復政權，用人行政必須完全自主，內政必不容絲毫干預。第三、尙須觀察時局，尤其民國政府與日本對東北問題的交涉及協議，以圖謀後動[62]。這裡打算以政體的爭論，進而說明他們的立場和努力。

有關滿洲國政治體制的規劃，最初溥儀與日方曾有爭執。以清遺民的立場來說，繼續維持帝制係主要策略，也是向來的信念，但他們同樣了解東北立國，勢將受日方箝制，實無異走「與虎謀皮」的險棋。近人指出羅振玉和鄭孝胥對此斡旋的情形[63]，陳曾壽亦有類似要求恢復「主權」的說法。他向溥儀建議：

61　夏承燾，《夏承燾集》，冊5，《天風閣學詞日記》，頁409。

62　陳曾壽、陳曾植，〈局中局外人記〉，中國人民政治協商會議全國委員會文史資料研究員會(編)，《文史資料選輯》，19（北京：文史資料出版社，1961.9），頁196-7。

63　胡平生，《民國初期的復辟派》，頁489-90。

> 故【東】三省建立新國之舉，已有欲罷不能之勢。苟建新國，除請我皇上復位外，豈有他途？然此機會至巧亦至危。或啟我中興之機，或蹈彼朝鮮之轍，是在我之所以自處者耳。

既要開啓中興大業，又希望免於朝鮮亡國的前車之鑒，當中運籌帷幄，相當複雜困難，所以說「至巧亦至危」。陳氏認爲「自處」之道，應採復辟的方式，重新打著「反民復清」的旗幟。陳有此衡慮，並非無的放矢。當時日本確實擬建滿蒙共和國，以溥儀爲總統，而非回復昔日的清室。對照到鄭孝胥興高采烈，「以爲指日上任矣」，其他遺民則認爲滿洲國在實質意義上，與中興清室無關。故陳寶琛痛陳不可，希望清帝切勿讓步。後來幸而溥儀堅持，終於達成協議，新的滿蒙組織政體仍以共和爲主，而元首稱爲「執政」。可是如此的政治體制，既非以「民主」爲名，也未符合遺民們的期望，故視此爲一「非驢非馬之局」。所以當溥儀的執政宣言一出，反對聲浪自然接踵而來。地處京津的遺臣，無論曾出任民國官吏與否，皆同感悲憤。據言理由是以「執政」爲名，「疑尊號自此取消」[64]。

朱益藩也是戮力爭取主權的遺民。他在溥儀就任「執政」後，仍隱居北京，不時將關內的政治局勢，透過私人關係輾轉反映至東北，積極獻替。就現有公開的書信來看，1932至1936年期間，朱氏屢次致函胡嗣瑗，向溥儀建言。他希望溥儀能夠重視北京地區的輿論，提出所謂「救國方法」，利用籌款謀設機關，爭取昔日北京地區兩院舊議員的支持；此外，通過公開電告，敦請吳佩孚「迎鑾入關，收復政權，請即停戰」。朱氏主張發揮輿論功用的理由，是「由全國民意推戴，各將領出力舉動，

64 以上均見：陳曾壽、陳曾植，〈局中局外人記〉，中國人民政治協商會議全國委員會文史資料研究員會(編)，《文史資料選輯》，19，頁204-7、218。

自較堂皇，可雪『傀儡』二字之恥」[65]。爲了能夠洗刷溥儀的罪名，朱益藩親向北京舊官僚聯繫，希望結合立法機關的力量，獲取「民意」；信中甚至提到，規劃的步驟係採取主動，並以籌畫救國方法爲名，與外人談判，同時認定主權爲要義[66]。

其次，既然認定主權所在，朱益藩重覆先前反對被日本利用的意見，強調堅定立場，「絕不容其退卻」；而與日本的外交策略，應該是「雙方利用」，如此則「其地位不可動搖矣！」朱氏認爲，溥儀若受日本挾制，放棄主權，無異也等於放棄了做爲中國統治者的權利。他的信中感嘆：

> 主權放棄，恢復良難，此為弟一苦痛。龍旗未睹，今茲疆場〔埸〕之役，以華攻華，只是為人作苦力，於我無與。弟對於此局，啼笑皆非，默念將來，則更懼多於喜也。[67]

當中「以華攻華」四字尤値措意。顯然對朱益藩而言，滿洲國建立的理想仍屬廣義中華之一部分，而非日人扶植的附庸。朱後來宣稱「收拾人心，全在舊日招牌」[68]，指的就是以清帝的名義。換言之，他的「中華觀」其實兼具朝代和國家兩者的內容，想要魚與熊掌皆得。但對朱氏而言，局勢恐怕難以完全掌握，因此便有「爲人作苦力」而「懼多於喜」

---

65 顏富山(主編)，江西省蓮花縣政協文史資料研究委員會(編)，《末代帝師朱益藩》，〈朱益藩致胡嗣瑗的密札(12件)〉，頁142。

66 顏富山(主編)，《末代帝師朱益藩》，〈朱益藩致胡嗣瑗的密札(12件)〉，1932年7月22日，另見8月11日，頁144-5。

67 顏富山(主編)，《末代帝師朱益藩》，〈朱益藩致胡嗣瑗的密札(12件)〉，1933年5月4日，頁150。

68 顏富山(主編)，《末代帝師朱益藩》，〈朱益藩致胡嗣瑗的密札(12件)〉，1934年1月24日，頁153。

的想法。

陳曾壽、朱益藩等人爭取主權，究竟能否代表整體遺民的立場，目前沒有材料可供探討。然而，溥儀及清遺民藉助日本的力量，以成立滿洲國來遏止民國政府，其實是陷入圈套，反倒成爲日本「以華制華」的工具。就在1933年4月17日時，魯迅公開寫下這樣一段話：

> 至於中國的所謂手段，由我看來，有是〔時〕也應該說有的，但決非「以夷制夷」，倒是想「以夷制華」。然而「夷」又那有這麼愚笨呢？卻先來一套「以華制華」給你看。[69]

此一極盡諷刺的語言，替後來事實的發展做出最佳註腳。我們也從魯迅的描寫清楚可見：滿洲國本來意欲「以夷制華」的用意，結局仍係「以華制華」。

要了解這種千回百折的情緒，夾雜內心興奮、不安，又深覺挫敗的感受，或許還可將焦點集中在一位關鍵人物。透過單一個案的呈現，探析「防共」和中興夢想交織下，遺民究竟如何自處，甚至參與滿洲國。下面便以極富爭議的滿洲國總理，也是著名的清遺民——鄭孝胥爲例說明。

第三節　鄭孝胥的轉向和建立烏托邦

選擇鄭孝胥做爲討論對象，基於如下理由。首先，鄭氏詩學造詣備受肯定，但一生最引人爭議之處，即終身忠於清室，晚年更參與滿洲建

69　魯迅，《魯迅全集》，卷5《僞自由書》，〈「以夷制夷」〉，總頁88。

國的活動，被任命爲國務總理大臣。除了部分言論給予肯定外[70]，一般而言，人們普遍評價鄭氏歷史地位，泰半係爲詆毀[71]。至於鄭之詩作，更因晚年作爲所累，而有相當「負面」及否定的評價[72]。從鄭氏的例證切入，恰可反映忠清遺民加入滿洲政權和遭到詬病的緣由。其次，不同於其他遺民，鄭孝胥本人留有大量日記，如今業經整理出版，提供我們分析他心理及處境的素材，同時也具體而微地驗證及連結先前本章兩節中討論的內容。

鄭孝胥的恐共

與前述遺民「防共」的想法如出一轍，鄭孝胥在溥儀被逐出紫禁城後不久，也深覺來自赤色政治風潮的壓力。他首先感受到北京城內瀰漫

70　抗日戰爭期間，與鄭氏同鄉的薩鎮冰談到他晚節不終，遭到同情清室的趙熙正言厲色當場否認。趙氏抱持迥異的看法，認為鄭「孝胥，今之文天祥也」。次日，便有反對者散發傳單，標題為「鄭孝胥與文天祥」，駁斥趙的說法，造成話題（陸殿輿，〈清末重慶府中學堂〉，收在：朱有瓛〔主編〕，《中國近代學制史料》，輯2上冊〔上海：華東師範大學出版社，1987〕，頁532）。不過，對滿洲國建立、鄭孝胥投敵自效一事，趙仍不予諒解，和陳衍相約與之絕交（王仲鏞〔主編〕，《趙熙集》，附錄1《趙熙年譜》，總頁1319）。

71　如當時已有傳聞，人謂鄭孝胥到北方扶清的因素，俱為自己便於攜妾，遠離家中妻子反對緣故。又有相關的謠言也說到：鄭在滿洲建國之後，極不得意，私下還遣人授意，希望汪兆銘能夠邀請他返國。各種流傳的說法，均有意形容其人的個性為好喜事功。難怪1930年代時，就有人質疑鄭氏對清室的忠誠：「使中國能用之，必不入滿。其入滿，非由忠於清也」。均見：夏承燾，《夏承燾集》，冊5，《天風閣學詞日記》，頁341。

72　如1940年林庚白(1897-1941)言：「曩余嘗語人，十年前鄭孝胥詩今人第一，余居第二；若近數年，則尚論今古之詩，當推余第一，杜甫第二，孝胥不足道矣。」（林庚白〔著〕，周永珍〔編〕，《麗白樓遺集》〔北京：中國人民大學出版社，1997〕，卷下《文集》，〈麗白樓詩話〉，總頁983）；即如老友陳衍亦稱鄭是「近作漸就枯窘，或身世使然」（錢仲聯〔編校〕，《陳衍詩論合集》，黃曾樾，《陳石遺先生談藝錄》，總頁1019）。

一股赤化的氣氛。如1924年11月底連續幾天裡，有份〈平民自治歌〉的傳單到處散發，透露極不尋常的訊息，目的似乎不僅想將清帝驅離皇宮而已，甚至預備展開不利的動作，處置清室。鄭氏日記清楚寫下歌詞內容，有句唱道：「留宣統，真怪異，唯一污點尚未去。」也正因爲處於如此的空氣之中，讓鄭孝胥心懷戒懼，以爲共產黨將對清帝有所不測；急忙與陳寶琛等人謀議後，鄭氏鼓勵溥儀進入日本使館[73]。

緊接著日記中，鄭孝胥不斷紀錄華北各地赤化後造成的社會騷動，刻畫他內心極度不安的情緒。諸如陳述地方上屢有工廠罷工；學生激憤演說，散發傳單；北京的共黨分子則是意圖迫使段祺瑞退位，欲行委員制；還留意到馮玉祥的軍隊中，俄黨人數居多等等。1925年6月3日的內容，頗可揣測當中的緊張，鄭還轉引相關報導，說明中國「赤化」之經過：

> 報言，獲俄人三人者，皆煽惑排外者。觀所發傳單，即赤化之宗旨也。共產黨曰「赤黨」，俄人持君主宗旨者曰「白黨」，今馮玉祥及廣東胡漢民皆入赤黨矣。[74]

此段話值得玩味，提供了解鄭氏心理的一項旁證。鄭孝胥對秉持君主宗旨的白俄明顯親近，似較符合內心的政治傾向；相反地，馮玉祥和胡漢民代表跟他敵對的勢力，前者是驅逐清帝的元兇，後者則係推倒滿清的革命黨人。儘管引文內，未看到另做其他不平之語，但鄭氏態度不言可喻。後來透過白俄公會介紹，他還接觸白俄的首領謝米諾夫[75]。

---

73 中國歷史博物館(編)，《鄭孝胥日記》，頁2029-30。

74 中國歷史博物館(編)，《鄭孝胥日記》，頁2025。

75 中國歷史博物館(編)，《鄭孝胥日記》，頁2126。

鄭氏日記除了陸續言及共黨騷亂外，也非常留心國內嚮往俄國革命的風氣，尤其讀了許多知識青年游俄回憶的作品。這從1926年3月鄭特別向友人借閱《新俄回想記》可知。該書的作者姓黃，名不詳，鄭孝胥只在日記裡稱此書「文理尚通順，亦頗有識見」，可是難掩失望之情，讀後感竟對時下追慕赤潮有所保留，並對「共產」、「革命」字眼，完全不屑一顧。鄭的口氣既帶有嘲諷，又感納悶，記道：「俄行共產制，舉國皆爲盜賊，至人相食。今猶欲倡世界革命，奇哉！」[76] 據此可知，迥異於瞿秋白、江亢虎(1883-1954)等人，鄭孝胥內心其實並不同意赤化言論和想法；他是帶著有色眼光，看待這些歌頌俄共的出版品。之後鄭氏屢屢抨擊共產學說和制度，相信這些舉措都非偶然的。

「共氏三世」

伴隨溥儀遷居至天津，鄭孝胥雖然懷有對共產主義的恐懼感，但這時也亟思皇清究該如何復興？他開始編織「共氏三世」的說法，嘗試釐清現實的困境，提出未來的遠景。何謂「共氏三世」？即共和、共產及共管之意。「共管」一語最初源自1918年英美兩國提出列強共同管理中國鐵路的主張，藉以打破各國在華勢力範圍[77]。1923年5月，山東臨城發生孫美瑤劫車事件，搭乘京浦直達車中有廿多位洋人遭到綁票。此事雖經一個多月後獲得解決，但列強主張共管的聲浪不絕於耳。當時此三個有關「共」的口號雖普遍可見，然鄭卻加以歸納，視爲民國以來局勢發展，以及他自我設想一套復辟事業的藍圖。鄭氏如此預言：

76　中國歷史博物館(編)，《鄭孝胥日記》，頁2092。

77　葉遐庵(述)，俞誠之(筆錄)，《太平洋會議前後中國外交內幕及其與梁士詒之關係》（香港：蘇文擢印行，1970），頁12-127。

> 共和生子曰共產，共產生子曰共管。共氏三世，皆短折。共氏遂亡，皇清復昌。此圖讖也。[78]

細思他對這三項「共」的講法，頗感厭惡。鄭孝胥的「防共」策略，並不單指「共產」而論，預言中國經此「共氏三世」後，清朝終將復興。

至於「共氏三世」一旦結束，鄭孝胥認定象徵帝制的理想將重新回歸。我們會不經意發覺：這所謂「共氏三世」之說，其實是他想像出來一種類似直線的進化觀點，頗有源自公羊三世的看法。但「共管」之局，終非鄭氏所樂見。尤其當看到報載昔日清室倚重的軍閥吳佩孚，政策上亦有剽竊南方國民政府的辦法，以「排外」、「護工」做為主軸，乃至張學良、王寵惠(1881-1958)等論及漢口驅逐英人、收回租界之語，鄭即深表無奈。他還在日記裡進一步痛陳：

> 彼等皆染赤化，南北主義略同，實皆狂妄無知，殆甚義和團。天實為之，以造成共管之局矣！[79]

兩週後，共產勢力排外的結果，造成各國列強派兵駐防上海，鄭孝胥自認「共氏三世」的想法，即將應驗。後來3月份，共黨在上海、南京各國租界及領事館鬧事，又張作霖以武力搜索北京俄使館，逮捕李大釗等「赤黨之禍」，各種跡象顯示「共氏三世」的預估似乎轉眼實現。

正是在如此情緒之下，既不願看到最後列強「共管」中國的結局，又企盼清室有朝能夠復辟的夢想，兩者交織中形成鄭孝胥「共氏三世」的理論。這種看法的背後，尚有仇視民國(特別是來自南方的「黨軍」)

78 中國歷史博物館(編)，《鄭孝胥日記》，頁2072。

79 中國歷史博物館(編)，《鄭孝胥日記》，頁2130。

的立場存在。當國民革命軍「北伐」期間，鄭即向人云：「五色旗乃召亂之旗，余將舉黃龍旗以滅之耳。」[80] 後來逐步讓他找到了藉口，做為滿洲建國的依據。

尋求國內外的「思想資源」

把「共氏三世」終結，看成清室復興的契機，還不能忽略國際情勢帶給鄭的靈感。大致1929年1、2月間，他在法西斯和共產兩種世界思潮之間徘徊，這無形中觸動其心智。從已經出版的日記可知：鄭孝胥開始閱覽〈墨索里尼始末〉，注意並了解到有關法西斯政府統治的成效[81]。而時間僅僅隔了一天，鄭氏又讀到朱謙之(1899-1972)《到大同之路》，直接的感受是稱「其書乃附會共產之說」。對朱氏書裡許多內容，鄭讀後表示反對，認為朱把大同比附王道，小康比附為霸道，是胡說八道：

> 朱謙之謂：孫文之「三民」者，民族之說出於王船山，民權之說出於黃梨洲，民生之說出於顏習齋、李剛主。孫文之「大同」說，出於《大學》修身、齊家、治國、平天下，從一人推至天下。故「大同」即王道，「小康」即霸道。其妄誕如此。[82]

這段話讓鄭孝胥發現了來自傳統詞彙的思想資源，很可能是他最早言及「王道」二字的紀錄。以鄭向來敵視民國的情況來看，他不喜孫中山的言論，本乃意料中事。可是值得注意的是引文裡特別提及「大同」的講法，還聯繫王道與霸道之別，鄭氏譏諷這是「妄誕」的言論，態度顯得

80　中國歷史博物館(編)，《鄭孝胥日記》，頁2144。
81　中國歷史博物館(編)，《鄭孝胥日記》，頁2217。
82　中國歷史博物館(編)，《鄭孝胥日記》，頁2218。

相當有意思[83]。後來滿洲國揭櫫王道思想，豈不暗示與孫氏的「大同」迥異？

至於恢復帝制、強調「賢人之治」，鄭孝胥的主張也非無憑藉。從日記裡，也發現他相當關心國際政治情勢，特別是對當時獨裁思潮的看法。鄭氏抄錄英國前首相論狄克推多制(dictator)，足以提供解釋他的政治理念[84]。該文篇幅並不算短，大約有一千三百餘字，但鄭全部錄下，足見重視。文章主要內容說明歐洲盛行狄克推多制，造成民治政體的危機。所謂「狄克推多」，意指一種類似君主帝制的獨裁，由個人駕馭民眾及國會，原係古羅馬帝國時期最高執政官的稱謂。但1920年代至1930年代，「狄克推多」成爲國際上一股政治旋風，引發各國關注，如法西斯主義(fascism)的崛起便是其中代表。在中國，受到此一潮流影響，知識界亦有所謂民治與獨裁的論辯[85]。鄭氏抄錄西方對獨裁專政的討論，極有深意：他一方面留心國際政治將來的走向，另一方面還思考清室和中國日後的發展。

鄭意想中國能夠發展像義大利一樣的國度：既具有宗教信仰，又要理論化，類似擁護專制的法西斯主義。他讀到《東方雜誌》所譯〈羅馬教皇與意皇訂約始末〉一文，預測義大利終將在墨索里尼(Benito

---

83 以我所見，郭曾炘〈和樊山書感〉詩也言及孫中山「主王道不主霸功」，但認為「其大言不慚」。原詩引見：郭曾炘，《邴廬日記》，編頁850上。

84 中國歷史博物館(編)，《鄭孝胥日記》，頁2219-21。

85 如1928年，戴季陶(1891-1949)的書中便謂：「從前議會政治論者所視為蛇蠍的迪克推多，在今天的政論家當作尋常茶飯。」見：戴季陶，《日本論》（台北：中央文物供應社，1954），頁83。1930年代「民治和獨裁」的論戰背景，參考：Lloyd E. Eastman, *The Abortive Revolution: China under Nationalist Rule, 1927-1937* (Cambridge, MA.: Harvard University Press, 1974), p. 140; 陳儀深，《獨立評論的民主思想》（台北：聯經出版事業有限公司，1989），第3章，頁59-151。

Mussolini, 1883-1945）領導下，復興羅馬帝國的光榮。我們無從判斷鄭孝胥是否獲得完整且正確的資訊；不過，相較中國而言，他確實認爲這是值得效法的榜樣。於是鄭兀自盤算：「中國以孔教爲國教，當與天主教並立爲東西兩大教。大支那與大羅馬，並立爲東西二霸國。天意或將如此。」[86] 讀者可能相當驚訝，結合了宗教與政治成爲立國原則，繼康有爲在三十多年後，中國又出現了一位像康般言論的鄭孝胥。只不過，孔教絕非單純屬於宗教範疇，更可以是一種像法西斯那樣的「主義」或信仰。

就在1929至1930年間，鄭孝胥傾慕義大利，期盼建設一個眾所矚目的國家。當友人吳藹宸（1896-1967）向鄭邀約，打算翻譯墨索里尼的新著時，他毫無考慮就欣然答應。非惟如是，鄭氏建議宜采各書，包括收錄有關詆毀或反對的意見，還要加以評論，取名「義大利政變要略」[87]。種種跡象顯示，鄭對義大利法西斯主義發展的情況，表現出高度興趣，而且如此熱中的態度，或多或少也影響了同時期的溥儀。根據鄭孝胥日記，某次溥儀出示《庸報》所載墨索里尼與德國記者談話的一則內容；而在另外一次的場合中，溥儀也向鄭氏詢及義大利法西斯政黨與日本修養團。甚至因爲鄭孝胥的關係，友人陳貫一翻譯《法西士主義》，打算攜至上海，透過鄭來找出版商估價[88]。巧合的是，爲了尋求革命精神和改造，清遺民的政敵——國民政府，其實也正經歷一場學習法西斯思想及組織的過程[89]。

86　中國歷史博物館（編），《鄭孝胥日記》，頁2264。

87　中國歷史博物館（編），《鄭孝胥日記》，頁2271。

88　俱見：中國歷史博物館（編），《鄭孝胥日記》，頁2258、2295、2301、2307。

89　譬如藍衣社、三民主義力行社等。相關研究亟多，詳參：Lloyd E. Eastman, "Fascism in Kuomingtang China: the Blue Shirts," *The China Quarterly*, 49 (1972), pp. 1-31; 馮啟宏，《法西斯主義與三〇年代中國政治》（台北：國立政治大學歷史系，1998）；鄧元忠，《國民黨核心組織真相：力行社、復興

建立「用夷變夏」的烏托邦

由於赤潮氾濫，鄭孝胥不再寄託北方軍閥協助恢復清室[90]；及至日本發動「九・一八」事變，卻讓鄭看到未來希望的曙光。就在事變發生不久，他向陳曾壽等人高聲宣示，強調自己「久懸之文章可交卷矣」，語中意氣飛揚，引來陳氏笑其輕脫[91]。此時鄭氏既痛恨國民政府不知立國原則，無力處理日本侵略東北的危局[92]，又思忖清帝究該如何訴求，達成他內心中烏托邦的國度。1931年10月7日，鄭孝胥有如下一段話：

> 民國亡，國民黨滅，中國開放之期已至。誰能為之主人者？計亞洲中有權力資格者，一為日本天皇，一為宣統皇帝。然使日本天皇提出開放之議，各國聞之者其感念如何？安乎？不安乎？日本皇帝自建此議，安乎？不安乎？若宣統皇帝則已閑居二十年，其權力已失；正以權力已失而益增其提議之資格，以其無種族、國際之意見，且無逞強凌弱之野心故也。吾意共和、共產之後將入共管，而不能成者，賴有此一人耳。此事果成，誠世界人類之福利，種族、國際之惡果皆將消滅於無形之中。視舉世之非戰條約、苦求和平者，其效力可加至千百倍。孔孟仁義之說必將盛行於世。願天下有識者撫心平氣而熟思之。

（續）

社，暨所謂「藍衣社」的演變與成長》（台北：聯經出版事業有限公司，2000），不詳舉。

90 當汪兆銘將到北京召開國民會議時，吳藹宸欲寫信給孫傳芳(1885-1935)，勸張學良等取法義大利選舉，可是鄭氏認為此乃迂緩無成之事。見：中國歷史博物館(編)，《鄭孝胥日記》，頁2291。

91 陳曾壽、陳曾植，〈局中局外人記〉，中國人民政治協商會議全國委員會文史資料研究員會(編)，《文史資料選輯》，19，頁195。

92 中國歷史博物館(編)，《鄭孝胥日記》，頁2342。

這段長篇構想，遭到莊士敦、陳寶琛等人反駁，認爲有圖利日本之嫌[93]，甚至爭議持續數天。鄭孝胥仇視民國的立場是無可懷疑的；但從他此時的意見看來，並無今日對民族國家的觀點。鄭除了希望擺脫「共氏三世」陰影外，還期待一位沒有種族、沒有國際爭鬥的「賢君」出現。他環顧遠東各國，認爲這樣的「賢君」，只有日本天皇和清帝兩人；而且，後者又最具資格。鄭氏甚至以此廣爲宣揚[94]。

鄭孝胥的規劃其來有自，早在1921年和日人芥川龍之介(1892-1927)面晤時，就已透露了類似的想法。在他看來，施行王政和期待英雄式人物的出現，才是解決民國政局長期混亂之道。鄭氏認定的「英雄」，須能因應錯綜複雜的國際局勢，處理其間利害關係[95]。這樣的政治理念，既以恢復帝制結束民國亂象，又讓中國可以立足國際，以雙管齊下的方式完成。鄭相當自豪自信，睥睨他人的想法，且將事情過分簡易化[96]；難怪1925年陳寶琛向人說鄭氏「尙欲有所爲」[97]，不料竟以託命外國爲終。

因此，滿洲國——這個鄭孝胥內心的烏托邦形象，毋寧爲「犧牲中國利益，換取象徵資本」途徑的寫照。對鄭來說，民國政治已是至亂之極，不能再代表他內心裡的「中國」；至於滿洲國則爲了拯救中國民眾，

93 引文和說法俱見：中國歷史博物館(編)，《鄭孝胥日記》，頁2344-5。另詳參：胡嗣瑗，《直廬日記》，編頁465-6。

94 鄭孝胥(著)，黃坤、楊曉波(校點)，《海藏樓詩集》（上海：上海古籍出版社，2003），卷12〈淡路丸舟中〉，總頁392云：「同洲二帝欲同尊，六客同舟試共論。人定勝天非浪語，相看應不在多言。」

95 芥川龍之介，《上海游記・江南游記》（東京：講談社，2001），頁44。

96 王國維在1924年提到鄭孝胥，說他的個性「視天下事太易，終必失敗。……見其氣概(興味)頗豪，然反對之者亦益烈。」見：長春市政協文史和學習委員會(編)，《羅振玉王國維往來書信》，頁606。

97 汪辟疆，《汪辟疆文集》，〈光宣以來詩壇旁記・談海藏樓〉，頁550。

避免淪亡於列強之手。鄭企圖建立的理想國度，終極目標更在恢復和重建中國社會既有的秩序，藉「孔孟仁義之說」爲象徵，描繪他「天下國家」的理念。無論夷(滿清、日本)－夏(漢)之辨，他心目中關注的是有無「道」之存在而已。如此「用夷變夏」的心理，就像王季烈區分人之夷夏－地之夷夏的說法一樣，成爲自我辯解日本武力侵略的麻醉劑。王氏認爲「用夷變夏」，必須「守我先王之道，無背師說而已」；又指稱日本猶如遼、金、元三朝，以異族入主中國，可是抱定「孰爲夷狄，孰爲中國，觀其政教異於孔子否」，要以文化爲體、政治爲用的正統觀[98]。

另外，鄭氏詩中頻頻有「收京」之語[99]，可知他以王朝中興的念頭看待，希冀有日能班師回朝；但是這樣的情緒符合了孔子(551-479B.C.)謂「夷狄之有君，不如諸夏之亡也」(《論語・八佾》)，可說非常矛盾和複雜：鄭孝胥有意切割和民國的關係，但又想維護一個兼具歷史的「文化中國」形象。所以，當1932年8月鄭氏與日內瓦記者相談時，堅決表示「中國人民他日可合於滿洲國，滿洲國人民斷不能再合於中國。子觀大清之二百七十年與民國之二十一年，徵其歷史，可以知矣。」[100]對他而言，滿洲國固爲新興的國度，卻也是繼承清朝正統的王國。不過這個烏托邦，無意採取復辟策略，恢復清室。當1936年日人來訪，詢問溥儀本爲清帝，而民國亡後是否將復職？鄭氏回答，一旦證實共和制度不適用於中國時，溥儀「以滿洲【國】皇帝兼帝中華，如英王之兼帝印度可也」[101]。把中華／中國／民國形容成類似於殖民地的印度，顯然係對其政治體制和思想不滿而發。

98　引文俱見：王季烈，《螾廬未定稿》，〈孟子講義・有為神農之言者全章〉，頁22-3。

99　鄭孝胥，《海藏樓詩集》，卷12〈十二月廿六日天未明〉，總頁401。

100　中國歷史博物館(編)，《鄭孝胥日記》，頁2404-5。

101　中國歷史博物館(編)，《鄭孝胥日記》，頁2633。

既然無法認同民國，那麼在這理想國度——滿洲國之中，鄭孝胥又如何設想他的烏托邦呢？最後還要集中討論另一現代詮釋：王道思想。

第四節　「王道」思想及其批評

古爲今用

「王道」成爲滿洲建國的精神和指導方針，從1960年代起，始終受到人們不斷地討論[102]。然而滿洲國初期，追索「王道」的意涵非惟對政府官員而言相當重要，並且擴大到整個基層民眾。它不僅是一項描繪認同的重要方式，還帶有宗教意味，如圖7-1及7-2所示，成爲一項官方教化的口號[103]。圖7-1是張極爲諷刺的照片，畫面上的母親帶著兩位幼兒排隊等待救濟，一旁卻矗立「建設『王道樂土』」的標示牌，牌下另有位啜泣的幼童。這張深具豐富意涵的照片同時流露出：爲了實踐王道的宗旨與理念，遍及滿洲，全體動員。姑不論王道以哪一種形式呈現，甚且是否深入民間基層，可以肯定的是：該項口號幾乎無處不在，試圖內化爲滿洲國度人們日常生活和語言的一部分[104]。

102　例如：鈴木隆史，〈「滿州国」と王道政治——「滿州国」の評論をめぐって〉，《歷史評論》，170（東京，1964），頁16-7。

103　武岡嘉一，〈文教の振興〉，社団法人国際善隣協会(編)，《滿洲建国の夢と現実》（東京：編者印行，昭和五十年〔1975〕），頁320；駒込武，《植民地帝国日本の文化統合》，頁264-8；Prasenjit Duara, *Sovereignty and Authenticity: Manchukuo and the East Asian Modern*, p. 253.

104　有幾處例證，頗可以說明「王道」做為滿洲國官方樣版的教條。第一例是溥儀曾出過「王道論」題目，讓滿洲國宮內的親信作文（王簡齋，〈我跟隨了溥儀二十八年〉，頁31）。又如在1935年3月的高等師範學校入學考試，其中作文竟以「其有不談王道者則樵夫笑之說」為題（楊學為〔主編〕，《中國考試史文獻集成》，卷7「民國」〔北京：高等教育出版社，2003〕，頁654）。另據一位外國記者旅行的回憶說，溥儀舉凡關於泛泛的政治議題，回答幾乎千篇一律，

圖7-1 建設「王道樂土」

資料來源：太平洋戦争研究会，《図説滿州帝国》(東京：河出書房新社，1996)，頁119。

這裡無意藉由王道來說服日本發動戰爭的合理性。相反地，我希望從「思想資源」和「概念工具」提醒讀者，注意清遺民如何進行再詮釋和提出策略。以「思想資源」而論，我們必須知道：「王道」二字，其實是一個來自傳統中國的名詞。歷史上最早出現「王道」說法，

(續)

都是「王道」；至於宣傳隊員給予的答覆也是如此(Peter Fleming, *One's Company: A Journey to China*〔London: Jonathan Cape, 1934〕, pp. 76-7, 164-5.)

圖7-2　冷口長城斷面的「王道大滿洲國」字樣

資料來源：張志強(主編)，《偽滿洲國的「照片內參」》（濟南：山東畫報出版社，2004），頁158。

莫過於《尚書・洪範》：「無偏無黨，王道蕩蕩；無黨無偏，王道平平；無反無側，王道正直。」在儒家的政治理念裡，「王道」被認為是君主應該推行的統治方式。所謂「王道」思想，核心即以道德和仁義為基礎，實現國家治理。在先秦，「王道」往往相應與同時期以法家韓非(281-233B.C.)主張的「霸道」，形成對比。然而，歷經數千年後，這項政治原則卻以另一權力／知識支配關係，成為實踐的綱領。

來自傳統詞彙的「王道」，在1930年代開啓了嶄新的生命，成為另一套「概念工具」，甚至是東亞地區認知和形塑出來的「新國際法」。它與西方國家強調「法治」的政治實體不同，企圖建立屬於東方型的國際秩序。根據討論，近代日本漢學家為了維繫「萬世一系」與天皇統治的絕對性和合法性，援引德川時代的「王道」、「皇道」等思維，編織了適合東亞各國國情的「道」[105]。換言之，爲了排除西方以「民主」做爲口號的各式各樣革命論調，日本從明治維新以降，積極建立適於天皇制的國體論。直至兩次大戰期間，東方政治和道德精神普受讚揚，「王道」更在日本提昇到前所未有的高度，廣被注意[106]。

然而必須提醒讀者：近代中、日兩國對「王道」話語的說明和實踐，並非全然一致。在中國，1920年代孫中山進行講演，以追求「仁義道德」、「正義和公理」而提出「王道」，其實從大亞洲主義觀點呼籲黃種民族避免西方列強侵略。同樣在當時的日本，許多人也先後對此一名詞加以詮釋[107]，用來區分東－西文化與政治立國的差異，認定唯有如此才能復興「東洋」傳統。但是，「王道」話語的建構，毋寧爲各種不同時期，經由理念、利益甚至力量彼此抗衡及協商的特定場域。以昭和時期日本右翼思想家及評論家橘樸(1881-1945)爲例，提出「王道」乃係他目睹中國社會激烈衝擊、國民革命與共產運動發展，而歷經「方向轉變」的認識[108]。至於滿洲國揭櫫的「王道」理念，內容則極爲複雜，充滿多樣內容與矛盾[109]。

就像史家霍布斯邦(Eric J. Hobsbawm, 1917-)聲稱「發明傳統」或

---

105 陳瑋芬，《近代日本漢學的「關鍵詞」研究：儒學及相關概念的嬗變》（台北：台大出版中心，2005），頁175-89。

106 例如：鹽谷溫(1878-1962)即集結有相關言論出版。見：鹽谷溫，《王道は東より》（東京：弘道館，昭和9年〔1934〕）。

107 以下幾本著作均已此為主題：津田左右吉，《王道政治思想》（東京：岩波書店，昭和9年〔1934〕）；柳澤正樹，《皇道》（東京：作者印行，昭和9年〔1934〕）；安岡正篤，《東洋政治哲学：王道の研究》（東京：玄黄社，昭和16年〔1941〕）。

108 野村浩一，《近代日本の中国認識：アジアへの航跡》（東京：研文出版，1981），頁263-79。

109 關於這方面所構成的知識／權力討論，請參：駒込武，《植民地帝国日本の文化統合》，頁240-68。

「創造傳統」一般[110]，「王道」如此業已死亡的詞彙，在歷經重新包裝後，竟被賦予了現實的意義。前面提過，從朱謙之的著作裡，鄭孝胥發現如何使用「王道」一詞，但這絕非係他單獨個人的想法和現象。原屬奉系的于冲漢(1871-1932)亦有類似訴求，想要對東方文化賦予新的意義、價值，然後擴大爲滿洲國統御民眾最有力的口號[111]。就在1932年2月滿洲建國前夕，溥儀親自草擬建立東北政權的構想和意見12條，當中明白揭櫫「實行王道，首重倫常綱紀」[112]，等於替「王道」思想定調，強調該理念和綱常的關係。

鄭孝胥詮釋「王道」

清遺民怎樣詮釋「王道」？由於私人的資料零散，無法遽論；不過，相信鄭孝胥言論仍是釐清之起點。這是因爲他擔任滿洲國總理期間，對推廣王道思想不遺餘力。當時的美國人已有此說法，謂鄭氏言每必稱「王道」，就如同傳教士提及基督教信仰一般[113]。因此，要了解遺民的王道主張，鄭孝胥個人說法不得不予以重視。

首先，鄭孝胥把王道視爲東方民族因應西方列強勢力的國際策略。

---

110 Eric Hobsbawm, "Introduction: Inventing Tradition," in Eric Hobsbawm and Terence Ranger ed., *The Invention of Tradition* (Cambridge: Cambridge University Press, 1999), pp. 1-6.

111 Rana Mitter, *The Manchurian Myth: Nationalism, Resistance, and Collaboration in Modern China*, pp. 93-100; Prasenjit Duara, *Sovereignty and Authenticity: Manchukuo and the East Asian Modern*, pp. 64-5.

112 陳曾壽、陳曾植，〈局中局外人記〉，中國人民政治協商會議全國委員會文史資料研究員會(編)，《文史資料選輯》，19，頁210-1。

113 中國歷史博物館(編)，《鄭孝胥日記》，頁2482。從現存所抄錄鄭氏死後的輓聯33首發現，當中有10首均提到「王道」二字，我們亦可推知，推行王道思想和鄭的關係密切，不言可喻。見：葉參、陳邦直、黨庠周(合編)，《鄭孝胥傳》，頁168-76。

與日本的「興亞論」看法類似，王－霸之辨實際上還影射對東－西方文化的理解，說明兩者性質有所不同。鄭氏所言「霸道」，來自他從晚清以降內心描繪出來的西方帝國主義，甚至就連法西斯政治的性質亦包括在內。前述雖然提到鄭孝胥傾慕義大利的法西斯運動，但這想法並非全然固定、毫無變化的過程。有處例證頗可說明鄭立場上的變遷，將王道看成隸屬東方的獨特精神，代表東方本位的想法。當鄭氏聽聞墨索里尼描述東方民族的缺點，且以「黃禍」加以形容時，他的態度亟感忿忿不平，有意撰寫一篇〈反黃禍論〉，告知西方諸國專尚霸術的害處[114]。可見用二元的方式區別王－霸，鄭孝胥心中是將東－西雙方置於天平兩端來審視。東方正代表王道精神之所在。

第二項訴求「王道」的重點，鄭孝胥認爲其目的主要係促進和平。簡單地說，鄭的心目中，一方面既反對革命黨強調滿－漢種族區別，另一方面又呼應第一次大戰後國際合作的需要，王道立國爲了消弭種族、國際之別，而非以教戰爲本。不同於現代國家建構(state-building)的精神，鄭氏相當厭惡任何過度運用外力提倡愛國的思想和活動形式。譬如，1932年上海東亞同文書院的學生向其詢及王道大意，鄭當面指出：那些有關愛國的主張和軍國民教育，若被人們一味地強調和施行的話，反倒會醞釀排外思想，造成世界戰禍。所以，鄭氏聲稱王道的終極目標，不主愛國而主博愛，不用軍國教育而用禮義教育。如此的去軍國主義(或帝國殖民色彩)，形成王道思想強調的內容。鄭孝胥希望藉由王道精神，強化和形塑整個國家、人民的道德；擴而大之，相互連結世界上具有共同志趣的國度，一起合作。但是，法西斯和日本的武力擴張之舉，均與鄭氏強調的道德精神產生矛盾。爲了自圓其說，鄭認定更應普遍推廣王道學說；在他的心目中，維護王道口號，日本毋寧只是提供武力基礎，

114 中國歷史博物館(編)，《鄭孝胥日記》，頁2382。

以防制西方列強勢力，但中國則貢獻了思想內容。換言之，「思想資源」是中國式的，而包裝成「概念工具」卻須經由日本武力爲後盾。所以鄭孝胥又說：日本的王道係以武裝爲前提，但惟有此亞洲才有實現王道的希望；而滿洲國爲王道之發源地[115]。

復次，「王道」也是鄭孝胥針對民國以來各種政治、社會現況不滿的解決辦法。爲了提供帝制的正當性，他秉持一貫信念，抨擊革命，指稱王道乃消除革命的良法[116]。鄭氏認爲，革命打破人倫，不合常理，所以提倡「禮治」；尤其倡導「名分秩序論」，成爲王道政治最要緊的邏輯。在〈帝制一年紀念頌辭〉裡，鄭表示國家必爲「尊卑上下」的秩序；唯獨有了此一「秩序」，方能談及社會「階級」的存在。同樣地，既然按照「禮治」運作政治秩序，鄭孝胥愈加反對黨政，甚至假借「平等自由」爲名，造成危機[117]。他的種種說法，顯然係對民國政治體制而發；特別「反對一黨專政」，更不諱言指向當時的南京國民政府。所以，當石原莞爾(1886-1949)以「民族協和」規劃未來滿洲的圖像，考慮組成「協和黨」時[118]，溥儀即說「實行一國一黨制乃誤國之舉」，強力反對

---

115 說法俱見：中國歷史博物館(編)，《鄭孝胥日記》，頁2382、2396、2410、2528-9、2619。

116 中國歷史博物館(編)，《鄭孝胥日記》，頁2668。

117 以上均見：葉參、陳邦直、黨庠周(合編)，《鄭孝胥傳》，頁49。除了鄭孝胥外，袁金鎧也有類似的說法。袁把「王道」視為人類萬物運行的天然法則。要普遍實行這個法則，就必須了解人道關係。袁氏進一步比喻五倫中的「君臣」關係，其實也正反映人道，最重要的是凸顯了尊卑倫常。換言之，在袁氏看來，君臣之道毋寧反映人倫秩序，和朋友、夫婦等秩序一般，不容偏廢。詳見：袁金鎧，〈癸丑春節開宣揚孔教市民大會講演詞〉，《孔學會會刊》，2（奉天，1933. 6），「雜俎」，頁3-4。

118 最初的構想，協和黨內容必須有三：一、以東方道德為準則；二、反對共產，糾正以黨治國的弱點；三、建立一個不亞於共產黨的政黨組織。此外，根據日本駐奉天代理總領事函電外務大臣言：「擬在滿洲，以日滿蒙韓俄各國人為基礎，宣傳一種法西斯主義，以此與三民主義對抗。」見：中央檔案館、

組黨，要求改為「協和會」。鄭孝胥深表贊同，說溥儀的作法「有定見，甚可喜」，也以孔教不黨、王道無黨為由支持[119]。

最後，王道嘗試結合傳統－現代之別，既要豐富傳統的內容，目標卻為了解決現代的問題。這自然與民國以來被清遺民視為道德和教育的危機相涉。1937年6月1日，滿洲國內建立了以「王道」為名的傳統書院，即是具體的實例。當時鄭孝胥應邀至書院開講，將「王道」歸納成主要兩點：第一、王道乃道德與政治合一的學說，根據《大學》中「修己安人」一語，目的為了「感化世界之和平，挽回霸術之流弊」。第二、王道書院的課程，以《大學》為本，兼採《論語》、《孟子》、《春秋左傳》、《禮記》等，既講究熟讀，又重視實行[120]。從兩項內容可知，前者說明了「王道」肩負完成解決現實的任務，後者象徵文化價值所在，要求傳統內容的復興。

綜述鄭氏對王道的言論，可以發現：推行王道思想的動機，除了有維護秩序、強調恢復帝制的正當性外，它同樣也是一面用來抵抗西方文明價值和體制的盾牌。這個武器既是區別東－西方的差異，還要拿來回擊1912年後效習「西化式民主體制」的民國。當然，重新復興傳統，賦予意涵，也成為追求王道理想的另一種使命。

姑且不論鄭孝胥倡籲王道，是否真實援引傳統內容，還是遭到了多少不自覺的扭曲。然而，值得留心的現象是，各種形形色色的王道主張和說法，的確形成特殊的口號，做為情感上抵制民國的共同話語。袁金鎧曾經有部撰作《王道臆說》，受限於時空影響，我並未見到；倒是人在北京的王樹枏，當讀袁著後，致函表達接受的立場和態度：

(續)

中國第二歷史檔案館，吉林省社會科學院(合編)，《日本帝國主義侵華檔案資料選編：偽滿傀儡政權》（北京：中華書局，1994），頁576。

119 中國歷史博物館(編)，《鄭孝胥日記》，頁2377、2379。

120 中國歷史博物館(編)，《鄭孝胥日記》，頁2672。

> 《王道臆說》，平易近人，舍此別無治國之法。若鄙為迂闊，別鶩新奇，如今日赤黨之禍，未有能長久者。漢之循吏，其治國之法，不外孟子所言王道之範圍。蓋王道不外人情，非人情未有不亂國者也。大著所言，皆得聖賢要旨，與孟子所言如一鼻孔出氣，真救時之要策也。[121]

這段話有幾處關鍵詞需要給予注意。首先言明「治國之法」以王道爲基準，說人情的諒解係避免亂國的原則。其次則要「別鶩新奇」，並舉共產思想禍患之例。王氏的個案同時也讓我們了解到：在情感排斥民國政治體制的基礎上，滿洲國推行的王道思想，曾經吸引和撼動了那些堅持君主帝制、又反對南京政府的人。他們不見得加入滿洲國，卻私心認同其中的內容。涉及這方面心態的表達，相關資料非常多，不是此處所能窮盡的。

「王道」和孔學會

接著還要追問：清遺民如何推展王道思想？其實施的策略爲何？這裡先簡要談論第二項問題。前面說過，王道乃針對民國政治的不滿而發；爲了避免施行黨治及共和，滿洲國堅持官吏養成非由選舉方式產生，而是透過教育完成。因此，鄭孝胥主張廢除設置議會，改由大同學院培養高等官僚，俟接受教育完成後改隸國務院；又另撰〈王道專科議〉，做爲培訓人才的資料[122]。在鄭氏看來，人才既爲國家所用，那麼便須講究道德訓練，因爲唯有歷練完美的情操品德，如此官吏才符合「賢

121　引自：袁金鎧，《傭廬日記語存》，卷6，編頁570。

122　中國歷史博物館(編)，《鄭孝胥日記》，頁2393。

人政治」的理想，可以維繫傳統中國政治精神，才是「王道」[123]。

爲了推廣道德訓練，滿洲國各處成立「孔學會」[124]，可以進一步了解遺民如何推展王道思想。孔學會前身原爲「道德研究會」，係由一群東北鄉紳發起，「內容專以維持禮教，研究經術爲主」，提倡經史實學，兼及金石書畫。在「九・一八」事變發生後，遂以經費無著而停頓。滿洲國成立未久，即由趙欣伯(1890-1951)主動發起，利用原先道德研究會的舊址規模，改建成孔學會會場[125]。

做爲推展王道的組織，孔學會扮演半官方角色，由上而下進行傳布及協調的功能。從現存的《孔學會會刊》內容，可知滿洲國怎樣宣導王道精神。總結來談，該會具有三項特色：第一、採取定期宣講，以普及的方式進行，目的吸引更多的民眾參與。爲了擴大影響，孔學會並不嚴格限制入會成員的資格，頗似明代王學的講會。據會員的講演內容說，「就是不識字的人，也可以入會的」，只要年齡符合20歲以上皆可[126]。

第二、顧名思義，孔學會即在提倡孔子的思想，然而目標有三：首先，該會乃基於民國推翻孔學而發。其次是滿洲國建國根本基礎，在於區別物質和精神文明，而精神部分就是趙欣伯認爲的「東洋道德」，其中孔學便爲最重要的內容。最後，透過尊崇王道主義，足以讓滿洲國聚集許多難得的「宿儒」，收到良好效果[127]。綜觀這三點動機，發現孔學

123 近人指稱鄭的王道主張，充滿復興朱子學的意味。見：駒込武，《植民地帝国日本の文化統合》，頁269-76。

124 有關孔學會在近代中國孔教運動裡扮演的角色，請詳參：森紀子，《転換期における中国儒教運動》（京都：京都大学学術出版会，2005），頁205-8。

125 周永謨，〈壬申秋丁開宣揚孔教市民大會講演詞〉，《孔學會會刊》，1（奉天，1933. 3），「雜俎」，頁7-8。

126 金魁鈞，〈壬申聖誕開宣揚孔教市民大會講演詞〉，《孔學會會刊》，1，「雜俎」，頁11-2。

127 趙欣伯，〈孔學會設立宗旨(三)〉，《孔學會會刊》，2，「通論」，頁3。

會有別於對立的民國政府，並以此凝聚人心。因此，依附實施王道政治的原則下，孔學會積極在各縣創設經學研究班，或恢復書院體制，推廣經學。從新民縣所附的經學研究班簡章看來，授課科目包括有四子、六經、文學、書數，時間以兩年爲修業卒限，一年分爲兩學期。每日研究課程爲「講授四小時，自習二小時」，學生以初中畢業的學力，年齡自15至25歲爲資格[128]。此外，並由文教部組織講演巡映班，選派孔教會員往各地演說。

第三項，爲了引發廣大民眾與學生的興趣，孔學會還不時借用現代宣傳的手法，達成普及教化的目的。例如，曾經擷取有關《孝經》和《史記》的內容，排成簡譜，製定歌曲以供傳唱[129]。又有效習倡自西人的塡字遊戲，用來吸引民眾注意（如圖7-3）。並且，將近代的德育、體育、智育等學習標準，代換成與中國傳統的「六藝」，加以類比。像鄭孝胥即言：「禮樂即德育，射御即體育，書數即智育」[130]，讓傳統和現代的關係更爲緊密。至於教科書的編纂，當然也要符合王道的理念來施行，如學校課程的安排，「著用四書孝經講授，以崇禮教」，但是對於黨國採行的各種教育灌輸方式，卻表示反對，「凡有關黨義教科書，一律廢止。」[131]

如此刻意歷經「包裝」後的王道思想，在類似孔學會如此組織的推展下，成爲政治化的道統觀代表。爲了形塑「以皇帝爲政治之本位，以孔子爲文化之本位」，滿洲國亦以此來完成建設「道統」和「治統」合

128　〈介紹各縣創設經學研究班〉，《孔學會會刊》，2，「記載」，頁14；〈新民縣公署為函覆成立經學研究班連同簡章請查照文〉，《孔學會會刊》，3（奉天，1933. 9），「記載」，頁10-1。

129　〈製定孝經孔子兩歌〉，《孔學會會刊》，3，「記載」，頁13。

130　鄭孝胥，〈六藝與三育〉，《孔學會會刊》，3，「雜俎」，頁14。

131　許汝棻，〈滿洲國之文教〉，《孔學會會刊》，4，「通論」，頁12。

圖7-3 《孔學會會刊》中填字徵答來進行教化

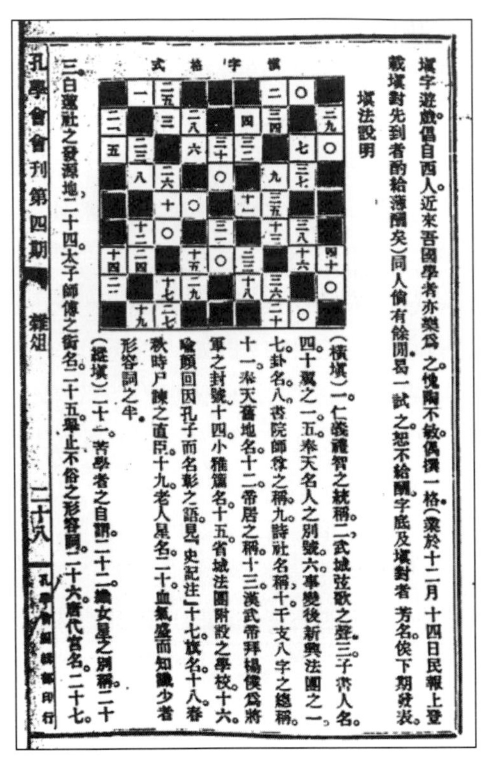

填字遊戲。倡自西人。近來吾國學者亦樂爲之。愧陶不敏。偶撰一格。（業於十二月十四日民報上登載。填對先到者酌給薄酬矣）同人倘有餘閒。曷一試之。恕不給酬。字底及填對者芳名。俟下期發表。

填法說明

徵字格式

■	一	二五	■	■	■	二	〇	■
二一	■	三	二八	■	四	三四	■	二九
五	二三	■	六	三十	三二	■	七	〇
■	八	二六	■	〇	■	九	三七	■
■	■	十	〇	■	十一	三五	■	■
■	十二	〇	■	三一	■	十三	三八	■
十四	二四	■	十五	〇	三三	■	十六	四十
二二	■	十七	二九	■	十八	三六	■	〇
■	十九	二七	■	■	■	二十	〇	■

（橫填）一。仁義禮智之統稱。二。武城弦歌之聲。三。子產人名。四。十翼之一。五。奉天名人之別號。六。事變後新興法團之一。七。卦名。八。書院師尊之稱。九。詩社名稱。十。干支八字之總稱。十一。奉天舊地名。十二。帝居之稱。十三。漢武帝拜楊僕爲將軍之封號。十四。小雅篇名。十五。省城法團附設之學校。十六。喻顏回因孔子而名彰之語。見「史記注」十七。旗名。十八。春秋時尸諫之直臣。十九。老人星名。二十。血氣盛而知識少者形容詞之半。

（縱填）二十一。苦學者之自謂。二十二。織女星之別稱。二十三。白蓮社之發源地，二十四。太子師傅之銜名。二十五。舉止不俗之形容詞。二十六。唐代宮名。二十七。

孔學會會刊第四期　雜俎　二十八　孔學會編輯部印行

資料來源：愧陶，〈填字徵答〉，《孔學會會刊》，4（奉天，1933. 12），「雜俎」，頁28。

一的國度。更重要是，這樣的「王道樂土」，口號雖援引自傳統，內容以古典爲基礎，可是形式卻未脫現代國家的樣貌。

做爲新道統的「王道」

就當滿洲國如火如荼地宣揚王道時，南京國民政府則悄無聲息，竟激不起任何一絲反抗的浪潮。因爲這段期間，國府也正以相同手法，進行重塑本身統治權的合法和正當性，並且聯繫治統和道統的關係。提出批判聲音反倒是那些思想左傾的知識分子。他們非惟抨擊背棄國家立場的清遺民，也間接批評國民政府的種種復古作爲。魯迅便爲其中一位最具影響力的代表。1932年5月9日他給增田涉(1903-1977)的信裡，形容日本漢學家鹽谷溫宣揚滿洲國以孔孟之道立國的說法，不見得深切透析儒學思想的「毒素」，毋寧只是一群所謂的「中國迷」而已。魯迅又譏諷王道精神，既無孔孟思想的精髓真傳，而且都僅是相互吹捧、比附出來的作法[132]。

魯迅後來有篇短文〈王道詩話〉[133]，深刻點出1930年代初期中國的政治文化特色。他痛陳滿洲國假借提倡王道思想，實際上是要以道德仁義掩蓋自己的罪行。還說：

> 中國的幫忙文人，總有這一套秘訣，說什麼王道，仁政。你看孟夫子多麼幽默，他教你離得殺豬的地方遠遠的，嘴裡吃得著肉，心裡還保持著不忍之心，又有了仁義道德的名目。不但騙人，還騙了自己，真所謂心安理得，實惠無窮。[134]

另一篇文章中，魯迅預估「在中國的王道，看去雖然好像是和霸道對立的東西，其實卻是兄弟，這之前和之後，一定要有霸道跑來的。」[135] 在

132 魯迅博物館魯迅研究室(編)，《魯迅年譜》（北京：人民文學出版社，2000），頁324。

133 魯迅，《魯迅全集》，卷5《僞自由書》，〈王道詩話〉，總頁40。

134 魯迅，《魯迅全集》，卷5《僞自由書》，〈王道詩話〉，總頁40。

135 魯迅，《魯迅全集》，卷6《且介亭雜文》，〈關於中國的兩三件事〉，總頁9。

他認爲，「中國的幫忙文人」非但指鄭孝胥、羅振玉等遺民，甚至還包括強調以德服人的胡適。由於當時胡曾言日本只有一個方法可以征服中國，即不以武力，徹底停止侵略活動，反過來改用征服中國民族的心[136]。這段經由報載披露出來胡適的言論，對魯迅來說，不啻親痛仇快，形同「出賣靈魂的秘訣」[137]，因爲日本正積極推廣滿洲國所謂的「王道」主張。

類似魯迅口吻，反對滿洲國王道思想的言論還很多，此處擬再舉周予同(1898-1981)和陳獨秀兩人爲例。周予同批判滿洲國的野心企圖塑造一種新道統。他表示：爲何像春秋大義之類的經典，依舊存活在人們心中，甚至還被大張旗鼓地宣揚而活躍著？對周氏來說，「王道」不過爲孔教和儒家思想的變相，只是披上現代政論家的外衣而已。比較不同的是，此次捧著這部業已發霉的經典，實際背後卻挾帶日本帝國主義的現代武器，還進而轉換爲「漢奸」們的理論。換言之，一部原先講究「微言大義」的經書，如今時空轉換，卻成了消滅民族意識的利器。所以，周予同特別呼籲應把這些經典，通通以史料的方式對待，反對當中過分訴諸其價值層面的意義。他認定這種積極提倡中國古籍的心理，要求強化變爲每個人追求人生的目的，毋寧爲開倒車的舉動，是「反社會的行爲」；而中國如果要想邁入「現代化」，就必須儘早擺脫這種被經典宰制的現象[138]。

---

136 胡適，〈日本人應該醒醒了！〉，《獨立評論》，42（北平，1933. 3. 19），頁3。又見：《申報》，1933年3月22日，第2版，〈太平洋會議討論中日問題〉。

137 魯迅，《魯迅全集》，卷5《僞自由書》，〈出賣靈魂的秘訣〉，總頁60-1、卷6《且介亭雜文》，〈關於中國的兩三件事〉，總頁9。

138 原載：《中學生》，71（1937. 1），收在：朱維錚(編)，《周予同經學史論著選集(增訂本)》（上海：上海人民出版社，1996），〈春秋與春秋學〉，頁492-3、506-7。

在新文化運動中極力批孔的陳獨秀，仍秉一貫主張，斥責滿洲國王道思想。陳發表〈孔子與中國〉一文，說那些直到如今還在提倡尊孔的人，目的僅為了滿足一己「事君」之癮，只要還能持續保有帝制時期的君臣大義，就算依附盜賊或夷狄，也都無所謂，甚至在所不惜。陳氏痛心地表示：「如果孔子永久是萬世師表，中國民族將不免萬事倒霉，將一直倒霉到孔子之徒都公認外國統監就是君，忠於統監就是忠於君，那時萬世師表的孔子，仍舊是萬世師表。」他特別列出歷史上那些專以尊孔、尊君做為藉口，並且甘於侍奉夷狄的人：馮道(882-954)、姚樞(1203-1280)、許衡(1209-1281)、李光地(1642-1718)、曾國藩(1811-1872)等。令人值得注意的是，文章最後更標示了兩位當今的人物——鄭孝胥與羅振玉[139]。

上述三人論點，看似均屬老調重彈，與新文化運動時期的意見絕大雷同，但如果仔細思考，也能發現其中深具時代意義之處。魯迅等批判滿洲國王道思想，都不約而同說是一種新道統的建立。在這看似嶄新的內容裡，依舊存在孔教儒學的陰魂。猶有甚者，建立新道統卻是依附於外來的「概念工具」，以新瓶舊酒的面貌吸引民眾。陳獨秀便強調：中國即使不甘永遠落後，卻也不該假借法西斯主義，而將「傳統」還魂；那些所謂的「賢人政治」、「東方文化」、「特別國情」、「固有道德」等種種名詞，均係孔子禮教從中作祟，事實上都和人權民主的理念背道而馳。[140] 魯迅則在他那篇〈同意和解釋〉的短文最後，暗喻滿洲國陷入如此雙重的迷思：

---

139 陳獨秀，〈孔子與中國〉，原載：《東方雜誌》，34：18-19（上海，1937. 10），收在：任建樹、張統模、吳信忠(編)，《陳獨秀著作選》（上海：上海人民出版社，1993），卷3，頁388-9。

140 任建樹、張統模、吳信忠(編)，《陳獨秀著作選》，卷3，陳獨秀，〈孔子與中國〉，頁389。

> 中國自己的秦始皇帝焚書坑儒，中國自己的韓退之等說：「民不出米粟麻絲以事其上則誅。」這原是國貨，何苦違背著民族主義，引用外國的學說和事實——長他人威風，滅自己志氣呢？[141]

小結

20世紀中國思潮裡，穩健、理性的態度和想法往往沒有市場。反而因爲民族主義情緒過度高漲，伴隨日益逼近而來的時局危機，愈是慷慨激昂的聲音，呼喊「救國」口號，似乎才愈能撼動人心。

從救亡圖存的角度審視滿洲建國，或許將帶來若干省思。本章嘗試爲清遺民在1930年代的處境，尋求他們潛在的政治傾向和動因。我們看到，在「防共」和中興夢想交相重疊下，有的遺民後來開啓建設王道樂土的結果。如果不去太強調這群人原始的利益和動機，以上的分析可以重新理解當中情感因素：即從反對民國的角度審視，滿洲立國某方面亦屬清遺民對政治認同和抵制的一項體現。

這種表現的背後，毋寧含有相當複雜、隱晦的因素存在，是否具有民族大義的立場，則是值得觀察的面向。陳寶琛後來並未投入滿洲國行列，不過在建國之初，兩度親至長春覲問溥儀，以盡君臣之義。陳曾私懷密摺，有意勸誡清帝，早日離開這進退維谷之局。在東北，他又與若干遺民進行詩鐘之會，以「中日」二字命題；陳氏聯云：「日暮那堪途更遠，中乾其奈外猶強」，影射在日本壓制下，無法開展鴻圖。結果該詩傳頌一時，還引致日人所忌[142]。溫肅於滿洲建國初期，出關奔赴東北；

141 魯迅，《魯迅全集》，卷5《僞自由書》，〈同意和解釋〉，總頁228。

142 張允僑，《閩縣陳公寶琛年譜》，頁146-7。據稱坂垣征四郎(1885-1948)，後來知事無可為，只得奉身以退，遄歸鄉里[143]。另外一位陳曾壽，先是加入建立滿洲國之列，但1934年10月4日終於決定離開。其弟在日記中娓娓道其困境：

> 大兄談及出處事，言明年決計告歸矣。滿洲國之成立，大兄本所反對，徒以受恩深重，當上在旅順被迫就執政時，對大兄密語，情至危苦，不忍決去。……帝制既定，內廷局改名近侍處，職掌猶昔也。兩年以來，目睹種種情狀，心愈灰冷，徒違本志，於上亦無所益，久蒙退意。以嫂病羈絆，不能決。今決意俟機辭歸，不能久鬱鬱處其間矣。[144]

陳氏晚年還有詩，當中有句話形容自己：

> 樹已榮新葉，苔仍戀舊階。[145]

觀此得知，幾位遺民都以維繫君臣之道，做為他們支持滿洲立國與否的態度。

我們也可以說，民族主義的思想脈絡沒有完全籠罩整個中國，至少

(續)

將此詩抄在手冊中，並註記「陳寶琛詩鐘譏日本」。見：周君適，《偽滿宮廷雜憶》，頁126。

143 商衍瀛，〈溫文節公集序〉，收在：許衍董(等編纂)，《廣東文徵續編》，冊1，總頁483；周君適，《偽滿宮廷雜憶》，頁126。

144 陳曾壽、陳曾植，〈局中局外人記〉，中國人民政治協商會議全國委員會文史資料研究員會(編)，《文史資料選輯》，19，頁227-8。

145 陳曾壽，《蒼虬閣詩續集》，〈三月六日作〉，未見，引自：李猷，《龍磵詩話》（台北：台灣商務印書館，1990），頁134。

到1940年代以前，尚還無法用民族國家的意涵解釋這群人的心理[146]。雖然「防共」、「恐共」的講法，固非清遺民所專有，可是他們在此的確扮演兩難而模糊的角色，既是爲了解脫民國建立後日益沈淪的社會秩序和體制，也是盼望恢復中興帝制的夢想。同樣在眷戀傳統的精神內涵之際，又企求從外來思想汲取養分，重新蛻變新的政治與文化價值。鄭孝胥看似狂妄變幻的作爲，固然引發其他忠誠清室的遺民所質疑，可是推知他在痛苦煎熬和希望掙扎之間的擺盪，足以給我們在思想和心態另一不同的意義及面向。

從積極面言，依附日本而出現的「王道」，最後成爲滿洲國政治立國原則和宗旨。儘管這項口號本身教條化大於實質的意義，不過，若以後見之明的觀點來看，在「主義崇拜」現象蓬勃紛起的民國，王道思想猶如部分清遺民內心的「主義」，做爲有意延續傳統的一套道統，確立滿洲國的正當性；並且利用這「新傳統」，捍衛清室和維護遺民們的私

146 就像易勞逸(Lloyd E. Eastman, 1929-1993)研究抗戰時期「淪陷區」和國、共、日三不管的「灰色地帶」一樣，廣大中國的鄉村農民也缺乏政治意識和國家觀念，未必對抗戰產生休戚與共的認同感，可能事不關己（Lloyd E. Eastman, "Facets of an Ambivalent Relationship: Smuggling Puppets, and Atrocities during the War, 1937-1945," in Akira Iriye ed., *The Chinese and Japanese: Essays in Political and Cultural Interactions*〔Princeton, NJ.: Princeton University Press, 1980〕, pp. 275-303）。以清代遺民自居的劉大鵬，最初在「九・一八」事變前後仍不肯承認中華民國。大致要到1940年以後，劉氏的政治認同才隨著日本侵華而逐漸產生變化。譬如他在1940年9月16日的晉祠焚祝文中，用到中華民國二十九年的稱謂，又以「老民再生」比附自己，即是一例。不過，劉還是嚮往有君主統治的國度，對於「黨國」仍持排拒態度。其言：「處此國無君主之時代，劫數正甚，奈之何哉！」又對太原縣城舉辦「國府還都」，逕斥「不知是何『國府』？還於何『都』也？」據聞陳曾壽晚年也對蔣介石的評價有所改變，與「北伐」時期頗不同，亦以領導抗日有關。當然這些都只是區域的孤例，尚待更多例證來進一步證實才行。見：劉大鵬，《退想齋日記》，頁561、578、582-3；周君亮，《墜塵集》（台北：台灣商務印書館，1973），〈記蒼虬老人〉，頁179-80。

利。誠如鄭孝胥所言，「滿洲帝國以皇帝爲中心，以王道爲主義」[147]，王道精神其實披著傳統「思想資源」的外衣，以「概念工具」的形式，夾雜現代化武力爲後盾。站在遺民的立場，這是他們希望重新詮釋傳統，目的爲了塑造「中華世界秩序」，以應付國際局勢的策略。換句話說，要了解清遺民的歷史定位，不當僅僅以改朝換代的角度視之，還必須放在國際格局中，特別是前冷戰時期「法西斯」vs.「共產」兩股力量的競爭來思考。巧合的是，1930年代的南京國民政府，正進行類似的政治文化宣傳和競賽。這讓我們想起700年前的中國，蒙古和南宋同樣也在爭奪道統正當性[148]。至於歷經包裝而形塑的「新傳統」，後來還以另一面目繼續存在，並凝造1940年代以後中國政治文化的發展。此不單在國民政府統轄區進行，那些所謂的「淪陷區」亦復如是。

147　葉參、陳邦直、黨庠周(合編)，《鄭孝胥傳》，頁49。

148　有關這場道統之爭，詳參：劉子健，《兩宋史研究彙編》（台北：聯經出版事業有限公司，1987），〈宋末所謂道統的成立〉，頁280。

結論

追尋「現代」中國

彼生於君主時代，仕於君主時代，自幼所受之教育，皆適應於君主時代者，則求不欺其心以隨世俯仰，必以王室傾覆為一生中最大之不幸，亦猶民主政治下之士君子，決不願帝制之復生也。……故以吾輩青年而抱忠於清室之志，則為妄謬；在清室舊臣，則反以入民國仕版為可鄙矣。

——胡先驌[1]

在即將接近尾聲之際，我希望提醒讀者，本書的目的不在完成一部有關清遺民活動的歷史。從各章內容中可發現：此處討論並非全以時間的次序及向度來敘事，故於文字陳述方面，無法關照到這群民國後仍然效忠清室之人的各項事蹟。相反地，本書著眼探討的是何種認同爲清遺民所主張？又藉著釐清他們的認同內容，是基於什麼樣的基礎之上？透過上述分析，嘗試探討他們的心態和行爲動機。更進一步想處理：中國從帝制到共和時期，因爲政治轉型與新的體制建立下，新的變革到底帶給人們怎樣的心理及情感變化？同時，還要藉由清遺民所面對的時代課題，思考近代中國歷史的特色。

1 胡先驌，〈書評：評趙堯生香宋詞〉，《學衡》，4（南京，1922. 4），頁5。

一、重新認識清遺民

或許有人會提出這樣的疑問：與現代民主潮流相互背道而馳之下，清遺民在民國不過只是一群充滿「反動」思想的「逆流」，是否有必要去美化這樣一批違反時潮之人，甚至去了解他們的政治認同和態度？當我們觸及如此論調時，往往可能會陷到先入爲主的思維中，甚至不禁帶有情緒性字眼，以致錯失了了解歷史深層的意義。試想：這群遺民若是放在原來帝制的歷史書寫中去考察(譬如，各個時代遺民最常談到的「愚忠」一詞，在帝制與共和時代，意義上即出現差別)，恐怕將有截然不同的理解。所以，何妨換個角度重新思考一下？

誠如後見之明，「激進」逐漸成爲近代中國主要的思想特徵和力量，人們大抵只有希冀不同程度的變革，要求變革較少的人往往都被劃分爲「保守」[2]，並戴上有色的眼鏡。民國以後，由於政治立場與思想相左，忠清的遺民們也被歸類爲「保守」的群體，屢遭「污名化」／「妖魔化」的對待，成爲社會上「負面」的代表人物。但值得繼續追問的是，這群普遍被深惡痛絕的人們，如果放在傳統過渡到現代的角度進行觀察，究竟具有何種意義？關於這一問題，可從「轉型時代」(transitional era)來看[3]。

---

2 余英時，《猶記風吹水上鱗》（台北：三民書局，1991），〈中國近代思想史上的激進與保守〉，頁212。

3 「轉型時代」一詞，語自張灝先生對近代中國史在思想方面的觀察。它指的是1895-1925年約三十年間，中國的思想文化由傳統過渡到現代。在這段期間，中國無論在思想知識的傳播媒介和內容方面，都呈現突破性的巨變。可參考：張灝，《時代的探索》（台北：中央研究院．聯經出版事業股分有限公司，2004），〈中國近代思想史的轉型時代〉，頁37-60。邇來學者也根據此一命題，進而提出相關研究與探討，如：王汎森(編)，《中國近代思想史的轉型時代》（台北：

對研究中國近現代史的學者來說，轉型時代象徵政治秩序和思想取向發生重大轉變；對於如此關鍵的時刻，若能釐清當中個體／集體的心理傾向，都將有助進行更深刻地反思。吾人儘管早已知悉：近代中國在任何制度、組織性的「社會發生」情況，業已出現結構性改變，可是對於「心理發生」的認知層面，仍然嚴重缺乏。實際上，那些被視爲「負面」而忠誠清室的遺民，身處轉型時代之際，他們看似違背主流價值、卻又兼具理性和感性的政治抉擇，亦能幫助我們檢視對20世紀中國政治文化轉變的過程。

可是，過去討論辛亥革命造成政權的更替及衝擊，關注面向往往只在於政治秩序解體後，新的知識分子如何來尋求文化精神及意義，經常忽略了原來傳統脈絡方面的影響。然而，這場革命後果並無原先所認定的那樣，斷然與過去完全產生決裂；即從實際的情況來說，毋寧也是轉型期中國一場較爲醒目的高峰而已。就像近人早已察覺：清廷在最後10年的新政與立憲運動裡，曾經努力想要嘗試轉化和應付政治惡局，其作爲和結果已是相當深具「革命性」。對滿清主政者而言，這場改革的目的不僅希望解決中國所有的問題，同時還藉此可以實現自身國家的地位；只不過事與願違，風潮與民心突然轉向革命派，清廷於是崩解[4]。儘管如此，革命的成功並沒有讓帝國文化因此就戛然停止，現代國家的建構也仍舊還在逐步完成之中。所以，了解從「臣民」到「國民」的進程，有關國家／民族認同的集體想像及歸屬感，革命推翻滿清不妨說是起步中的一段插曲，而非最終成果的驗收。當我們探討這段轉型時代的歷程時，應該也要考慮那些長期以來接受君權統治的子民，還在各項權

(續)

聯經出版事業股分有限公司，2007）一書。

4 見：古偉瀛，《清廷的立憲運動(1905-1911)——處理變局的最後抉擇》（台北：知音出版社，1989），頁232；Douglas R. Reynolds, *China, 1898-1912: the Xinzheng Revolution and Japan*, pp. 5-14, 193-4.

力的分配中持續摸索；有許多的普羅百姓在情感和心態上，依然尚未調整而有待重組。

清遺民就是這群選擇舊體制、抗拒新時代新思潮的代表。如同本章開頭的引言形容，某位活在君主時代而習於帝制政治文化的人，有朝一日要他完全拋開以往既有的道德倫理，轉而擁抱新的秩序、信仰、主義，其內心所承受的痛楚，自是可想而知。誠然，類似這樣心態的人物群體，仍以擁戴一家一姓爲榮，他們的表現固屬違反時流，被視爲「昏謬愚昧」[5]；但平心論之，清遺民無法同意民國的政治現況，實際上也反映出從帝國（empire）邁向現代國家（state）的道路上，人們處於種種難以適應現實的心境。

二、認同與差異

要體察清室遺民肆應之道及其心境變化，應先釐清「認同」的意涵。里柯（Paul Ricoeur, 1913-2005）曾告訴我們，人們體現認同的方式，其實是歷經了「自身」（ipse）和「同一」（idem）雙重的過程。大致說來，這兩個拉丁語根各有殊異：前者係從自我出發，通過個人所賦予和設定的身分而產生意義；後者則是以社會文化的建構、敘事和時間的積累，經由特定的時空場域及對應關係之下而出現。「自身」認同雖是自我理念和想法的展現，但由於個人／集體的再現和意義生產，強化了主體本身的思想及行爲，而將自我／他者合而爲「同一」。至於「同一」的認同，除了隱涉外在環境帶來的形塑外，還意味將隨時隨地產生變遷，且在不

5 黃濬，《花隨人聖盦摭憶全編》，頁640，說：「夫今言國事者，此亦一是非，彼亦一是非，本可不必強為畫一。但平心論之，國事敗壞，由於清季朝政昏謬，則為不可辯之事實。種因悠久，陸續獲果，至今未已。二三遺老，猶欲戴此一姓，而不肯蔽以誤民之辜，亦太昧昧矣」，頗能說明時人看待的態度。

同的文化規範與預期中，具有各式各樣地形變和特質[6]。職是之故，可以斷定：認同不獨爲一種自我激發出來的力量而已，同樣也來自他者所影響，乃是一項社會建構下的產物。同時，認同之實際內容並非我們想像的那般，純粹呈現單一面相的同質性，其中可能充滿諸多不穩定、不勻稱的差異。

民國後同情甚至效忠清室的遺民，正給予上述省思若干印證。以清末民初最具震撼的滿－漢種族問題來說，受到漢人的族群中心意識所致，「排滿」幾乎形成20世紀初期最重要的論辯[7]。不過，這項議題直到民國建立之後，已然失去了擴張的效力，而且並非直接是效忠清室遺民獲致惡名的主要因素。然而，從身分來看，絕大多數的遺民都是漢人；他們又該如何在自我和他者之間，區分種族認同的問題呢？

毫無疑問，「忠於清室」固然出自遺民政治上自我的認定。他們甚至採行林林總總的儀式，強化自己存在的合理性及正當基礎；可是儘管如此，在行爲和舉動方面，許多人卻依然隨著時機不同而選擇有別。就像第一章和第二章所論，不管人際關係也好，還是處事風格亦罷，清遺民的行動絕非僅爲「先驗」(A priori)的理想實踐而已；唯有在具體的情境裡，配合這樣或那樣的條件，我們才足以了解其行事緣由。譬如，擁護帝制可能是他們最大的公約數，但在參與纂修《清史稿》、洪憲稱帝、張勳復辟、滿洲建國等不同的場合或階段，清室遺民實際上皆各有盤算，抉擇也不盡相同。就算是編纂遺民錄這項事業，遺民們所要揭櫫的

6 Paul Ricoeur, *Oneself as Another* trans. by Kathleen Blamey (Chicago: University of Chicago Press, 1992), pp. 2-3, 118-9, 125-39.

7 Hao Chang, *Liang Ch'i-ch'ao and Intellectual Transition in China, 1890-1907* (Cambridge: Harvard University Press, 1971), pp. 261-2; 朱浤源，《同盟會的革命理論》(台北：中央研究院近代史研究所，1985)，頁63-90；Edward M. Rhoads, *Manchus and Han: Ethnic Relations and Political Power in Late Qing and Early Republican China, 1861-1928*, pp. 11-8.

內容和想法，亦無法等同視之。陳伯陶接連完成《宋東莞遺民錄》、《勝朝粵東遺民錄》，目標極可能是為了「強化個人存在和自我意義」而發，但對汪兆鏞而言，《元廣東遺民錄》傳達的卻係反對種族言論，鼓吹的是忠君價值，非可一概而論。

或許這正是歷史學研究帶給人類最富意義的啓示。由於加入「時間感」，讓事件及參與其中的人物充滿著「不確定性」和「選擇性」；經由時間的變遷與沉澱，人們的心理因勢利導，立場及態度同時從既有的思維裡，經過幾番摸索之後，而出現各自的「共相」和「殊相」。誠如梁啓超所說的「互緣」關係，每位人物的自由意志既然不可捉摸，心態和作為往往也是隨機的，故歷史結局和現象均係偶發，無法以「因果」來看待，到處隱藏各種可能[8]。所以，今日研究忠清遺民，不在於知曉他們的界線和成員都應否明確，而是在於釐清所謂「認同」的真實意涵——在現實生存狀態下所形成的認同（identities），毋寧也是以「複數的型態」來呈現的。

例如，同為蒙古旗人的唐晏和梁濟，在「國變」後身處異地，一在上海，一在北京，境遇相殊；前者選擇避地終老，後者則以自裁明志。跟王國維一樣，本為舉人的汪兆鏞，民國建立雖心繫清室，卻無機會成為「南書房行走」，為遜帝服務；不過，汪氏卻用編纂《碑傳集三編》的方式，表彰遺民的心情及楷模。另一位遺民鄭孝胥的生命境遇，則走得更加令人驚心動魄，深富戲劇性。他在清末時也有舉人功名，由於痛惡清社易屋，屢發仇視民國之意，嗣後在因緣際會下，奮不顧身投入建立滿洲政權之列，不惜被詬為「漢奸」，誓成復興夢想。陳夔龍和陳寶琛俱為清末大吏，兩位均係著名的清遺民；儘管1930年代皆未成為「滿

8 梁啟超，《飲冰室合集》，《飲冰室文集》，文集之四十，〈研究文化史的幾個重要問題〉，頁2-5。

洲國」官吏，然而彼此態度迥異。前者嘗公開召請其他遺民，聯名向東北表達祝賀建國之意，卻始終做壁上觀；後者極不願溥儀受日人挾持，仍親赴勸阻，以示一己立場。兩位陳氏遺民，同樣有著忠清的情懷，惟表現行爲始終大不相同。

不獨清遺民個案如此，許多民國人物的認同歷經變動，亦可說明此一偶發「複數的型態」；此處不妨以開頭引文的作者胡先驌爲例。受到家風所影響，胡氏終生屢有同情清遺民的言論，惟自本書的角度看來，頗能印證「互緣」的意義。當胡年輕時，眼見清廷朝政日非，有意以遺民的身分度過餘年；迨民國肇建後，他仍對孫中山、袁世凱等人心生不滿，立誓要「以純學術觀點」觀察時政，「不問政治」，相反地，對於張勳復辟之舉，則私下讚許其忠義。從胡先驌在民初的言論來看，應具備不折不扣的遺民條件；但是，隨著時代日益變遷，1920年代中葉的胡亦有所改變。首先，基於南京國民政府政策上的改弦易轍，強調維護傳統文化之立場，胡氏也漸漸支持孫中山的三民主義主張。接著在逐漸改變認同的同時，1930年代民族主義開始昂揚，進而促使胡先驌遠離對清室的支持。最後甚至在抗日戰爭如火如荼之際，胡更視蔣介石爲唯一政治領袖；自己並接受國民政府任命，成爲江西省內中正大學校長，主持教育工作[9]。應該這麼說，相較於對清室效忠，忠於傳統文化精神才是胡個人政治和文化認同的基礎所在。

胡先驌認同之變化，還同時顯現在對陳三立的定位上。當吳宗慈撰寫〈陳三立傳〉時，胡特別致信，言吳氏所談陳的政治取向，說到文中「做遺民以終老」，似乎有違其志。爲此，兩人還相互書信往返，爭辯陳氏是否認定自己爲清室遺民。吳即以親聞陳三立嘗說：「民國以來，凡所爲文，未用民國正朔」之語，證實其遺民心態。至於胡氏，則認爲

9　胡宗剛，《胡先驌先生年譜》，頁33、58、96-7、112、276。

陳三立晚年其實也對領導抗日的蔣介石頗有肯定之評價；像他在信中即謂「悉蔣公備兵御日之雄略，乃極佩蔣公」[10]，從某種程度來說，毋寧爲當時胡氏自我心態之投射。

同樣地，遺民形象也是各種相異的「同一認同」之下，成爲我們今日的認知。除了本書論及南社柳亞子等人對清遺民的批判，以站在革命黨的立場看待他們係「穢虜遺臣」外，大概幾乎很少看到民初輿論以種族觀點爲由，抨擊遺民的政治傾向。有趣的是，反觀當忠清遺民高聲疾呼「綱常猶勝於種族之見」時，那些對其批評的言論，卻從他們最爲強調的立身出處來著眼。像是1929年，一部相當膾炙人口的筆記便如此說：

> 遺老之可鄙者，約有三類：當清室之亡，蓄辮遠引，言必流涕，一若南山可移此志不可奪者，而一面仍潛向新朝當局，目挑心招，藉遺老之聲價，為干祿之媒介。……此一類也。清季政治混濁之際，以膴仕致巨富，鼎革而後，坐擁厚資，乃以遺老自鳴，做租界之寓公，享貴族之生活，己雖不出，而為其子弟營美官，俾富而益富，此一類也。亦有自託貞臣，追隨遜帝，而實則藉為衣食之資，甚且天家故物，干乞入己，貌為恭謹，心存利欲(遜帝左右，度亦有效其愚忠者，此非一筆抹煞)，此又一類也。[11]

這樣的說法顯得相當耐人尋味；不言清遺民的種族觀，而是質疑他們的忠誠，乃至道出遺民苟且自鳴的態度。如此的認知，也成爲日後「負面」看待和評價清遺民的標準。

---

10 俱見：胡宗剛，《胡先驌先生年譜》，頁333-7。

11 徐凌霄、徐一士，《凌霄一士隨筆》，頁96-7。

因此，如同本書各章研究所發現，認同內容的範圍可說相當寬泛，非惟某位個人或某種獨特價值的聯繫，亦由獨特的歷史背景裡孕育出來，成爲主體／集體的內在精神。不過，我們更應強調，確立「同一」的認同力量之際，還有來自於對他者的「差異」；藉由對照彼此的「差異」，意義才得以被展現出來，強化且鞏固個人／集體的信念。民國時期社會所建構的「清遺民」形象，其實正基於不同的文化分類之下，被塑造成爲不同秩序和價值的產物。在古今完全相異之「忠」的哲學來看，他們往往被形容好比是另一國度的人。1919年3月，有則〈敬告遺老〉的文字，即以此劃清了彼此的界線。該文作者魯迅痛切指責林紓，既然以「清室舉人」自居，卻還要來「維護中華民國的名教綱常」，未免越舉；於是敬告林說：「你老既不是敝國的人」，「不要再干涉敝國的事情罷！」他甚至使用激烈而徹底的文字──「敝國」──來切斷以往的歷史傳統，尤其那些還想懷抱幽暗面的清遺民[12]。

三、王朝循環觀的終結

這群素來抱持堅貞清室的人，和我們以往認知的歷代遺民，又有什麼不同？簡單地說，清遺民面對的時代問題，不獨爲自己所效忠的王朝結束而已，而且還是背後的整套意識型態──王朝循環(dynastic cycle)觀念的終結。

大致而言，帝制中國對統治者的理解，主要乃建立在三項基礎上：第一是君主專政，即皇帝個人的形象身上；第二則以皇帝爲主的一家一姓世襲制與統系；最後係根據家天下原則所具體化的「王朝」。然則，誠如本書一再提到：民國建立共和體制，使得「不事二姓」無法再成爲

12　魯迅博物館魯迅研究室(編)，《魯迅年譜》，頁392。

忠清之人的藉口，因此失去了堅持理念的著力點。所以，他們的處境與歷代遺民殊異，尤其是面對整個思想文化歷經崩解下所帶來的刺激。至於放在文化的脈絡看，來自西方的民主精神及政治體制，甚至整套的文化體系，毋寧也是他們試圖想要反對和仇視的一部分。如同王國維一度拒絕將自己的文章刊載於橫排印刷的《國學季刊》上；又像沈曾植在民國後高唱「歐人講自由界限，永世不分明，在《論語》止二語曰：『君使臣以禮，臣事君以忠。』一切支節，一齊斬斷」，訴諸帝制秩序的理想性；而鄭孝胥更表明說「余與民國乃敵國也」，相信這些絕非單單只是政治方面的反對態度而已[13]。

結束以王朝做爲時間單位，還可自史學書寫的變化觀察。中國記載歷史的方式從司馬遷以後，「正史」遂爲官方統治者認可的一種書寫過去之標準[14]。這項體裁伴隨天命和陰陽五行觀的出現，將宇宙運行結合人間的社會生活，規劃出一套政治秩序，以符合統治者的需要。一位得到天命的新君王，代表有高度和抽象的理想典型，使得他擁有權力治理百姓，否則將被取代。受到這樣體例的影響，朝代於是成爲歷史週期計算的準則，而王朝更替及變遷遂被視爲恆常的道理[15]。直到清末，梁啓超率先提出「新史學」口號，加以挑戰，要求紀錄過去不再以個別一家一姓的豐功偉業爲主。如此的衝擊取而代之地，要求描寫歷史原來的風貌和動態，給予分門別類的劃分方式，形成一種「有目的的系統」。經由進化觀的敘事筆法，史學要呈現的，是帶有解釋性質和強烈目的論，

---

13 東方学会(編)，《東方学回想VI 学問の思い出》（東京：刀水書房，平成12年〔2000〕），頁124；西本白川，《大儒沈子培》（上海：春申社，1923），頁125；中國歷史博物館(編)，《鄭孝胥日記》，頁1705。

14 川勝義雄，《中国人の歴史意識》（東京：平凡社，1993），頁92-3。

15 楊聯陞，《國史探微》（台北：聯經出版事業公司，1983），〈國史諸朝興衰芻論〉，頁21-42。

以「因果」做爲了解現今處境及啓蒙之道[16]。解構了王朝循環觀，首當其衝地，當然是這些繼續想要緬懷「故國」的遺民。他們編纂《清史稿》，原本深具回憶和認同的意涵，但在近代中國卻出現了一段插曲，成爲不被承認且怪異的一項「歷史」，無法顯現其安身立命的方式。

當然不該忘記：中國人用來理解歷史的王朝週期看法，其實才是真正進而塑造了「遺民」命題出現的緣由。在人類文明史上，過去儘管有著類似皇權體制的其他國度，可是事實上並無中國一般有著效忠前朝皇室的遺民群體。即如我們熟知的俄國沙皇和日本天皇，具有固定而久遠的君權神授傳統，卻缺乏像中國一樣，以王朝做爲時間計算單位。因此改姓易代、出處仕隱等所形塑的遺民觀念，成爲中國歷史的一大特色。

無須諱言，王朝循環觀自中國歷史書寫之中被建構出來，最終淹沒在20世紀初的時代洪流裡，自此人們需將「國家」（state）奉爲最高的政治價值，尋求的是關注「國家理性」（raison d'état; staatsräson）[17]。隨著政治文化的轉型，清室遺民當然也體悟到自己面臨如此的時代巨變。像劉聲木個人，即在筆記中曾提到：一次世界大戰的結果，使得各國帝政次第倒台，成爲「五大洲亙古之變局」[18]；而本書分析遺民參與「滿洲國」體制時，也發現他們在傳統內容和現代精神間，存在某種緊張和矛盾。比較不同的是，從帝國到民國的進程裡，中國遭遇的課題還不獨是純粹地政治民主化而已，同樣來自種族／中西／地理等多項複合的歷史課題，一齊同時考驗清室的因應之道；忠清的遺民最後則未轉化王朝和

---

16 Prasenjit Duara, *Rescuing History from the Nation: Questioning Narratives of Modern China*, pp. 33-48. 即便是「中國近代史」這樣新興的研究領域，也帶有如此強烈的性質。見：林志宏，〈蔣廷黻、羅家倫、郭廷以：建立「科學的中國近代史」及其詮釋〉，《思與言》，42：4（台北，2004. 12），頁41-81。

17 梁啟超便是中國處於這樣的轉型期，一個最典型的實例。詳參：Hao Chang, *Liang Ch'i-ch'ao and Intellectual Transition in China, 1890-1907*, pp. 256-60.

18 劉聲木，《萇楚齋隨筆》，《續筆》卷2，總頁263。

民族主義情感的衝突，遂使他們堅持的精神——特別是關於皇權——終將被放棄。這也是中國和其他具有舊王室體制國家所發展的不同之處[19]。

王朝循環史觀結束，象徵此後中國無須再有遺民一類的人物。至少對1920年代的許多人而言，「遺民」的角色毋寧為「負面」的，是危害及破壞社會秩序和諧的一群。本書第五章曾從學術層面探討如此角色的變化。等到1930年代起，隨著現代國家的建立和民族主義的高漲，中國的政治道德與倫理有所改變，在來自外患侵逼及爭取主權的情形下，逐漸出現一個嶄新且統一的認同政治。

1938年10月的《申報》有篇文章，充分把「遺民」處境置於民族主義的大纛下，重新思考其地位。該篇名為〈遺民之今昔〉，不僅以民族立場來論斷，亦頗能印證遺民形象的「負面化」。此文的背景處於中、日兩國敵對之際，主要目的係批評胡適給友人的信。內容提到，胡氏稱許朋友決心居留北方，不顧日人統治與否，繼續埋頭著述，「此是最可佩之事」，實屬荒謬。這篇文章甚至明言：處於今日民國的時代，拿「民字來分類」，只有「順民」和「逆民」之別，絕無「遺民」。蓋從民族主義的角度衡量，人民唯有忠於國家，對於敵人絕不可妥協。換句話說，無論歷史上的伯夷、叔齊，乃至顧炎武、黃宗羲，嚴格來說，儘管他們

19 論者指稱：第一次世界大戰為王朝體制劃下了句點，民族國家於是成為世界國家體制的規範，並且達到前所未有的高峰。那些舊有的帝國王室結合所謂「官方民族主義」(offical nationalism)，順利規劃而保有了王朝權力。這種有意識的融合，儘管都是複數的形式，卻提供了成立生命共同體的情感，掩蓋了民族與王朝間的矛盾。譬如日本，裕仁天皇(1901-1989)同樣在二次世界大戰後也曾引發遜位的危機，可是在盟軍刻意塑造和日本民族主義的驅使下，最後的結果是安然度過。討論見：Benedict Anderson, *Imagined Communities: Reflections on the Origin and Spread of Nationalism*, pp. 83-111; Herbert P. Bix, *Hirohito and the Making of Modern Japan* (New York: Harper Collins Publishers, 2000)，特別是第14、15章。

臨終皆不同意新朝的統治，但其實都是「逆民」而已。文末最後表示：

> 至於所謂「遺民」，除了不做官故示清高外，其餘一無所取，還不是成為服服貼貼的「順民」？更進一步，接交官府，化為山長，鴻博一開，這便成為奴才了。

因此，基於民族國家的前提，〈遺民之今昔〉主旨意謂沒有第三條路，而舉國抗日的氣氛下，「『遺民』是要不得的，在全面抗爭中的今日更要不得」[20]。

四、從「天下」到「國家」

最後，我想從「天下」到「國家」的進程裡，思考清遺民所面對的時代課題，以及扮演何種角色，重新說明近代中國歷史的意義。

許多人嘗注意到：傳統中國人界定自我的形象，其實與現代國家的體制相去甚遠，係以「文化主義」而非「民族主義」，做爲他們的世界觀和界定認同的方式。梁啓超在清廷即將崩解之前，就點出此一問題的核心所在。他認爲中國人「所知的世界，則僅有一國而已。故先民不名之以『國』而名之以『天下』」[21]；通過文化理念，中國人鞏固自我和他者的區別，主要是來自於文化的基礎，而非政治實體。這種「尋求政治共同體的文化共同體」，即《春秋》的「夷夏之辨」說法，所謂「諸夏而夷狄則夷狄之，夷狄而諸夏則諸夏之」，也是確保中國文化始終優

20 《申報》(上海)，1938年10月31日，第4版，吉力(周黎庵)，〈遺民之今昔〉。感謝孫慧敏教授提供此則資料。

21 梁啟超，《飲冰室合集》，《飲冰室文集》，文集之二十六，〈中國的前途之希望與國民責任〉，頁20。

勢之處。然而，就當中國在19世紀接連遭受政治和外交挫敗，甚至逐步邁入近代世界體系之後，卻出現重大的改變，「民族主義取代了文化主義，開始支配中國人關於自我認同及其在世界地位的看法」[22]。因為驚覺面臨「三千年來未有之變局」，中國調整自己是世界列國的一員，民族主義遂為建立自我族群的理念和方式。

既然民族主義變為認同政治裡唯一的核心價值，那麼帝制時代所被廣泛接受和信仰的「夷夏之辨」文化觀，終將為人淘汰，成為既陳芻狗。尤其是「中華民族」的議題，緊緊扣住形成現代國家主體時，文化主義的意識型態更在中國顯得失衡而無力。遺民即是在清帝國瓦解之後，首先因應到民主共和體制時進退失據，蓋他們失去了王朝循環觀念做為自處的依據。接著，屢謀復辟活動的失敗，有些清遺民唯有將文化主義的理想寄託在外國身上。他們歷經最後的奮力一搏，把希望放在日本的殖民夢想上。

就像本書所談，清室遺民參與「滿洲國」時，實際上充滿情感的糾葛和矛盾。對這群效忠遜帝、希冀「中興」的遺民而言，藉由日本力量協助達成恢復帝制的夢想，非惟基於理念而已，並且還是文化共同體的歸屬感所致。他們誤將侵略者以文化主義的立場，如同對待蒙古、滿洲「異族」一樣，化為道統的代言人。因此，在思考清遺民的處境之際，我們更須釐清他們究竟如何在文化主義和民族主義兩者間做出抉擇。確切地說，遺民所謂的「天下」，固然已是我們現今所熟知的世界，不過昔日的「華夏」卻為「東亞」地域；至於「蠻夷」，即是他們見證晚清以來所認定的白種人。換言之，近代中國面臨時代轉型，必須衡量這場東、西「文化戰」的爭奪和結束。有意思的是，如同民族主義所帶來的

22 James Townsend, "Chinese Nationalism," in Jonathan Unger ed., *Chinese Nationalism* (Armonk, N.Y.: M. E. Sharpe, 1996), pp. 2-6.

魅力一樣，遺民們在此「獲得了力量，卻喪失了判斷力」；他們試圖建立「王道」口號，做爲對抗民族主義的新武器，結果同樣也落入民族主義的洪流中。

總括言之，認識清遺民的歷史角色和地位，非但足以再思考「忠誠」概念自傳統到現代的變遷，而且將有助於重新檢視：中國在20世紀時如何從王朝邁向民族國家的歷程。雖然從現實面看到，他們逐漸成爲政治舞台的邊緣人物，可是讓吾人能了解傳統思想究竟怎麼進行轉向——民國在政治制度、組織改造的同時，也使得思想精神面臨何種清理和再重塑。但願做爲「局外人」的立場，本書的嘗試和努力已經更能切近真相一步。

後記

呈現於各位讀者面前的這本書，是我在2005年提出的博士論文所修改而成。它奠基於三重因緣：首先，在碩士班求學階段，自己相當留心近代中國思想方面傾向傳統或堅持「文化保守」的人物，故在有限的知識背景下，粗淺地認識了一些知名的遺民，包括他們令人矚目的身份和事蹟。而平日腦海中的這些清季民初歷史人物，後來便化爲進一步研究的基礎。第二重因緣係來自於攻讀博士班時，有幸選修「中國中古社會與文化」課程，撰寫了一篇「羅振玉、王國維與敦煌學」的報告，從而開啓清遺民研究。因爲一次無心的經驗，結果卻促成了本書的開始，冥冥之中早有定數。最後也最爲重要的，是現實環境帶給我種種的啓發。2000年3月18日，台灣的總統選舉出現了第一次政黨輪替。此後數年間，自己恰巧見證了這段民主政治面臨轉型之際的形形色色現象，許多有意無意的時事，一再觸動我思考有關政治文化的議題。於是乎，歷史不再僅僅是來自書本上死板的內容和文字，而是紛紛冒出來與現實互動的對話。這裏借用傅科(Michel Foucault)曾講過的一段話，來代表個人多年來心境：「我爲什麼要寫這樣一部歷史呢？只是因爲我對過去感興趣嗎？如果這意味著從現在的角度來撰寫一部關於過去的歷史，那不是我的興趣所在。如果這意味著撰寫一部關於現在的歷史，那才是我的興趣所在。」

能夠有幸在此介紹自己的研究心得，兩位指導教授——王汎森老師及古偉瀛老師，其實功不可沒。2002年春夏之際，時任國科會人文處處長的王老師，與我在辦公附近的「山西刀削麵館」吃午餐，閒談該進行什麼論文題目，決定這本書的規模，也等於做了定調。此後，祇憑自己到處摸索蒐來的資料，陸續寫就書中各章，並隨時報告進度。王老師屢以銳利而精闢的眼光，耳提面命，隨時提醒我需要注意的地方。尤其他那長年來對近代中國史事深厚的觀察，令我多次如沐春風，都是無價的學習與體驗。認識古老師則是我人生的另一個「幸運」。早在大學求學時，我與同學便因史學量化研究的問題，親向其請益，聆聽指教。沒想到多年以後，承古老師不棄，以他豐富的明清史知識背景，及平日寬容的態度，多方熱切指導，可謂惠我良多。

撰寫這部書時，其實曾得到許多學界前輩的幫忙，獲益匪淺。最先我想表達謝意的，是對中央研究院近代史研究所的各位先進，特別是陳永發所長、黃克武副所長，還有黃自進、沙培德(Peter Zarrow)、沈松僑、巫仁恕、潘光哲、王正華、孫慧敏等諸位教授。可以在近史所長達四年的時間，利用充裕的學術環境及圖書資源，將本書從不成熟的想法，逐步化爲具體且完整的研究成果，一直是我最感幸運的事。試想學術生涯得以如是，幾人能夠？在此願奉上個人最誠摯的感激。另外，歷史語言研究所的李孝悌、黃進興、劉錚雲等老師，始終給予非常多的幫助；他們提攜後輩之情，時時想來令人動容。李建民、陳熙遠兩位學長則對本人的研究表示關切與激勵，也是令我念茲在茲，未敢稍忘。而許雪姬、劉靜貞兩位老師經年來對後學的黽勉，帶給我諸多研究上的動力，亦非能在此一筆所可形容的。

要感謝的人真的非常多，有限篇幅實在難於窮盡；但以下這些長輩和同仁，始終支持本人研究，讓我永誌在心。上海的陳絳教授、日本神戶大學的森紀子教授、香港的賴恬昌教授和區志堅教授、北京的許恪儒先生和馬忠文先生、上海的高式熊先生、廣州的梁基永先生、台中的陳以愛教授，都毫無保留地提供各項建議，甚至慨贈關鍵性的資料。本書如果沒有這些前輩諸多的提點，實在難以想像能有迄今的規模。此處還要向來自各地的學友傳達個人致謝之意：陳偉強、曾漢棠、侯勵英、何方昱、李君、譚徐峰、岩谷將等，透過他們多方幫忙，使得我免於四處奔波，謝謝分擔了蒐羅資料之苦。

任何的學問成績都不可能脫離研究社群，特別處於今日網際網路的時代，「見賢思齊」自然是免不了的，很難想像「獨學而無友」的窘境。我還要介紹幾位跟自己一齊共同學習的伙伴：林進龍、吳雅婷、趙立新、鄭雅如、何淑宜、蔡宗憲、楊俊峰、張維屏、唐立宗、林丁國、許毓良、張藝曦、李毓嵐、任育德、陳思宇、林文凱、王超然、林果顯、尤淑君、翁稷安、陳昀秀、宋子玄、陳詩雯等好友，因爲有他們平日學問的切磋及砥礪，才能順利完成這本書的寫作。上述幾位都是拙作最初的讀者，儘管所學各有專攻，卻爲書中的原動力所在，有許多篇幅依然保留著他們靈光一閃的想法，令我無法私自獨享，在此感謝。張繼瑩、唐屹軒、溫楨文幾位學友幫我克服了電腦上的問題，順此也要謝謝他們。

在講究環保、原物料日益上漲的年代，出版任何一本學術書籍，非惟背負沉重的市場壓力，往往還需偌大地勇氣。這裡衷心感謝聯經出版事業公司，願意提供給我一處發表的園地。發行人林載爵先生和編輯沙淑芬小姐的不憚辛勞，爲本書能否順利出版費盡心力，銘感五內。至於兩位匿名審查人精闢的建議，並糾謬多處，也要在此傳達個人的敬意。由於自己學力有限，已盡力改進與解決審查意見上問題，以符合要求；當然，書中內容掛一漏萬，錯誤可能尚多，還望讀者不吝賜正。

最後，要把這本書獻給家人。對一向拙於治生的我而言，多年來若沒有他們無私地犧牲奉獻，實在無從想像自己如何還能率性地投入研究的行列。特別是父母，經常得忍受我訴說一個他們不曾了解過的「歷史」；兩位弟弟則是幫忙維持家計，分擔了一位身爲哥哥該負的責任；

妻子雅文平日料理家務，背後默默的支持與付出，讓我可以無憂無慮縱情於歷史學的世界；女兒小蓼幾乎與本書一樣，共同經歷了從無到有的成長過程，也是所有靈感的來源。要是書中能有任何渺小的貢獻，一切都歸功於他們。感謝Mr. Children，十幾年來他們的音樂陪伴我度過無數的夜晚，還有帶來生存的勇氣。

林志宏

2008年8月8日於板橋法硯齋

徵引書目

一、中日文獻

史料

〈胡適九封未刊信稿·胡適致劉承幹〉，《明報月刊》，第27卷第2期，香港，1992. 2。

〈張元濟致羅振玉、王國維函札一組〉，《檔案與史學》，1996年第1期，上海。

《大公報》（天津），北京：人民出版社影印，1983。

《大公報》（長沙），北京：人民出版社影印，1980。

《中央日報》（南京），上海：江蘇古籍出版社影印，1994。

《孔教會雜誌》，上海圖書館藏微捲。

《孔學會會刊》，奉天：孔學會編輯部。

《民國日報》（上海），北京：人民出版社影印，1981。

《申報》（上海），上海：上海書店影印，1982-1987。

《東方雜誌》，上海：商務印書館。

《政府公報》，台北：文海出版社，1971，據北京政事堂印鑄局影印。

《故宮周刊》（北京），台北：國立故宮博物院，1966。

《時報》（上海），上海：時報社。

《庸言》，台北：文海出版社影印，1971。

《教育雜誌》，上海：教育雜誌社編，據台北：臺灣商務印書館影印，1975。

《晨報》(北京)，北京：人民出版社影印，1981。

《廣州日報》，2004年11月11日，卜松竹、黃慶昌，〈“王國維遺囑”現身廣州博物館〉。

葉德輝(著)，葉啓倬(輯)，《郎園先生全書》，長沙：中國古書刊印社，1935。

丁仁長，《丁潛客先生遺詩》，己巳年(1929)刊本。

丁志安，〈丁闇公先生年譜〉，見：中國人民政治協商會議江蘇省鎮江市委員會文史資料研究委員會(編)，《鎮江文史資料》，第6輯，鎮江：編者印行，1983. 10。

三田史學會(編)，《田中萃一郎史學論文集》，東京：編者印行，昭和7年(1932)。

山本謙吉，《山東旅行叢話》，上海：春申社，大正12年(1923)。

不著撰人，《翰墨流芳》，香港：學海書樓，2003。

不著撰人，曾卓、丁保赤(標點)，湖南圖書館(藏)，《湘雅摭殘》，長沙：岳麓書社，1988。

中央檔案館、中國第二歷史檔案館，吉林省社會科學院(合編)，《日本帝國主義侵華檔案資料選編：僞滿傀儡政權》，北京：中華書局，1994。

中國人民政治協商會議全國委員會文史資料委員會(編)，《文史資料存稿選編・晚清北洋(上)》，北京：中國文史出版社，2002。

中國人民政治協商會議全國委員會文史資料委員會(編)，《晚清宮廷生活見聞》，北京：文史資料出版社，1982。

中國社會科學院「近代史資料」編輯部(主編)，鍾碧容、孫彩霞(編)，

《民國人物碑傳集》，成都：四川人民出版社，1997。

中國社會科學院近代史研究所中華民國史研究室(編)，《胡適來往書信選》，北京：中華書局，1979。

中國社會科學院近代史研究所中華民國史研究室、山東省曲阜文物管理委員會(編)，《孔府檔案選編》，北京：中華書局，1982。

中國科學院近代史研究所中華民國史組(編)，《中華民國史資料叢稿》，特刊輯2，北京：中華書局，1974。

中國第一歷史檔案館(編)，〈溥儀出宮後圖謀恢復優待條件史料〉，《歷史檔案》，2000年第1期，北京。

中國第一歷史檔案館(編)，《中國第一歷史檔案館館藏檔案概述》，北京：檔案出版社，1985。

中國第一歷史檔案館(輯)，〈劉鳳池致溥儀信函選(上)〉，《歷史檔案》，1997年第1期，北京。

中國第二歷史檔案館(編)，《中華民國史檔案資料匯編》，輯3「文化」，南京：江蘇古籍出版社，1991。

中國歷史博物館(編纂)，勞祖德(整理)，《鄭孝胥日記》，北京：中華書局，1993。

內尾直昌(編)，《康德元年版滿洲國名士錄》，東京：株式會社人事興信所，昭和9年(1934)。

公孫訇，《馮國璋年譜》，石家莊：河北人民出版社，1989。

卞孝萱、唐文權(編)，《民國人物碑傳集》，北京：團結出版社，1995。

卞孝萱、唐文權(編)，《辛亥人物碑傳集》，北京：團結出版社，1991。

孔德懋，《孔府內宅軼事》，天津：天津人民出版社，1983。

方觀瀾(編)，《方山民紀年詩》，北京：北京圖書館出版社，1998，據民國間刻本影印。

毛大奉、王斯琴(編注)，《近百年詩鈔》，長沙：岳麓書社，1999。

毛注青(編)，《黃興年譜長編》，北京：中華書局，1991。

王力，〈挽王靜安師詩〉，《國學月刊》，第8-10期，北京，1927. 10。

王不遐(周作人)，〈閒話三十一：請教歷史家〉，《語絲》，第112期，北京，1927. 1. 1。

王中秀(等編著)，《近現代金石書畫家潤例》，上海：上海畫報出版社，2004。

王仲鏞(主編)，《趙熙集》，成都：巴蜀書社，1996。

王宇、房學惠(整理)，〈柯劭忞致羅振玉手札廿三通〉，《文獻》，2001年第1期，北京。

王舟瑤(編)，王敬禮(續編)，《默盦居士自訂年譜》，民國間鉛印本。

王季烈，《螾廬未定稿》，台北：文海出版社，1969，收在：近代中國史料叢刊第40輯。

王長發、劉華，《梅蘭芳年譜》，南京：河海大學出版社，1994。

王建中(等)，《洪憲慘史》，上海：上海書店，1998。

王重民，《冷廬文藪》，上海：上海古籍出版社，1992。

王家儉，《魏源年譜》，台北：中央研究院近代史研究所，1967。

王晉光(編著)，《1919-1949舊體詩文集敘錄》，南京：江蘇教育出版社，1998。

王國維，《王國維全集・書信》，台北：華世出版社，1985。

王國維，《王國維學術隨筆》，北京：社會科學文獻出版社，2000。

王國維，《海寧王靜安先生遺書》，台北：臺灣商務印書館，1979，臺二版。

王開文(編)，《王新楨詩文集》，開封：河南大學出版社，1993。

王開節(編)，《觀休室詩》，台北：文海出版社，1976，收在：近代中國史料叢刊續編第34輯。

王煦華，〈王國維致顧頡剛的三封信〉，《文獻》，第18輯，北京，1983.

12。
王爾敏(編)，《袁氏家藏近代名人手書》，台北：中央研究院近代史研究所，2001。
王爾敏(編)，《康有爲手書真跡》，台北：中央研究院近代史研究所，1994。
王慶祥、蕭立文(校注)，羅繼祖(審訂)，長春市政協文史和學習委員會(編)，《羅振玉王國維往來書信》，北京：東方出版社，2000。
王樹枏，《陶廬文集》，清光緒・民國年間新城王氏刊本。
王樹枏，《陶廬老人隨年錄》，成都：四川人民出版社，1988，收在：《近代稗海》第12輯。
王錫彤(著)，鄭永福、呂美頤(點注)，《抑齋自述》，開封：河南大學出版社，2001。
王濬源(主編)，鄧明(校點注釋)，《王烜詩文集》，蘭州：編者印行，1997。
王簡齋，〈我跟隨了溥儀二十八年〉，《大成》，第175期，香港，1988.6。
王蘧常，《清末沈寐叟先生曾植年譜》，台北：臺灣商務印書館，1982。
北平政治分會秘書處，《北平政治分會會報》，第1期，北平，1929.1。
北京市檔案館(編)，《那桐日記》，北京：新華出版社，2006。
北京圖書館文獻編輯部、吉林省圖書館學會會刊編輯部(編)，《中國當代社會科學家》，第2輯，北京：書目文獻出版社，1982。
玄同，〈什麼話？(三)〉，《新青年》，第6卷第2號，北京，1919.2。
玄同，〈隨感錄(二九)〉，《新青年》，第5卷第3號，北京，1918.9.15。
玄同，〈隨感錄(五五)〉，《新青年》，第6卷第3號，北京，1919.3.15。
由國慶(編著)，《再見老廣告》，天津：百花文藝出版社，2004。
申君，《清末民初雲煙錄》，成都：四川人民出版社，1984。

矢原謙吉，《謙廬隨筆(初集)》，香港：掌故月刊社，1974。
石繼昌(著)，北京市政協文史資料委員會(編)，《春明舊事》，北京：北京出版社，1996。
任建樹、張統模、吳信忠(編)，《陳獨秀著作選》，上海：上海人民出版社，1993。
吉川幸次郎(著)，錢婉約(譯)，《我的留學記》，北京：光明日報出版社，1999。
吉迪(整理)，〈胡嗣瑗致劉廷琛密函〉，收在：中國社會科學院近代史研究所近代史資料編輯室(編)，《近代史資料》，總第70輯，北京：中國社會科學出版社，1988. 9。
朱孝臧(著)，白敦仁(箋注)，《彊村語業箋注》，成都：巴蜀書社，2002。
朱家溍，《故宮退食錄》，北京：北京出版社，1999。
朱師轍，《清史述聞》，台北：樂天出版社，1971。
朱維幹(等編)，《江春霖集》，吉隆坡：馬來西亞興安會館總會文化委員會，1990。
朱維錚(主編)，《馬相伯集》，上海：復旦大學出版社，1996。
朱維錚(編)，《周予同經學史論著選集(增訂本)》，上海：上海人民出版社，1996。
朱德裳，《三十年聞見錄》，長沙：岳麓書社，1985。
朱慶瀾、梁鼎芬、鄒魯(等編)，《廣東通志稿》，北京：全國圖書館文獻縮微複製中心，2001。
朱羲胄，《林琴南先生學行譜記四種》，台北：世界書局影印，1965。
江瀚，《慎所立齋文詩集》，台北：文海出版社，1972，據1924年太原排印本，收在：近代中國史料叢刊第71輯。
江獻珠，《蘭齋舊事與南海十三郎》，香港：萬里機構‧萬里書店，2004。
牟潤孫，《海遺雜著》，香港：中文大學出版社，1990。

行政院文化建設委員會國家文化資料庫計畫「謝鴻軒先生收藏名人手札數位化計畫」。網址：http://cls.admin.yzu.edu.tw/digital/xie/latejing/ org/12.jpg，2004年6月15日。

西本白川，《大儒沈子培》，上海：春申社，1923。

西本白川，《支那思想と現代》，上海：春申社，1921。

西本白川，《現代支那史的考察》，上海：春申社，大正11年(1922)。

何智霖(編注)，《閻錫山檔案：要電錄存》，第2冊，台北：國史館，2003。

何藝文，〈孤忠傲骨一詩翁——謹記我外公「帝師」陳寶琛事略〉，《傳記文學》，第54卷第2期，台北，1989. 2。

何藻翔，《鄒崖詩集：附年譜》，香港：何鴻平印行，1958。

伯子，〈辛亥革命後前清遺老在香港的活動〉，全國政治協商會議文史資料委員會(編)，《文史資料選輯》，第144輯，北京：中國文史出版社，2000。

余紹宋，《余紹宋日記》，北京：北京圖書館出版社，2003。

佚名(輯)，《清代粵人傳》，北京：全國圖書館文獻縮微複製中心，2001。

吳士鑒，《含嘉室文存》，1941年葉景葵鈔本，上海圖書館藏。

吳天任(編著)，《梁節庵先生年譜》，台北：藝文印書館，1979。

吳天任，《牧課山房隨筆》，台北：藝文印書館，1973。

吳宓(著)，吳學昭(整理)，《吳宓日記》，北京：三聯書店，1998。

吳宓，《吳宓詩集》，上海：中華書局，1935。

吳道鎔，《澹盦文存》，台北：大華印書館，1968，重印本，據民國三十二年(1943)吳氏門人陳善伯編印本影印。

吳道鎔，《澹盦詩存》，丁丑年(1937)刊本。

吳慶坻，《悔餘生詩集》，民國排印本，臺灣國家圖書館藏。

吳慶坻，《蕉廊脞錄》，北京：中華書局，1997。

吳瀛，《故宮博物院前後五年經過記》，台北：世界書局，1971。
吳瀛，《故宮塵夢錄》，北京：紫禁城出版社，2005。
呂長賦(等編)，《溥儀離開紫禁城以後》，北京：文史資料出版社，1985。
呂思勉、童書業(編著)，《古史辨》，上海：上海書店，1992，據開明書店版影印，收在：民國叢書第4編第70輯。
希社事務所(編)，《希社叢編》，第1冊，上海：編者印行，1913。
李一華(等編)，《藝風老人日記》，北京：北京大學出版社，1986。
李于鍇(著)，李鼎文(校點)，《李于鍇遺稿輯存》，蘭州：蘭州大學出版社，1987。
李永翹，《張大千年譜》，成都：四川省社會科學院出版社，1987。
李肖聃(著)，綘希(點校)，《星廬筆記》，長沙：岳麓書社，1983。
李定夷，《民國趣史》，揚州：江蘇廣陵古籍刻印社，1998。
李家驥(等整理)，《林紓詩文選》，北京：商務印書館，1993。
李恩績，《愛儷園夢影錄》，北京：三聯書店，1984。
李國慶(編著)，周景良(校定)，《弢翁藏書年譜》，合肥：黃山書社，2000。
李雲光(編)，《南海康先生法書》，香港：明謙有限公司，1985。
李猷，〈抗戰前常熟書畫家略述〉，顧樹型(編校)，《常熟景觀續集》，台北：常熟同鄉會，1986。
李猷，《近代詩介》，台北：臺灣商務印書館，1973。
李猷，《龍磵詩話》，台北：臺灣商務印書館，1990。
李瑞清，《清道人遺集》，台北：文海出版社，1961，收在：近代中國史料叢刊第42輯
李詳，《李審言文集》，南京：江蘇古籍出版社，1988。
李儀祉，《李儀祉先生遺著》，李張孟淑印行，1940。
李濟(著)，賈士蘅(譯)，《安陽》，台北：國立編譯館，1995。

李濟(編)，《安陽發掘報告》，第2期，北平，1930. 12。
李濟(編)，《安陽發掘報告》，第3期，北平，1931. 6。
杜如松，〈民初修建清室崇陵和光緒「奉安」實況〉，收在：中國人民政治協商會議全國委員會文史資料研究員委員會(編)，《文史資料選輯》，第10輯，北京：編者印行，1960。
沈亦雲，《亦雲回憶》，台北：傳記文學出版社，1980。
沈兼士(著)，葛信益、啓功、葛信益(等整理)，《沈兼士學術論文集》，北京：中華書局，1986。
沈雲龍(訪問)，賈廷詩(等紀錄)，郭廷以(校閱)，《萬耀煌先生訪問紀錄》，台北：中央研究院近代史研究所，1993。
沈瑜慶，《濤園集》，台北：文海出版社，1967，據庚申年(1920)刊本影印，收在：近代中國史料叢刊第6輯。
汪兆鏞(著)，葉晉斌(圖釋)，《澳門雜詩圖釋》，澳門：澳門基金會，2004。
汪兆鏞(編纂)，汪宗衍(增補)，周錫馥(點校)，《嶺南畫徵略》，廣州：廣東人民出版社，1988。
汪兆鏞，《元廣東遺民錄》，壬戌年(1922)刊本。
汪兆鏞，《清汪微尙老人兆鏞自訂年譜》，台北：臺灣商務印書館，1980。
汪兆鏞，《微尙齋詩續稿》，庚辰年(1940)刊本。
汪兆鏞，《微尙齋雜文》，台北：文海出版社，1981，據壬午年(1942)排印本，收在：近代中國史料叢刊續編第83輯。
汪宗衍，《讀清史稿札記》，香港：中華書局，1977。
汪辟疆，《汪辟疆文集》，上海：上海古籍出版社，1988。
沃邱仲子，《當代名人小傳》，北京：北京圖書館出版社，2003，據1926年崇文書局版影印。
那志良，《典守故宮國寶七十年》，台北：作者印行，1994。

那志良，《故宮博物院三十年之經過》，台北：中華叢書委員會，1957。

忻江明，《鶴巢詩文存》，合肥：黃山書社，2006。

周一良，《周一良集》，瀋陽：遼寧教育出版社，1998，卷5《雜論與雜記》。

周一良，《鑽石婚雜憶》，北京：三聯書店，2002。

周作人，《談虎集》，石家莊：河北教育出版社，2002。

周君亮，《墜塵集》，台北：臺灣商務印書館，1973。

周君適，《僞滿宮廷雜憶》，成都：四川人民出版社，1980。

周延礽(編)，《吳興周夢坡(慶雲)先生年譜》，台北：文海出版社，1972，據1934年刊本影印，收在：近代中國史料叢刊第82輯。

孟森，《明清史論著集刊》，台北：南天書局，1987。

季羨林(主編)，《胡適全集》，合肥：安徽教育出版社，2003。

宗方小太郎，《宗方小太郎日記》，上海社會科學研究院歷史研究所藏。

房學惠(整理)，〈羅振玉友朋書札〉，《文獻》，2005年第2期，北京。

房學惠、王宇(整理)，〈寶熙致羅振玉信札十七通〉，《文獻》，2002年第2期，北京。

房鑫亮，〈王國維丙辰日記注考〉，《中華文史論叢》，2006年第4期，上海。

易宗夔，《新世說》，太原：山西古籍出版社，1997。

易順鼎(著)，王飈(校點)，《琴志樓詩集》，上海：上海古籍出版社，2004。

東方学会(編)，《東方学回想VI 学問の思い出》，東京：刀水書房，平成12年(2000)。

林庚白(著)，周永珍(編)，《麗白樓遺集》，北京：中國人民大學出版社，1997。

林紓，《畏廬三集》，上海：商務印書館，1927。

林紓，《畏廬文集》，上海：商務印書館，1923。
林紓，《畏廬續集》，上海：商務印書館，1927。
林薇，〈林紓軼事二三則〉，中華書局編輯部(編)，《學林漫錄》，第13輯，北京：中華書局，1991。
松浦嘉三郎，〈斯文之厄運〉，《文字同盟》，第4期，北京，1927. 7。
社団法人国際善隣協会(編)，《滿洲建国の夢と現実》，東京：編者印行，昭和五十年(1975)。
芳澤謙吉，《外交六十年》，東京：自由アジア社，昭和33年(1958)。
芥川龍之介，《上海游記・江南游記》，東京：講談社，2001。
邵鏡人，《同光風雲錄》，台北：中外圖書出版社，1976。
金兆梓(編)，《涉岡集》，上海：中華書局，1949。
金問泗(等著)，《黃膺白先生故舊感憶錄》，台北：文星書店，1962。
金梁(編)，《四朝佚聞》，台北：文海出版社，1990，收在：近代中國史料叢刊第3編第61輯，據民國丙子年(1936)排印本。
金梁，〈記鐵良〉，《古今半月刊》，第13期，上海，1942. 12. 16。
金梁，〈遇變日記〉，收在：中國人民政治協商會議全國委員會文史資料研究委員會(編)，《文史資料選輯》，第13輯，北京：編者印行，1961。
金梁，《瓜圃叢刊敘錄》，台北：文海出版社，1968，收在：近代中國史料叢刊第29輯。
金梁，《清遺逸傳稿》，1942年鉛印本，東北師範大學圖書館藏。
金毓黻，《靜晤室日記》，瀋陽：遼瀋書社，1993。
金蓉鏡，《滮湖遺老集》，民國刊本，上海圖書館藏。
俞萊山，〈談萬繩栻與張勳〉，收在：中國人民政治協商會議全國委員會文史資料委員會(編)，《文史資料存稿選編・軍政人物》，北京：中國文史出版社，2002。

冒懷蘇(編著)，《冒鶴亭先生年譜》，上海：學林出版社，1998。

姜緯堂(選編)，《遐庵小品》，北京：北京出版社，1998。

柯劭忞，《蓼園詩鈔》，上海：中華書局，1924。

柯璜(編)，《孔教十年大事》，太原：宗聖會排印本，1924。

柳亞子(著)，柳無忌(編)，《南社紀略》，上海：上海人民出版社，1983。

柳曾符、柳佳(編)，《劬堂學記》，上海：上海書店出版社，2002。

柳詒徵，〈述社〉，《學衡》，第54期，上海，1926. 6。

柳詒徵，《中國文化史》，上海：上海書店，1990，據正中書局1947年影印，收在：民國叢書第2編第42輯。

柳詒徵，《國史要義》，台北：臺灣中華書局，1976。

柳澤正樹，《皇道》，東京：作者印行，昭和9年(1934)。

津田左右吉，《王道政治思想》，東京：岩波書店，昭和9年(1934)。

津隱，〈觀堂遺書刊行會之成立〉，《文字同盟》，第5期，北京，1927. 8。

狩野直喜，〈王靜安君を憶ふ〉，《藝文》，第18卷第8號，京都，1927. 8。

胡平生(編)，《復辟運動史料》，台北：正中書局，1992。

胡先驌，〈書評：評俞恪士觚庵詩存〉，《學衡》，第11期，南京，1922. 11。

胡先驌，〈書評：評趙堯生香宋詞〉，《學衡》，第4期，南京，1922. 4。

胡宗剛，《胡先驌先生年譜長編》，南昌：江西教育出版社，2008。

胡思敬，《退廬全書》，台北：文海出版社，1961，據民國十三年(1924)刊本影印。

胡嗣瑗，《直廬日記》，北京：中華全國圖書館文獻縮微複製中心，1994。

胡適(著)，曹伯言(整理)，《胡適日記全集》，台北：聯經出版事業有限公司，2004。

胡適，〈日本人應該醒醒了！〉，《獨立評論》，第42號，北平，1933. 3. 19。

胡適，〈我們今日還不配讀經〉，《獨立評論》，第146號，北京，1935. 4. 14。

胡適紀念館(編)，《論學談詩二十年：胡適楊聯陞往來書札》，台北：聯經出版事業有限公司，1998。

胡應漢，《伍憲子傳記》，香港：作者印行，1953。

胡懷琛，〈上海學藝概要(三)〉，《上海通志館期刊》，第1卷第4期，上海，1934. 3，香港：龍門書店影印。

倫明(著)，楊琥(點校)，《辛亥以來藏書紀事詩》，北京：北京燕山出版社，1999。

倉石武四郎(著)，榮新江、朱玉麒(輯注)，《倉石武四郎中國留學記》，北京：中華書局，2002。

唐晏，《海上嘉月樓》，1921年排印本。

唐晏，《涉江先生文鈔》，民國十年(1921)刊本。

夏承燾，《夏承燾集》，杭州：浙江古籍出版社、浙江教育出版社，1997。

夏孫桐，《觀所尚齋文存》，民國己卯(1939)年排印本。

夏曉虹，(編)，《追憶康有爲》，北京：中國廣播電視出版社，1997。

孫玉蓉(輯注)，〈俞丹石入清宮清點文物日記摘抄〉，《文獻》，2006年第4期，北京。

孫玉聲，《退醒廬筆記》，太原：山西古籍出版社，1995。

孫淑彥，《曾習經先生年譜》，北京：中國文史出版社，2006。

孫雄，《舊京詩文存》，台北：文史哲出版社，1973，據1931年排印本影印。

徐世昌(輯)，《晚晴簃詩匯》，北京：中國書店，1989，據退耕堂民國十七年(1928)版影印。

徐世昌，《清儒學案》，台北：世界書局，1979。

徐世昌，《韜養齋日記》，天津：天津圖書館出版社，2004。

徐珂，《康居筆記匯函》，太原：山西古籍出版社，1997。

徐珂，《清稗類鈔》，北京：中華書局，1984。

徐凌霄、徐一士，《凌霄一士隨筆》，太原：山西古籍出版社，1997。

徐悲鴻(著)，徐伯陽、金山(合編)，《徐悲鴻藝術論文集》，台北：藝術家出版社，1987。

徐道鄰(編述)，徐櫻(增補)，《徐樹錚先生文集年譜合刊》，台北：臺灣商務印書館，1989。

恩光，《潛雲堂日記》，收在：國家圖書館分館(編)，劉家平、蘇曉君(主編)，《中華歷史人物別傳集》，第71冊，北京：線裝書局，2003。

桑原騭藏，《桑原騭藏全集》，東京：岩波書店，昭和43年(1968)。

柴萼，《梵天廬叢錄》，台北：鼎文書局影印，1976。

浙江圖書館(編)，《浙江圖書館館藏名人手札選》，杭州：浙江人民出版社，2000。

神谷正男(編)，《宗方小太郎文書》，東京：原書房，1975。

祝秀俠，《粵海舊聞錄》，台北：聖文書局，1987。

秦國經，《遜清皇室軼事》，北京：紫禁城出版社，1985。

秦綬章，《萼盦吟稿》，民國三十□年合眾圖書館據稿本傳鈔本，上海圖書館藏。

秦綬章，《靈香館文稿》，民國三十□年合眾圖書館據稿本傳鈔本，上海圖書館藏。

秦翰才，《滿宮殘照記》，上海：上海書店，1998，據1946年中國科學圖書儀器公司出版整理。

耿雲志、歐陽哲生(主編)，《胡適書信集》，北京：北京大學出版社，

1996。

袁金鎧，《傭廬日記語存》，收在：國家圖書館分館(編)，《中華歷史人物別傳集》，第81冊，北京：線裝書局，2003。

袁思亮，《蘉菴文集》，台北：文海出版社，1975，據民國手寫稿影印，收在：近代中國史料叢刊續編第21輯。

袁英光、劉寅生(等編)，《王國維年譜長編》，天津：天津人民出版社，1996。

袁嘉穀，《袁嘉穀文集》，昆明：雲南人民出版社，2001。

馬凌甫，〈我所知道的劉鎮華〉，《江蘇文史資料選輯》，第2輯，南京，1981年重印。

高原(等編)，《何鍵・王東原日記》，出版地不詳：中國文史出版社，1993。

高觀昌(編)，《葵園遯叟自訂年譜》，北京：北京圖書館出版社，1998，據1925年鉛印本影印。

商公澤，〈張勳策動丁巳復辟失敗經過〉，中國人民政治協商會議天津市委員會文史資料研究委員會(編)，《天津文史資料選輯》，第31輯，天津：天津人民出版社，1985。

商金林(編)，《孫伏園散文選集》，天津：百花文藝出版社，1991。

崔師貫，《北郵類稿》，癸酉年(1933)刊本。

康有爲(著)，蔣貴麟(編)，《萬木草堂遺稿外編》，台北：成文出版社，1978。

康有爲，〈憂問〉，《不忍雜誌》，第1冊，上海，1913. 2。

張元濟(著)，張人鳳(整理)，《張元濟日記》，石家莊：河北教育出版社，2001。

張元濟、汪兆鏞(著)，張人鳳(編注)，〈張元濟汪兆鏞往來書札〉，《學術集林》，第6卷，上海，1995. 12。

張允僑(總纂)，劉廣京、陳絳(校訂)，《閩縣陳公寶琛年譜》，陳立鷗印行，1997。
張伯駒(主編)，《春游社瑣談》，北京：北京出版社，1998。
張志強(主編)，《僞滿洲國的「照片內參」》，濟南：山東畫報出版社，2004。
張其淦(著)，祁正(注)，《元八百遺民詩詠》，台北：明文書局，1991，收在：明代傳記叢刊，第71冊。
張其淦，《五代詠史詩鈔》，上海：寓園，戊午年(1918)刊本。
張其淦，《松柏山房駢體文鈔》，台北：文海出版社，1971。
張寅彭(主編)，《民國詩話叢編》，上海：上海書店出版社，2002。
張啓煌，《殷粟齋集》，香港：香港中文大學古典精華編輯室，1998。
張菊香、張鐵榮(編著)，《周作人年譜》，天津：天津人民出版社，2000。
張爾田，〈與黃晦聞書〉，《學衡》，第60期，南京，1926. 12。
張爾田，《遯堪文集》，上海：張芝聯印行，1948。
張澍棠，《張提法公(學華)年譜》，台北：文海出版社，1961，據1952年鉛印本影印，收在：近代中國史料叢刊第63輯。
張學華，《闇齋稿》，廣州：蔚興印刷場，1948。
張樹年(主編)，《張元濟年譜》，北京：商務印書館，1991。
張樹年(編)，《張元濟友朋書札》，上海：上海古籍出版社，1987。
張樹年、張人鳳(編)，《張元濟書札(增訂本)》，北京：商務印書館，1997。
張錫恭，《茹荼軒續集》，己丑年(1949)刊本。
曹元忠，《箋經室遺集》，吳縣：學禮齋，1941。
曹元弼，《復禮堂文集》，台北：文史哲出版社，1973，據1917年刊本影印。
曹允源，《復盦續稿》，民國壬戌年(1922)刊本。

梁啓超(著)，夏曉虹(輯)，《飲冰室合集集外文》，北京：北京大學出版社，2005。

梁啓超(著)，張品興(主編)，《梁啓超全集》，北京：北京出版社，1999。

梁啓超，〈王靜安先生墓前悼辭〉，《國學月刊》，第8-10期，北京，1927. 10。

梁啓超，《飲冰室合集》，北京：中華書局，1989，據上海中華書局1936年版影印。

梁鼎芬，《節庵先生遺詩》，台北：廣文書局，1972，重印本。

梁鼎芬，《節庵先生遺稿》，香港：楊敬安印行，1962。

梁慶桂，《式洪室詩文遺稿》，1931年刊本。

梁濟(著)，梁煥鼐、梁煥鼎(編)，《桂林梁先生(濟)遺書》，台北：文海出版社重印本，1969，收在：近代中國史料叢刊第34輯。

莊嚴，《山堂清話》，台北：國立故宮博物院，1980。

許全勝，《沈曾植年譜長編》，北京：中華書局，2007。

許金城、許肇基(輯)，《民國野史》，昆明：雲南人民出版社，2003。

許衍董(等編纂)，《廣東文徵續編》，第1冊，香港：編者印行，1986。

許衍董(等編纂)，《廣東文徵續編》，第2冊，香港：編者印行，1987。

許師慎(編)，《有關清史稿編印經過及各方意見彙編》，台北：中華民國史料研究中心，1979。

許廣平，《魯迅回憶錄》，北京：作家出版社，1961。

許寶蘅(著)，許恪儒(整理)，《巢雲簃日記》，未刊稿，許恪儒先生藏。

許珏，《復庵遺集》，台北：成文出版社，1970，據民國鉛印本影印。

郭沫若，《中國古代社會研究》，上海：上海書店，1989，在民國叢書第1編。

郭則澐，《郭則澐遺稿三種》，天津：天津古籍出版社，1987。

郭曾炘，《邴廬日記》，收在：國家圖書館分館(編)，《中華歷史人物別傳集》，第72冊，北京：線裝書局，2003。
郭肇民，〈我所知道的陳寶琛〉，中國人民政治協商會議福建省委員會文史資料編輯室(編)，《福建文史資料》，第5輯，福州：福建人民出版社，1981. 7。
陳三立(著)，李開軍(校點)，《散原精舍詩文集》，上海：上海古籍出版社，2003。
陳三立(著)，潘益民、李開軍(輯註)，《散原精舍詩文集補編》，南昌：江西人民出版社，2007。
陳子展，《中國近代文學之變遷・最近三十年中國文學史》，上海：上海古籍出版社，2000。
陳子善、張鐵榮(編)，《周作人集外文》，海口：海南國際新聞出版中心，1995。
陳平原、王楓(編)，《追憶王國維》，北京：中國廣播電視出版社，1997。
陳伯陶，《瓜廬文賸》，民國排印本，香港大學藏。
陳步(編)，《陳石遺集》，福州：福建人民出版社，2001。
陳垣，《明季滇黔佛教考》，北京：中華書局，1962。
陳垣，《南宋初河北新道教考》，北平：輔仁大學，1941。
陳問濤，〈國學之「遺老化」〉，《學燈》，第5卷第16期，上海，1923. 10. 16。
陳寅恪，《金明館叢稿二編》，北京：三聯書店，2001。
陳寅恪，《柳如是別傳》，北京：三聯書店，2001。
陳寅恪，《詩集附唐篔詩存》，北京：三聯書店，2001。
陳智超(編注)，《陳垣來往書信集》，上海：上海古籍出版社，1990。
陳曾矩，〈宗教論〉，收在：湖北文徵出版工作委員會(主編)，《湖北文徵》，武漢：湖北人民出版社，2000，第13卷。
陳曾壽，《蒼虬閣詩》，台北：文海出版社，1977，收在：近代中國史料叢刊續編第45輯。

陳曾壽、陳曾植，〈局中局外人記〉，中國人民政治協商會議全國委員會文史資料研究員會(編)，《文史資料選輯》，第19輯，北京：文史資料出版社，1961. 9。

陳慎言，《故都秘錄》，揚州：江蘇廣陵古籍刻印社，1998，重印本。

陳毅，《郇廬遺文》，民國二十五年(1936)刊本。

陳獨秀，〈一九一六年〉，《新青年》，第1卷第5號，上海，1916. 1。

陳獨秀，〈文學革命論〉，《新青年》，第2卷第6號，上海，1917. 2。

陳獨秀，〈本誌罪案之答辯書〉，《新青年》，第6卷第1號，北京，1919. 1. 15。

陳獨秀，〈通訊：覆吳又陵〉，《新青年》，第2卷第5號，上海，1917. 1。

陳獨秀，〈駁康有爲致總統總理書〉，《新青年》，第2卷第2號，上海，1916. 10。

陳獨秀，〈談政治〉，《新青年》，第8卷第1號，北京，1920. 9. 1。

陳獨秀，〈談政治〉，《新青年》，第8卷第1號，北京，1920. 9. 1。

陳獨秀，〈憲法與孔教〉，《新青年》，第2卷第3號，上海，1916. 11。

陳翰珍，《往事拾零》，台北：青城出版社，1986。

陳翰珍，《荔園瑣記》，台北：現代國家雜誌社，1972。

陳聲聰，《兼于閣雜著》，上海：上海古籍出版社，2002。

陳謙，《香港舊事見聞錄》，廣州：廣東人民出版社，1989。

陳寶琛，《滄趣樓文存》，陳懋隨印行，1988。

陳夔龍，《夢蕉亭雜記》，北京：北京古籍出版社，1985。

陳灨一，《睇向齋逞臆談》，上海：上海書店，1998。

陳灨一，《新語林》，上海：上海書店出版社，1997。

陸殿輿，〈清末重慶府中學堂〉，收在：朱有瓛(主編)，《中國近代學制史料》，第2輯上冊，上海：華東師範大學出版社，1987。
陶亢德(輯)，《北平一顧》，上海：宇宙風社，1940。
陶希聖，〈關於敦請胡先生出任行政院長及其他〉，《傳記文學》，第29卷第5期，台北，1976. 5。
陶孟和，《孟和文存》，上海：上海書店，1996，據亞東圖書館1925年版影印。
章太炎(著)、徐復(注)，《訄書詳注》，上海：上海古籍出版社，2000。
章太炎(講演)，〈再釋讀經之爭議〉，《國風半月刊》，第6卷第7-8期，南京，1935. 4。
章太炎，〈救學弊論〉，《華國月刊》，第1卷第12期，上海，1924. 8. 15。
章梫，《一山文存》，台北：文海出版社，1969，據1918年劉氏嘉業堂刊本影印，收在：近代中國史料叢刊第33輯。
章遏雲(著)，沈葦窗(編)，《章遏雲自傳》，台北：大地出版社，1985。
章鈺，《四當齋集》，台北：文海出版社，1986，影印民國廿六年(1937)排印本，收在：近代中國史料叢刊第3編第18輯。
傅振倫，《傅振倫文錄類選》，北京：學苑出版社，1994。
勞乃宣，《桐鄉勞先生遺稿》，1927年桐鄉盧氏校刊本。
單士元，《故宮札記》，北京：紫禁城出版社，1990。
單演義(遺著)，單元庄(整理)，《康有爲在西安》，西安：陝西人民出版社，1990。
喻長霖(等纂修)，《台州府志》，台北：成文出版社，1970，據民國25年(1936)鉛印本影印。
堪隱，〈康南海軼事〉，《古今半月刊》，第24期，上海，1943. 6. 1。
富察・敦崇，《隆裕太后大事記》，台北：成文出版社，1968，據民國二年(1913)刊本影印本。
湯志鈞(編)，《康有爲政論選集》，北京：中華書局，1981。

湯志鈞(編)，《章太炎政論選集》，北京：中華書局，1981。

番禺縣縣志編纂委員會(編)，《番禺縣人物志》，番禺：編者印行，1991。

閔爾昌(編)，《碑傳集補》，台北：文海出版社，1971，據1932年北平燕京大學國學研究所排印本影印。

開明(周作人)，〈林琴南與羅振玉〉，《語絲》，第3期，北京，1924. 12. 1。

馮永軒(藏)，馮天琪、馮天瑜(編)，《近代名人墨迹》，武漢：湖北教育出版社，2001。

馮玉祥(著)，中國第二歷史檔案館(編)，《馮玉祥日記》，南京：江蘇古籍出版社，1992。

馮玉祥，《我的生活》，哈爾濱：黑龍江人民出版社，1981。

馮玉祥，《馮玉祥選集》，北京：人民出版社，1985。

黃侃，《黃侃日記》，南京：江蘇教育出版社，2001。

黃節，《蒹葭樓自定詩稿原本》，佛山：廣東人民出版社，1998。

黃榮康，《求慊齋文集》，甲戌年(1934)刊本。

黃蔭普，《近代名人翰墨》，台北：文海出版社，1979，收在：近代中國史料叢刊續編第63輯。

黃興濤(等譯)，《辜鴻銘文集》，海口：海南出版社，1996。

黃濬(著)，許晏駢、蘇同炳(合編)，《花隨人聖盦摭憶全編》，台北：聯經出版事業有限公司，1979。

黃警頑，〈記徐悲鴻在上海的一段經歷〉，中國人民政治協商會議全國委員會文史資料研究委員會(編)，《徐悲鴻：回憶徐悲鴻專輯》，北京：文史資料出版社，1983。

惲毓鼎(著)，史曉風(整理)，《惲毓鼎澄齋日記》，杭州：浙江古籍出版社，2004。

愛新覺羅・溥儀，《我的前半生》，北京：群眾出版社，1964。

楊天石、王學庄(編著)，《南社史長編》，北京：中國人民大學出版社，1995。

楊世驥，《文苑談往》，台北：華世出版社，1978。

楊令茀，《翠薇嶂》，台北：黎明文化事業股份有限公司，1978。

楊圻(著)，馬衛中、潘虹(校點)，《江山萬里樓詩詞鈔》，上海：上海古籍出版社，2003。

楊紀璋(編)，《姚鵷雛剩墨》，北京：社會科學文獻出版社，1994。

楊逢彬(整理)，《積微居友朋書札》，長沙：湖南教育出版社，1986。

楊鈞，《草堂之靈》，長沙：岳麓書社，1985，據1928年成化書局刻本排印。

楊愷齡，《民國李石曾先生煜瀛年譜》，台北：臺灣商務印書館，1980。

楊敬安(輯)，《梁節菴(鼎芬)先生賸稿》，台北：文海出版社，1971，收在：近代中國史料叢刊第63輯。

楊壽枏，《雲在山房類稿》，台北：文史哲出版社影印，1994。

楊蔭杭(著)，楊絳(整理)，《老圃遺文輯》，武漢：長江文藝出版社，1993。

楊學爲(主編)，《中國考試史文獻集成》，卷7「民國」，北京：高等教育出版社，2003。

楊樹達，《積微居詩文鈔》，上海：上海古籍出版社，1986。

楊樹達，《積微翁回憶錄》，上海：上海古籍出版社，1986。

楊鍾羲(著)，禮廣貴、路明義(等整理)，《雪橋詩話》，瀋陽：遼瀋書社，1991，重印本。

楊鍾羲，〈哀靜安〉，《文字同盟》，第4期，北京，1927. 7。

溥偉，〈遜國御前會議日記〉，《社會科學戰線》，總第19期，長春，1982. 7。

溫肅，《溫文節公集》，香港：學海書樓，2001，重印本。

葉昌熾，《緣督廬日記》，南京：江蘇古籍出版社，2002。

葉參、陳邦直、黨庠周(合編)，《鄭孝胥傳》，上海：上海書店，1989，據滿洲圖書株式會社1938年版影印。

葉遐庵(述)，俞誠之(筆錄)，《太平洋會議前後中國外交內幕及其與梁士詒之關係》，香港：蘇文擢印行，1970。

葉德輝(編)，《觀古堂藏書目》，民國四年(1915)長沙葉氏觀古堂排印本。

葉德輝，《書林清話》，北京：中華書局，1957，據1920年長沙觀古堂刻本排印。

葛生能久，《東亞先覺志士記傳》，東京：株式会社原書房，昭和41年(1966)。

裘毓麐，《清代軼聞》，台北：華文書局，1969，據1928年鉛印本影印。

翟立偉、成其昌(編注)，《成多祿集》，吉林：吉林文史出版社，1988。

聞一多(著)，孫黨伯、袁謇正(主編)，《聞一多全集》，第2冊，武漢：湖北人民出版社，1993。

趙一生、王翼奇(主編)，《香書軒秘藏名人書翰》，杭州：浙江古籍出版社，2005。

趙叔雍，〈人往風微錄(五)・朱祖謀〉，《古今半月刊》，27-28，上海，1943. 8. 1。

趙炳麟，《趙柏巖集》，台北：文海出版社，1969，據1922年排印本，收在：近代中國史料叢刊第31輯。

趙啓霖，《趙瀞園集》，長沙：湖南出版社，1992。

趙翼(著)，欒保群、呂宗力(校點)，《陔餘叢考》，石家莊：河北人民出版社，1990。

劉大鵬(遺著)，喬志強(標注)，《退想齋日記》，太原：山西人民出版社，1990。

劉北汜、徐啓憲(主編)，《故宮珍藏人物照片薈萃》，北京：紫禁城出版社，1995。

劉成禺，《世載堂雜憶》，北京：中華書局，1960。

劉成禺、張伯駒(等著)，《洪憲紀事詩三種》，上海：上海古籍出版社，1983。

劉廷琛，《劉廷琛文稿》，民國稿本，北京中國社會科學研究院藏。

劉聲木，《萇楚齋隨筆續筆三筆四筆五筆》，北京：中華書局，1998。

劉體智，《異辭錄》，北京：中華書局，1988。

奭良，《野棠軒全集》，台北：文海出版社，1969，據1929年吉林奭氏排印本，收在：近代中國史料叢刊第17輯。

樓宇烈(整理)，《康有為自編年譜外二種》，北京：中華書局，1992。

歐陽哲生(主編)，《傅斯年全集》，長沙：湖南教育出版社，2003。

潘光旦，《夔庵隨筆》，天津：百花文藝出版社，2002。

潘益民、潘蕤，《陳方恪年譜》，南昌：江西人民出版社，2007。

蔣天樞，《陳寅恪先生編年事輯(增訂本)》，上海：上海古籍出版社，1997。

蔣兆蘭、蔣兆燮(編)，《醉園府君年譜》，北京：北京圖書館出版社，1998，據1916年鉛印本影印。

蔣君章，〈倉聖明智大學的回憶〉，《傳記文學》，第9卷第6期，台北，1966. 12。

蔣復璁(等口述)，黃克武(編撰)，《蔣復璁口述回憶錄》，台北：中央研究院近代史研究所，2000。

蔣貴麟(輯)，〈康有為收文錄〉，收在：中國社會科學院近代史研究所近代史資料編輯部(編)，《近代史資料》，總第96期，北京，1999. 3。

衛聚賢(編)，《中國考古小史》，北京：商務印書館，1933。

諸橋轍次，《游支雜筆》，東京：目黑書店，昭和13年(1938)。

鄭孝胥(著)，黃坤、楊曉波(校點)，《海藏樓詩集》，上海：上海古籍出版社，2003。

鄭孝胥，〈輓忠愍公〉，《文字同盟》，第4期，北京，1927. 7。

鄭振鐸(著)，陳福康(整理)，《鄭振鐸日記全編》，太原：山西古籍出版社，2006。

鄭振鐸(編)，《晚清文選》，上海：上海書店，1987。

鄭逸梅，《鄭逸梅選集》，第1卷，哈爾濱：黑龍江人民出版社，1991。

鄭慶聰(編)，《侯官謝希安先生年譜》，1962年鉛印本。

鄧又同，〈一幅珍貴的歷史照片：晚清廣東翰林及其事略〉，《春秋雜誌》，第882期，香港，1999. 7。

鄧又同，〈汪兆鏞與汪精衛〉，《春秋雜誌》，第912期，香港，2002. 1。

鄧又同，〈香港學海書樓之沿革〉，《香港華僑日報》，1990年7月21-23日，第9版。

鄧又同，〈清代廣東翰林入選概述〉，《春秋雜誌》，第889期，香港，2000. 2。

鄧又同，〈錄溫毅夫太史輯「感舊集」(上)〉，《春秋雜誌》，第896期，香港，2000. 9。

鄧之誠(著)，王鍾瀚(整理)，〈五石齋日記選鈔〉，《學術集林》，第2輯，上海，1994. 12。

魯迅，《魯迅日記》，北京：人民文學出版社，1976。

魯迅，《魯迅全集》，北京：人民文學出版社，1956。

魯迅博物館魯迅研究室(編)，《魯迅年譜》，北京：人民文學出版社，2000。

學海書樓董事會(編)，《學海書樓八十年》，香港：編者刊行，2003。

橋川時雄，《中華文化界人物總鑒》，北京：中華法令編印館，昭和十五年(1940)。

獨秀，〈隨感錄(一)〉，《新青年》，第4卷第4號，北京，1918. 4. 15。

錢玄同，〈告遺老〉，《語絲》，第4期，北京，1924. 12. 8。

錢玄同，〈寫在半農給啓明的信底後面〉，《語絲》，第20期，北京，1925. 3. 30。

錢玄同，〈寫在半農給啓明的信的後面〉，《語絲》，第20期。

錢仲易，《錢仲易詩文集》，錢璱之等刊行，2007。

錢仲聯(主編)，《廣清碑傳集》，揚州：蘇州大學出版社，1999。

錢仲聯(校注)，《海日樓詩注》，北京：中華書局，2001。

錢仲聯(編校)，《陳衍詩論合集》，福州：福建人民出版社，1999。

錢同壽，《待烹生文集》，己丑年(1949)刊本。

閻伯川先生紀念會(編)，《閻伯川先生要電錄》，台北：編者刊行，1996。

駱惠敏(編)，劉桂梁(等譯)，《清末民初政情內幕——《泰晤士報》駐北京記者袁世凱政治顧問喬・厄・莫理循書信集》，上海：知識出版社，1986。

龍沐勛，〈朱彊村先生永訣記〉，《文教資料》，1999年第5期，南京。

龍榆生，《龍榆生詞學論文集》，上海：上海古籍出版社，1997。

戴正誠(編)，《鄭叔問先生年譜》，北京：北京圖書館出版社，1998。

戴季陶，《日本論》，台北：中央文物供應社，1954。

戴家祥，〈讀陸懋德個人對王靜安先生之感想〉，《文字同盟》，第4期，北京，1927. 7。

戴鳳儀，《松村詩文集》，戴瑤志印行，1997。

戴鳳儀，《松村詩文集補編》，北京：中國文聯出版社，2003。

繆荃孫，《藝風堂文漫存》，台北：文史哲出版社，1973，據民國排印本影印。

繆荃孫、吳昌綬、董康(合撰)，吳格(整理)，《嘉業堂藏書志》，上海：

復旦大學出版社，1997。

聯祐，《聯祐日記》，收在：國家圖書館分館(編)，《中華歷史人物別傳集》，第71冊，北京：線裝書局，2003。

謝榮滾(主編)，《陳君葆日記全集》，香港：商務印書館(香港)有限公司，2004。

謝興堯(整理點校注釋)，《榮慶日記》，西安：西北大學出版社，1986。

韓同文，〈花之安、尉禮賢與禮賢書院和文德女中〉，《山東文獻》，第22卷第1期，台北，1996. 6。

韓行方、房學惠(整理)，〈勞乃宣致羅振玉書札十六通〉，《文獻》，1999年第4期，北京。

韓達(編)，《評孔紀年》，濟南：山東教育出版社，1985。

歸莊，《歸莊集》，北京：中華書局，1962。

瞿鴻禨(撰)，瞿宣穎(續纂)，《止盦年譜》，北京：北京圖書館出版社，1998，據民國二十三年(1934)鉛印本影印。

藍公武，〈闢近日復古之謬〉，《大中華》，第1卷第1期，上海，1915. 1。

顏富山(主編)，江西省蓮花縣政協文史資料研究委員會(編)，《末代帝師朱益藩》，北京：海洋出版社，1993。

龐俊(著)，白敦仁(編)，《養晴室遺集》，成都：編者印行，1995。

羅正鈞，《劬盦文稿》，民國庚申年(1920)湘潭羅氏養正齋刊本。

羅正鈞，《辛亥殉節錄》，台北：明文書局影印，1985，收在：清代傳記叢刊，第64冊。

羅家倫、黃季陸(主編)，《吳稚暉先生全集》，台北：中國國民黨中央委員會黨史史料編纂委員會，1969。

羅振玉，《羅雪堂先生全集》，台北：大通書局，1973。

羅惇曧，《羅癭公筆記選》，太原：山西古籍出版社，1997。

羅福頤，〈僂翁七十自述〉，收在：北京圖書館《文獻》叢刊編輯部、吉林省圖書館學會會刊編輯部(編)，《中國當代社會科學家》，第2輯，北京：書目文獻出版社，1982。

羅繼祖(主編)，《王國維之死》，廣州：廣東教育出版社，1999。

羅繼祖(撰)，蕭文立(編校)，《永豐鄉人行年錄》，大連：遼寧出版社，2004。

羅繼祖，《楓窗三錄》，大連：大連出版社，2000。

羅繼祖，《蜉寄留痕》，上海：上海古籍出版社，1999。

羅繼祖，《魯詩堂談往錄》，上海：上海書店出版社，2001。

嚴修(自訂)，高凌雯(補)，嚴仁曾(增編)，王承禮(輯注)，張平宇(參校)，《嚴修年譜》，濟南：齊魯書社，1990。

蘇輿(著)，楊菁(點校)，林慶彰、蔣秋華(編輯)，《蘇輿詩文集》，台北：中央研究院文哲研究所，2005。

顧廷龍(校閱)，《藝風堂友朋書札》，上海：上海古籍出版社，1980。

顧廷龍(編)，《王同愈集》，上海：上海古籍出版社，1998。

顧廷龍，《顧廷龍文集》，上海：上海科學技術文獻出版社，2002。

顧炎武(著)，黃侃、張繼(校勘)，徐文珊(點校)，《原抄本日知錄》，台北：臺灣明倫書局，1979。

顧潮(編著)，《顧頡剛年譜》，北京：中國社會科學出版社，1993。

顧頡剛，〈我在辛亥革命時期的觀感〉，《中國哲學》，第9輯，北京：三聯書店，1983. 2。

顧頡剛，〈悼王靜安先生〉，《中國文化》，第11期，北京，1995. 7。

顧頡剛，《史林雜識初編》，北京：中華書局，1963。

顧頡剛，《當代中國史學》，香港：龍門書店，1964。

顧頡剛，《顧頡剛日記》，台北：聯經出版事業股份有限公司，2007。

龔嘉儁(修)，李榕(纂)，《杭州府志》，台北：成文出版社，1974，據民國11年(1922)鉛印本影印。

欒寶德(口述)，陳仰之(整理)，〈德國人在青島辦教育的片段回憶〉，收在：中國人民政治協商會議山東省委員會文史資料研究委員會(編)，《文史資料選輯》，第1輯，濟南，1982。

鹽谷溫，《王道は東より》，東京：弘道館，昭和9年(1934)。

專書

小倉芳彥，《中國古代政治思想研究》，東京：青木書店，1970。

山本有造(編)，《「滿洲国」の研究》，東京：綠蔭書房，1995。

山根幸夫(主編)，田人隆、黃正建(等譯)，《中國史研究入門》，北京：社會科學文獻出版社，2000。

山根幸夫(等編)，《增補近代日中關係史研究入門》，東京：研文出版，1996。

川勝義雄，《中国人の歷史意識》，東京：平凡社，1993。

太平洋戦争研究会，《図說滿州帝国》，東京：河出書房新社，1996。

孔慶茂，《辜鴻銘評傳》，南昌：百花洲文藝出版社，1996。

方勇，《南宋遺民詩人群體研究》，北京：人民出版社，2000。

王子今，《"忠"觀念研究：一種政治道德的文化源流與歷史演變》，長春：吉林教育出版社，1999。

王次澄，《宋元逸民詩論叢》，台北：大安出版社，2001。

王汎森(編)，《中國近代思想史的轉型時代》，台北：聯經出版事業股份有限公司，2007。

王汎森，《中國近代思想與學術的系譜》，台北：聯經出版事業有限公司，2003。

王汎森，《古史辨運動的興起》，台北：允晨文化實業股份有限公司，1987。

王爾敏，《中國近代思想史論》，台北：臺灣商務印書館，1995。
王爾敏，《晚清政治思想史論》，台北：臺灣商務印書館，1995。
王鍾翰，《清史補考》，瀋陽：遼寧大學出版社，2004。
北京師範大學圖書館報刊部(編)，《北京師範大學圖書館館藏珍稀期刊題錄》，北京：北京圖書館，2002。
古偉瀛，《清廷的立憲運動(1905-1911)——處理變局的最後抉擇》，台北：知音出版社，1989。
安平秋、安樂哲(主編)，《北美漢學家辭典》，北京：人民文學出版社，2001。
安岡正篤，《東洋政治哲学：王道の研究》，東京：玄黃社，昭和16年(1941)。
安部健夫，《中國人の天下觀念》，東京：同志社大学出版会・東方文化講座委員会，1956。
有田和夫，《近代中国思想史論》，東京：汲古書院，1998。
朱浤源，《同盟會的革命理論》，台北：中央研究院近代史研究所，1985。
江慶柏(等)，《中國版本文化叢書・稿本》，南京：江蘇古籍出版社，2002。
竹內弘行，《後期康有爲論——亡命・辛亥・復辟・五四》，京都：同朋舍，1987。
何冠彪，《生與死：明季士大夫的抉擇》，台北：聯經出版事業有限公司，1997。
何冠彪，《明末清初學術思想研究》，台北：臺灣學生書局，1991。
何冠彪，《明清人物與著述》，台北：臺灣商務印書館，1996。
佐藤武敏，《王國維の生涯と学問》，東京：風間書房，2003。
余英時，《方以智晚節考》，香港：新亞研究所，1972。
余英時，《朱熹的歷史世界：宋代士大夫政治文化的研究》，台北：允晨文化實業股份有限公司，2003。
余英時，《陳寅恪晚年詩文釋證(增訂本)》，台北：東大圖書公司，1998。
余英時，《猶記風吹水上鱗》，台北：三民書局，1991。
李仲賢(譯)，《新政革命與日本：中國，1898-1912》，南京：江蘇人民出版社，1998。
李性忠，《劉承幹與嘉業堂》，北京：文物出版社，1994。
李學勤(主編)，《十三經注疏》，台北：臺灣古籍出版有限公司，2001。
杜維運，《清代史家與史學》，台北：東大圖書有限公司，1991。
沈松僑，《學衡派與五四時期的反新文化運動》，台北：國立臺灣大學出版委員會，1984。
沈雲龍，《徐世昌評傳》，台北：傳記文學出版社，1979。
周全，《宋遺民謝翱及其晞髮集研究》，台北：復文圖書出版社，1987。
岡村敬二，《「滿州国」資料集積機關概觀》，東京：不二出版，2004。
林毓生，《思想與人物》，台北：聯經出版事業公司，1993，第八次印行。
松下芳男，《乃木希典》，東京：吉川弘文館，昭和60年(1985)。
姜亞沙(編)，《影印珍本古籍文獻舉要》，北京：北京圖書館出版社，2002。
洪長泰，《新文化史與中國政治》，台北：一方出版有限公司，2003。
洪國樑，《王國維著述編年提要》，台北：大安出版社，1989。
洪煥椿(編著)，《浙江文獻叢考》，杭州：浙江人民出版社，1983。
胡平生，《民國初期的復辟派》，台北：臺灣學生書局，1985。
倉田貞美，《清末民初を中心とした中國近代詩の研究》，東京：大修館書店，昭和44年(1969)。
孫甄陶，《清代廣東詞林紀要》，台北：臺灣商務印書館，1970。
徐臨江，《鄭孝胥前半生評傳》，上海：學林出版社，2003。

高郁雅，《北方報紙輿論對北伐之反應——以天津大公報、北京晨報為代表的探討》，台北：臺灣學生書局，1998。

張朋園，《立憲派與辛亥革命》，台北：中央研究院近代史研究所，1969。

張灝，《時代的探索》，台北：中央研究院・聯經出版事業股份有限公司，2004。

梁敬錞，《九一八事變史述》，台北：世界書局，1995。

深町英夫，《近代中国における政党・社会・国家：中国国民党の形成過程》，東京：中央大学出版部，1999。

許綬南(譯)，《製作路易十四》，台北：麥田出版社，1997。

野村浩一，《近代日本の中国認識：アジアへの航跡》，東京：研文出版，1981。

陳以愛，《中國現代學術研究機構的興起：以北京大學研究所國學門為中心的探討(1922-1927)》，台北：國立政治大學歷史系，1999。

陳建華，《「革命」的現代性：中國革命話語考論》，上海：上海古籍出版社，2000。

陳敬之，《首創民族主義文藝的「南社」》，台北：成文出版社，1980。

陳瑋芬，《近代日本漢學的「關鍵詞」研究：儒學及相關概念的嬗變》，台北：臺大出版中心，2005。

陳銘，《潮生潮落：王國維傳》，杭州：杭州出版社，2004。

陳儀深，《獨立評論的民主思想》，台北：聯經出版事業有限公司，1989。

陳鴻祥，《王國維傳》，北京：人民出版社，2004。

陸鍵東，《陳寅恪的最後二十年》，台北：聯經出版事業公司，1997。

陶晉生，《北宋士族：家族・婚姻・生活》，台北：中央研究院歷史語言研究所，2001。

彭海鈴，《汪兆鏞與近代粵澳文化》，廣州：廣東人民出版社，2004。

森紀子，《転換期における中国儒教運動》，京都：京都大学学術出版会，2005。
焦靜宜，《20世紀初中國的遺老遺少》，北京：科學出版社，1989。
程美寶，《地域文化與國家認同：晚清以來「廣東文化」觀的形成》，北京：生活・讀書・新知三聯書店，2006。
馮天瑜，《新語探源——中西日文化互動與近代漢字術語生成》，北京：中華書局，2004。
馮正宝，《評傳宗方小太郎：大陸浪人の歷史的役割》，熊本：熊本出版文化会館，1997。
馮啓宏，《法西斯主義與三〇年代中國政治》，台北：國立政治大學歷史系，1998。
馮爾康，《清代人物傳記史料研究》，北京：商務印書館，2000。
黃兆強，《清人元史學探研：清初至清中葉》，台北：稻鄉出版社，2000。
黃坤堯，《香港詩詞論稿》，香港：當代文藝出版社，2004。
黃興濤，《文化怪杰辜鴻銘》，北京：中華書局，1995。
楊聯陞，《國史探微》，台北：聯經出版事業公司，1983。
葉高樹，《清朝前期的文化政策》，台北：稻鄉出版社，2002。
葉嘉瑩，《王國維及其文學批評》，石家莊：河北教育出版社，1997。
趙園，《明清之際士大夫之研究》，北京：北京大學出版社，1999。
劉子健，《兩宋史研究彙編》，台北：聯經出版事業有限公司，1987。
劉志琴(主編)，《近代中國社會文化變遷錄》，杭州：浙江人民出版社，1998。
劉衍文，《寄廬茶座》，上海：漢語大詞典出版社，2004。
劉望齡，《辛亥革命後帝制復辟和反復辟鬥爭》，北京：人民出版社，1975。
劉龍心，《學術與制度：學科體制與現代中國史學的建立》，台北：遠流出版事業公司，2002。

歐陽光，《宋元詩社研究叢稿》，廣州：廣東高等教育出版社，1998。
蔡鴻生，《清初嶺南佛門事略》，廣州：廣東高等教育出版社，1997。
鄧元忠，《國民黨核心組織真相：力行社、復興社，暨所謂「藍衣社」的演變與成長》，台北：聯經出版事業有限公司，2000。
駒込武，《植民地帝国日本の文化統合》，東京：岩波書店，1996。
蕭公權（著），汪榮祖（譯），《康有爲思想研究》，台北：聯經出版事業有限公司，1988。
蕭橘，《清朝末期の孔教運動》，福岡：中国書店，2004。
錢仲聯，《當代學者自選文庫：錢仲聯卷》，合肥：安徽教育出版社，1999。
錢穆，《中國近三百年學術史》，台北：臺灣商務印書館，1966。
錢穆，《中國學術思想史論叢（六）》，台北：素書樓文教基金會，2000。
錢穆，《政學私言》，台北：臺灣商務印書館，1996，臺二版。
錢鍾書，《寫在人生邊上／人・獸・鬼》，台北：書林出版社，1989。
謝正光，《清初詩文與士人交遊考》，南京：南京大學出版社，2001。
羅志田，《亂世潛流：民族主義與民國政治》，上海：上海古籍出版社，2001。
羅志田，《權勢轉移：近代中國的思想、社會與學術》，武漢：湖北人民出版社，1999。
羅香林，《香港與中西文化之交流》，香港：中國學社，1961。
羅琨、張永山，《羅振玉評傳》，南昌：百花洲文藝出版社，1996。
羅檢秋，《近代諸子學與文化思潮》，北京：中國社會科學出版社，1998。
蘇雲峰，《三（兩）江師範學堂：南京大學的前身，1903-1911》，台北：中央研究院近代史研究所，1998。
饒宗穎，《中國史學上之正統論》，香港：龍門書店，1977。
顧俊，《南宋遺民劉辰翁之研究》，台北：木鐸出版社，1982。

論文

王汎森，〈中國近代思想文化史研究的若干思考〉，《新史學》，第14卷第4期，台北，2003. 12。

王汎森，〈王國維與傅斯年：以《殷周制度論》與〈夷夏東西說〉爲主的討論〉，收在：孫敦恆(等編)，《紀念王國維先生誕辰120週年學術論文集》，廣州：廣東教育出版社，1999。

王汎森，〈從經學向史學的過渡——廖平與蒙文通的例子〉，《歷史研究》，2005年第2期，北京。

王汎森，〈清初士人的悔罪心態與消極行爲——不入城、不赴講會、不結社〉，收在：周質平、Willard J. Peterson(主編)，《國史浮海開新錄——余英時教授榮退論文集》，台北：聯經出版事業股份有限公司，2002。

王雨霖，〈《遼東詩壇》所載葉德輝死事〉，《書屋》，2006年第1期，長沙。

王柯，〈「漢奸」：想像中的單一民族國家話語〉，《二十一世紀》，總第83期，香港，2004. 6。

王慶祥，〈陳寶琛與僞滿洲國——兼論陳寶琛的民族立場問題〉，《社會科學戰線》，1996年第2期，長春。

王標，〈空間的想像和經驗——民初上海租界中的遜清遺民〉，《杭州師範學院學報(社會科學版)》，2006年第1期，杭州。

左玉河，〈評民初曆法上的“二元社會”〉，《近代史研究》，2002年第3期，北京。

白謙愼，〈傅山與魏一鼇：清初明遺民與仕清漢族官員關係的個案研究〉，《國立臺灣大學美術史研究集刊》，第3期，台北，1996。

伏傳偉，〈新朝與舊主的抉擇——清史館設置緣起與趙爾巽的就任〉，

《學術研究》，2006年第5期，廣州。

吉澤誠一郎，〈清末剪辮論の一考察〉，《東洋史研究》，第56卷第2期，京都，1997. 9。

何培齊，〈王國維對「京都學派」的影響〉，台北：私立中國文化大學史學研究所碩士論文，1996，未刊稿。

吳志鏗，〈清遺民的晚清記憶——劉聲木個案研究〉，收在：李國祁(主編)，《郭廷以先生百歲冥誕紀念史學論文集》，台北：臺灣商務印書館，2005。

李孝悌，〈胡適與白話文學運動的再評估——從清末的白話文談起〉，收在：周策縱(等著)，《胡適與近代中國》，台北：時報文化出版公司，1991。

李國慶，〈續補《藏書紀事詩》——記《清藏書紀事詩補遺》稿本〉，《藏書家》，第8輯，濟南，2003. 12。

沙培德，〈溥儀被逐出宮記：一九二〇年代的文化和歷史記憶〉，收在：中華民國史料研究中心(編)，《一九二〇年代的中國》，台北：編者印行，2002。

汪栢年，〈元明之際江南隱逸士人〉，台北：臺灣師範大學歷史究所碩士論文，1996，未刊稿。

肖啓明，〈民国初年の国会における国教案審議について〉，《東洋學報》，第79卷第2期，東京，1997. 9。

周明之，〈由開明而保守——辛亥政局對王國維思想與心理的衝擊〉，《漢學研究》，第11卷第1期，台北，1993. 6。

岸本美緒，〈「風俗」與歷史觀〉，《新史學》，第13卷第3期，台北，2002. 9。

林志宏，〈從南社到新南社：柳亞子的民族和社會革命(1909-1929)〉，收在：彭明輝、唐啓華(主編)，《東亞視角下的近代中國》，台北：國立政治大學歷史學系，2006。

林志宏，〈情感和社會的互動：清末民初文言與白話地位的轉變〉，《思與言》，第41卷第2期，台北，2003. 6。

林志宏，〈清遺民的心態及處境：以劉聲木《萇楚齋隨筆》爲例〉，《東吳歷史學報》，第9期，台北，2003. 3。

林志宏，〈蔣廷黻、羅家倫、郭廷以：建立「科學的中國近代史」及其詮釋〉，《思與言》，第42卷第4期，台北，2004. 12。

林志宏，〈戰時中國學界的「文化保守」思潮(1941-1948)：以《思想與時代》爲中心〉，中壢：國立中央大學歷史研究所碩士論文，1997，未刊稿。

林麗月，〈故國衣冠：鼎革易服與明清之際的遺民心態〉，《臺灣師大歷史學報》，第30期，台北，2002. 6。

林麗月，〈讀《海桑集》：論元明之際陳謨(1305-1400)的出處及其後世評價〉，收入：國立臺灣大學歷史系(主編)，《世變、群體與個人：第一屆全國歷史學學術討論會論文集》，台北：國立臺灣大學歷史系，1996。

前田司，〈『清史稿』小考〉，收在：早稻田大学文学部東洋史研究室(編)，《中国正史の基礎的研究》，東京：早稻田大学出版部，昭和59年(1984)。

姚大力，〈中國歷史上的民族關係與國家認同〉，《中國學術》，總第12期，北京：商務印書館，2004. 12。

洪再新，〈皇家名分的確認與再確認——清宮至僞滿皇宮收藏錢選《觀鵝圖》始末〉，《故宮博物院院刊》，2004年第3期，北京。

唐惠美，〈元明之際士人出處之研究：以宋濂爲例〉，新竹：清華大學歷史研究碩士論文，2000，未刊稿。

島田虔次，〈辛亥革命時期の孔子問題〉，小野川秀美、島田虔次(編)，

《辛亥革命の研究》，東京：筑摩書房，昭和53年(1978)。

栗林幸雄，〈清末における鄭孝胥の思想と行動——幕僚・官僚時期を中心に〉，《社會文化史學》，第38期，茨城，1998. 3。

桑兵，〈民國學界的老輩〉，《歷史研究》，2005年第6期(北京)，頁3-24。

桑兵，〈胡適與《水經注》案探原〉，《近代史研究》，1997年第5期，北京。

區志堅，〈明遺民查繼佐(1601-1676)晚年生活之研究〉，《中國文化研究所學報》，第5期，台北，1996。

張錦堂，〈日本戰後研究「九・一八」事變和偽滿洲國的主要書目和論文索引〉，《中國現代史(複印報刊資料)》，第20期，北京，1981。

許麗梅，〈民國時期四川"五老七賢"述略〉，成都：四川大學歷史文化學院碩士論文，2003，未刊稿。

陳以愛，〈學術與時代：整理國故運動的興起、發展與流衍〉，台北：國立政治大學歷史系博士論文，2001，未刊稿。

陳永發、沙培德，〈關於滿洲國之建構〉，《中央研究院近代史研究所集刊》，第44期，台北，2004. 6。

陳生璽，〈清末民初的剪辮子運動〉，《中華文史論叢》，第61輯，上海：上海古籍出版社，2000. 3。

陳絳，〈落花詩所見陳寶琛的晚年心迹〉，《近代中國》，第12輯，上海，2002。

陳鴻祥，〈王國維和"廣倉學宭"及其他——觀堂遺事片斷〉，中華書局編輯部(編)，《學林漫錄》，第8輯，北京：中華書局，1983。

陸寶千，〈民國初年康有為之孔教運動〉，《中央研究院近代史研究所集刊》，第12期，台北，1983. 6。

章開沅、劉望齡，〈民國初年清朝“遺老”的復辟活動〉，《江漢學報》，總第33期，武昌，1964. 4。

喻大華，〈論民國政府處理遜清皇室的失誤〉，《史學月刊》，2000年第3期，鄭州。

馮祖貽，〈從不忍雜誌看康有為民初的政治主張〉，《近代史研究》，1994年第3期，北京。

黃色芬，〈華北仕清漢官與明遺民的出處〉，台北：國立臺灣師範大學歷史研究所碩士論文，1997，未刊稿。

黃克武，〈民國初年孔教問題之爭論〉，《國立臺灣師範大學歷史學報》，第12期，台北，1984。

黃克武，〈梁啓超與中國現代史學之追尋〉，《中央研究院近代史研究所集刊》，第41期，台北，2003. 9。

黃克武，〈錢穆的學術思想與政治見解〉，《國立臺灣師範大學歷史學報》，第15期，台北，1987. 6。

黃雅歆，〈清初遺民詩人吳嘉紀的山水詩〉，《中國文哲研究通訊》，第13卷第3期，台北，2003。

黃毓棟，〈明遺民對家庭出處的安排——寧都魏氏個案研究〉，《漢學研究》，第22卷第2期，台北，2004. 12。

塚瀨進，〈中国における滿州国史研究の狀況：1990年代を中心に〉，《近代中国研究彙報》，第21號，東京，1999。

新井晉司，〈曆法の發達と政治過程：漢代を中心に〉，《東方學報》，第62期，京都，1990。

楊瑞松，〈爾有黃禍之先兆，爾有種族之勢力：「黃禍」與近代中國國族共同體想像〉，《國立政治大學歷史學報》，第26期，台北，2006. 11。

鈴木隆史，〈「滿州国」と王道政治——「滿州国」の評論をめぐって〉，

《歷史評論》，170，東京，1964。

寧可、蔣福亞，〈中國歷史上的皇權和忠君觀念〉，《歷史研究》，1994年第2期，北京。

熊月之，〈辛亥鼎革與租界遺老〉，《學術月刊》，2001年第9期，上海。

劉祥光，〈從徽州文人的隱與仕看元末明初的忠節與隱逸〉，《大陸雜誌》，第94卷第1期，台北，1997。

劉靜貞，〈女無外事？——墓誌碑銘中所見之北宋士大夫社會秩序理念〉，《婦女與兩性學刊》，第4期，台北，1994. 3。

暴鴻昌，〈明季清初遺民逃禪現象論析〉，《江漢論壇》，總第139期，武昌，1992. 3。

潘光哲，〈陳三立傳〉，《大陸雜誌》，第93卷第2-3期，台北，1996. 8-9。

鄭毓瑜，〈明清之際辭賦作品的「哀江南」論述：以夏完淳「大哀賦」爲端緒的討論〉，《清華學報》，第31卷第1-2期，新竹，2001。

鄭毓瑜，〈流亡的風景：「遊後樂園賦」與朱舜水的遺民書寫〉，《漢學研究》，第20卷第2期，台北，2002。

蕭啓慶，〈元明之際士人的多元政治抉擇：以各族進士爲中心〉，《臺大歷史學報》，第32期，台北，2003。

蕭啓慶，《元朝史新論》，台北：允晨文化實業公司，1999。

韓華，〈梁濟自沉與民初信仰危機〉，《清史研究》，2006第1期，北京。

羅宏才，〈從張鵬一日記看康有爲“盜經”風波〉，《文博》，1995年第3期，西安。

羅志田，〈走向“政治解決”的“中國文藝復興”——五四前後思想文化運動與政治運動〉，《近代史研究》，1996年第2期，北京。

羅志田，〈對共和體制的失望：梁濟之死〉，《近代史研究》，2006年第5期，北京。

羅慶蓁，〈明清之際查繼佐(1601-1676)的忠節觀及其出處〉，台北：國立臺灣師範大學歷史研究所碩士論文，1998，未刊稿。

關曉紅，〈科舉停廢與近代鄉村士子——以劉大鵬、朱峙三日記爲視角的比較考察〉，《歷史研究》，2005年第5期，北京。

嚴志雄，〈體物、記憶與遺民情境——屈大均一六五九年詠梅詩探究〉，《中國文哲研究集刊》，第21期，台北，2002. 9。

二、英文文獻

Almond, Gabriel A. and Sidney Verba, *The Civic Culture: Political Attitudes and Democracy in Five Nations*. Princeton, NJ.: Princeton University Press, 1963.

Almond, Gabriel A., "Comparative Political System," *Journal of Politics*, 18 (1956).

Althusser, Louis. *Reading "Capital*". trans. by Ben Brewster. London: NLB, 1970.

Anderson, Benedict. *Imagined Communities: Reflections on the Origin and Spread of Nationalism*. New York: Verso, 1991.

Baker, Keith M. *Inventing the French Revolution: Essays on French Political Culture in the Eighteenth Century*. Cambridge: Cambridge University Press, 1990.

Barraclough, Geoffrey. *History in a Changing World*. Norman: University of Oklahoma Press, 1955.

Bellah, Robert N. *Tokugawa Religion: the Cultural Roots of Modern Japan*. New York: Free Press, 1985.

Bix, Herbert P. *Hirohito and the Making of Modern Japan*. New York: Harper Collins Publishers, 2000.

Blanning, T. C. W. *The French Revolution: Class War or Culture Clash*? New York: St. Martin's Press, Inc., 1998.

Bonner, Joey. *Wang Kuo-wei: An Intellectual Biography*. Cambridge, MA.: Harvard University Press, 1986.

Burke, Peter. *The Fabrication of Louis XIV*. New Haven: Yale University Press, 1992.

Cahill, James. *The Painter's Practice: How Artists Lived and Worked in Traditional China*. New York: Columbia University Press, 1994.

Casey, Edward S. *Remembering: Phenomenological Study*. Bloomington & Indianapolis: Indiana University Press, 1987.

Chan, Ho Man. "The Revival of the Manchu Monarchy in Early Republican China with Special Reference to the Restoration Movement of Chang Hsun." MA. Thesis, the University of Alberta, 1988.

Chang, Hao. *Liang Ch'i-ch'ao and Intellectual Transition in China, 1890-1907*. Cambridge: Harvard University Press, 1971.

Chen, Hsi-yuan. "Last Chapter Unfinished: The Making of the Official *Qing History* and the Crisis of Tradition Chinese Historiography," *Historiography East & West* 2: 2 (2004).

Ching, May-bo. "Literary, Ethic or Territial? Definitions of Guangdong Culture in the Late Ch'ing and the Early Republic," in Liu Tao and David Faure(ed.), *Unity and Diversity, Local Cultures and Identities in China*. Hong Kong: Hong Kong University Press, 1996.

Cobban, Alfred. *The Social Interpretation of the French Revolution*. New

York: Cambridge University Press, 1999.

Crozier, Brian. *The Rise and Fall of the Soviet Empire*. Rocklin, CA.: Forum, 1999.

Dardess, John W. *Confucianism and Autocracy: Professional Elite in the Founding of the Ming Dynasty*. Berkeley: University of Califomia Press, 1983.

Davis, Richard L. *Wind Against the Mountain: the Crisis of Politics and Culture in Thirteenth-century China*. Cambridge, MA.: Council on East Asian Studies, Harvard University, 1996.

Dennis, Kavanagh. *Political Culture*. London: Macmillan, 1972.

Dickens, Charles. *A Tale of Two Cities*. Oxford: Oxford University Press, 1988.

Duara, Prasenjit. *Rescuing History from the Nation: Questioning Narratives of Modern China*. Chicago: the University of Chicago Press, 1995.

Duara, Prasenjit. *Sovereignty and Authenticity: Manchukuo and the East Asian Modern*. Lanham, Oxford: Rowman & Littlefield Publishers, 2003.

Durkheim, Émile. *Suicide: A Study in Sociology*. trans. by John A. Spaulding and George Simpson. London: Routledge & Kegan Paul, 1987.

Eagleton, Terry. *Literary Theory: An Introduction*. Oxford: Basil Blackwell, 1985.

Eastman, Lloyd E. "Facets of an Ambivalent Relationship: Smuggling Puppets, and Atrocities during the War, 1937-1945," in Akira Iriye ed., *The Chinese and Japanese: Essays in Political and Cultural Interactions*. Princeton, NJ.: Princeton University Press, 1980.

Eastman, Lloyd E. "Fascism in Kuomingtang China: the Blue Shirts," *The*

China Quarterly, 49 (1972).

Eastman, Lloyd E. *The Abortive Revolution: China under Nationalist Rule, 1927-1937*. Cambridge, MA.: Harvard University Press, 1974.

Eisenstadt, Shmuel N. *The Political Systems of Empires*. New York: Free Press, 1963.

Elvin, Mark. "The Revolution of 1911 in Shanghai," *Papers on Far Eastern History*, 29(1984).

Erikson, Erik H. *Young Man Luther: A Study in Psychoanalysis and History*. New York: Norton, 1962.

Fitzgerald, John. *Awakening China: Politics, Culture, and Class in the Nationalist Revolution*. Stanford, CA.: Stanford University Press, 1996.

Fleming, Peter. *One's Company: A Journey to China*. London: Jonathan Cape, 1934.

Furet, François. *Interpreting the French Revolution*. New York: Cambridge University Press, 1989.

Gluck, Carol. *Japan's Modern Myths: Ideology in the Late Meiji Period*. Princeton, NJ.: Princeton University Press, 1985.

Goffman, Erving. *The Presentation of Self in Everyday Life*. Garden City, N.Y.: Doubleday, 1959.

Gumperz, John J. *Discourse Strategies*. Cambridge: Cambridge University Press, 1982.

Solomon, Richard. H. *Mao's Revolution and Chinese Political Culture*. Berkeley: University of California Press, 1971.

Harrison, Herrietta. *The Making of the Republican Citizen: Political Ceremonies and Symbols in China, 1911-1929*. New York: Oxford

University Press, 1999.

Harrison, Henrietta. *The Man Awakened from Dreams: One Man's Life in a North China Village, 1857-1942*. Stanford, CA.: Standford University Press, 2005.

Hobsbawm, Eric. "Introduction: Inventing Tradition," in Eric Hobsbawm and Terence Ranger ed., *The Invention of Tradition*. Cambridge: Cambridge University Press, 1999.

Honig, Emily. *Creating Chinese Ethnicity: Subei People in Shanghai, 1850-1980*. New Haven: Yale University Press, 1992.

Hunt, Lynn *Politics, Culture, and Class in the French Revolution*. Berkeley: University of California Press, 1984.

Iriye, Akira. *China and Japan in the Global Setting*. Cambridge: Harvard University Press, 1992).

Jay, Jennifer W. *A Changing in Dynasties: Loyalism in Thirteenth-Century China*. Bellingham: Western Washinton University, Center for East Asian Studies, 1991.

Johnson, Chalmers. "The Patterns of Japanese Relations with China, 1952-1982," *Pacific Affairs*, 59: 3 (1986).

Johnson, David. "Actions Speak Louder than Words: the Cultural Significance of Chinese Ritual Opera," in David Johnson ed., *Ritual Opera, Operatic Ritual: 'Mu-lien Rescues his Mother' in Chinese Popular Culture*. Berkeley, CA.: University of California, 1989.

Johnston, Reginald F. *Twilight in the Forbidden City*. London: Victor Gollancz, 1934.

Ju, Jane C. "The Palace Museum as Representation of Culture: Exhibitions and Canon of Chinese Art History," 收在：黃克武(主編)，《畫中有話：近代中國的視覺表述與文化構圖》，台北：中央研究院近代史研究所，2003。

Kwok, Daniel W. K. *Scientism in Chinese Thought, 1900-1950*. New Haven: Yale University, 1965.

Latourette, Kenneth S. "Chinese Historical Studies during the Past Nine Years," *The American Historical Review*, 35: 4 (Jul., 1930).

Leach, Edmund R. *Culture and Communication: The Logic by Which Symbols are Connected An Introduction to the Use of Structuralist Analysis in Social Anthropology*. Cambridge: Cambridge University Press, 1976.

Lin, Yü-sheng. *The Crisis of Chinese Consciousness: Radical Antitraditionalism in the May Fourth Era*. Madison: University of Wisconsin Press, 1979.

Liu, Lydia H. *Translingual Practice: Literature, National Culture, and Translated Modernity China, 1900-1937*. Stanford, CA.: Stanford University Press, 1995.

McClellan, Andrew. *Inventing the Lourve: Art, Politics, and the Origins of the Modern Museum in Eighteenth-Century Paris*. California: University of California Press, 1999.

Metzger, Thomas A. *Escape from Predicament: Neo-Confucianism and China's Evolving Political Culture*. New York: Columbia University Press, 1977.

Miller, G. E. *Shanghai, the Paradise of Adventurers*. New York: Orsay Publishing House Inc., 1937.

Mitter, Rana. *The Manchurian Myth: Nationalism, Resistance, and*

Collaboration in Modern China. Berkeley and Los Angeles, CA.: University of California Press, 2000.

Mote, F. W. "Confucian in the Yuan Period," in Arthur F. Wright ed., *The Confucian Persuasion*. Stanford: Stanford University Press, 1960.

Peterson, Willard J. "The Life of Ku Yen-wu (1613-1682)," *Harvard Journal of Asiatic Studies*, 28-9 (1968-1969).

Pratkanis, Anthony. and Elliat Aronson, *Age of Propaganda: The Everyday Use and Abuse of Persuasion*. New York: W. H. Freeman, 2001.

Pye, Lucian W. *The Spirit of Chinese Politics: A Psychocultural Study of the Authority Crisis in Political Development*. Cambridge, MA.: M. I. T. Press, 1968.

Reynolds, Douglas R. *China, 1898-1912: the Xinzheng Revolution and Japan*. Cambridge, Mass.: Council on East Asian Studies, Harvard University: Distributed by Harvard University Press, 1993.

Rhoads, Edward M. *Manchus and Han: Ethnic Relations and Political Power in Late Qing and Early Republican China, 1861-1928*. Seattle and London: University of Washington Press, 2000.

Richter, Ursula. " Richard Wilhelm — Founder of a Friendly China Image in 20th Century Germany"，《中央研究院近代史研究所集刊》，第20期，台北，1991. 6。

Ricoeur, Paul. "The Model of the Text: Meaningful Action Considered as a Text," *Social Research* 38: 3 (Autumn 1971).

Ricoeur, Paul. *Oneself as Another*. trans. by Kathleen Blamey. Chicago: University of Chicago Press, 1992.

Robinson, Paul. *The White Russian Army in Exile, 1920-1941*. Oxford: Clarendon Press, 2002.

Rosenbaum, Walter A. *Political Culture*. New York: Praeger Publishers, 1975.

Schama, Simon. *Dead Certainties: Unwarranted Speculations*. New York: Vintage Books, 1992.

Schneider, Laurence A. *Ku Chieh-kang and China's New History: Nationalism and the Quest for Alternative Traditions*. Berkeley: University of California Press, 1971.

Schrecker, John E. *Imperialism and Chinese Nationalism: Germany in Shantung*. Cambridge, MA.: Harvard University Press, 1971.

Scott, James C. *Domination and the Arts of Resistence: Hidden Transcripts*. New Haven: Yale University Press, 1990.

Shi, Mingzheng. "From Imperial Gardens to Public Parks: the Transformation of Urban Space in Early Twentieth-Century Beijing," *Modern China*, 24: 3 (Jul., 1998).

Skocpol, Theda. *States and Social Revolutions: A Comparative Analysis of France, Russia, and China*. Cambridge, New York: Cambridge University Press, 1979.

Snow, David A. and Richard Machalek, " The Convert as a Social Type," in Randall Collins ed., *Sociological Theory*. San Francisco, CA.: Jossey-Bass Inc., Publishers, 1983.

Staples, Clifford L. and Armand L. Mauss, "Conversion or Commitment? A Reassessment of the Snow and Machalek Approach to the Study of Conversion," *Journal for the Scientific Study of Religion*, 26: 2 (1987).

Sturman, Peter C. "Sung Loyalist Calligraphy in the Early Years of the Yuan Dynasty"，《故宮學術季刊》，第19卷第4期，台北，2002。

Townsend, James. "Chinese Nationalism," in Jonathan Unger ed., *Chinese Nationalism*. Armonk, N.Y.: M. E. Sharpe, 1996.

Tucker, David Vance. "Building 'Our Manchukuo': Japanese City Planning, Architecture, and Nation-Building in Occupied Northeast China, 1931-1945." Ph.D dissertation, the University of Iowa, 1999.

Tully, James. ed., *Meaning and Context: Quentin Skinner and His Critics*. Princeton, NJ.: Princeton University Press, 1988.

Turner, Victor W. *The Ritual Process: Structure and Anti-Structure*. Chicago: Aldine Publishing, 1969.

Wakeman, Jr. Frederic. *The Great Enterprise: the Manchu Reconstruction of Imperial Order in Seventeenth-century China*. Berkeley: University of California Press, 1985.

Watkins, Frederick M. and Isaac Kramnick, *The Age of Ideology: Political Thought, 1750 to the Present*. Englewood Cliffs, NJ.: Prentice-Hall, 1964.

Weber, Max. *The Protestant Ethic and the Spirit of Capitalism*. trans. by Talcott Parsons (London: Unwin University Books, 1970.

Wilhelm, Richard. *The Soul of China*. trans. by John Holroyd. London: Jonathan Cape, 1928.

Young, Louise. *Japan's Total Empire: Manchuria and the Culture of Wartime Imperialism*. Berkeley and Los Angeles, California: University of California Press, 1998.

Zarrow, Peter. "Old Myth into New History: the Building Blocks of Liang Qichao's 'New History'," *Historgriphy East & West* 1: 2(2003).

Znaniecki, Florian. *The Social Role of the Man of Knowledge*. New York: Columbia University Press, 1940.

附錄：清遺民基本資料表*

姓名	生卒	籍貫	任官經歷	辛亥後動向	其他
丁仁長	1861-1926	廣東番禺	國史館協修。 順天鄉試考官。 起居注官。 父歿，歸里不出。 參與地方保甲事務。	「國變」後，自號「潛客」。 參與鄉邑縣志修纂。 溥儀到天津，奔問獻替，並輯《中興金鑑》等書奏進。[1] 在津時居室汙染不潔，大病後溥儀賜醫藥費用，猶舉以捐賑，鄭孝胥稱其「真達者也」。[2] 歿後，溥儀賜「履潔懷清」匾額。	
丁振鐸	1842-1914	河南羅山	1871年進士。 雲貴總督。 雲南巡撫。	參政院參政。 審計院院長。	
丁傳靖	1870-1930	江蘇鎮江	清末曾任禮學館纂修。	張勳復辟時來北京，後居天津。	字秀夫，蓋有取陸秀夫之意。 以書法聞名。

* 清遺民人數眾多，不勝枚舉；此處僅就所見列出，遺漏必多，望讀者諒囿。

1 丁仁長，《丁潛客先生遺詩》，卷首，張學華，〈誥授通奉大夫日講起居注官翰林院侍讀丁君行狀〉，頁6。

2 中國歷史博物館(編)，《鄭孝胥日記》，頁2089。

丁寶銓	1869-1919	江蘇山陰	1889年進士。山西巡撫。	避地上海，與鄭孝胥相善。拒袁世凱羅致。遭狙擊，溥儀謚「恪敏」。[3]	妹婿為羅振玉。[4]
于式枚	1853-1915	廣西賀縣	1880年進士。歷官郵、禮、吏、學諸部侍郎。修訂法律大臣。京師大學堂總教習。廣東學政，參與設置兩廣優級師範學堂。隨李鴻章出使德國。	先後居青島、上海。卒前，猶奮筆書「大清誥授光祿大夫吏部右侍郎」數語。[5]有謂為袁世凱遣人毒死。羅振玉及王季烈糾合舊日朋僚，呈請溥儀優恤，得謚「文和」。[6]	
升允	1858-1931	蒙古旗人	山西按察使。陝西巡撫。陝甘總督。溥儀時反對立憲被革職。	辛亥革命時重任陝西巡撫，反對清帝退位。拒絕蒙古以借俄來恢復清室。[7]寓東京、青島。曾參與丁巳復辟。被譽為「今之王保保」。[8]	婿溥儒。

3 中國歷史博物館(編)，《鄭孝胥日記》，頁1772。

4 歿時，羅振玉有聯語云：「奮迹至雲霄，不二十載，而郎官，而開藩，而建鉞，早有政聲流晉土；斯民疇覆幬，曾幾何年，無天理，無人倫，無國法，遽聞毒手及明公。」見：羅繼祖，《魯詩談往錄》，頁4。

5 梁煥鼐、梁煥鼎(編)，《桂林梁(濟)先生遺書》，《伏卵錄》，頁23。

6 羅繼祖，《永豐鄉人行年錄》，卷中，總頁69。

7 沃邱仲子，《當代名人小傳》，卷下，頁122-4。

8 中國歷史博物館(編)，《鄭孝胥日記》，頁1472。

				葬於天津，羅振玉謂自公歿而遺老盡矣。[9] 諡「文忠」。	
孔祥霖	？-1917	山東曲阜	1877年進士。 翰林院編修。 湖北學政。 憲政編察館諮議官。	1912年在曲阜設尚實社。 1913年任孔教會曲阜事務所總理。 1916年設曲阜經學會。	
方致祥	1841-1915	安徽桐城	平洪楊亂、捻亂。 在李鴻章下任參將。 貴州威寧鎮總兵。	棄官家居。	
方觀瀾	1832-1919後	江蘇儀徵	早年游幕於京師。	居鄉里。	自號「方山遺民」。
毛慶蕃	1849-1927	江西南豐	1889年進士。	家居蘇州。 袁世凱任總統，頻促之出，堅以疾辭。 與北洋屬吏罕通書信，亦不附諸逸老。[10]	
王乃徵	1861-1933	四川中江	1890年進士。 翰林院編修。 貴州巡按。 湖北布政使。 嘗疏論奕劻、袁世凱。	隱居上海鬻字。 張勳復辟授法部右侍郎。 沃邱仲子列為清室遺臣。[11] 嘗赴滿洲，命日進講。[12]	晚號「潛道人」。

9 羅繼祖，《楓窗三錄》，頁151。

10 沃邱仲子，《當代名人小傳》，卷下，頁154。

11 沃邱仲子，《當代名人小傳》，卷下，頁152-3。

12 金梁，《清遺逸傳稿》，〈本傳．王乃徵〉，頁10。

王人文	1863-1941	雲南太和	1886年進士。 川滇邊務大臣。	參議院議員。 四川宣撫使。 孔教會成員，在政界聯絡運動。	
王仁東	1854-1918	福建閩縣	1876年舉人。 內閣中書。 南通知州。 蘇州糧道。	居上海，參與鄭孝胥等讀經會。[13]	
王世忠		江蘇無錫	1894年舉人。 知縣。	黃冠道服，閉世不談時事。[14]	
王以慜	1855-1921	湖南武陵	1890年進士。 翰林院編修。 甘肅考官。 江西知府。	改名「文悔」，字「古傷」。 伏居鄉里。 遺命署碑「有清詩人王夢湘之墓」。	
王先謙	1842-1917	湖南長沙	1865年進士。 翰林院編修。 侍講。 國子監祭酒。 江蘇學政。 甲午之後辭官回籍，主岳麓書院。 在江蘇設書局，辦南菁書院。	壬子後遷居鄉間，並改名。[15] 丁巳復辟，門人陳毅奏請開復原官，而後家人刻印著作《漢書補注》，將此開復之詔登於書首。[16]	
王同愈	1855-1941	江蘇吳縣	1889年進士。 順天鄉試同考官。	「國變」時退隱滬上。 當路之徵，勿應；	善書畫。

13　中國歷史博物館(編)，《鄭孝胥日記》，頁1437。

14　劉聲木，《萇楚齋隨筆》，《隨筆》卷8，總頁173。

15　改名「王遯」，署名見：顧廷龍(校閱)，《藝風堂友朋書札》；閔爾昌(編)，《碑傳集補》，卷7，吳慶坻，〈王葵園先生墓誌銘〉，頁22。

16　李肖聃，《星廬筆記》，頁70-1。

			湖北學政。 江西提學使。	南北遺老結集，亦未嘗一與。[17] 晚年居嘉定。	
王存善	1849-1916	浙江仁和	廣東候補道。	未斷髮，向人言：「誓吾帶吾髮，以入棺見先人於地下。」[18]	
王舟瑶	1858-1925	浙江黃巖	1889年舉人。 講學清獻書院。 禮學館顧問。 兩廣師範學堂監督。	歸里，闢草堂名「後彫」，致力蒐集文獻。 1922年溥儀大婚，表貢方物，御賜「福」字。 甲子宮門之變，王氏久病聞知，欷噓流涕，病遂增劇。 口念詩云：「惟有忠心耿不滅，未能親見中興年」。[19]	室名「潛園」、「後凋草堂」
王季烈	1873-1952	江蘇長洲	1904年進士。	避地天津。 京師學務局長。 助劉承幹校勘金石書。 參與「滿洲國」。	
王秉恩	1845-1928	四川華陽	廣東布政使。 貴州按察使。	居上海。	工書法。
王振聲	1842-1922	河北通州	1874年進士。 工部主事。 江西道監察	自號「心清老人」。 1922年重逢鄉舉，	

(續)

17 顧廷龍(編)，《王同愈集》（上海：上海古籍出版社，1998），〈清江西提學使勝之王公行狀〉，頁578。

18 顧廷龍(校閱)，《藝風堂友朋書札》，總頁717-8。

19 汪兆鏞，《微尚齋雜文》，卷5〈二品銜廣東候補道員王君家傳〉，頁5。

			御史。 安徽徽州知府。	得御書區額，作詩紀恩。[20]	
王祖畬	1842-1918	江蘇鎮洋	1883年進士。清末因丁父憂歸鄉里講學。	章鈺輓詞稱「君臣大義日中天，守道如公孰比堅」。[21]	
王國維	1877-1927	浙江海寧		居日本，後返上海、北京。 清華國學院教授。 溥儀諡「忠愨」。	
王清穆	1860-1941	江蘇崇明	1890年進士。 會典協修。 外務部權算司主稿。 外務部右參議。 商部右丞。	養晦不出。 蘇浙設太湖水利局，為督辦。 1937年聯合紅卍字會募款施賑。[22]	
王詠霓	1848-1916	浙江黃巖	隨出使德國，留意新政。	歸隱鄉里。 聘修《浙江通志》，堅謝不赴。[23]	
王新楨	1850-1931	河南太康	甘肅提學使。	束裝歸里，教課讀書，不入城市，與六、七遺老詩酒聯歡。[24] 以舊服斂。[25]	

（續）

20 錢仲聯（主編），《廣清碑傳集》，卷15，王式通，〈清故資政大夫徽州府知府王公墓誌銘〉，總頁1040-1。

21 章鈺，《四當齋集》，卷11〈輓太倉王紫翔先生〉，頁7。

22 卞孝萱、唐文權（編），《民國人物碑傳集》，卷13，唐文治，〈崇明王丹揆先生傳〉，總頁904。

23 王舟瑤，《默盦居士自訂年譜》，宣統八年（1916）丙辰條，頁43-4。

24 王開文（編），《王新楨詩文集》，附錄，李時燦，〈清授資政大夫前甘肅候補道署提學使王楷庭先生墓表〉，總頁290。

25 王開文（編），《王新楨詩文集》，附錄，朱撰卿，〈清授資政大夫前甘肅候補道署提學使王公暨配孫、張夫人墓誌銘〉，總頁292。

王嘉詵	1861-1919	江蘇銅山	貢生。	辛亥後號「蟄庵」，憂憤之詩，悉發於詩。[26]	馮煦弟子。
王肇震	1841-1913	山東臨沂	無功名。 組民團抗鄉里之賊。 邳州知府。	居鄉里。 自稱「亡國之大夫」。 彌留時，要求子孫以前清朝服斂身，歎曰：「我固清室老知州也。」[27]	
王慶平	？-1921	浙江諸暨	1890年進士。 禮部員外郎。 1910年任山西按察使。 1911任山西布政使。	杜門不問世事。 趙爾巽聘清史館纂修，未允。 任《諸暨邑志》總閱。 分纂《江蘇通志》。	
王樹枏	1851-1936	河北新城	1886年進士。 新疆布政使。	1914年入清史館任總纂。 徐世昌聘修《大清畿輔先哲傳》。 河北省政府聘修《河北通志》。[28]	
王澤寰	？-1923	江西廬陵		修方志，以宣統三年為斷。	
王燮	1868-1918	江蘇元和	入劉坤一幕府。 庚子時，協助主張「東南互保」。 宣統元年謝	辟地滬上。 變賣故物以充日用，堅守綱常大義。 撰《辛亥茹痛記》，自比鄭思肖《心史》。[29]	

26 徐世昌(輯)，《晚晴簃詩匯》，冊4，卷180〈王嘉詵〉，總頁476。

27 林紓，《畏廬三集》，〈清中憲大夫邳州知州東麓王公墓表〉，頁512。

28 以上俱見：王樹枏，《陶廬老人隨年錄》，頁402、416。

29 章鈺，《四當齋集》，卷8〈仁和王君墓表〉，頁25-6。

			事，居南京。		
王鴻兟	1874-1926	福建閩縣	1904年進士。刑部主事。路政司員外郎。	心繫清室，於革命頗有詈詞，有〈憎蜑〉、〈憎蠅〉，皆嚴詞痛斥民國政府。30	
王懷慶	1876-1953	河北寧晉	淮軍統領。	居北京，1919年升為北京步軍統領。每逢年節或誕辰，必向溥儀請安。31 參與溥儀大婚事宜。32	
王寶田		安徽宿縣	1886年進士。	居兗州，遺老至，必在其所籌議。33	
仇志鵬	1854-1919	河北天津	1874年進士。海州參將。江蘇撫標參將。	隱居江寧不出。	
世續	1853-1922	滿洲旗人	內務府郎中。吏部尚書。軍機大臣。	首先贊成清帝遜位。 反對張勳復辟。 沃邱仲子列為清室遺臣。34	吳郁生為其門人。
史悠厚	1842-1917	江蘇陽湖	無功名。	遺命主墓表「皇清布衣某某」。35	

30 王晉光(編著),《1919-1949舊體詩文集敘錄》(南京:江蘇教育出版社,1998),頁63。

31 寇立勳，〈王懷慶事略〉，收在：中國人民政治協商會議全國委員會文史資料委員會(編)，《文史資料存稿選編•晚清北洋(上)》，頁821。

32 王慶祥，〈朱益藩與溥儀交往要事簡記〉，收在：顏富山(主編)，江西省蓮花縣政協文史資料研究委員會(編)，《末代帝師朱益藩》，頁36。

33 張勳，〈松壽老人自敘〉，收在：中國社會科學院「近代史資料」編輯部(主編)，《民國人物碑傳集》，頁451。

34 沃邱仲子，《當代名人小傳》，卷下，頁120-1。

35 錢振鍠，〈史苓賓先生傳〉，《碑傳集三編》，卷46。

史寶安		河南盧氏	1903年進士。	參與《宣統政紀》纂修。[36] 1916年，任北京政府教育司司長時，提出女性不宜參政說。	
左孝同	1857-1924	湖南湘陰	江蘇提法使。布政使。	隱居上海。	左宗棠之子。 晚號「遁盦」、「逸叟」。
左紹佐	1846-1928	湖北應山	1880年進士。 刑部主事。 軍機章京轉福建監察御史。 廣東南韶兵備道兼水利事。	避居上海。 與遺老結汐社，迫於家境而到京師謀職，入國史館，居北京。	
田文烈	1858-1924	湖北漢陽	廩貢生。 1909 年補陸軍副大臣。	袁世凱顧問。 山東民政長。 目擊時局，日日以祈死為志。罷官後，杜門掃跡，與二、三遺老飲酒賦詩，達官要人皆謝絕不見。[37]	
田智枚	1860-1921	山東濰縣	1892年進士。 雲南學政。	1914年大水，設粥廠救濟鄉人。	
白遇道	1836-1926	陝西高陵	1874年進士。 甘肅按察司。	自作墓誌銘，謂「卒於宣統三年十一	

36 金梁，《清遺逸傳稿》，〈本傳・錢駿祥、歐家廉等十一人〉，頁11。

37 王樹枏，〈勛三位內務總長田公家傳〉，收在：中國社會科學院「近代史資料」編輯部(主編)，鍾碧容、孫彩霞(編)，《民國人物碑傳集》，頁106-7。

			鹽運使。	月廿日，年七十有五」，[38]其實仍活十年以上。 溥儀大婚，既有賀摺，又有進奉、感賦四章，藉抒忠愛之忱。[39]	
伍銓萃	？-1933	廣東新會	1892年進士。編修。	辛亥後在羅浮酥醪觀任主持。	
安維峻	1854-1925	甘肅秦安	1880年進士。福建道監察御史。 內閣侍讀。	退隱鄉里，杜門著書。	
成多祿	1864-1928	吉林永吉	1885年拔貢。奉天將軍依克唐阿幕友。1910年為程德全幕友。	反對程德全倡革命，力諍不果而去。至上海，兩次報書程氏，痛詆絕交。[40] 自訂年譜，至辛亥年止，此後不記。並以甲子紀年。[41] 眾議院議員。 1927年任為中華民國教育部審核處處長兼圖書館副館長。晚年寓居北京。	
朱孔彰	1842-1919	江蘇吳縣	1882年舉人。	入清史館。 生前自題墓碣：「清有處士，朱氏孔彰」。	子朱師轍。

(續)

38 王開文(編)，《王新楨詩文集》，文集卷下，〈覆魏肇峙書〉，總頁237。

39 王開文(編)，《王新楨詩文集》，文集卷下，〈致安小峰〉，總頁247。

40 王樹枏，《陶盧老人隨年錄》，頁413。

41 翟立偉、成其昌(編注)，《成多祿集》（吉林：吉林文史出版社，1988），《澹堪年譜稿》，頁46。

朱汝珍	1870-1942	廣東清遠	1904年進士。	參與修纂《宣統政紀》，繕費均由募集，始得畢事。[42] 主持孔教學校。 1929年溥儀賜「擷藻延釐」匾額祝壽。[43] 抗日戰爭爆發後，在香港主持清遠公會，組織募捐、義演等活動。香港淪陷後，拒絕與日人合作，還發動組織歸鄉指導委員會，幫助因戰亂流離失所的旅港難民疏散回鄉。	
朱江	1867-1913	滿洲旗人	1903年舉人。監察御史。	與國雄謀尋升允助兵復辟。 經溫肅請，溥儀賜謚「貞愍」。[44]	
朱家寶	1864-1928	雲南曲靖	曾參與立憲運動。 1911年武昌革命，被擁為安徽都督。	擁袁世凱稱帝。 贊助張勳復辟，失敗後逃日本，後居天津。	
朱益濬	1847-1920	江西蓮花	1876年進士。湖南巡撫、提法使。	張勳復辟，曾召來北京。 歿後，陳寶琛有詩	

42 金梁，《清遺逸傳稿》，〈本傳·錢駿祥、歐家廉等十一人〉，頁11。

43 溫肅，《溫文節公集》，卷3《檗庵文集》，〈朱聘三六十壽序〉，總頁152。

44 溫肅，《溫文節公集》，卷1《檗庵年譜》，總頁21；金梁，《清遺逸傳稿》，〈本傳·溫肅、玉春、朱江〉，頁13。

				悼念。遺摺上，溥儀諡「文貞」。[45]	
朱益藩	1861-1937	江西蓮花	1890年進士。 陝西學政。 山東提學使。 太子少保。	返鄉隱居。 1913年，袁世凱以江西財政廳長委之，嚴詞拒絕。[46] 1916年為溥儀漢文師傅，為其把脈看病。 歿後，溥儀賜諡「文誠」。	
朱祖蔭		江蘇宜興		屢徵不仕。[47]	
朱祖謀	1857-1931	浙江歸安	1883年進士。 禮部侍郎。 廣東學政。	隱居上海。 生前作墓碣，文曰「清故彊村詞人之墓」。[48] 1925年，謁天津行在，忠誠敬獻。	著名詞人
朱榮璪	1855-1926	貴州貴筑	1880年納貲為知縣。 入岑春煊幕。	經商，移居杭州。 曾謁行在，欷噓而還。[49] 病故，溥儀賜「淵識清操」匾額。[50]	

(續)————————————

45 王慶祥，〈朱益藩與溥儀交往要事簡記〉，收在：顏富山(主編)，江西省蓮花縣政協文史資料研究委員會(編)，《末代帝師朱益藩》，頁25。

46 顏富山(主編)，《末代帝師朱益藩》，賀一清、朱烈，〈朱益藩生平大事紀〉，頁88。

47 劉聲木，《萇楚齋隨筆》，《隨筆》卷7，總頁141。

48 中國歷史博物館(編)，《鄭孝胥日記》，頁2125。

49 陳三立(著)，潘益民、李開軍(輯註)，《散原精舍詩文集補編》（南昌：江西人民出版社，2007），〈皇清誥授光祿大夫頭品頂戴署廣西布政使浙江補用道朱君墓誌銘〉，頁301。

50 王慶祥，〈朱益藩與溥儀交往要事簡記〉，收在：顏富山(主編)，江西省蓮花縣政協文史資料研究委員會(編)，《末代帝師朱益藩》，頁50。

江春霖	1855-1918	福建莆田	1894年進士。監察御史，曾嚴劾袁世凱。	袁世凱以禮徵及授勳均不受；寫〈辭嘉禾〉一文，婉而多諷。 蓄髮為道人裝。[51] 對地方公益頗盡力，如修築海堤。	
江瀚	1853-1935	福建長汀	學部總務司行走。 河南布政使。	京師圖書館館長。 參政院參政。	
何國澧	1859-1937	廣東順德	1898年補殿編修。	參與纂修《宣統政紀》。[52]	
何福年		廣東番禺	1902年舉人。	1922年溥儀大婚進貢，獲御書「福壽」，率子孫至家廟，以榮君賜。 1923年設旗民工廠，報效鉅款。[53]	
何藻翔	1865-1930	廣東順德	1892年進士。 外務部參贊。 資政院議員。	積極聯絡圖謀復辟。 1920年，溥儀賜「福壽」二字。[54]	
余誠格		安徽望江	1889年進士。 廣西知府。 湖北布政使。	隱居上海租界，不復出。	

51 朱維幹(等編)，《江春霖集》（吉隆坡：馬來西亞興安會館總會文化委員會，1990），附錄〈莆田縣志・諫諍傳〉，頁9。

52 金梁，《清遺逸傳稿》，〈本傳・錢駿祥、歐家廉等十一人〉，頁11。

53 溫肅，《溫文節公文集》，卷3《檗庵文集》，〈記何倬雲事〉，總頁213-4。

54 何藻翔，《鄒崖詩集：附年譜》，吳天任(編著)，《何翽高先生年譜》，民國九年七月條，頁150。

余肇康	1854-1936	湖南長沙	1886年進士。江西按察使。	避居鄉里，不履城市，後以兵禍，移居上海。 與在上海流人為詩鐘社，雖風雨必赴。[55] 與秦炳直、陳三立稱「三老」。	與瞿鴻禨有姻親關係。[56] 自稱「倦知山人」。[57]
吳士鑑	1868-1933	浙江錢塘	江西學政。	侍父不出。 參與《清史稿》編纂。	父吳慶坻。
吳庚	1871-1917	山西鄉寧	1903年進士。	與道人宰韓城，棄官易野服。	
吳昌綬	1867-1924	浙江仁和	1877年舉人。內閣中書。	司法部秘書。	
吳保初	1869-1913	安徽廬江	蔭補刑部郎中。	流寓上海。	父吳長慶。
吳品珩	1856-1928	浙江東陽	1886年進士。安徽提法使。	溥儀大婚貢物，賜福壽字，睠念舊君，潸然欲涕。[58]	
吳郁生	1855-1940	江蘇吳縣	1877年進士。四川學政。	張勳復辟時，任弼德院顧問大臣。 卒謚「文慎」。[59]	
吳重憙	1838-1918	山東海豐	舉人。	避地天津。	

55 袁思亮，《蘉菴文集》，卷4〈清授榮祿大夫二品頂戴法部左參議余公行狀〉，總頁267。

56 沃邱仲子，《當代名人小傳》，卷下，頁152。

57 在：唐晏，《海上嘉月樓》（1921年排印本），有序文。

58 吳士鑑，《含嘉室文存》，冊2，〈清故誥授榮祿大夫賞戴花翎安徽布政使吳公墓誌銘〉，頁57。

59 金梁，《清遺逸傳稿》，〈本傳‧吳郁生〉，頁10。

吳道鎔	1853-1936	廣東番禺	1880年進士。在潮州、廣州各書院講席。兩廣高等學堂監督。	杜門著述。1933年蒙溥儀賞匾額。歿後，又賜額「報璞懷貞」。[60] 遺命以道服收殮，「國變」後曾著籍羅浮酥醪觀。[61]	
吳鼎雲	1867-1922	安徽合肥		辛亥之變作，北向涕泣，歸里誓不斷髮。 親友招之，不赴，在哈同處講學，不滿哈同強求率生祝壽，怒拂衣去。 袁思亮稱「古之逸民者，先生倘其人歟？」[62]	
吳德鎮		河北新城	1904年進士。	參與《宣統政紀》纂修。[63]	
吳慶坻	1848-1922/24	浙江錢塘	1886年進士。會典館總纂。四川、湖南學政。	居上海，與馮煦、樊增祥等組「超社」和「逸社」。 以殉國諸賢忠義不可沒，成《辛亥殉難記》。 集辛亥後所作詩為《悔餘生詩》，蓋	子吳士鑒。

60 吳道鎔，《澹盦文存》，卷首，張學華，〈誥授通奉大夫翰林院編修吳君行狀〉，頁2-3。

61 吳道鎔，《澹盦文存》，卷首，張學華，〈誥授通奉大夫翰林院編修吳君行狀〉，頁3。

62 袁思亮，《蘉菴文集》，卷3〈吳先生墓誌銘〉，總頁186-7。

63 金梁，《清遺逸傳稿》，〈本傳·錢駿祥、歐家廉等十一人〉，頁11。

				以未能殉節而悔其餘生。[64] 歸鄉里，凡徵辟不至。 死後，溥儀賜「志節行芳」匾額。[65]	
吳蔭培	1851-1930	江蘇吳縣	1890年進士。	歸隱家巷。 創立「保墓會」，倡修古墓。 從事地方慈善事業。 修《吳縣志》。	自號「平江遺民」。
吳錡	1869-1934	江西宜黃	1890年進士。 駐俄參贊。	居上海，以遺民終其身。[66]	
吳懷清		陝西山陽	1890年進士。	參與《宣統政紀》纂修。[67]	
吳籛孫	1874-？	河南固始	巡警廳丞。 民政部民治司員外郎。	辟居青島。 與張勳約為兄弟，仍留髮辮。[68]	
呂海寰	1842-1927	山東掖縣	1867年舉人。 外務部尚書會辦大臣。 兵部尚書。	參政院參政。 張勳復辟時，任弼德院顧問大臣。	
呂珮芬	1855-1913	安徽旌德	1880年進士。 順天考官。 侍講。 侍讀學士。	僑居天津。[69]	

(續)

64 王晉光(編著)，《1919-1949舊體詩文集敘錄》，頁7。

65 閔爾昌(編)，《碑傳集補》，卷20，姚詒慶，〈清故湖南提學使吳府君墓誌銘〉，頁20。

66 陳三立，《散原精舍詩文集補編》，〈清故福建交涉使吳君墓碑〉，頁327-8。

67 金梁，《清遺逸傳稿》，〈本傳・錢駿祥、歐家廉等十一人〉，頁11。

68 中國歷史博物館(編)，《鄭孝胥日記》，頁1818。

69 陳寶琛，《滄趣樓文存》，卷下，〈呂君弢廬墓誌銘〉，頁31。

宋育仁	1857-1931	四川富順	1886年進士。	國史館纂修。 1916年任成都國學院院長。 曾入張勳幕，以謀復辟被逮，解回原籍。[70] 主修《四川通志》。	王闓運弟子。
李于鍇	1863-1923	甘肅武威	1895年進士。山東蓬萊知縣。	袁世凱稱帝，任命為甘肅警察廳長，堅辭不就，悲愴抑鬱。[71] 家居不談時事，閭閻桑梓，困苦利弊，加以協助。[72] 溥儀大婚，竭誠進奉，蒙回賞「寒松勁草」匾額。[73]	
李丙榮			諸生	創立「白雪詞社」[74]	
李岷琛	1838-1913	四川安縣	1871年進士。 編修。 廣西左江道。	避居上海。	
李國松	1877-1951	安徽合肥	安徽諮議局議長。	辟地上海，後轉徙天津。 與遺臣有所進奉，曾受賜御書匾額。[75]	李鴻章之弟李鶴章孫，李經羲子。

70 王樹枏，《陶廬老人隨年錄》，頁415。

71 李于鍇，《李于鍇遺稿輯存》，附錄，王樹枏，〈未槃齋遺稿序〉，頁116。

72 李于鍇，《李于鍇遺稿輯存》，附錄，劉爾炘，〈山東沂州府知府前翰林院庶吉士武威李叔堅傳〉，頁120。

73 李于鍇，《李于鍇遺稿輯存》，附錄，安維峻，〈讀涼州李叔堅傳書後〉，頁124。

74 劉聲木，《萇楚齋隨筆》，《隨筆》卷10，總頁211。

75 袁思亮，《蘉菴文集》，卷3〈李健父生壙志銘〉，總頁224。

李啟寶	1880-1932	山東福山		1922年經陳寶琛推薦，入內廷刻璽印。溥儀大婚，奏進三百金，此後屢供修陵費，曾獲頒「忠介可嘉」四字。[76]	
李翊煌	1850-1917	江西臨川	1886年進士。陸軍學堂道員。	隱居上海，與陳三立往還。[77]	
李湛田		河北寶坻	1904年進士。	參與纂修《宣統政紀》。[78] 1913年3月，經直督馮國璋呈請，任命為直隸省內務司科長。 洪憲稱帝時，因上門「覲見」，著交「政事堂存記」。 1922年2月至1924年7月他任江蘇淮安關監督。	
李滋然	1846-1921	四川長壽	1889年進士。廣東東莞知縣。 駐日隨員。 宣統時任學部京官。	居北京。 遜位詔下，每日痛哭不食，九年如一，坐必北向不向南，削髮自號「采薇僧」。 1920年入覲。[79]	王闓運弟子。

76 孔學會編輯部(編)，《孔學會會刊》，期1，「文苑」，金毓黻，〈李東園先生傳〉，頁3。

77 陳三立，《散原精舍詩文集》，《散原精舍文集》，卷9〈清故三品銜河南候補李君墓表〉，頁932-3。

78 金梁，《清遺逸傳稿》，〈本傳・錢駿祥、歐家廉等十一人〉，頁11。

79 王樹枏，《陶廬老人隨年錄》，頁405；朱德裳，《三十年聞見錄》（長沙：岳麓書社，1985），頁88。

李準	1871-1939	四川鄰水	廣東水師提督。	兵諫張鳴岐獨立後，避居香港，後寓天津。[80]	
李瑞清	1867-1920	江西臨川	1894年進士。 師範傳習所總辦。 兩江師範學堂監督。 江寧提學使。	寓滬鬻書自給。 張勳復辟時被授「學部左侍郎」。 修《臨川縣志》。 溥儀諡「文潔」。	清室亡後著道士服，號「清道人」。
李經鈺	1867-1922	安徽合肥	1893年進士。 納貲為郎中。 河南候補道。 引疾去南京。	清帝遜位，憂心鬱結，以勳門逸民自居。[81] 寓上海。	李鴻章子。
李經邁	1876/77-1938	安徽合肥	工部員外郎。 浙江按察使。 民政部右侍郎。	「國變」後去青島，袁世凱數聘，屢卻之。[82] 一次大戰始隱居上海，張勳復辟被任命為外務部左侍郎。 推薦莊士敦任溥儀的英文老師。	李鴻章的次子
李詳	1859-1931	江蘇興化	生員。 存古學堂史學教員。	1913年為劉世珩校刊《貴池先哲遺書》。 與上海遺民如馮煦、沈曾植、楊鍾羲、鄭孝胥、朱祖謀等往來密切。[83] 1928年任東南大學中文系教授。	

80 金梁，《清遺逸傳稿》，〈本傳・李準〉，頁14。

81 王晉光(編著)，《1919-1949舊體詩文集敘錄》，頁47。

82 沃邱仲子，《當代名人小傳》，卷下，頁137。

83 尹炎武，〈李審言先生傳〉，收在：李詳(著)，李稚甫(編校)，《李審言文集》，附錄一，頁1488。

李孺	？-1931	河北遵化	1885年舉人。提學使。	居天津。 曾為溫肅作「春心圖」。 歿時，陳曾壽聯曰：「絕筆太平花，垂死放翁無限恨；趨朝端午節，傷心臣甫不重來」。[84]	
李鎮藩	1861-1926	湖南湘潭	1894年舉人。納貲為內閣中書。	歸田屏居不出。 晚年汲汲於建宗祠，修族譜。 遺命納朝服棺中。[85]	
李瀚昌	1851-1921	湖南寧鄉	1876年舉人。高等巡警學堂提調。	居湘潭，閉門不理世事。	
李寶淦	1864-1919	江蘇武進	湖南提學使。1905年赴日考察。	隱居上海愚齋圖書館，鬻醫生活。[86]	
李顯光	1873-1935	安徽合肥	生員。 反對廢除科舉。	髮髻山居，歲時猶穿諸生衣冠，以甲子紀年，閉門講誦不輟。[87]	
杜本崇	1858-1931	湖南善化	1889年進士。御史。 四川綏定知府。	課徒自給，屢聘不就，以遺逸終。[88] 晚年深研佛理。	改字「樵僧」。
沈思桂		江蘇嘉定	貢生。	孔教會嘉定支會會長。	

84 中國歷史博物館(編)，《鄭孝胥日記》，頁2332。
85 趙啟霖，《趙瀞園集》，卷4〈李翰屏郡丞墓誌銘〉，總頁151。
86 劉聲木，《萇楚齋隨筆》，《五筆》卷6，總頁1010。
87 袁思亮，《蘉菴文集》，卷3〈李惜觚先生墓誌銘〉，總頁229。
88 趙啟霖，《趙瀞園集》，卷4〈杜坦庵同年墓表〉，總頁135-9。

沈曾桐	1853-1921	浙江嘉興	1886年進士。翰林院編修。湖北考官。支持康有為開強學會。廣東提學使。雲南提法使。	居上海。	
沈曾植	1850-1922	浙江嘉興	1880年進士。刑部主事等。安徽提學使，設存古學堂。安徽布政使、護理巡撫。1910年辭官居上海。	居上海。談新學者，指沈氏為宗社黨。[89]聘修《浙江通志》。張勳復辟時，授「學部尚書」。	
沈煦孫	1867-1942	江蘇常熟	1899年舉人。捐度支部員外郎。	不剪辮髮，終日閉居書齋，鍵戶不與世接。[90]	號「虞山聾隱」、「裒葛遺民」。
沈瑜慶	1858-1918	福建侯官	1885年舉人。以父功恩蔭刑部主事。湖南按察使。貴州巡撫等。	隱居上海，與人結詩社。曾奔隆裕太后之喪，復謁崇陵。[91]遺摺上溥儀，賜謚「敬裕」。[92]	父沈葆楨
沈澤棠			1873年舉人。	居澳門，與當地遺民往來。吳道鎔有詩謂其「晚作遺民讀心史，滄桑閱歷百憂患」。[93]	

89 沃邱仲子，《當代名人小傳》，卷下，頁138。

90 李猷，〈抗戰前常熟書畫家略述〉，顧樹型(編校)，《常熟景觀續集》（台北：常熟同鄉會，1986），頁35-6。

91 陳寶琛，《滄趣樓文存》，卷上〈沈濤園中丞六十雙壽序〉，頁31。

92 沈瑜慶，《濤園集》，沈成式，《沈敬裕公年譜》，頁357。

93 吳道鎔，《澹盦詩存》，頁29。

汪兆銓	1858-1928	廣東番禺	1885年舉人。廣雅書院總校。	廣東省志局總纂。	陳澧弟子
汪兆鏞	1860-1939	廣東番禺	入岑春煊幕。	避居澳門。 以溥儀贈「賜福」二字名其堂，並有賞「志節不移」匾額。[94]	
汪鍾霖	1867-？	江蘇吳縣	1893年舉人。與汪康年在上海辦《蒙學報》。	入張勳幕府。 寓居南京。 聞東陵之變，與吳蔭培向李根源求助。[95]	
那桐	1865-1925	滿洲旗人	1885年舉人。八國聯軍奉命充留京辦事大臣。 內閣協理大臣。	居天津。	
忻江明	1872-1939	浙江鄞縣	1904年進士。桐城知縣。 亳州知州。	杜門奉母，授課上海。[96]	
周星濤		福建侯官	1892年進士。學部員外郎。	避地津沽，縱酒自放。[97]	
周家謙	1853-1925	安徽合肥	1873年舉人。納貲為內閣中書。	以遺老自居。[98]	

94 張學華，《闇齋稿》，〈誥授朝議大夫湖南優貢知縣汪君行狀〉，頁27。

95 錢仲聯(編)，《廣清碑傳集》，卷16，曹元弼，〈皇清誥授資政大夫二品銜記名提學使貴州鎮遠府知府前翰林院撰文吳公神道碑〉，總頁1110-1。

96 林紓，《畏廬三集》，〈清中憲大夫邳州知州東麓王公墓表〉，頁512。

97 徐世昌(輯)，《晚晴簃詩匯》，冊4，卷178〈周星濤〉，總頁439。

98 王晉光(編著)，《1919-1949舊體詩文集敘錄》，頁13-4。

周紹昌		廣西靈川	1894年進士。大理院推丞。	辛亥後蒿目憂傷，嬰痾累歲，恆竟夕不寐，以吟詠自遣。[99]	
周樹模	1860-1925	湖北天門	1889年進士。黑龍江巡撫。	平政院院長。1918年徐世昌任總統，請出任國務院總理，均婉謝。	
周馥	1837-1921	安徽建德	1888年直隸按察使。後歷任四川布政使、直隸布政使、山東巡撫、閩浙總督、兩廣總督。1907年告老還鄉。	居天津。 優游林壑，繫心皇極，時時見之歌詠。[100] 張勳復辟時任協辦大學士。 溥儀諡「愨慎」。	子周學熙，孫周叔迦，曾孫周一良。
季厚鎔	1870前-1937	江蘇常熟		入民國後，尚留辮髮，喜署宣統年號。[101]	
宗舜年	1865-1933	江蘇上元	1888年舉人。金華府知府。	流寓常熟。 隨馮煦籌辦東南義賑，並助《江蘇省通志》。 因親疾，參與《清史稿》編纂，但未北上。[102]	
延清		蒙古旗人		「國變」後斷手，不復吟詩。杜門不	

99 徐世昌(輯)，《晚晴簃詩匯》，冊4，卷182〈周紹昌〉，總頁489。

100 閔爾昌(編)，《碑傳集補》，卷15，馬其昶，〈清授光祿大夫陸軍部尚書兩廣總督周愨慎公神道碑文〉，頁30-1。

101 李猷，〈抗戰前常熟書畫家略述〉，顧樹型(編校)，《常熟景觀續集》，頁26-7。

102 顧廷龍(校閱)，《藝風堂友朋書札》，總頁728-30。

				聞世事，髮辮猶存。[103]	
易順鼎	1858-1920	湖南龍陽	1875年舉人。 廣西右江道。 廣東惠潮嘉道。	棄官避滬上。 有〈剪髮詩〉，頗受陳三立、葉昌熾等稱許。 入北京，袁世凱授職。	
林杰	約1833-1922	廣東文昌	1861年拔貢。	溥儀親書匾額賜之。[104]	
林紓	1852-1924	福建閩侯	1882年舉人。 京師大學堂教席。	任教京師大學堂，並以賣文鬻畫自給。 洪憲稱帝，授以高等顧問，卻之。 九謁崇陵，與梁鼎芬訂交。 曾進《左傳擷華》，溥儀讀而善之，詢其行誼。[105] 1914年任北京《平報》總編。	著名古文家與翻譯家
林紹年	1849-1916	福建閩縣	1874年進士。 翰林院編修。 河南巡撫。 民政部右侍郎。 學部右侍郎。	移居天津，每言及清室，則至不可抑。 謁崇陵，出毒將吞，為人奪救。[106] 溥儀賜諡「文直」。[107]	
林開謩	1862-1937	福建長樂	1895年進士。	辭官不出，居北京	

（續）

103 惲毓鼎，《惲毓鼎澄齋日記》，頁651。

104 溫肅，《溫文節公集》，卷3《檗庵文集》，〈林鼇山墓誌〉，總頁167-8。

105 陳寶琛，《滄趣樓文存》，卷上〈林君畏廬七十壽序〉，頁40。

106 沃邱仲子，《當代名人小傳》，卷下，頁125-6。

107 林紓，《畏廬三集》，〈清林文直公墓誌銘〉，頁38。

			翰林院編修。 河南學政。 江西提學使。	。	
林葆恒	1872-1937	福建閩縣	1893年舉人。 捐納道員。 嘗為直隸總督陳夔龍幕僚。	六十大壽，溥儀賜「清節聖美」匾額。[108]	父林紹年
邵章	1872-1953	浙江仁和	1903年進士。 浙江師範學堂監督。 奉天提學使。	中央教育會議員。 參加「思辨社」。 與鄭文焯、張爾田、夏孫桐相交。	
金士衍	1852-1931	浙江鎮海	在家教館。	杜門不問世事，讀書靜坐，晚號「磷叟」以自期。[109]	
金兆蕃	1867-1951	浙江嘉興	1889年舉人。 內閣中書。 銳意變法。 財政部僉事。	1915年任財政部會計司司長。 財政善後委員會委員。 任清史館纂修。 參與編修《浙江通志》。 與徐世昌編《清儒學案》、《晚晴簃詩匯》。 與金蓉鏡補刊《嘉禾徵獻錄》。 維護女真文獻，著有《建州事實》。	
金兆豐	1870-1933	浙江金華	1903年進士。 京師大學堂提調。 國史館纂修。	居北京。 參與纂修《宣統政紀》。[110] 清史館編纂。	

108 胡嗣瑗，《直廬日記》，頁398。

109 忻江明，《鶴巢詩文存》，〈金允升先生哀辭〉，頁210。

110 金梁，《清遺逸傳稿》，〈本傳・錢駿祥、歐家廉等十一人〉，頁11。

金武祥	1841/42-1925	江蘇江陰	廣東地方知府。	居上海。 欲倣《陶廬六憶》，仿效前人述事。	
金梁	1878-1962	滿洲旗人	1904年進士。 內閣中書。 奉天新民知府。	政務廳廳長。 農商部秘書。 攜《清史稿》稿本至關外。	
金紹城	1878-1926	浙江歸安	法制館協修。	任議員，倡議武英殿設陳列所。曾獻畫於宮禁，溥儀贈「模山範水」匾額。[111]	
金蓉鏡	1856-1930	浙江秀水	1889年進士。	在上海鬻文。 沈曾植修《浙江通志》招之。	為沈曾植詩學弟子。 自號「滮湖遺老」。
金潤棠	1871-1917	浙江台州		慎於出處，杭州、江西地方當局相招，不至。 誡子姪勿與時貴交接。 章梫稱其「願為遺民不為賊」。[112]	
侯學愈	1867-？	江蘇無錫	地方教職	杜門課讀，詩中忠君愛國之懷、嫉俗憤時之抱，於字裡行間流露。[113]	
俞原	1874-1922	浙江歸安		伏處滬濱。 曾有題畫言「白雲遮斷遺民宅，長閉柴門畫石濤」。[114]	

111 陳寶琛，《滄趣樓文存》，卷下〈金君鞏伯墓誌銘〉，頁47。

112 章梫，《一山文存》，卷11〈金雨梧大令墓碣銘〉，頁15。

113 王晉光(編著)，《1919-1949舊體詩文集敘錄》，頁46-7。

114 卞孝萱、唐文權(編)，《民國人物碑傳集》，卷10，徐宗浩，〈俞君語霜家傳〉，總頁730。

冒廣生	1873-1959	江蘇如皋	1894年舉人。參與變法和維新人士往來。	甌海關監督。《廣東通志》總纂。主持《青鶴》。	
姚文棟	1853-1929	江蘇上海	出使日、俄、德、英、法等國。江蘇師範學堂監督。1909年在上海創立「古學保存會」。	不改正朔，不棄髮，不變衣冠。避居閑戶。孔教會上海分會會長母喪，書署「宣統辛酉」。與遺臣相問答，如張錫恭復君書，所言皆復辟事。[115]	
姚文藻		江蘇蘇州	1893年，接辦《漢報》。	與沈曾植、鄭孝胥等纂修《浙江通志》。1916年，在姚家密謀復辟行動。	
姚丙然	1851-1916	浙江杭州	1886年進士。山東提學使。	孔教會成員。	
姚永概	1866-1923	安徽桐城	1888年進士。父歿，絕意仕進。	張一麐表彰碩學通儒，辭之。赴聘清史館纂修。	
姚永樸	1861-1939	安徽桐城	舉人。京師法政學堂教員。	北京大學教授。清史館纂修。	
姚寶				清帝遜位時，欲砲擊袁世凱，後遂去，窮困不出。1926年至天津任清理皇產局總辦。[116]	

115 卞孝萱、唐文權(編)，《辛亥人物碑傳集》，卷14，許汝棻，〈景憲先生傳〉，總頁733-4。

116 中國歷史博物館(編)，《鄭孝胥日記》，頁2128。

施啟宇	1856-1918	江蘇崇明	1892年進士。湖南考官。	退居鄉里，不復出。	
柯劭忞	1850-1933	山東膠縣	1886年進士。湖南學政。湖北、貴州提學使。	居北京。參政院參政。	
段朝端	1843-1923	江蘇淮安		蟄伏上海，蒐羅文獻、吟詩唱酬以自遣。[117]	
胡思敬	1870-1922	江西新昌	1895年進士。吏部主事。遼東監察御史。	居家鄉。張勳復辟，授為「都察院副都御史」。	
胡湘林	1857-1925	江西新建	1875年進士。授編修。湖南按察使。	僑寓上海，與遺民游，絕口不提世事。	
胡嗣瑗	1869-1945	貴州開州	1903年進士。翰林院編修。天津北洋法政學堂總辦。	馮國璋的公署秘書長。張勳復辟授內閣閣臣。隨溥儀到天津、東北。	
倪釗			拔貢。定遠縣教諭。	自輓聯以示志。	喜讀宋儒書。
凌甲烺	1867-1924	河南西華	舉人。	「國變」後閉門著書，拒徵召。	
唐晏	1857-1920	滿洲旗人	1882年舉人。江寧八旗學堂總辦。	居上海，不時與清遺民往來。逝世時無以為殮，鄭孝胥出資百元。[118]	原名震鈞。自號「唐道人」、「涉江道人」。[119]

117 王晉光(編著)，《1919-1949舊體詩文集敘錄》，頁4。

118 中國歷史博物館(編)，《鄭孝胥日記》，頁1836。

119 題旨謂「率賓唐晏」。

夏孫桐	1857-1941	江蘇江陰	1892年進士。 廣東考官。 杭州知府。	入清史館。 助徐世昌輯《清儒學案》。 助東方文化總委員會修《續修四庫全書提要》。	
孫文昱	1882-？	湖南湘潭	江西知縣。 曾講學京師大學堂。	湖南大學教授。 自以為清遺臣，編髮未薙，卒時以清官服殮。[120]	
孫文禹	1859-1926	湖南湘潭	1889年舉人。 納貲為度支部主事。	閉門不關心世事。	弟孫文昱
孫雄	1866/67-1935	江蘇常熟	1894年進士。 吏部主事。 京師大學堂文科監督。	居北京。 國史館協修。	
孫德謙	1869-1935	江蘇元和	江浙兩省通志局編纂。	移居上海。	
孫韜		浙江紹興		改僧道裝，游行南北，以龍旗為號。 嘗謁吳佩孚、張宗昌以復辟勸說。 「九・一八」事變後建議帝制。卒時，溥儀賜喪銀五百。[121]	
孫寶琦	1867-1931	浙江錢塘	駐德公使。 山東巡撫。	外交總長。 國務總理。	孫詒經子
徐乃昌	1868-1936	安徽南陵	候補道。	居上海。 與遺民往來密切。	
徐世光	1857-1929	河北天津	1882年舉人。 濟南府知府。	屏居青島、上海、天津。	

120 李肖聃，《星廬筆記》，頁85-6。
121 金梁，《清遺逸傳稿》，〈本傳・孫韜〉，頁15。

				致力慈善事業。 伯兄徐世昌任總統，絕不入都門。[122]	
徐世昌	1854/55-1939	河北天津	1886年進士。內閣協理大臣。	居北京，國務卿。民國大總統。	
徐致章			1888年舉人。瑞安知縣。	創立「白雪詞社」。[123]	
徐致靖	1844-1918	江蘇宜興	1876年進士。翰林院庶吉士。 河南典試官。	隱居鄉里，傷故主。[124]	
徐德輝			1902年舉人	創立「白雪詞社」[125]	
恩光	1852-？			居北京，任下層官職。	
桂坫	1867-1958	廣東南海	1894年進士。國史館撰修官、浙江嚴州知府。	與賴際熙等人創學海書樓。	桂文燦之子
秦綬章	1849-1925	江蘇嘉定	1883年進士。湖南鄉試副考官。 福建學政。	遷居滬瀆，杜門著書 時以君國為念，溥儀賜「志潔行芳」匾額。[126]	
秦樹聲	1861-1926	河南固始	1900年進士。廣東提學使。	避居上海。 袁世凱徵河南提學	

（續）

122 陳三立，《散原精舍詩文集》，《散原精舍文集》，卷16〈清故光祿大夫頭品頂戴山東登萊青膠道徐公墓碑〉，總頁1088。

123 劉聲木，《萇楚齋隨筆》，《隨筆》卷10，總頁211。

124 康有為，〈清故署禮部左侍郎翰林院侍讀學士徐公神道碑〉，收入：李雲光(編)，《南海康先生法書》，未標頁碼。

125 劉聲木，《萇楚齋隨筆》，《隨筆》卷10，總頁211。

126 卞孝萱、唐文權(編)，《辛亥人物碑傳集》，卷13，唐文治，〈清故光祿大夫建威將軍兵部左侍郎鑲黃旗滿洲副都統秦公墓誌銘〉，總頁693。

			雲南曲靖知府。 雲南按察使。	使，不應。 入北京，任清史館總纂。 沃邱仲子稱其亦為清室遺臣。[127]	
翁斌孫	1860-1922	江蘇常熟	1877年進士。	在天津稱病不出。	
袁大化	1851-1935	安徽渦陽	山東、新疆巡撫。	任新疆巡撫。 張勳復辟，任議政大臣。 溥儀遷居天津，隨侍在側。[128]	
袁金鎧	1869-1947	奉天遼陽	1888年貢生。 諮議局副議長。	參政院參政。 清史館協修。 滿洲國尚書府大臣。	
袁思亮	1879-1939	湖南湘潭	1903年舉人。 農工商部郎中。	與張嘉森兄弟組共和協進會。 因熊希齡組內閣，頗思有所建樹，擔任印鑄局局長。 籌安會帝制議興，以不能更事二姓為由，棄官終隱上海不出。 與遺老聚，為文酒之會。	袁樹勳長子 陳三立學生
袁樹勳	1847-1915	湖南湘潭	民政部左侍郎。 山東巡撫。	袁世凱以直督及參政招之，不赴。[129]	
袁勵準	1876-1935	河北順天	1898年進士。 國史館協修。	居北京。 溥儀遷天津，任駐	

(續)

127 沃邱仲子，《當代名人小傳》，卷下，頁161-2。

128 金梁，《清遺逸傳稿》，〈本傳．袁大化〉，頁7。

129 袁思亮，《蘉菴文集》，卷4〈先府君行述〉，總頁250。

			翰林院侍講。	京辦事。	
馬其昶	1855-1929	安徽桐城	教授為業。 學部編纂。	設立法政學校教務兼備員。 入清史館纂修。	
高賡恩	1840-1917	河北北塘	1876年進士。 陝西陝安道。 太常寺少卿。	袁世凱帝制議，欲以身殉。 其任四川學政、湖南主考時，學生眾多。後有成為民國重要軍界將領者，路過必看望，有所饋贈，惟高氏一律謝絕。 卒後，溥儀謚「文通」。[130]	晚號「南谿遺叟」。
高覲昌	1856-1924	江蘇丹徒	1886年進士。 廣東知府。	以遺老自居。	
區大典	1877-1937	廣東南海	1897年舉人，賜進士，授翰林院編修。	私淑管寧為人。 在香港大學教授經史課。	別號「遺史氏」。
崔師貫		廣東南海	1909年在汕頭當商業學校校長。	居香港，參與南社湘集。 1917年，富商高蘊琴在香港居住，聘請崔在家中當館師。	表兄梁鼎芬。
康有為	1858-1927	廣東南海	1895年進士。	在上海主編《不忍》雜誌。 1917年與張勳策動清帝復辟。 病逝於青島。	
張九卿		河北天津		時有獻替。[131]	
張人駿	1846-1927	河北豐潤	1868年進士。	居天津。	

130 錢仲聯（編），《廣清碑傳集》，卷15，王樹枏，〈寧河高文通公墓表〉，總頁1022-3。

131 金梁，《清遺逸傳稿》，〈本傳・李準、張彪、張九卿〉，頁14。

			山東布政使。 兩廣總督。	以遺老自命。 常流涕自稱「罪臣」，臨卒以常服斂事，諡「文貞」。[132]	
張士珩	1857-1917	安徽合肥	禮部侍郎。 直隸學政。 內閣學士。 副都統。 御史。	罷官還鄉，後居青島。 謁崇陵。	
張允方	？-1940	河北豐潤	薦舉為知州、民政部主事。	棄官侍父，居北京，終年不出。垂髮如舊制，終其身不變。[133]	張人駿子。
張其淦	1859-1947	廣東東莞	1894年進士。 安徽提學使。	寓居上海，編《明代千遺民詩詠》。	號「豫道人」。
張美翊	1856-1924	浙江寧波	舉人。 曾任張曾敭幕府。 憲政編查館咨議。	居上海，與遺民往來密切。	
張英麟	1837-1925	山東歷城	1865年進士。 內閣學士。	還歸鄉里。 1913年，獨由濟南至北京奉安崇陵行禮，痛哭而歸。[134]	
張振勳	1840/41-1916	廣東大埔	新加坡總領事。 太僕寺卿。	1914年參政院參政。 與康有為互動密切，為孔教會成員。	
張書雲		廣西臨桂	1903年進士。	參與纂修《宣統政紀》。[135]	

(續)

132 金梁，《清遺逸傳稿》，〈本傳·張人駿、張允方〉，頁8。

133 同上。

134 章梫，《一山文存》，卷11〈張振卿總憲八十壽序〉，頁22。

135 金梁，《清遺逸傳稿》，〈本傳·錢駿祥、歐家廉等十一人〉，頁11。

張祖翼	1849-1917	安徽桐城	舉人。 江蘇候補知縣。	自稱「辛亥國變，決意不為馮婦，乃屏居濠湖之濱，閉門讀書。」[136]	
張啟煌	？-1943	廣東開平	舉人。 山西省候補知事。	設館於新會、香港。 1932年，余啟謀任開平縣長時，聘修撰《開平縣誌》任主筆。 以「般粟」為著作名稱。	
張彪	1861-1927	山西榆次	出洋考察軍政。 湖北提督。 陸軍第八鎮統制。	東渡日本。 歸國後避地天津。 溥儀出宮來津，以園宅推居，崇奉甚厚。 卒時，溥儀親臨其喪，賜一萬二千元治喪。[137]	
張曾敭	1843-1921	河北南皮	1871年進士。 廣東布政使。 山西巡撫。 1907年處死秋瑾。	避地淶水，參與崇陵奉安。 徙居天津，杜門不與人事。 卒前與友論事、憂君國哽咽不已。 遺疏入，溥儀手書「清風亮節」，並賜五百金治喪。[138]	
張琨	？-1926後	江西新建	翰林院庶吉士。	1926年在天津張勳故宅教館，每週到	

136 劉聲木，《萇楚齋隨筆》，《隨筆》卷7，總頁154。

137 中國歷史博物館(編)，《鄭孝胥日記》，頁2158。

138 陳寶琛，《滄趣樓文存》，卷下〈張小帆中丞墓誌銘〉，頁18。

				張園向溥儀請安。[139]	
張爾田	1874-1945	浙江錢塘	舉人。	參與《清史稿》、《浙江通志》。 拒日人禮聘東方文化會。[140]	
張勳	1854-1923	江西奉新	江南提督。	1917年發動復辟事件。	
張學華	1863-1951	廣東番禺	1890年進士。 山西道監察御史。 政務處行走。 江西提法使。	隱居鄉里。 整理吳道鎔《廣東文徵》遺稿。	晚號「闇道人」。
張錫恭	1857-1924	江蘇丹徒	1888年舉人。 禮學館纂修。	隱居鄉里。 溥儀大婚，蒙賜「福」字。[141]	
張錫晉	1859-1925	江蘇丹徒		隱居鄉里。	
曹元忠	1865-1923	江蘇吳縣	無功名。 禮學館纂修。	家居講學。	
曹元弼	1867-1953	江蘇吳縣	1895年進士。 湖北兩湖書院山長。 存古學堂經學總教習。	退居鄉里講學。	
曹允源	1855-1927	江蘇吳縣	1889年進士。 光祿大夫。	辛亥後返鄉里。 任江蘇省立圖書館館長。 被推為吳縣修志局主任。	

(續)

139 張肇迪，〈前清遺老丁仁長軼事〉，收在：中國人民政治協商會議全國委員會文史資料委員會(編)，《文史資料存稿選編‧晚清北洋(上)》，頁858。

140 中國社會科學院「近代史資料」編輯部(主編)，《民國人物碑傳集》，鄧之誠，〈張君孟劬別傳〉，頁471。

141 張錫恭，《茹荼軒續集》，卷首，曹元弼，〈純儒張聞遠徵君傳〉，頁3。

曹廣權	1859-1935	湖南長沙	1893年舉人。納貲為內閣中書。河南禹州知府禮部學士。	「國變」後，居湖南寶應。欲與友人行刺袁世凱。纂《明倫通議錄》以綜五倫、揭四禮，後由劉承幹刊印。溥儀大婚、東陵三案等皆捐貢銀物。[142]	晚號「南園老人」。
梁伯通	1860-1920後	福建閩侯	知縣。	微服避滬上，絕迹官府。鄉里設經學會，推請為之監督。[143]	子為梁敬錞。
梁敦彥	1857-1924	廣東順德	1872年第一批赴美留學生。外務部會辦大臣。	北洋政府交通總長。曾與德皇威廉討論中國不適合共和，主張帝制。張勳復辟任外務部尚書、議政大臣。	
梁鼎芬	1859-1919	廣東番禺	1880年進士。太子少保。	戍守崇陵。歿後，予謚「文忠」。	
梁慶桂	1856-1936	廣東番禺	1876舉人。內閣中書。	在香港，與遺民唱和。	
梁濟	1859-1918	廣西臨桂	內閣中書。民政部主事、員外郎。	居北京。投湖自盡，謚「貞端」。[144]	
紹英	1860-1925	滿洲旗人		清室內務府大臣。	
許汝棻	1863-？	江蘇丹徒	1898年進士。大清銀行總	辛亥後蟄居滬上。1925年至天津謁溥	自稱「既耄贅民」。[145]

142 袁金鎧，《傭廬日記語存》，卷7，頁15，乙亥(1935)閏三月初二日條。

143 陳寶琛，《滄趣樓文存》，卷上〈梁君伯通六十壽序〉，頁30。

144 卞孝萱、唐文權(編)，《辛亥人物碑傳集》，卷12，姚永樸，〈梁君巨川傳〉，總頁640。

145 卞孝萱、唐文權(編)，《辛亥人物碑傳集》，卷14，許汝棻，〈景憲先生

			辦。	儀。 任「滿洲國」文教部次長。	
許溎祥	1841-1918	浙江海寧	1885年舉人。昭文縣官。	寓居上海。 歌頌清遺民。[146]	
許寶蘅	1875-1961	浙江杭州	舉人。 軍機處章京。	國務院秘書。 1930年任黑龍江省政府顧問。 參與「滿洲國」，任執政府秘書官。	
許玨	1843-1916	江蘇無錫	舉人。1890年至1894年曾隨扈出使美國、歐洲。甲午戰爭抨擊朝政而被迫辭職。 1902年出使義大利。 1906年反對立憲。	辛亥後隱居不出。聞崇陵奉安，率耆老於是日北望行禮，皆感嘆泣下。[147]	
郭立山	1871-1927	湖南湘陰	1903年進士。京師大學堂講席。	歸鄉不問世事。 隱於教授，卻官家之聘。 懷黍離之悲，感傷髮白。[148]	郭嵩燾族子
				張作霖萬金求文，婉謝之。[149]	

(續)

傳〉，總頁734。

146 劉聲木，《萇楚齋隨筆》，《隨筆》卷7，總頁140-1。

147 許玨，《復庵遺集》，卷首，馬其昶，〈清故出使義國大臣許公墓誌銘〉，頁2。

148 錢仲聯(編)，《廣清碑傳集》，卷19，黃兆枚，〈翰林院編修郭君墓誌銘〉，總頁1342。

149 李肖聃，《星廬筆記》，頁23-4。

				易簀時，仍言「文廟、太廟」，以思故國。[150]	
郭則澐	1882-1947	福建侯官	1903年進士。政事堂參事。	國務院秘書長。	郭曾炘子
郭曾炘	1855-1929	福建侯官	1880年進士。郵傳部左丞。典禮院學士。	留北京，完成《德宗實錄》。 1927年，溥儀賜「寅清」匾額。[151] 東陵之變，朝夕祭奠。 遺疏上，謚「文安」。	晚稱「遯叟」。
陳三立	1853-1937	江西義寧	1889年進士。吏部主事。戊戌政變被革職。	避居杭州、上海，晚年遷居北平。	《水經注》以西山作散原山，故晚年自號「散原」。[152]
陳田	1850-1922	貴州貴陽	1886年進士。給事中。	「國變」時，貧不能出北京，以平日所收明人別集全售給日人。[153] 居上海，好金石書畫，無錢則質衣購之。	
				沃邱仲子列為清室遺臣。[154]	
陳作霖	1837-1920	江蘇江寧	1875年舉人。滇礦督銷。	蒐集鄉邦文獻。 1917年與姚文棟打	

(續)

150 趙啟霖，《趙瀞園集》，卷3〈翰林院編修郭立山傳〉，總頁106。

151 溫肅，《溫文節公集》，卷3，《檗庵文集》，〈郭春榆宮保七十雙壽序〉，總頁160。

152 卞孝萱、唐文權(編)，《民國人物碑傳集》，卷10，吳宗慈，〈陳三立傳〉，總頁685。

153 吳慶坻，《蕉廊脞錄》，卷5，總頁150。

154 沃邱仲子，《當代名人小傳》，卷下，頁154-5。

			南洋官書局總辦。	電報給黎元洪及國會，要求孔教為國教。	
陳伯陶	1855-1930	廣東東莞	1892年進士。國史館協修。雲南、貴州、山東等地正副考官。 江寧提學使、布政使。	隱居在香港撰述。溥儀大婚，親往北京，獲賜紫禁城騎馬。 東陵遭掘，倡議捐款復修。155 歿後，溥儀賞陀羅經被，謚「文良」。156	
陳步墀	1870-1934	廣東饒平	經商。	幫助遺民資給。 助費實錄館、宗人府及修陵。157	
陳昭常	1867-1913	廣東新會	1894年進士。吏部主事。 廣東按察使。	廣東民政長。 自言為羅浮山道士，死要以道士服殮。158	
陳香雪	1850-1922後	福建閩縣	1895年進士。	「國變」後，益卻掃不出，在鄉里參與經學會。159	
陳家逑	約1857-1917	江西靖安	童生。 納貲為湖南候補道。	歸南昌，絕口不提時政。	
陳恩浦	1857-1922	湖北蘄水	生員。	居上海。	子陳曾壽。
陳望曾	1853-1929	福建漳浦	1875年進士。廣州府按察	避地香港，遇有慶典，必出貲附獻以	

155 張其淦，《松柏山房駢體文鈔》，卷4〈陳子礪誄〉，頁52。

156 陳寶琛，《滄趣樓文存》，卷下〈陳文良公墓誌銘〉，頁27。

157 溫肅，《溫文節公集》，卷3，《檗庵文集》，〈陳子丹墓誌銘〉，總頁164。

158 張錫麟，〈陳道人墓誌銘〉，收在：許衍董(等編纂)，《廣東文徵續編》，冊1，總頁462。

159 陳寶琛，《滄趣樓文存》，卷上〈陳君香雪七十有二壽序〉，頁38。

			使、提學使。	效，蒙御賜「福壽」字。[160]	
陳曾矩		湖北蘄水			兄陳曾壽。
陳曾壽	1878-1949	湖北蘄水	1903年進士。學部右侍郎。	在上海，與陳三立、鄭孝胥等人以詩唱和。 1931年，在天津居所，闢室藏溥儀所賜物品，名其室曰「紀恩」。[161]	
陳詞博	？-1922	廣東南海		以千金進貢，蒙賞御書匾額[162]	
陳嘉言		湖南衡山	1882年進士。福建漳州知府。	遜國期間，有詩自言「東陵明歲瓜田守，故國新添一老農」，「睡起西山滿蕨薇，今人歌笑昔人非」，不無禾黍之感。[163] 居鄉里，參與船山學社。	
陳際唐	1869-1935	江西懷寧	新疆布政使。	解職閒賦，居天津。章鈺輓詩謂其「不忘故舊不忘君」，且有溥儀賜祭。[164]	

(續)

160 陳伯陶，《瓜廬文賸》，卷4，〈誥授榮祿大夫廣東勸業道陳公墓碑銘〉，頁68。

161 袁思亮，《蘉菴文集》，卷1〈紀恩室詩序〉，總頁44-5。

162 溫肅，《溫文節公集》，卷3《檗庵文集》，〈題陳詞博所藏王概畫卷〉，總頁209。

163 不著撰人，曾卓、丁保赤(標點)，湖南圖書館(藏)，《湘雅摭殘》（長沙：岳麓書社，1988），頁766-7。

164 章鈺，《四當齋集》，卷11〈懷甯陳堯齋布政輓詩〉，頁12。

陳毅	1873-1929	湖南湘鄉	1904年進士。郵傳部右參議。	「國變」後，向趙啟霖表示願永為大清之遺民。[165] 遺摺以「誠重」二字為諫，溥儀降旨優恤，賞銀800元治喪。[166]	王先謙學生。
陳澹然	1860-1930	安徽桐城	1893年舉人。資政院議員。	1913年上書力爭孔教為國教。	別署「晦僧」。
陳壁	1852-1928	福建閩縣	1887年進士。 1907年郵傳部尚書。 1909年罷官，居蘇州。	居北京。	
陳寶琛	1848-1935	福建閩縣	1868年進士。內閣學士。 禮部侍郎。 在1891年時被黜回鄉里，創辦福州東文書院。 辛亥前夕留任太傅。	居北京，任溥儀太傅，鼓動復辟。	
陳寶璐	1857-1912	福建閩縣	1890年進士。刑部主事。	居上海，引歸不出。 陳寶琛出處亦取決其言。[167] 與上海遺民集會讀經。	陳寶琛弟。

165 趙啟霖，《趙瀞園集》，卷3〈陳子元觀察六十序〉，總頁75。

166 中國歷史博物館(編)，《鄭孝胥日記》，頁2233。

167 陳三立，《散原精舍文集》，卷12〈誥授奉直大夫翰林院庶吉士刑部主事陳君墓誌銘〉，總頁1009。

陳繼訓		湖南長沙		為人撰作墓誌銘，只提清時官職。[168]	
陳夔龍	1857-1948	江西崇仁	1886年進士。直隸總督。	退隱上海。 張勳復辟，列為「弼德院顧問大臣」。 1913年，與夫人報效崇陵種樹經費，蒙溥儀匾額二方。[169] 沃邱仲子列為清室遺臣。[170]	奕劻女婿
陸榮廷	1856/59-1928	廣西武鳴	廣西提督。	廣西都督。 參與護國軍之役。 溥儀在天津，隨侍在旁。 1928年以貧乏不能旅津，回澳門終老，自云臨走一謁天顏，死不恨。[171]	
陸潤庠	1841-1915	江蘇元和	1874年進士。山東學政。弼德院院長。	參與《德宗實錄》。 居上海。 臨終口授遺摺，頌聲琅然，並目視自改定，相當慎重，有以家事問者，則不答。 溥儀謚「文端」。[172]	

168 趙啟霖，《趙瀞園集》，「附錄」，陳繼訓，〈清四川提學使趙公墓表〉，總頁384。

169 吳慶坻，《悔餘生詩集》（民國排印本，台灣國家圖書館藏），卷3〈庸齋尚書同年六十壽詩〉，頁26。

170 沃邱仲子，《當代名人小傳》，卷下，頁135-6。

171 中國歷史博物館(編)，《鄭孝胥日記》，頁2185。

172 閔爾昌(編)，《碑傳集補》，卷11，吳郁生，〈賜進士及第誥授光祿大夫太保晉贈太傅東閣大學士陸文端公行狀〉，頁23。

陶葆廉	1862-1938	浙江秀水	傾向維新。 1902年代理浙江大學堂總理。 1909年召入內廷，授陸軍部軍機司郎中。	寓居上海。 熱心嘉興地方公益事業。 1914年浙江通志局成立，被聘為分纂。 1919年11月，曾奉命會辦蘇浙太湖水利工程。 1921年10月19日，在上海致電北洋政府內務部、財政部，彙報嘉興、平湖、海鹽、嘉善、桐鄉、海寧各縣迭遭颶風和水災的情形，要求救濟災民。	陶模子。 別署「淡庵居士」。
章梫	1861-1949	浙江寧海	1904年進士。 授編修。 禮學館參議。[173]	初居青島，眾目為宗社黨。[174] 一次大戰後遷寓上海。 1931年後息影津沽。	為朱啟鈐姻家。
章華	1872-1930	湖南長沙	1895年進士。 軍機章京。	國務院僉事。	
章鈺	1865-1937	江蘇長洲	1903年進士。 京師圖書館編修。	居天津郊，以校書遣日。 聘為清史館纂修。 臨終遺命以故國冠服殮。[175]	別署「北池逸老」。
麥孟華	1875-1915	廣東順德	1893年舉人。 《時務報》主筆。	發起孔教會。	康有為學生、女婿。

173 沃邱仲子說他「以主扶翼禮教，漸與新學家相左。」沃邱仲子，《當代名人小傳》，卷下，頁149。

174 沃邱仲子，《當代名人小傳》，卷下，頁150。

175 張爾田，《遯堪文集》，卷2〈先師章式之先生傳〉，頁31。

傅毓湘	1845-1922	湖南湘鄉	1867年舉人。安徽南陵縣令。	鼎革歸里，不聞理亂。 生前自定葬地，並撰墓聯云：「梅花明月幽人宅，蘭芷香風故國魂。」[176]	
勞乃宣	1842-1921	浙江桐鄉	1871年進士。江寧提學使。京師大學堂總監。 學部副大臣、代理大臣。	一次大戰前隱居青島。 嘗著文宣揚復辟，有〈共和解〉等篇。 張勳復辟失敗後隱居上海。	清末參與文字簡化運動。
勞守慎	1864-1917	廣東南海		辛亥革命，舉國若狂，勞氏獨立不懼。 居澳門，命二子結髮，毋變服。[177]	
喻兆蕃	1862-1920	江西萍鄉	1889年進士。浙江布政使。	居鄉里，替人醫病。 與羅正鈞友善；陳三立謂兩人「退而堅臥鄉里，儕遺民」。[178]	
喻長霖	1857-1940	浙江黃巖	1895年進士。浙江師範學堂監督。 1908年派往日本參觀。	寓居上海。 與汪兆鏞、王舟瑤互約自訂年譜。	

176 不著撰人，曾卓、丁保赤(標點)，湖南圖書館(藏)，《湘雅摭殘》，頁784。
177 陳伯陶，《瓜盧文賸》，卷4，〈清勞公朗心墓誌銘〉，頁70-1。
178 陳三立，《散原精舍詩文集》，《散原精舍文集》，卷12〈誥授榮祿大夫署浙江布政使寧紹台兵備道喻君墓誌銘〉，總頁1000。

喬樹枬	1850-1917	四川華陽	1876年舉人。戊戌變法，仗義收六君子屍體。	居北京，晚年在法源寺日課頌佛，臨終言以僧服殮。沃邱仲子列為清室遺臣。[179]	
曾習經	1867-1926	廣東揭陽	1892年進士。戶部主事。	居天津。張勳復辟時授「度支部左書」。病故時，溥儀賜「志堅行卓」匾額。[180]	
曾廣鈞	1866-1929	湖南湘鄉	1897年進士。翰林院編修。國史館秘書。廣西知府。	返鄉，後避滬上。因王闓運招，到北京助史事。與陳三立、朱祖謀往來。	曾國藩之孫
曾鑑	？-1916後	四川成都	刑部侍郎。	民國政府嘗令拯濟鄉人，以義不可辭，但近官吏而辭；卻與宋育仁共襄蜀紅十字會。沃邱仲子列為清室遺臣。[181]	
渠本翹	1862-1919	山西祁縣	1892年進士。內閣中書。典禮院直學士。	居天津。參政院參政。	
程頌萬	1865-1932	湖南寧鄉	岳麓書院院長。	居鄉里。	
程增瑞	1858-1923	江蘇吳縣	經商。捐道員候補。	移居上海。溥儀大婚，報效鉅	

179 沃邱仲子，《當代名人小傳》，卷下，頁150-1。

180 王慶祥，〈朱益藩與溥儀交往要事簡記〉，收在：顏富山(主編)，江西省蓮花縣政協文史資料研究委員會(編)，《末代帝師朱益藩》，頁50。

181 沃邱仲子，《當代名人小傳》，卷下，頁151。

				款，賞「素尚金貞」匾額。[182]	
程適			1897年拔貢。知縣。	創立「白雪詞社」。[183]	
善昌			甘肅候補道。	依靠回族人居謀復辟，奔走北方數次。[184]	
善耆	1866-1922	滿洲旗人		圖謀復辟，發起滿蒙獨立運動。	
華世奎	1863-1941	河北天津	1893年舉人。戶部員外郎。	居天津，自署「北海逸民」，七十獲賜「屢道安貞」匾額，卒賜謚「貞節」。[185]	
費瑚卿	1855-？		任桐鄉教諭。	辭教官不做，客居他地，建居「小滄桑館」，與忻江明唱和「共續采薇吟」。[186]	
辜鴻銘	1857-1928	福建同安	賞文科進士。	居北京，以教授自給 張勳復辟，授外務部左丞。 遺疏送達溥儀，賞銀治喪，賜「含謨吐忠」匾額。[187]	

（續）

182 王季烈，《螾廬未定稿》，卷1〈清故誥授資政大夫二品銜湖北候補道程公夫婦合葬墓誌銘〉，頁49。

183 劉聲木，《萇楚齋隨筆》，《隨筆》卷10，總頁211。

184 中國歷史博物館(編)，《鄭孝胥日記》，頁1762。

185 金梁，《清遺逸傳稿》，〈本傳．華世奎〉，頁12。

186 忻江明，《鶴巢詩文存》，〈谿上費瑚卿廣文七十贈序〉，頁88、〈費瑚卿廣文索詩賦此答之〉，頁255。

187 羅振玉，《羅雪堂先生全集》，初編，《遼居乙稿》，〈外務部左丞辜君傳〉，頁1534。

馮幵	1873-1931	浙江慈溪	1897年拔貢，選麗水縣訓導，因病辭歸。	講學滬上，結交朱祖謀、況周頤。	
馮恕	1867-1948	浙江紹興	光緒年間進士。 海軍部參事。	居北京。 溥儀大婚時進獻。	
馮煦	1843-1927	江蘇金壇	1886年進士。 安徽鳳陽知府、山西按察使。	避地上海。 八十生日，溥儀賜「修道養壽」額。 組義振協會、救荒，兼及兵災。[188] 死時溥儀賜「清光粹範」額。[189]	
黃以霖		江蘇宿遷	舉人。 湖南藩台。	入民國未仕。 收藏明遺老尺牘。	
黃兆枚	1866-1923	湖南長沙	18971年進士。	以清遺老自居。[190]	
黃昌年		湖南長沙	光緒年間翰林。 御史。	鼎革後歸里，高隱深山，不履城市。惟愴懷故園，感傷時亂，有詩吟詠。[191]	
黃彥鴻	1866-1923	福建侯官	1898年進士。 軍機章京。	杜門課子。[192]	

188 閔爾昌(編)，《碑傳集補》，卷15，魏家驊，〈清授光祿大夫建威將軍賜進士及第兵部侍郎兼都察院右副都御史安徽巡撫兼理提督馮公行狀〉，頁34。

189 卞孝萱、唐文權(編)，《辛亥人物碑傳集》，卷13，蔣國榜，〈金壇馮嵩庵先生家傳〉，總頁665。

190 王晉光(編著)，《1919-1949舊體詩文集敘錄》，頁44。

191 不著撰人，曾卓、丁保赤(標點)，湖南圖書館(藏)，《湘雅摭殘》，頁756-9。

192 陳寶琛，《滄趣樓文存》，卷下〈黃君芸淑墓誌銘〉，頁39。

黃誥				曾聯名上疏慶賀「滿洲國」成立。 吳道鎔謂其「老作遺民一悵然」。[193]	
黃篤瓚	？-1926	湖南湘潭		「國變」後留髮辮如故。[194]	
黃錫朋		江西都昌	1893年舉人。度支部主事。	自言：「作故國遺民以沒世，則至榮之幸。」「國變後，以漆室女自處，誓不再嫁。」[195]	
黃鑄山	1839-1919後	廣東清遠	1864年武舉人。	自以國家世僕，蜷懷先世，畢命王事。[196]	
惲毓鼎	1863-1918	河北大興	1889年進士。翰林院侍讀。	居北京。	
惲毓嘉	？-1919	江蘇陽湖	孟樂太守。	隱居上海。[197]	
楊士琦	1862-1918	安徽泗縣	1882年舉人。道員。 1907年赴南洋考察。 1911年任郵傳大臣。	袁世凱在清帝遜位後強起入樞府，迨洪憲議起，則引退。[198] 晚居上海。	兄楊士燮
楊士燮	1853-1913	安徽泗縣	1894年進士。工部主事。江西道監察	居天津。 為文不留稿。 遺命以道裝殮，訃	

193 吳道鎔，《澹盦詩存》，頁27。

194 趙啟霖，《趙瀞園集》，〈九懷・黃俯山太守〉，頁198-9。

195 劉聲木，《萇楚齋隨筆》，《續筆》卷1，總頁253。

196 溫肅，《溫文節公集》，卷3《檗庵文集》，〈黃鑄山夫婦八十壽序〉，總頁159-0。

197 劉聲木，《萇楚齋隨筆》，《隨筆》卷7，總頁141。

198 錢仲聯(編)，《廣清碑傳集》，卷18，陳瀞一，〈楊公杏城尚書家傳〉，總頁1255。

			御史。 山西平陽府知府。 浙江巡警道。	告勿書官。[199]	
楊同升		江蘇常熟	官內閣中書。	入民國後，尚垂辮髮，穿無領衫，儼然清代服式。[200]	
楊晨	1844-1922	浙江黃巖	1877年進士。 順天鄉試同考官。	與鄉人居，飲酒賦詩，以寄黍離之感。 編刻《台州叢書後集》。 溥儀大婚，與王舟瑤、江若幹等貢方物表賀，蒙賞御書「福」字。[201]	
楊壽樞	1847前-？	江蘇金匱	1889年舉人。 內閣中書。 政務處總辦。 內閣制誥局局長。	居北京，典琴鬻畫維持生計。 參政院參政。 懷貞不仕，雖與徐世昌友好，入民國後不以隻字干謁。 卒後，溥儀諡「簡慎」。[202]	
楊壽枏	1868-1949	江蘇無錫	1891年舉人。 工商部員外郎。	鹽政處總辦。 粵海關監督。 晚年居天津。	

199 錢仲聯(編)，《廣清碑傳集》，卷17，陳瀚一，〈楊公士燮家傳〉，總頁1136-7。陳瀚一並言：「嗚呼，君子可以知公之志矣。」

200 李猷，〈抗戰前常熟書畫家略述〉，顧樹型(編校)，《常熟景觀續集》，頁31。

201 王舟瑤，《默盦居士自訂年譜・續編》，壬戌年(1922)條，頁1。

202 錢仲聯(編)，《廣清碑傳集》，卷19，金天翮，〈清故榮祿大夫花翎二品銜署光祿寺少卿內閣制誥局局長楊君墓誌銘〉，總頁1293-4。

楊鍾羲	1865-1940	漢軍旗人	1889年進士。 江寧府知府。	居上海，為劉承幹整理藏書。 諡「文敬」。	
毓朗	1863-1922	滿洲旗人	任鴻臚寺卿。 軍機大臣。	退隱北京。 詩集對辛亥革命頗多詆毀。[203]	
溫肅	1879-1939	廣東順德	1903年進士。 湖北道監察御史。	先居北京，參與《德宗實錄》，後返鄉里。 1920年，陳伯陶、張學華倡議，糾合同鄉備貢方物，由溫肅護送入北京。[204] 1925年向溥儀進講《貞觀政要》。[205] 逝世後，溥儀賞銀五百元治喪，並予諡「文節」。[206]	
瑞洵	1858-1936	滿洲旗人	1886年進士。 國史館協修。	隱居北京。 溥儀賞「士林雅望」匾額。	
萬繩栻	1879-1932	江西南昌	捐納知縣。 吉林五常府道員。	參與張勳復辟，授「內閣閣丞」。 隨溥儀至東北設立「滿洲國」。 溥儀諡「果敏」。[207]	
葉昌熾	1849-1917	江蘇長洲	1889年進士。 授編修。 國史館提調。	居上海，袁世凱聘修史，不就。	

203 王晉光(編著)，《1919-1949舊體詩文集敘錄》，頁32。
204 溫肅，《溫文節公集》，卷3《檗庵文集》，〈北行小草序〉，總頁147。
205 溫肅，《溫文節公集》，卷3《檗庵文集》，〈貞觀政要序〉，總頁143。
206 溫肅，《溫文節公集》，卷1《檗庵年譜》，總頁23。
207 溫肅，《溫文節公集》，卷3《檗庵文集》，〈萬果敏公墓誌銘〉，總頁165-6。

			1900 年甘肅學政。 科舉廢，引疾歸里。 1907 年開禮學館，延充顧問官。 任江蘇存古學堂的史學總教習。		
葉爾愷	1864-1937前	浙江仁和	1889年進士。 陝西學政。 雲南提學使。	居上海，家居學佛。 聘修清史，不赴。 沃邱仲子列為清室遺臣。[208]	
葉德輝	1864-1927	湖南長沙	1892年進士。 吏部主事。 反對戊戌變法。	居鄉里，任湖南教育會會長。 組籌安會湖南分會，曾勸進袁世凱稱帝。	
鄒安	1864-1940	浙江杭州	大令。	任上海倉聖明智大學教授。 傭書賣文，不願求仕。[209]	
鄒嘉來	1853-1921	江蘇吳縣	1886 年進士。 外務大臣。	避居天津、青島、蘇州、上海。 謁崇陵。	自號「遺盦」。
鄒福保	1852-1915	江蘇元和	1886年進士。 順天鄉試考官。 與曹元弼、葉昌熾在江蘇存古學堂同掌教事。	居上海，杜門不與世事。 撰作《里居呻吟語》七絕18首，自述生平感時紀事，有云滄桑後不忘國難。又讀吳偉業詞，	

208 沃邱仲子，《當代名人小傳》，卷下，頁143-4。
209 劉聲木，《萇楚齋隨筆》，《隨筆》卷7，總頁141。

				而悲不自勝。[210]	
雷震春	？-1920	安徽睢溪		丁巳復辟，張勳引為同志，後退居津沽。	
廖容		廣東惠州		居熱河，丁巳復辟後遇害。[211]	
廖肅		廣東惠州		居熱河，丁巳復辟後遇害。[212]	
榮慶	1859-1916	蒙古旗人	1886年進士。刑部尚書。學部尚書。	避地天津。溥儀謚「文恪」。	
管世駿				「國變」後，屏迹家弄，因據史志，旁采諸家記載，詳考東漢管寧出處大節，作《漢管處士年譜》，謂管寧在漢獻帝時東渡遼地，魏廷徵命十至，皆不就。曾佐劉承幹校勘古籍。[213]	
趙炳麟	1877-1925後	廣西全州	1895年進士。御史。1909年彈劾袁世凱。	退隱，又赴山西任實業廳長。	自號「清空居士」。
趙啟霖	1859-1935	湖南湘潭	1892年進士。四川提學使。	時人言「禾黍之思縈筆札間，讀者可	

210 曹允源，《復盦續稿》（民國壬戌年〔1922〕刊本），卷2〈題里居呻吟語〉，頁5。

211 金梁，《清遺逸傳稿》，〈本傳・廖肅廖容〉，頁14。

212 同上。

213 繆荃孫、吳昌綬、董康(合撰)，《嘉業堂藏書志》，附錄1，《嘉業堂群書序跋》，卷2，劉承幹，〈嘉業堂叢書序〉，總頁1321。

				知其志」。[214]	
趙熙	1867-1948	四川榮縣	1892年進士。翰林院編修。主講重慶東川書院、川南經緯書院。	賣文講學維生。	
趙爾巽	1844-1927	漢軍旗人	1874年進士。安徽按察使。湖南巡撫。戶部尚書。四川總督。東三省總督。	隱居青島。至北京，主持清史館。到天津事君盡禮。	
趙藩	1851-1927	雲南劍川	1875年舉人。永寧道總辦。	眾議院議員。1913年入都不久，袁世凱陰謀持國而歸。建明賢崇報祠。輯刊《雲南叢書》，多載遺臣故老之作。	
劉大鵬	1857-1942	山西太原	1884年舉人。擔任塾師。	居鄉里，參與地方活動。有日記，時時表示對民國不滿，眷戀清室。	
劉世珩	1875-1937	安徽貴池	1894年舉人。	居上海，與遺民往來密切。	
劉廷琛	1868-1932	江西德化	1894年進士。陝西提學使。山西學政。學部副大臣。	策劃張勳復辟運動，授為內閣議政大臣。1923年，劉在廬山其第門牌撰有「延清別業」，以綿延	1931年與朱益藩結為姻親。

214 錢仲聯(編)，《廣清碑傳集》，卷18，陳繼訓，〈清四川提學使趙公墓表〉，總頁1219。

				清祚為志，並擬自己為伯夷、叔齊。215 歿後，溥儀賜謚「文節」。216	
劉承幹	1882-1963	浙江烏程	候補內務府卿。	居上海，以遺民自命。	
劉果	1856-1914	河南太康	1886年進士。禮部員外郎。學部諮議官。	歸里留心農事。王新楨稱其「國之藎臣」。217	
劉炳照	1846-1913後	江蘇陽湖	諸生。	居上海，與金武祥、徐乃昌相互酬唱。曾言：「朝廷雖小今安在」，「我逢遺民但談詩」。218	
劉若曾	1860-1928	河北鹽山	1889年進士。江西九江知府。 法律館大臣。	直隸民政長。參政院參政。	
劉盛休	1840-1916	安徽合肥	淮軍提督。	辛亥之變，肅衣冠，告祖廟，北向涕泣，誓不斷髮，並責從逆，與之絕。219	
劉裔祺	1842-1920	江西德化	童生。	隨嗣子劉廷琛避居	

(續)

215 俞萊山，〈談萬繩栻與張勳〉，收在：中國人民政治協商會議全國委員會文史資料委員會(編)，《文史資料存稿選編·軍政人物》（北京：中國文史出版社，2002），頁735。

216 王慶祥，〈朱益藩與溥儀交往要事簡記〉，收在：顏富山(主編)，江西省蓮花縣政協文史資料研究委員會(編)，《末代帝師朱益藩》，頁70-1。

217 王開文(編)，《王新楨詩文集》，文集卷下，〈清典禮院副掌院學士劉君墓誌銘〉，總頁209-11。

218 顧廷龍(校閱)，《藝風堂友朋書札》，總頁839、847。

219 袁思亮，《蘉菴文集》，卷2〈誥授建威將軍記名提督河南河北鎮總兵劉公神道碑銘〉，總頁157。

				青島、廬山、上海。 八旬壽誕，溥儀賜「福壽」匾額。[220]	
劉嘉斌		江蘇丹徒	法部參議。	「國變」後筆耕謀食，高覲昌稱其為「吾鄉遺老」。[221]	
劉福姚		廣西桂林	1892年進士。 翰林院修撰侍講。 秘書郎。	有詩曰：「趨朝仍著舊官衣」。[222]	
劉錦藻	1862-1934	浙江烏程	1894年進士。 戶部郎中。	參政院參政。	子為劉承幹
劉嶽雲	1849-1917	江蘇寶應	1886年進士。 江西員外郎。 浙江紹興府知府。	謝絕賓客，一意著述。 每逢歲時元旦，先向北拜。[223]	
劉聲木	1878-1959	安徽廬江	補用知府。 湖南學務。	一意著述。	
爽良	1851-1930	滿洲旗人		應聘清史館。	
樓興詩		浙江杭州	翰林院士。	憎惡民國，每聞復辟之訊，則欣然而躍。[224]	
樊增祥	1846-1931	湖北恩施	1877年進士。 陝西、江寧布政。	居北京。 參政院參政。 兼清史館事。	

(續)

220 劉廷琛，《劉廷琛文稿》，〈府君行狀〉，未標頁碼。

221 高覲昌(編)，《葵園遯叟自訂年譜》，頁20。

222 徐世昌(輯)，《晚晴簃詩匯》，冊4，卷178〈劉福姚．端午賜衣和毅夫侍御韻〉，總頁432。

223 錢仲聯(編)，《廣清碑傳集》，卷16，唐文治，〈劉佛卿先生神道碑〉，總頁1092-94。

224 矢原謙吉，《謙廬隨筆(初集)》，頁177-8。

歐家廉		廣東順德	1895年編修、御史。	參與《宣統政紀》纂修。[225]	
潘守廉	1848-1940	山東濟寧	1886年進士。南陽知縣。	居京津。[226]	
潘炳年	？-1919	福建侯官	1886年進士。夔州知府。	遁跡山野，謂「生趣盡矣」。 特囑陳寶琛撰寫遺言。[227]	
蔣兆蘭			諸生。	創立「白雪詞社」[228]	
蔣式芬	1851-1922	河北蠡縣	提學使。	杜門不出。 至京師，與耆舊飲酒唱詩，醉相泣，或戟手怒言，人以為狂。	
蔣國亮	1860後-1929	浙江諸暨	舉人。 1901年任《選報》主筆。	旅居上海，杜門不與人往還。 眷懷故國，不時潸然淚下。[229]	
蔣智由	1865-1929	浙江諸暨	1897年舉人。1901年在上海發起中國教育會。	以遺老自居。[230]	
蔣萼	1835-1915	江蘇宜興	1875年舉人。江蘇高郵學政。		孫女蔣碧薇。
鄭文焯	1856-1918	山東高密	1875年舉人。內閣中書。	業醫、賣畫為生。	著名詞人。

225 金梁，《清遺逸傳稿》，〈本傳·錢駿祥、歐家廉等十一人〉，頁11。

226 金梁，《清遺逸傳稿》，〈本傳·潘守廉〉，頁15。

227 陳寶琛，《滄趣樓文存》，卷下〈潘耀如同年墓誌銘〉，頁18。

228 劉聲木，《萇楚齋隨筆》，《隨筆》卷10，總頁211。

229 卞孝萱、唐文權(編)，《民國人物碑傳集》，卷11，章乃羹，〈蔣觀雲先生傳〉，總頁785。

230 王晉光(編著)，《1919-1949舊體詩文集敘錄》，頁39。

			蘇州存古學堂授學。		
鄭孝胥	1859-1938	福建閩侯	1882年舉人。駐日使館書記官、領事。廣東按察使。湖南布政使。參與預備立憲公會。	在上海鬻書賣文。1923年投清遜帝，任內務府總理大臣。「滿洲國」國務總理兼文教部長。	
鄭沅	？-1943	湖南長沙	1895年進士。四川學政。	袁稱帝，改內史，遂拂衣去。居上海。	
鄭垂	1887-1933	福建閩侯		隨父親至「滿洲國」。	鄭孝胥之子
鄧邦述	1868-1939	江蘇江寧	翰林院編修。吉林民政司使。	隱居京津。聘清史館纂修。	
黎湛枝	1870-1928	廣東南海	1903年進士。國史館協修。	伏處天津，續纂《德宗實錄》。每年元旦及萬壽日，必朝謁。張勳復辟時草擬章奏。遺疏入，溥儀賞三百元治喪，書「操節冰雪」區額。[231]	
盧兆蓉	1874-1921	雲南扶常	1897年舉人。內閣中書。	棄官歸里，設塾授徒。與劉廷琛熟稔，奔走往來。[232]	
盧國華	1866-1927	安徽廬江	1894年舉人。湖北枝江知縣。	不復出，屢卻聘。家居參與公益事業。	

231 溫肅，《溫文節公文集》，卷3《檗庵文集》，〈光祿大夫學部右丞黎君行狀〉，總頁173-4。

232 劉廷琛，《劉廷琛文稿》，〈內閣中書盧君墓誌銘〉，未標頁碼。

				1927年為「東南暴徒」所殺。[233]	
蕭丙炎			都察院御史。	因精於醫道，朱益藩推薦於1924年入紫禁城，賞南書房行走。後隨至天津、東北。[234]	
蕭應椿	1856-1922	雲南昆明	1893年舉人。山東勸業道。	避居青島。與溥偉、劉廷琛過從甚密，參與復辟。	
賴際熙	1865-1937	廣東增城	1903年進士。	居香港。受聘香港大學，任中文系教席，倡設學海書樓。	
錢同壽	1867-1945	江蘇華亭	1894年舉人。禮學館纂修。	居上海。對故國舊君，懷念寤寐不忘，雖抵觸時忌，無復顧畏。[235]	
錢振鍠	1875-1944	江蘇陽湖	1903年進士。	居上海。束髮做道士裝，著書講學，絕意仕進。	晚署「海上羞客」。
錢能訓	1869-1925	浙江嘉善	1898年進士。陝西布政使。	居北京。內務總長。國務總理。	
錢溯耆	1843-1916	江蘇太倉	1870年進士。刑部浙江主事。	僑居上海，託詩歌撫時感事。[236]	

233 錢仲聯(編)，《廣清碑傳集》，卷19，趙啟霖，〈盧君墓誌銘〉，總頁1299。按：暴徒指北伐期間共產黨人。

234 王慶祥，〈朱益藩與溥儀交往要事簡記〉，收在：顏富山(主編)，江西省蓮花縣政協文史資料研究委員會(編)，《末代帝師朱益藩》，頁42。

235 錢同壽，《待烹生文集》，卷首，田毓璠，〈待烹生文集序〉，頁1。

236 秦綬章，《靈香館文稿》（民國三十□年合眾圖書館據稿本傳鈔本，上海圖書館藏），〈清故誥授資政大夫花翎二品銜補用道直隸州知州錢君墓誌銘〉，未標頁碼。

錢駿祥	1848-1930	浙江嘉興	1889年進士。 山西學政。 實錄館總纂。	避地天津。[237] 自云：「垂老作遺民」，又說：「大集編成書甲子，此身長在義熙中。」死後，清室頒「世臣耆學」匾額。[238]	
鮑心增	1852-1920	江蘇丹徒	1886年進士。 吏部郎中。 順天鄉試同考官。	高覲昌稱其為「吾鄉遺老」。[239]	
儲鳳瀛			1903年舉人。	創立「白雪詞社」。[240]	
戴鳳儀	1850-1918	福建南安	1882年舉人。 入直中書兼派頤和園領事。	辛亥革命後，更名「希朱」，寄意於朱子。 有詩：「願君呼我清遺老」。	
繆荃孫	1844-1919	江蘇江陰	1876年進士。 編修。 國史館提調。 京師圖書館監督。	清史館總纂。	
聯祐		滿洲旗人		在北京政府供職。 日記中屢對民國傳達不滿之意。	
謝甘盤	1859-1918	江西南城	1892年進士。 吏部主事。	聯營隊商團維持地方秩序。 易道士服，匿姓名。	

237 劉聲木，《萇楚齋隨筆》，《隨筆》卷7，總頁141。

238 孫雄，《舊京詩文存》，《舊京文存》，卷8〈翰林院侍讀嘉興錢公新甫行狀〉，頁13-4。

239 高覲昌(編)，《葵園遯叟自訂年譜》，頁20。

240 劉聲木，《萇楚齋隨筆》，《隨筆》卷10，總頁211。

謝叔元	1866-1938	福建侯官	1893年舉人。	居鄉里。 以甲子紀年，擔任及管理地方文廟事務。	
謝崇基	1861-1922	雲南昭通	1886年進士。天津兵備道。	「國變」後以窮餓卒於天津。[241]	
瞿鴻禨	1850-1918	浙江善化	1870年進士。支持康、梁變法。 1900年政務處大臣。	避地上海。 與遺老結「逸社」、「超社」。 溥儀諡「文慎」，賞給陀羅經被。[242]	
簡純澤	？-1917	湖南長沙		居北京、天津。 投海自盡，身懷絕命詞，希望棺木面朝北闕。[243] 自書絕命詞，以樹墓碣鐫「大清遺民」四大字。	
簡朝亮	1851-1933	廣東順德	1878年進士。在鄉講學。	居鄉里，「國變」後以喪禮自處，不飲酒，不與讌，杜門寂然。[244] 袁世凱聘清史館，不應。	
魏元曠	1857-1921	江西南昌	1895年進士。	居北京，蓄髮。	
魏鼎	？-1921	河南淮陽	1873年舉人。1909年進士。	閉門卻掃，復讀舊書，與王新楨往來。	

241 章鈺，《四當齋集》，卷11〈謝履莊觀察示兒帖題句〉，頁11。

242 閔爾昌(編)，《碑傳集補》，卷2，余肇康，〈清故誥授光祿大夫經筵講官軍機大臣協辦大學士外務部尚書瞿文慎公行狀〉，頁36。

243 李定夷，《民國趣史》，頁69-70。

244 張啟煌，《般粟齋集》，卷26〈簡先生傳〉，頁15-6。

龐澤鑾	1868-1916	河北甯津	江蘇候補道。	居上海。 尤嗜金石古物，與鄭文焯、羅振玉等往來。	
羅正鈞	1855-1919	湖南湘潭	1885年舉人。 天津知府。 山東提學使。	袁世凱聘經界局副督辦，不應。[245] 撰述自遣，臨終猶對《辛亥殉節錄》一書念念不忘。[246]	
羅振玉	1866-1940	浙江上虞	生員。 農務學堂監督。	先至日本，後寓居天津。 籌建滿洲國活動。 溥儀諡「恭敏」。	別署「仇亭老民」。
羅惇曧	1871-1924	廣東順德	郵傳部郎中。	總統府秘書。 袁世凱稱帝，拒不受祿。	
蘇輿	1874-1914	湖南平江	1904年進士。	遜國詔下，即離部棄官。[247] 注顧炎武詩，未成。	王先謙弟子
鐵良	1863-1938	滿洲旗人	軍機大臣。 陸軍部尚書。 辛亥前引疾乞退。	留寓津沽。 宗社黨首領。 沃邱仲子列為清室遺臣。[248] 溥儀來天津，時時獻納。	
顧臧	1875-1926	廣東番禺	生員。 鎮江象山總砲台官。 陸軍部協參	居上海。 光緒、慈禧喪禮，特別往叩。 參與清史稿編纂，	

245 朱德裳，《三十年聞見錄》，頁33。
246 趙啟霖，《趙瀞園集》，卷4〈山東提學使羅君墓表〉，總頁132。
247 何藻翔，《鄒崖詩集：附年譜》，〈效元次山贈黨茂宗篇戲贈〉，頁48。
248 沃邱仲子，《當代人物小傳》，卷下，頁130-2。

			領。	後於丁巳復辟離開。249	
顧麟士	1865-1930	江蘇元和		遺命以僧服、道人鞋殮。 章鈺謂其「志署『隱君』字者，體君志也。」250	
況周頤	1859-1926	廣西臨桂	1879年舉人。內閣中書。入張之洞、端方幕。	居上海，以賣文為生。	著名詞人。

(續)

249 朱師轍，《清史述聞》，頁63。

250 錢仲聯(編)，《廣清碑傳集》，卷19，章鈺，〈顧隱君墓誌銘〉，總頁1292。

索引

一劃

二劃

三劃

四劃

五劃

六劃

七劃

八劃

九劃

十劃

十一劃

十二劃

十三劃

十四劃

十五劃

十六劃

十七劃

十八劃

十九劃

二十劃

二十一劃

二十四劃

民國乃敵國也：政治文化轉型下的清遺民

2009年3月初版　　定價：新臺幣580元
2016年6月初版第三刷

著　　者　林志宏
總 編 輯　胡金倫
總 經 理　羅國俊
發 行 人　林載爵

出 版 者　聯經出版事業股份有限公司
地　　址　台北市基隆路一段180號4樓
編輯部地址　台北市基隆路一段180號4樓
叢書主編電話　(02)87876242轉212
台北聯經書房　台北市新生南路三段94號
電　　話　(02)23620308
台中分公司　台中市北區崇德路一段198號
暨門市電話　(04)22312023
郵政劃撥帳戶第0100559-3號
郵撥電話　(02)23620308
印 刷 者　世和印製企業有限公司
總 經 銷　聯合發行股份有限公司
發 行 所　新北市新店區寶橋路235巷6弄6號2F
電話　(02)29178022

叢書主編　沙淑芬
校　　對　蔡耀緯
封面設計　蔡婕岑

行政院新聞局出版事業登記證局版臺業字第0130號

本書如有缺頁，破損，倒裝請寄回台北聯經書房更換。　ISBN 978-957-08-3390-4 (精裝)
聯經網址 http://www.linkingbooks.com.tw
電子信箱 e-mail:linking@udngroup.com

國家圖書館出版品預行編目資料

民國乃敵國也：政治文化轉型下的
清遺民 / 林志宏著．--初版．--臺北市：
聯經，2009年．520面；14.8×21公分．
索引：14面
ISBN 978-957-08-3390-4（精裝）
[2016年6月初版第三刷]

1.中國政治思想 2.政治文化 3.政治認同
4.晚清史

524 97025156